KB042276

윈스턴 S. 처칠

-전쟁과 평화의 위대한 리더십-

강 성 학

박영사

Winston S. Churchill

- The Magnificent Leadership
for War and Peace -

Sung-Hack Kang

PARK YOUNG
publishing&company

또 다시 나의 고마운 아내

신 혜 경 여사에게

저자 서문

"선했건 악했건,
20세기의 모든 거대한 인물들 가운데
처칠이 인류에게 가장 소중했고
또 가장 호감 가는 인물이다."
– 폴 존슨(Paul Johnson)

1965년 1월 25일 윈스턴 처칠(Winston S. Churchill)의 서거 다음 날 정치철학자 리오 스트라우스(Leo Strauss)가 미국 시카고 대학교에서 자신의 강의시간에 다음과 같이 말했다.[1]

"처칠의 죽음은 정치학도들에게 자신들의 한계, 자신들이 하는 일의 한계를 건전하게 상기시킨다. 폭군은 자기 권력의 정상에 서 있다. 꿋꿋하고 장엄한 정치가와 미친 폭군 간의 대조, 즉 가장 간결한 이 장관(spectacle)이야 말로 인간들이 언제든지 배울 수 있는 가장 위대한 교훈들 가운데 하나였다. 너무도 위대해서 비극이라고 부를 수 없는 처칠의 실패에 의해서 알게 되는 교훈도 못지 않게 계몽적이다.

---

[1] Leo Strauss on Churchill, https://winstonchurchill.hillsdale.edu/leo-strauss-on-churchill/

1

히틀러에 대항한 인간의 자유를 위한 처칠의 영웅적 행동은 처칠의 잘못을 통해서가 아니라 스탈린이나 그의 계승자들에 의해서 제기되는 자유에 대한 위협을 증대하는 데 기여했을 뿐이라는 사실을 나는 의미한다. 처칠은 그리스와 미주리 주의 풀턴(Fulton)에서 공개적으로 그리고 가장 현저하게 그 위협에 대응하기 위해 한 인간이 할 수 있는 최선을 다했다. 그의 행동과 연설보다 전혀 덜 중요하지 않은 것은 그의 글쓰기, 특히 무엇보다도 그의 <말보러>(*Marlborough*)라는 작품이다.[2] 이것은 우리의 세기에 쓰여진 가장 위대한 역사에 관한 작품이다. 이것은 모든 정치학도들에게 필독서가 되어야 할 정치적 지혜와 정치적 이해의 무진장한 광산이다.

처칠의 죽음은 우리 학문의 한계를 상기시키고 또 그와 함께 우리의 의무를 상기시킨다. 우리에게 우리 자신과 우리의 학생들에게 정치적 위대성, 인간적 위대성, 인간적 탁월성의 정점들을 상기시키는 것보다도 더 높고 또 더 절박한 의무는 없다. 왜냐하면 우리는 우리 자신들과 타인들이 사물을 있는 그대로 보도록 훈련시키는 일이기 때문이다. 그리고 이것은 무엇보다도 그들의 위대성과 비참함, 그들의 탁월성과 그들의 타락, 그들의 고결함과 그들의 승리, 그리고 그리하여 제아무리 현란해도 평범한 인물을 진정한 위대성으로 결코 착각하지 않는 것을 의미한다."

처칠의 위대성에 관한 성격이 이런 언급보다 더 간결하게 서술된 적은 한번도 없었다. 사회과학이 되어버린 현대 정치학은 처칠 같은 위대한 정치지도자에 관해서 가르치거나 배우지 않는다.[3] 정치적 영웅들은

---

2) 저자의 설명: Winston S. Churchill, *Marlborough: His Life and Times* 4 vols, 1933-1938. 다른 정치가들의 원칙들과 실천에 관해 연구하고 성찰하여 그것들을 후에 자기 자신의 행동에 적용하는 성향이나 기회를 갖는 정치가들은 극히 드물다. 윈스턴 처칠은 바로 그렇게 극히 드문 정치가들 중 한 사람이었다. Morton J. Frisch, "The Intention of Churchill's Marlborough," *Polity*, Vol. Xii, No. 4, Summer 1980, pp. 560-574.

3) 이 문제에 대한 저자의 비교적 상세한 논의를 위해서는, 강성학 <무지개와 부엉이: 국제정치이론과 실천에 관한 논문 선집>, 서울: 박영사, 2010, 제1장을 참조.

너무도 우연적인 것이라서 정치과학(Political Science)의 연구의 대상이 되지 않는다. 오늘날 역사학에서도 위대한 영웅은 거의 사라져버렸다. 맑시즘과 프랑스 아날학파(Annales School), 소위 민중사관의 헤게모니 하에서 인간 개인은 아무리 위대해도 보다 큰 사회적 패턴 속에 포함시켜 버리거나 아주 낮은 차원에서만 개인의 역할을 인정한다.[4]

오늘날 몰가치적 사회과학의 폭군적 패러다임의 관점에서 볼 때 "위대한 처칠의 연구"는 문제가 많은(?) 주관적 의견이며 편협한 가치 판단일 뿐이다. 그리하여 젊은이들은 대학 교육에서 처칠 같은 위대한 인물에 관해 배울 수 없다. 참으로 안타까운 일이 아닐 수 없다. 그러나 비록 "역사의 영웅"(the Great Man) 이론이 오늘날 심히 격하되었다고 할지라도 때로는 개인이 아주 중요하다.[5] 처칠은 오늘날 우리가 어떻게 살고 또 생각하는 가에 대해 지속적인 영향을 미쳤다.[6] 비록 그가 번영하는 자유주의의 서방세계를 창조하지는 않았지만 그것을 야만적 나치즘으로부터 구원했기 때문이다.

어려운 시대에 사람들은 일종의 종교적 메시아 같은 위대한 정치지도자, 정치적 영웅을 그리워하는 법이다. 오늘날 많은 한국인들도 어려운 시대 속에서 영웅의 등장을 염원한다. 그러나 우리는 영웅적 정치지도자의 출현이 거의 불가능하게 생각되는 그런 시대에 살고 있다. 우리가 친숙한 정치지도자들은 일반적으로 영웅이 아니라 슈퍼스타(superstar)가 되기를 갈망한다. 슈퍼스타는 인정받으려고 애를 쓰는 반면에 영웅은 홀

4) 강성학, <시베리아 횡단열차와 사무라이: 러일전쟁의 외교와 군사전략>, 서울: 고려대학교 출판부, 1999, 제12장, 제1절, 특히 pp. 593−602를 참조.
5) Geoffrey Best, *Churchill: A Study in Greatness,* London: Penguin Books, 2001.
6) Thomas E. Ricks, *Churchill & Orwell: The Fight for Freedom,* New York: Penguin Press, 2017, p. 4.

로 간다. 슈퍼스타는 합의를 열망한다. 그러나 영웅은 자기가 가져오는 것을 과업으로 보는 미래의 판단에 의해 자신을 정의한다. 슈퍼스타는 지지를 끌어내는 테크닉에서 성공을 추구하지만 영웅은 자신의 내적 가치들의 생장으로 성공을 모색한다.

그러므로 헨리 키신저(Henry Kissinger)가 지적했듯이,[7] 우리 시대는 윈스턴 처칠 같은 정치지도자를 마주치기가 어렵다. 널려 있는 슈퍼스타 같은 정치인들이 아니라 진정으로 영웅적 정치지도자를 만나려면 역사 속으로 들어가 역사적으로 공인된 영웅인 처칠을 찾아가야만 한다. 에이브러햄 링컨(Abraham Lincoln)은 "매우 뛰어난 천재는 이미 난 길을 가지 않는다"고 했다. 그래서 천재는 새로운 개척자이다. 그러나 영웅은 남들이 늘 하는 일을 아주 탁월하게 해내는 인물이다. 정치지도자가 늘 행하고 또 해내야 할 일은 모든 정치지도자가 직면하는 보편적인 과업이다. 그래서 천재에겐 스승이 없지만 영웅에겐 스승이 있다. 처칠은 우리에게 바로 그런 스승이 될 수 있다. 본서는 바로 그런 마음으로 작성된 것이다. 그리하여 본서의 주인공인 위대한 정치가 처칠을 통해 한국인들의 영웅에 대한 갈증이 간접적으로 어느 정도 해소되길 기대한다.

1919년 6월 28일 제1차 세계대전을 공식적으로 종결짓는 베르사유 조약(the Treaty of Versailles)의 서명을 세계가 기록하던 바로 그날 전후 세계에 대한 염려와 소련식 볼셰비즘의 성장을 두려워한 윈스턴 처칠은 러시아의 내전에서 차르 지지자들인 백색군대(the white army)를 지원하기 위해 러시아의 북방에 영국, 미국 그리고 일본의 군대들을 착륙시키는 동맹의 작전을 역설했다. 처칠은 베르사유 조약을 '기이하고 괴물같

---

7) Henry A. Kissinger, "With Faint Praise: A Biography finds traces of clay on the great statesman's feet," *New York Times Book Review*, July 16, 1995.

다'고 부르면서 좋아하지 않았다. 왜냐하면 그것이 독일을 너무 지나치게 약화시킨다고 생각했기 때문이다. 처칠은 볼셰비키들이 해체된 독일을 차지하려고 투쟁하면서 유럽에 치명적 힘의 진공상태를 남기게 될 것을 두려워했다. 볼셰비즘이 그것의 "요람에서 질식되는 걸" 보고 싶어했던 처칠은 베르사유 조약을 전후 세계를 재창조할 잃어버린 기회로 보았다.8)

처칠은 1930년대 초부터 독일에서 아돌프 히틀러(Adolf Hitler)의 정치운동을 면밀히 관찰했다. 그는 히틀러와 나치즘이 잠재하고 있는 위험성을 보았다. 그리고 1933년 처칠은 다가오는 위험을 모든 사람들에게 경고한 첫 번째 정치가였다. 1934년 2월 7일 처칠은 1920년대의 예산삭감으로 크게 축소되었던 영국 공군의 재건을 홀로 외롭게 역설했다. 같은 해 처칠은 국제연맹의 갱신을 촉구했다. 그러나 히틀러에 대한 처칠의 경고는 대체로 무시되었다. 당시 영국인들은 제1차 세계대전의 결과에 여전히 염증을 느끼고 있었다. 그리하여 영국은 나치스의 군사적 행진을 방관했고 처칠의 지각 있는 경고를 무시해버렸다. 처칠은 이 1930년대의 시기를 황야에서 헤매던 시기, 즉 황야에서 외로운 늑대처럼 홀로 울부짖던 시절로 묘사했다.

당시 영국에서 그는 유일하게 통찰력 있는 예언자였지만 트로이의 비극적 카산드라처럼 아무도 그의 말에 귀를 기울이지 않았다. 당시 영국인들은 1938년에 출간된 처칠 연설문집의 제목(*While England Slept*)9)처럼 '환상적 평화의 깊은 잠에 빠져' 있었다. 잠자는 영국인들을 깨우고 방황하는 영국민들에게 그의 제2의 연설문집의 제목처럼 "피와 땀과 눈

---

8) Michael Neiberg, *Potsdam: The End of World War II and the Remaking of Europe*, New York: Basic Books, 2015, pp. xi—xii.
9) Winston S. Churchill, *While England Slept: A Survey of World Affairs*, 1932—1938, Freeport, New York: Putnam's, 1938.

물"(*Blood, Sweat and Tears*)[10]로 호소하여 히틀러와 단호히 맞서 히틀러와 나치스의 야만으로부터 서구문명과 민주주의를 구원한 처칠은 현대 리더십 연구의 선구자인 제임스 맥그리거 번즈(James MacGregger Burns)의 용어로 표현한다면 소위 "변환적 리더십"(transforming leadership)의 화신이었다.

21세기의 문턱에서 영국 자유민주당(과거 노동당) 정치인이며 직업적 역사가인 로이 젠킨스(Roy Jenkins)는 80세의 나이에도 불구하고 처칠의 정치적 전기를 펴냈다. 그리고 그 두꺼운 전기의 말미에 다음과 같이 썼다:

> "나는 글래드스톤(Gladstone)이 작은 차이로 더 위대한 인간이고 분명히 인류의 보다 비범한 표본이라고 생각했다. 그러나 처칠의 전기를 쓰는 과정에서 나는 내 마음을 바꾸었다. 그의 모든 특이성, 그의 탐닉, 그의 간헐적인 유치함뿐만 아니라 옳든 그르든, 성공적이든 비성공적이든 간에 그의 인생 보다도 더 큰 그의 천재성, 그의 고집과 그의 개인적 능력을 고려하여 이제 나는 처칠을 영국의 수상관저를 차지한 가장 위대한 인간으로 기록하고자 한다."[11]

그러나 처칠은 단지 영국의 역사에서 최고의 정치지도자요 영웅으로 머물지 않았다. 지난 2003년에 영국, 독일, 프랑스, 스페인, 이탈리아, 폴란드 등 유럽 6개국을 대상으로 실시한 "19세기 이후 유럽 위인들에 대한 선호도" 조사에서 윈스턴 처칠이 1위를 차지하였다.[12] 이것은 전혀 놀라운 일이 아니다. 왜냐하면 그는 서구문명과 자유민주주의를 야만으로부터

---

10) Winston S. Churchill, *Blood, Sweat and Tears*. London: G.P. Putnam's Sons, 1941.
11) Roy Jenkins, *Churchill*, London 2001, p. 912.
12) 박지향, "유럽의 영웅 처칠," <영국연구> 제14호 (2005년 12월), p. 327.

구원한 20세기 최고의 정치지도자이며 세계사적 영웅이었기 때문이다. 처칠이 리더십을 발휘하던 시기에 국제사회에서 영국의 위상을 고려한다면 그는 이미 세계 최고의 정치지도자였으며 동시에 최고의 전쟁지도자였다. 그는 미국의 루즈벨트 대통령과 소련의 스탈린 원수와 함께 히틀러의 나치즘과 일본의 군국주의와 싸워 승리를 거두었지만 소련과 미국은 제2차 세계대전을 윈스턴 처칠이 홀로 싸우며 견디어 낸 한참 후에, 즉 소련은 독일의 침략을 받고 난 후에 그리고 미국은 일본의 진주만 공격을 받은 후에, 그들에겐 무조건 수행할 수밖에 없는 전쟁을 치렀다.

오직 처칠만이 히틀러의 침략적 근성을 사전에 미리 간파하고 그것에 대해 경고하고 또 전쟁이 영국에 아주 불리하게 전개되는 상황 속에서 수상직을 맡아 절망에서 영국을 구하고 세계의 민주주의를 구원한 탁월한 영웅적 지도자였다. 처칠은 동맹국 지도자들 중에서 히틀러를 이기는 길을 안 첫 지도자였으며 처음부터 끝까지 히틀러와 싸운 유일한 지도자였다.[13] 즉 오직 그만이 홀로서 인류 최대의 시련을 극복한 지도자였다.

정치지도자로서 처칠의 드문 풍부한 경륜은 개인적 경험과 주의 깊은 역사책들의 자율학습으로 얻어진 그의 군사문제에 관한 전문성이 정치가로서 그의 위대성에 본질적이었음을 보여주었다. 정치가는 군사적 지도자들을 지도하기 위해서 정치적 문제뿐만 아니라 군사적 문제에도 긴밀한 친숙성을 갖고 있어야만 한다. 그러나 일반 대중이 그것에 대한 이유를 이해하는 일은 별로 없다.[14] 정치가가 군사문제를 이해해야만 하

13) Victor Davis Hanson, *The Second World Wars: How the First Global Conflict Was Fought and Won*, New York: Basic Books, 2017, p. 420.
14) Wayne C. Thompson, "Winston S. Churchill: Statesman as a strategist," in Harry V. Jaffa, ed., *Statesmanship: Essays in Honor of Sir Winston S. Churchill,* Durham, North Carolina: Carolina Academic Press, 1981, p. 104.

는 이유는 전쟁철학자 칼 폰 클라우제비츠(Carl von Clausewitz)가 간단하고 정확하게 말했다: "전쟁은 그 자체의 언어를 갖고 있지만 그 자체의 논리가 없다." 전쟁을 수행하는 명확한 방법들이 있지만 전쟁 그 자체는 정치적 목적을 지원하여 수행되어야만 한다. 군사력의 적용은 그것이 국가정책을 지원할 때에만 의미를 갖는다. 처칠이 자신의 제2차 세계대전의 회고록 제1권인 <몰려오는 폭풍>(Gathering Storm)에서 지적한 대로 최고의 정치지도자는 전반적인 전략적 목표에 대해 견해를 갖는 것이 긴요하다. 이 간단한 원칙을 지키지 못하는 실패는 행동의 혼란과 무익을 낳고 그리고 거의 언제나 후에 사태를 더욱 어렵게 만든다.

전반적인 전략적 목표들은 국가가 달성하려고 애쓰는 최고의 정치적 목표들이다. 정치가는 이 목표들을 표출하고 또 그것들을 달성할 책임이 있다. 국가의 전략은 전반적인 전략적 목표들을 달성하기 위한 수단의 선택과 관련된다. 이것들은 외교적, 경제적, 심리적 그리고 군사적 수단을 포함한다. 군사전략은 전반적인 전략적 목표들을 달성하는 걸 돕기 위해 모든 전장에서 군사적 수단의 사용과 관련된 국가전략의 바로 그 부분이다. 군사적 전술들은 전반적인 군사전략에 봉사하는 현지화된 군사작전들과 관련된다. 전반적인 군사전략뿐만 아니라 이들의 현지화된 군사작전들은 보다 큰 맥락, 즉 전반적인 전략적 목표들의 오직 일부로서만 중요하다. 그 속에서 결정이 내려져야만 하는 카테고리가 높으면 높을수록 비록 그의 책임이 군사적 전술들의 것을 포함하여 어떤 카테고리도 배제되지 않음에도 불구하고 정치가의 책임은 그 만큼 더 큰 것이다.

역으로 군사 지도자들의 적절한 영향은 행동해야 할 규모를 축소시킨다. 처칠은 정치와 전략의 구별이 지위가 올라가면서 감소한다고 말했다. 정상회담에서 진정한 정치와 전략은 하나이다. 처칠은 군사지도자들의 개입이 최고지위에 부적합할 뿐만 아니라 현명하지도 못하다고 보았다. 군인들, 수병들 혹은 공군병사들이 정치에 개입하는 것은 언제나 위험하다. 그들은 지금까지 그들이 친숙한 것들과는 아주 다른 가치 영역에 들어가는 것이다.

정치적 및 군사적 문제들 모두에 전문성을 동시에 갖춘 처칠 같은 정치가만이 최고의 정치지도자로서 책임을 수행할 수 있었다. 그는 자신의 군사보좌관들에 의해 주어지는 권고를 완전히 평가할 수 있었고 그리하여 군사적 고려는 국가의 전반적인 전략적 목표에 부응하는 적절한 관계를 유지할 수 있었기 때문이다. 아마도 다른 어떤 현대 정치가에게서보다도 더 처칠에게서 정치적 지혜와 군사적 능력의 다행스러운 일치가 가장 명백했다. 따라서 정치적 리더십을 공부하는 학생들에게 처칠의 연구가 가장 생산적이다. 처칠은 거의 70년 동안 자신이 스스로 리더십에 관해서 글을 썼을 뿐만 아니라 최고의 정치적 책임을 가진 지위에서 리더십의 원칙들을 적용할 기회를 가졌다. 행동하는 정치가로서 그는 정치가의 책임에 초점을 맞추었고 또 그리하여 언제나 발생한 모든 것이 필연적이었다는 환상을 피할 수 있었다. 그의 포괄적인 전략적 마음은 그가 영국의 수상임과 동시에 방위성 장관으로서 동시에 봉사했던 제2차 대전 중에 분명히 가장 중대했고 또 가장 칭송을 받았다.

오늘날 한국사회에서 윈스턴 처칠은 그의 유명한 연설 대목인 "피와 땀과 눈물"이라는 말과 "철의 장막"이라는 용어가 널리 알려져 있을 뿐이라고 해도 아주 지나친 말은 아닐 것이다. 그것은 마치 에이브러햄 링컨의 "민주주의란 국민의, 국민에 의한, 국민을 위한 정부"라는 말만 주로 널리 알려진 경우와 비슷할 것이다. 이들은 어쩌다 저널리스트들이나 칼럼리스트들의 글에서 간혹 피상적으로 인용되고 있을 뿐이다. 그것도 처칠의 올바른 비전이나 위대한 리더십이 아니라 그의 유명한 수사학적 경구가 인용되는 정도이다. 왜냐하면 그들도 학창시절 처칠에 대해 공부할 기회가 거의 없었기 때문이다.

그러나 처칠의 역사에 관한 저작들, 특히 1953년 노벨문학상을 수상한 <제2차 세계대전>(*The Second World War*)의 제1권 <몰려오는 폭풍>은 1930년대 히틀러에 대한 유화정책의 비판으로 아마도 국제정치학 분야에서 영원한 교훈서가 되었다. 그의 비판 목적은 제2차 세계대전의 비극이 얼마나 쉽게 방지될 수 있었을 지, 그리고 사악한 자의 악감정이 덕스러운 자의 위약함에 의해 어떻게 심화되었는 지를 보여주는 것이었다. 그가 선의의 유능한 역사학자들에 의해 형성된 '이 잘못된 판단의 이 슬픈 이야기'라고 부른 것은 그 전쟁이 실제로 "불필요한 전쟁"이었음을 입증하려는 것이었다.15) 그의 목적은 요컨대 미래세대에게 과거의 교훈을 제시하는 것이었다. 이런 점에서 본다면 1930년대의 카산드라가 1940년대의 투키디데스(Thucydides)가 된 것이다.16) 즉, 처칠은 인류에 대한 전후 공산주의 폭정의 위험을 경고하는 예지적 선구자가 되었다. 그리하여 그의 경고에 따라 1930년대와는 달리 이번에는 미국의 주도하에 서방국가들이 공동으로 소련주도의 공산주의 위협에 대처하여 자유세계를 지켰다.

---

15) 이 점에 관한 논의를 위해서는, Richard M. Langworth, *Churchill and the Avoidable War: Could World War II have Been Prevented? Moultonborough*, New Hampshire: Dragonwych Publishing, 2015. 를 참조.
16) David Reynolds, "Churchill and the Gathering Storm," in David Cannadine and Roland Quinault, eds., *Winston Churchill in the Twenty-First Century,* Cambridge: Cambridge University Press, 2004, p. 118.

...

나에게 윈스턴 처칠에 관한 책을 내고 싶은 염원은 아주 오래된 것이었다. 그러나 최근 처칠의 전기 작가인 앤드류 로버츠(Andrew Roberts)가 밝힌 것처럼 처칠의 전기만 해도 1,010권에 달하고 제2차 세계대전을 다룬 수많은 책들이 처칠을 다루다 보니 오랫동안 처칠에 관련된 책들을 꾸준히 사보기에도 벅찼다. 고려대학교 재직시 수십 년간 20세기 국제관계사를 강의하면서 종종 처칠을 칭송했지만 처칠에 관한 이런 저런 책을 가끔 사보기만 할 뿐 교수생활에서 개인적 관심사인 처칠의 연구에 집중할 수가 없었다. 따라서 내 스스로 처칠에 관한 저서의 집필은 감히 엄두를 낼 수 없었다. 결국 2014년 2월 고려대학교에서 퇴임 후 시간적으로 보다 자유로워지면서 처칠에 관한 나의 본격적인 연구가 시작되었다. 그러나 퇴임 후 내 인생의 주사위가 묘하게 돌다 보니 나는 위대한 에이브러햄 링컨 대통령에 대한 저서들을 먼저 내게 되었다.[17] 그러나 처칠에 관한 나의 연구는 간헐적이지만 계속되었다. 약 2년간의 준비를 한 뒤 내가 이사장으로 있는 한국지정학연구원에서 리더십연구의 일환으로 2017년 1월부터 셋토네(매달 셋째 주 토요일 오후 4시) 심포지엄을 열고 윈스턴 처칠의 생애에 대한 일종의 공동연구를 시작하였다.[18] 첫 교재로는 처칠의 공식 전기 작가인 마틴 길버트(Martin Gilbert)의 <*Churchill: A Life*>를 택했다. 그리고 2018년에 로이 젠킨스(Roy Jenkins)의 <*Churchill*>이 두 번째 교재가 되었다. 이렇게 2년간 처칠

---

17) 강성학, <한국의 지정학과 링컨의 리더십> 서울, 고려대학교 출판문화원, 2017; 김동길 · 강성학 공저, <죽어도 사는 사람: 불멸의 링컨유산> 충북 음성군, 극동대학교 출판센터, 2018.
18) 2017년 1월 첫 심포지엄에서 "왜 윈스턴 처칠인가?"라는 제목으로 했던 나의 강의요지는 셋토네(Setone) 심포지엄의 취지문과 함께 본서의 말미 부록에 실려 있다.

에 관한 집중적인 심포지엄을 마치자 그에 관한 저서의 집필을 향한 욕망이 새롭게 솟아났다. 그래서 2019년 정월 초부터 집필에 관한 집중적인 준비작업과 조금씩 글쓰기가 시작되었다.

　본서는 윈스턴 처칠의 전 생애를 다룬 전기가 아니며 더구나 제2차 세계대전의 전쟁사도 아니다. 본서는 1930년대 당시 수많은 영국의 슈퍼스타 정치인들 속에서 유독 홀로 가는 영웅의 자질을 뚜렷이 보여준 처칠의 카산드라 시절을 출발점으로 하여 개전 후 그가 수상이 되어 보여준 놀라운 정치적 리더십과 전시에 보여준 탁월한 군사전략적 안목과 전후 세계질서를 위한 여러 주요 역사적 회담에서 보여준 탁월한 협상능력 그리고 그 후 평화시에 보여준 처칠의 위대한 리더십의 발휘과정 등을 다룰 것이다. 보다 구체적으로 말해서, 본서는 처칠이 외로운 카산드라에서 영국의 수상이 되어 보여주는 탁월한 정치지도력, 그리고 그가 루즈벨트와 스탈린과의 정상회담에서 보인 달인의 외교 솜씨, 전쟁 수행에서 보여준 전략적 주도, 전쟁말기에 평화의 전략가로서의 안목과 그리고 전후세계에 대한 소련 공산주의의 위험을 경고하는 선구자로 시간적 흐름과 함께 추적하는 특정된 시기(1932–1955), 즉 그가 독일의 히틀러와 나치즘의 위험을 처음으로 경고하던 때부터 그가 두 번째 수상직을 사임할 때까지 일종의 "처칠의 전쟁과 평화의 드라마 같은 것"을 제시하려고 시도할 것이다. 그리하여 본서가 한국의 국가적 어려운 시기에 역사적으로 국가적 위기를 극복한 영웅, 위대한 정치적 지도자에 관한 하나의 중대한 본보기를 제시하여 한국인들의 정치적 성찰을 위한 기회가 되길 기대한다.

　본서가 나오기까지 많은 도움이 있었다 우선 2년 동안 처칠의 생애를 다루는 셋토네 심포지엄에 즐거운 마음으로 꾸준히 참석하여 처칠 연구에 활력을 넣어준 모든 셋토네 심포지엄 회원들과 이 심포지엄이 중단 없이 계속될 수 있도록 재정적 지원을 아끼지 않은 한국지정학연구원의 후원회장인 이영석 박사에게 깊이 감사한다. 또한 지난해 말까지 극동대학교에서 지금은 없어졌지만 3학기 동안 교양과목인 "지도자와 리더십" 과목을 가르치면서 다른 지도자들과 함께 윈스턴 처칠의 리더십에 대해 강의했던 경험도 본서의 집필에 도움이 되었다. 그런 강의 기회를 주신 극동대학교 류기일 전 총장님에게 감사한다.

끝으로 본서의 집필을 위해 새로운 노트북을 준비해준 막내아들 강승온 박사에게 고맙다. 그리고 언제나 변함없이 집필 내내 틀린 철자법을 고쳐주면서 온갖 내조에 헌신해 준 아내 신혜경 여사에겐 본서를 헌정하면서 다시 한번 감사한다. 지금까지 살아오면서 아내의 헌신적 내조 없이는 내가 아무것도 제대로 할 수 없었을 것임을 나는 주저없이 고백한다. 끝으로 본서의 출간을 위해 수고해 준 한국지정학연구원 제1연구실장 김연지 박사와 교정작업을 포함하여 본서 출판의 전과정에서 헌신해 준 수석연구원 모준영 박사에게 깊이 감사한다.

2019년 10월 15일
구고서실(九皐書室)에서

차례

I

프롤로그

Prologue

> "나는 인간의 개성을 믿는다.
> 우리는 큰 사건들과 작은 인간들의 시대에 살고 있다.
> 우리 자신의 제도에 노예가 되지 않으려 한다면
> 그것은 대담한 창조적 노력에 의해서만 가능할 것이다."
> – 윈스턴 처칠

윈스턴 처칠은 세계사에서 가장 거대한 제국에서 막강한 정치적, 경제적 힘을 가진 세습적 계급 가족의 일원으로 태어났다. 그리하여 그는 불안전이나 자아 의구심에 의해 괴롭힘을 당하지 않았다. 처칠의 장엄한 자신감과 자립심은 자신이 누구이고 어디의 출신이라는 데서 그가 본능적으로 느꼈던 확신에서 직접적으로 유래했다. 그는 사회라는 피라미드의 꼭대기 출신이고, 그 당시 그런 최상위 계급의 핵심적 속성들 가운데 하나는 자기 밑의 사람들이 그들을 어떻게 생각하는지에 대해 별로 신경을 쓰지 않는 것이었다. 그는 마음속에서 자아불신감으로부터 방비되었다. 이것은 아무도 그를 믿는 것 같지 않을 때, 모든 그런 시기에 처칠에겐 아주 귀중했다.

처칠의 정치적 입장도 그의 부친의 경우처럼 본질적으로 디스레일리 (Disraeli)의 젊은 영국운동에서 나왔다. 이 운동의 노블레스 오블리주 (Noblesse Oblige) 의식은 항구적 우월성을 가정했지만 그러나 동시에 본능적으로 가난한 사람들에 대한 특권층의 의무를 알고 있었다. 귀족의 의무에 대한 처칠의 해석은 자신과 자신의 계급이 평생 봉사할 권리를 가진 자신의 조국에 대한 책임이 있다는 것이었다. 그는 자신이 "거만하지만 자만하지는 않은 사람"(arrogant, but not conceited)이라고 자부했다.[1] 처칠 속의 귀족성으로 인해 그는 결과에 관계없이 자기가 생각하는 것을 완전히 그리고 정확하게 말할 수 있었다.[2]

1940년 5월 10일 윈스턴 처칠이 마침내 그의 숙원인 영국의 수상이 되었을 때 그는 65세였고 이미 거의 40년 이상 국회의원이었다. 그리고 그 기간 중에서 25년 동안 국가정책과 국제문제의 많은 분야를 다루는 책임이 있는 여러 고위 각료직을 지냈다. 따라서 그의 정치적 리더십의 가장 강력한 힘은 바로 그런 다양한 직무 경험에 입각한 심오한 경륜이었다. 처칠은 많은 치열한 정치적 투쟁과 그가 중심적이고 종종 성공적 참가자였던 어려운 국제협상에서 획득한 생생한 지식을 활용할 수 있었다. 처칠의 정치적 지혜는 종종 인기의 무자비한 상실과 실패의 대가로 고통스럽게 얻어진 것이다. 그가 얻은 경험은 아주 상당한 것이었다.

1914년 해군성 장관으로서 그의 의무는 런던의 공중방어와 독일해군의 공격으로부터 영국해군과 상선들의 보호였다. 1917년 그는 가장 심각한 궁핍과 압박의 시기에 영국에서 탄약생산의 책임을 맡았다. 처칠은 1919년엔 긴급한 문제로서 불만에 찬 장병들을 심각하게 긴장시켰던 동

---

1) Andrew Roberts, *Churchill: Walking with Destiny*, New York: Viking, 2018, p. 11.
2) *Ibid.*, p. 12.

원해제제도를 마련했다. 1920년대 초에는 본국통치를 위한 아일랜드 가톨릭(Catholic) 세력의 요구와, 남부 아일랜드와 얼스터(Ulster) 간의 국경선을 정하는 첫 분쟁과 마지막 분쟁을 효과적으로 해결했다. 뿐만 아니라 그는 제1차 세계대전 후 팔레스타인에 유태인들의 본국(national Home) 수립에 대한 영국의 약속을 수행하는 복잡하고 어려운 과업을 수행했다. 30년 이상의 기간 동안에 영국의 주요 국가적 요구를 국가의 중심부에서 다룬 그의 경험이 수상이 된 순간부터 처칠에게 소중한 자산이었다.

또한 수상이 되기 전 4반세기 동안 그는 국가의 중심적 방향이 없을 때 전쟁정책의 전개에 수반하는 위험들을 목격했다. 그는 1914년 전쟁자문위원회의 위원이었는데 그때 당시 애스퀴스(Asquith) 수상이 육군과 해군의 두 군부에 대해 효과적인 통제력을 행사하지 못하는 것을 목격했다. 바로 이 문제를 해결하기 위해 처칠은 1940년 5월 10일 수상이 되자마자 그때까지 영국에 전례가 없었던 방위성(the Ministry of Defense)의 직책을 창설했다. 비록 방위성이 그 자체로서 한 부처의 구조를 갖고 있지는 않았지만 그것은 헤이스팅스 이즈메이(Hastings Ismay) 장군이 이끄는 사무국을 갖고 있었으며 그는 적은 수의 직원으로 수상과 육·해·공군의 각 수장들인 참모장들 간의 직접회로로서 봉사했다. 이 구조는 처칠로 하여금 직접적으로 수용하거나, 거부하거나, 혹은 수정하든 간에 시행해야만 하는 사람들에게 수상의 제안을 제시할 수 있게 해주었다. 처칠의 전시 수상직의 조직은 그의 전쟁리더십의 핵심적 특징이었다.[3] 이 조직의 구조는 처칠에게 가능한 한 전문적 지식의 최고도의 축적을 그가 사용할 수 있게 하는 전쟁리더십의 방법을 제공했다. 처칠은 자신

---

3) Martin Gilbert, *Winston Churchill's War Leadership*, New York: Vintage Books, 2004, p. 5.

의 요구와 제안에 아주 단호했음에도 불구하고 결코 독재적인 지도자는 아니었다. 만일 참모장들이 그가 제안한 어떤 시도를 반대하면 그것은 포기되었다. 그는 집단적 의지를 제압할 권한을 갖고 있지 않았다. 그러나 대부분의 경우에 그런 경직된 분열은 없었다. 그와 참모장들은 동일한 결과, 즉 패배를 면하고 그리고 나서 독일을 봉쇄하고 마침내 패배시키는 것을 모색했다. 그리고 이런 모색에서 그들은 빈번히 합의했다.[4]

수상직 수행의 시작부터 처칠이 고집한 하나의 법칙은 그가 밤에 자러 간 뒤에는 영국이 침공당하는 경우를 제외한 어떤 소식도, 그것이 아무리 나쁜 소식이라고 할지라도 그를 깨워서는 안 된다는 것이었다. 매일 오후에, 보통 오후 5시경에 그는 침대로 돌아가서 한 시간여 동안 깊은 수면을 취한 뒤 일어나 자신의 일을 새로운 정신으로 시작했다. 이런 방식으로 그는 하루에 이틀 간의 근무일을 효과적으로 창조했다. 매일 밤 자러 가기 전이나 아침에 기상하기 전에 그는 9~10개 되는 모든 주요 신문들을 읽고 대중들이 전쟁에 관해서 알게 되는 방식을 흡수하고 사설들을 공부하고 또 국민들의 일상적 생활의 무수한 면들이 경종을 울리는 뉴스 항목들을 꿰뚫어 보았다. 신문을 읽음으로써 처칠은 대중들 사이에서 특히 공장 노동자들, 남녀 병사들 그리고 그들 가족들의 고통과 원망들을 감소시킬 수 있었다.

전시에 처칠이 자신의 헌신적 비서직원들에게 이런 저런 지시를 하지 않는 날은 하루도 없었다. 수상직을 시작할 때 그는 자기가 내리는 모든 지시, 제시, 제안이나 비판 그리고 그가 받는 모든 답변은 반드시 서면으로 이루어져야 한다고 결정했다. 제1차 세계대전 중에 한 회의에서 합

---

4) *Ibid.,* p. 6.

의된 결정이 다음 회의에서 도전 받지만, 무슨 첫 결정이 있었으며 찬성이었던 반대였던 누구에 의해 어떤 주장이 제시되었는지를 보여주는 서면 기록이 없었던 너무나 많은 경우를 기억했다. 그래서 그는 자신의 전쟁리더십 하에서는 대충 넘어가거나 불확실함이 있어서는 안 될 것이라고 결심했다. 그래서 내각의 비서인 에드워드 브리지(Edward Bridges) 그리고 이즈메이 장군과 대영제국 참모총장인 존 딜(John Dill) 야전군 원수에게 "내게서 나가는 모든 지시들은 서면으로 작성되거나 사후 즉시 서면으로 확인되어야만 한다. 그리고 내가 지시했다고 주장되는 것에 대해 그것들이 서면으로 작성되지 않는 한 국가 방위에 관련된 문제들에 대해 어떤 책임도 수락하지 않을 것임을 확실히 하라"는 메모를 1940년 7월 19일에 보냈다. 그리고 이 메모는 처칠 집무실의 모든 구성원들에게 읽혀졌고 그렇게 실행되었다.

본서의 위대한 처칠의 리더십 이야기는 그가 1932년 뮌헨에서 히틀러와의 상봉이 무산된 사건에서부터 시작할 것이다. 처칠은 거의 70년 동안의 정치생활 중에서 정부의 주요 각료직의 안과 밖에서 수행한 긴 정치활동으로 이미 유명 정치인이었지만 처칠이 위대한 세계사적 인물이 되는 특별한 과정은 바로 독일의 절대적 독재자 히틀러와의 기나긴 절대적 투쟁에서 최종적으로 감격스러운 승리를 거둔 결과라 해도 결코 지나친 말이 아닐 것이기 때문이다. 아니 어떤 의미에서 제2차 세계대전은 히틀러와 처칠 간 벌어진 일종의 결투(the Dual)로 시작되었다 해도 과언이 아닐 것이기 때문이다.[5] 히틀러와 처칠은 모두가 강력한 사상가였다. 모든 것이 무엇을 어떻게 그들이 생각하는가에 달려 있었다. 그들

---

5) John Lukacs, *The Dual: The Eighty-Day Struggle Between Churchill & Hitler,* New haven and London: Yale University Press, 1990.

의 마음이 서로를 어떻게 인지하고 서로를 상상하는가에 달렸다. 히틀러나 처칠은 완전히 창조적 아이디어의 생산자는 아니었다. 왜냐하면 세상엔 완전히 창조적인 아이디어란 없기 때문이다.

그러나 이 세상에서 하나의 생각은 각 인간들에게 모두 다르게 인식되고 또 표현된다. 중요한 것은 1940년에 히틀러와 처칠을 포함한 당시 사람들이 무엇을 생각하고 또 믿는가이지만, 그들의 믿음과 생각들은 그들 자신이 바깥 세상과 독립적으로 존재하지 않은 것처럼 그들로부터 독립적으로 존재하지 않는다. 아이디어는 인간들이 그것들을 구현할 때에만 문제가 된다. 이 점에서 마르크스(Karl Marx) 같은 유물론자들뿐만 아니라 도스토예프스키(Dostoevsky) 같은 관념론자들도 틀렸다. 요컨대 마음이란 물질보다도 더 중요하고 물질에 선행할 뿐만 아니라 인간이 아이디어에 행하는 것이 아이디어가 인간에 행하는 것보다 더 중요하고 또 현실적이다. 불멸의 아이디어들이 있다. 그러나 그들의 개념은 언제나 역사적이다. 1940년에 히틀러와 처칠은 서로 다른 국가 간 뿐만 아니라 그들의 상이한 군대와 산물, 관습과 습관과 법률을 가지고 벌인 엄청난 투쟁의 최고 적대자들이었다. 그들은 제1차 세계대전 후에 출현했고 또 이제 1940년 절정에 도달하여 거의 모든 나라를 통치한 3개의 거대한 역사적 운동 중 2개를 대변했다. 20세기의 주된 세력은 민족주의였다. 너무 늦게까지 그것을 무시한 것은 민주주의와 공산주의의 거의 치명적 실수였다.

뿐만 아니라, 1930년대 히틀러와 독일 나치즘의 사악한 위험성을 경고하는 처칠의 카산드라 같은 예언자적 역할은 잘 알려져 있지만 실제로 처칠이 언제, 어떻게, 어떤 말로 예언하고 또 경고했는지는 비교적 잘 알려져 있지 않은 편이다. 그래서 본서는 1930년대 처칠의 주옥 같은 주요 연설문들의 요지를 가능한 한 많이 직접인용을 통해서 독자들에게 전달할 것이다. 또한 처칠이 수상이 된 직후 행하여 널리 알려진 "피와 노고와 눈물과 땀"(Blood, Toil, Tears, and Sweat)의 연설문뿐만 아니라 그 후 그가 행한 수많은 빛나는 연설들의 가장 중요한 부분들이 본서에서 주로 직접인용 혹은 종종 간접인용으로 전달될 것이다. 그리하여 독자들이 처칠의 영웅적 리더십의 수사학적 천재성과 감동적 표현들을 직접 접할 수 있는 기회가 제공될 것이다.

또한 그의 정치적, 군사전략적 리더십이 비교적 상세히 논의될 것이다. 언젠가 나폴레옹은 매춘의 경우처럼 전쟁에서 아마추어가 종종 전문가들보다 낫다고 말한 바 있었다.[6] 히틀러는 병법에서 아마추어였을 지는 모르지만 그러나 그는 모든 인간사에 적용될 대단한 전문적 재능을 소유하고 있었다. 즉 인간의 본성에 대한 이해와 자기 적의 약점에 대한 이해가 그것이었다. 그것이 그를 아주 멀리 끌고 가는 데 충분했다.[7] 그는 아주 멀리 나갔다. 프랑스인들을 쓸어버리고 영국인들을 유럽 대륙의 밖으로 몰아냈다. 그리고 영국인들이 수용해야만 할 자기의 평화의 조건을 영국에게 내 놓았다. 그 위험한 순간에 윈스턴 처칠이 영국의 수상이 되었다. 바로 그 얘기와 그 후 전 세계로 확대되는 전 지구적 투쟁의 얘기를 본서는 전할 것이다.

히틀러는 급진주의자였다. 처칠은 전통주의자였다. 히틀러는 지치고 위선적인 자유주의의 약점으로 그가 본 것을 파괴하기를 원했다. 처칠은 자유주의의 가치를 보전하고 자기가 할 수 있는 한 그것의 지속을 확보

---

6) *Ibid.*, P. 3.
7) *Ibid.*

하려 했다. 따라서 그들 간에 벌어진 투쟁은 혁명가와 정치가 사이의 결투였다.[8] 히틀러는 레닌(Vladimir Lenin)이나 스탈린(Joseph Stalin), 혹은 무솔리니(Benito Mussolini) 보다 더 큰 혁명가였다. 그것은 자기의 대의와 자신의 비전에 대한 그의 광기의 헌신 때문만이 아니라, 그의 놀라운 승리들이 그를 종식시키려는 세계의 가장 큰 제국들의 결합된 노력에 의해서가 아니라면 무효화 시킬 수 없었기 때문이다. 히틀러는 민족주의와 사회주의 결합의 잠재력을 인식했다. 그리고 그는 그 결합에서 민족주의의 실천적 주도권을 인식했었다. 국제적 사회주의란 하나의 신기루에 불과했다. 동시에 세계의 모든 국가는 일종의 복지국가가 되었다. 그들이 자신들을 사회주의자라고 부르는지의 여부는 별로 문제가 되지 않았다. 히틀러는 그것을 알았다. 그는 또한 동시에 구식 자본주의가 이미 지나갔다는 것도 알고 있었다. 그것은 19세기에 속했다. 히틀러가 권력을 장악하기 전에 누구인가가 그에게 독일 산업들을 국유화하려는 지를 물었다. 히틀러는 말했다. "내가 왜 그것들을 국유화해야 하나? 나는 인민들을 국유화할 것이다."[9]

1940년 8월 초에 동유럽에서 어느 정도 러시아의 존재를 환영하는 영국 외교정책의 경향을 감지할 수 있을 것이다. 1941년 이후 처칠은 스탈린을 칭송할 것이다. 그러나 프랭클린 루즈벨트 대통령과는 달리 처칠은 스탈린의 야심이 어디에 있는지를 분명하게 알았다. 그러나 지금 당장의 문제는 공산주의가 아니라 히틀러의 러시아 침공이라고 영국인들과 세계를 향해 말했다. 그 후 다음 4년 동안 영국인들 사이에서 친러시아적 감정의 조류가 처칠을 앞서갔다. 1941년 9월 초 처칠은 공보성에

---

8) *Ibid.,* p. 222.
9) *Ibid.,* p. 223에서 재인용.

서 자신의 가까운 친구인 브렌던 브랙켄(Brendan Bracken)에게 러시아가 히틀러에게 저항하는 것에 열광하는 영국인들이 공산주의의 위험을 잊고 있는 경향이 있는데 이에 대한 어떤 조치가 필요한지를 고려해보도록 지시했다. 그는 1917년 볼세비키 혁명 이래 일생 동안 변함없이 일관된 반공주의자였다.

20세기 중반에 한 위대한 보수적 정치가가 거대한 혁명가를 이겼다. 그는 선동적 웅변가에 승리한 감동적 연설가였다. 그는 인종주의자에 승리한 사해 동포주의자였으며, 민중적 선동가를 이긴 민주적 귀족이었다. 그는 급진주의자를 이긴 전통주의자였고, 수백만 인민의 재앙이었지만 그러나 결과적으로 세계에서 더 나쁜 재앙을 면해준 제2차 세계대전 중에 그는 민족주의자를 이긴 애국주의자였다. 그는 바로 이제 이야기가 시작될 본서의 주인공이며 세계사적 영웅인 윈스턴 처칠이다.

II

황야에 홀로선 반-나치의 카산드라

An Anti-Nazi Cassandra Who Is Standing Alone in the Wilderness

"우리의 최고 목표는 전쟁으로 가지 않는 것이다.
그런 목적을 위해 우리는 타국들이
전쟁으로 가지 않도록 우리의 최선을 다해야 한다."
- 윈스턴 처칠

1930년대는 대체로 처칠의 생애에서 정치적으로 가장 힘들고 가장
가혹한 시기였다. 1929년과 1939년 사이 10년 동안 처칠은 관직의 밖에
있었다. 이 시기를 처칠은 황야에 있던 시기라고 묘사했지만 그곳은 "사
람이 살고 있는 황야"(the inhabited wilderness)였다.[1] 처칠에게 자신의
미래가 암담해 보였던 그런 시기였다. 모든 것이 희미했다. 그러다가
1933년 아돌프 히틀러가 독일에서 정권을 장악하고 즉각적으로 베르사
유 체제를 파괴하고 독일을 유럽에서 최대 강대국가, 즉 헤게모니로 만
들 그의 계획을 시작했을 때 이제 세상은 그에게 선명해 보이기 시작했

---

1) Martin Gilbert, *In Search of Churchill: A Historian's Journey*, New York: John Wiley &
Sons, 1994, p. 108.

27

다. 처칠은 히틀러의 <나의 투쟁>(*Mein Kampf*)[2]을 이미 읽었고 그것이 히틀러의 명백한 의도를 대변한다고 믿었다.[3] 히틀러의 권력 장악에 영국정부의 반응은 없었다. <나의 투쟁>을 읽은 사람은 별로 없었고 읽었다 해도 그것을 믿는 사람은 더더욱 거의 없었다. 영국정부 주변에서 히틀러는 곧 폐기될 환상적 모험가로 보였다. 영국의 역사에서 평화주의(pacifism)는 단지 유행일 뿐만 아니라 다수의 신념이 된 유일한 시기였다. 국민적 분위기는 모두가 전쟁을 혐오했고 제1차 세계대전 때의 참호로 돌아가는 것을 공포스럽게 여겼다. 특히 당시 영국인들은 공습의 위험을 두려워했다. 그런 상황에서 영국이 전쟁을 준비하기 위해 더 많은 일을 해야 한다고 주장하는 황야의 유일한 목소리가 있었다. 그것은 윈스턴 처칠의 목소리였다.

1932년 7월 11일 처칠은 최초로 당시 독일의 나치당 당수인 히틀러에 대해 공식적 언급을 했다. 그때 영국의 램지 맥도날드(Ramsay Mac-Donald) 수상이 6월 16일 개최된 로잔 회의(the Lausanne Conference)의 참가 후 귀국했는데 이 회의에서 독일에 대한 베르사유 조약 상의 배상금 구절이 프랑스와 영국에 의해 엄청나게 감소되었다. 7월 9일 그 회의는 명목상으로 요구하는 3천 마르크 만을 유지한 채 독일의 모든 요구를 수용했다. 로잔 회의가 끝나고 이틀 후에 처칠은 의회에서 독일과 프랑스 간의 마찰을 제거하는 것은 어떤 것도 좋은 것이라고 인정했다:

> "이것은 진실이다. 독일이 지불해야 할 30억 마르크가 있지만 그
> 러나 나는 독일정부 뒤의 감동적 충동 세력인 히틀러가 어제 몇 개월

---

2) Adolf Hitler, *Mein Kampf,* New Ford Translation, Michael Ford & Elite Minds Inc. 2009.
3) Paul Johnson, *Churchill,* New York: Viking, 2009, p. 91.

이내에 그 액수는 3마르크의 가치도 없을 것이라고 말한 사실에 주목하고자 한다. 그것은 베르사유 문서의 잉크가 아직도 축축한 데도 행한 소름 끼치는 언명이다. 그러므로 나는 독일이 사실상 모든 배상금으로부터 자유로웠다고 말하겠다. 카르타고식 평화는 없었다. 정복자들은 독일이 피를 흘리게 하지도 않았다. 오히려 정반대의 일이 발생했다. 영국과 특히 미국이 그리고 또 다른 국가들이 정전 후 독일에 쏟아 부은 차관들은 독일이 지불할 복구비의 총액을 훨씬 초과했다. 실제로는 거의 배에 달했다. 독일의 곤경이 심하다면, 현재 다른 모든 나라들도 어려운데, 그것은 독일인의 피를 짜내거나 값진 상품들이 독일에서 승전국가들로 빠져나가기 때문이 아니다."[4]

그러나 배상금 문제의 종식은 독일에서 온건파들을 돕지 않았다. 거리에서 나치스 집단들은 베르사유 조약의 "쇠사슬"로부터 독일의 해방을 계속해서 요구했다. 7월 말에 총선 실시가 정해졌다. 당시 기자로서 선거운동을 보도하기 위해 독일에 갔던 윈스턴 처칠의 아들 랜돌프 처칠(Randolph Churchill)은 나치 지도자에 대한 군중들의 열광에 깜작 놀랐다. 선거는 7월 31일에 실시되었다. 나치당이 230석을 획득했고 사회민주당이 133석 그리고 공산주의자들은 오직 78석을 얻었다. 당일 랜돌프 처칠은 선데이 그래픽(Sunday Graphic)에 나치당의 성공은 머지않아 전쟁을 의미한다고 썼다. 그는 히틀러의 부하들이 1918년 독일의 패배에 대한 복수를 위해 불타고 있다고 설명했다. "그들은 다시 한 번 군대를 가질 각오이다. 일단 그들이 그것을 갖게 되면 그것을 사용하는 데 망설이지 않을 것이라고 나는 확신한다."[5]

---

4) Andrew Roberts, *Churchill: Walking with Destiny*, New York: Viking 2018, pp. 362－363.
5) Martin Gilbert, *Winston S. Churchill*, Vol. V. *The Prophet of Truth 1922－1939*, Hillsdale, Michigan: Hillsdale College Press, 1976, pp. 446－447.

1,350만이 넘는 투표로 나치당이 이제 독일에서 제1당이 되었다. 그러나 그들은 총 투표의 37.1%만을 획득하였다. 폰 파펜(Von Papen)이 여전히 수상으로 남았지만 나치당은 내각 구성에 초청되지 않았다. 권력의 배제에 대한 히틀러의 즉각적인 반응은 거리에서 테러를 강화하는 것이었다. 8월 29일 테러에 굴복하여 폰 파펜 수상이 히틀러에게 부수상의 자리를 제안했지만 히틀러는 수상직을 주장하면서 그 제안을 거절했다.

바로 이때 처칠은 말보러의 역사적 전투현장들의 관광여행을 위해 영국을 떠났다. 그의 아들 랜돌프는 자기 아버지에게 2개월 전 아주 인상적인 선거운동을 했던 히틀러를 소개하고 싶어했다. 그래서 그는 히틀러의 친구들 가운데 한 사람인 푸치 한프슈타엔겔(Putzi Hanfstaengel)에게 모임을 주선하도록 요청했다. 처칠과 한프슈타엔겔은 뮌헨에서 처칠이 묵는 호텔에서 함께 식사를 했다. 한프슈타엔겔은 처칠에게 히틀러가 매일 오후 처칠이 묵는 호텔에 오기 때문에 그들이 만나는 것보다도 쉬운 일은 없다고 처칠에게 말했고 처칠은 만나는 데 동의했다. 그러나 한프슈타엔겔의 회고록에 의하면 히틀러는 정치적 능력에서 자기에게 필적하다고 알고 있는 사람을 만나는 것이 불안했다. 그래서 한프슈타엔겔이 그를 밀어붙이자 히틀러는 어쨌든 사람들은 "당신의 처칠씨를 맹렬한 프랑스 애호가라고들 한다"고 언급했다. 그럼에도 여전히 한프슈타엔겔은 히틀러가 호기심에 사로잡혀 커피 한 잔 하러 처칠의 일행과 만나는 결정을 하길 희망했다. 처칠은 자기 부인과 딸, 사라(Sarah), 랜돌프, 캠로즈(Camrose) 경과 린데만(Lindemann) 교수와 함께 있었다. 한프슈타엔겔은 약속된 시간에 나타났다. 그러나 히틀러는 보이지 않았다. 다음 날 한프슈타엔겔은 히틀러가 처칠을 만나도록 설득하려 했으나 허사였다.

히틀러는 "어쨌든 처칠이 어떤 역할을 하느냐"고 물었다. "그는 야당에 있으며 아무도 그에게 주목하지 않는다"는 히틀러의 말에 한프슈타엔겔은 "사람들은 당신에 대해서도 똑같이 말한다"고 반박했다.[6] 이틀 후 처칠 일가는 블렌하임[7]을 향해 뮌헨을 떠났다. 히틀러는 그들이 가버릴 때까지 멀리했다고 한프슈타엔겔은 지적했다.

처칠은 일생에 딱 두 번 독일을 방문했다. 그리고 그때에도 제1차 세계대전 이전으로 그는 독일육군의 기동훈련을 참관하기 위해 아주 잠시 방문했을 뿐이었다. 그는 독일 문화에 조예가 없었다. 그래서 수년 전에 카이저가 런던을 행군할 때까지 야만적 독일어를 결코 배우지 않을 것이라고 말했었다. 그리고 1932년 두 번째인 이번 여행은 자신의 가족과 함께 독일에서 블렌하임을 포함하여 말보러의 다뉴브 강 주변의 전투현장들을 관광하러 왔다가 히틀러와 거의 상봉할 뻔했던 것이다.

처칠이 한프슈타엔겔을 통해 보낸 구두 메시지를 보면 그 대화가 아주 결실 있는 것이 되지 못했을 것이다. 처칠은 그에게 반 유태주의가 좋은 출발점이 될지는 모르지만 그것은 나쁜 스티커(sticker)라고 당신의 당수에게 전달하라고 말하면서 그에게 당신의 당수는 왜 그렇게 유태인들에게 난폭한 지를 물었다. 그들이 당신 조국에 못된 짓을 했거나 반대하는 유태인들에게 화를 내는 것은 처칠 자신도 잘 이해할 수 있다. 그리고 그들의 삶이 어떤 분야에서 권력을 독점하려 든다면 그들에 반대하는 것을 이해할 수 있지만 단순히 유태인으로 태어났기 때문에 그들을 적대시하는 데에는 무슨 의미가 있는가? 처칠은 거의 이루어질 뻔한

---

6) *Ibid*, p. 448.
7) 처칠이 태어난 블레넘(Blenheim) 궁전은 독일의 블렌하임의 영어식 명칭임. 여기에서는 독일의 장소를 칭하기 때문에 블렌하임으로 표기했음.

히틀러와의 상봉에 관해서 '히틀러는 나를 만날 유일한 기회를 놓쳤다'는 농담으로 자신의 설명을 끝맺었다. 어쨌든 처칠은 당시에 히틀러와 상봉이 이루어졌다 해도 어떤 것을 제안할 위치에 있지 않았다.[8] 처칠이 히틀러를 만나지 않은 것은 돌이켜보면 아주 다행스러운 일이 되었다. 왜냐하면 로이드 조지(Lloyd George), 윈저 공작(the Duke of Windsor), 그리고 처칠의 사촌인 런던데리 상원의원(Lord Londonderry) 같은 여러 저명한 영국인들에게 히틀러와의 만남은 후에 아주 당황스러운 일이 되고 말았기 때문이다.[9]

1932년 11월 23일 히틀러가 권력을 장악하기 2개월 전 처칠은 독일의 재무장에 관한 최초의 연설을 했다. 그는 이 연설에서 프랑스, 벨기에, 폴란드, 루마니아, 체코슬로바키아 그리고 유고슬라비아의 국경선들이 모두 베르사유 조약의 유지에 얼마나 많이 의존하고 있는지에 관해서 말하고 또 "히틀러의 젊은이들"(Hitler Youth)을 언급했다.

> "… 독일은 전후 약 1억 파운드의 배상금을 지불했지만 그러나 독일은 동시에 배상금을 내고 자국의 공장들의 장비를 위해 약 2억 파운드를 빌렸다. 독일의 영토들은 규정된 시기 오래 전에 철수되었다. 그리고 이제 로잔(Lausanne) 회의에 의해 전쟁에서 자국의 영토들이 파괴되거나 우리들처럼 전쟁에 의해 번영이 중대하게 손상된 국가들에 의해 요구된 모든 복구비로부터 사실상 자유롭게 되었다. 동시에 독일의 상업적 빚은 궁극적으로 회복할 수 없는 것으로 당연히 입증되었다.
> 나는 독일을 고발하고 있는 것이 아니다. 나는 독일인들에게 존경

---

8) Andrew Roberts, *Churchill: Walking with Destiny*, p. 364.
9) *Ibid.*

심과 찬양하는 마음을 갖고 있고 또 우리가 그들과 좋은 감정과 결실 있는 관계의 조건에서 살아가길 갈망한다. 그러나 우리는 그들에게 주어진 모든 양보는 즉각적으로 새로운 요구가 뒤따랐다는 사실을 직시해야만 한다. 이제 독일은 무장하도록 허용되어야 한다고 요구하고 있다. 독일이 요구하는 것은 균등한 지위일 뿐이라고 영국의 정부가 믿게 해선 안 된다. … 그것은 독일이 추구하고 있는 것이 아니다. 자신들의 조국을 위해 고통을 감수할 눈빛을 갖고 독일의 거리와 길에서 행진하는 모든 강인한 튜턴족 젊은이들의 무리는 지위를 추구하고 있지 않다. 그들은 무기를 찾고 있다. 그리고 그들이 무기를 갖게 되었을 때, 그때 그들은 잃어버린 영토와 잃어버린 식민지들의 반환을 요구할 것이다. 그리고 그런 요구가 이루어질 때 그것은 내가 언급한 모든 국가들과 내가 언급하지 않은 다른 국가들 모두를 토대까지 흔들고 또 아마도 박살낼 것이다. 내 말을 믿으시라."10)

그러나 처칠의 이 연설은 영국의 정치계나 언론에서 아무런 반향도 일으키지 못했다. 영국인들은 처칠로부터 그런 종류의 주장을 과거에도 여러 번 들었기 때문이다. 영국의 대중들은 과거처럼 처칠의 경고에 무덤덤했고 또 그를 믿지 않았다. 그는 진실을 말했지만 그의 예언은 황야에서 홀로 울부짖었던 트로이(Troy)의 카산드라의 경우와 같았다.

1933년 1월 30일 독일의 힌덴부르크(Hidenburg) 대통령이 히틀러를 독일의 수상으로 임명했다. 몇 주 후 처칠은 의회에서 프랑스의 군대를 최고로 간주하고 독일의 복수심에 대항해 가장 믿을 만한 보루로 프랑스 육군이 있어 다행이라고 말했다. 처칠은 히틀러가 점차로 평화와 문명 그리고 대영제국에 가하는 위협에 대해 최초로 경고했던 가장 웅변

---

10) Winston S. Churchill, *While England Slept: A Survey of World Affairs 1932－1938*, New York: Ishi Press International, 2016(1938). pp. 25－26.

적이고, 정보에 가장 밝은 영국 내 유일한 고위급 정치인이었다. 나아가서 그는 해결책을 제시했다. 이것이 바로 미국의 루즈벨트 대통령이 처칠에게 1943년 어떤 전쟁이 될 것 같으냐고 물었을 때 처칠은 제2차 세계대전은 "불필요한 전쟁"(the unnecessary war)이었다고 대답했던 이유이다. 1930년대 중반까지 영국에서 어떤 고위급 정치인도 영국과 독일의 군사력의 능력과 한계에 대해 처칠만큼 잘 알고 있고 있지 못했다.

1933년 2월 27일 기이한 상황에서 독일 의사당에 화재가 발생하였고 이것은 독일에서 위기의식을 확산시켰다. 6일 후에 나치스가 국민투표의 44%에 해당하는 1,700만 표를 획득했다. 3월에 처칠은 영국공군을 증강할 것을 촉구하는 최초의 의회 연설을 했다.[11] 어쩌면 이것이 그 후 6년에 걸쳐 그가 영국에게 준 가장 중요한 메시지였다. 3월 24일 독일 의회에서 통과된 수권법(An Enabling Act)으로 히틀러가 완전한 독재권력을 장악한 바로 그날 처칠은 "독일을 주시할 때, 우리는 놀라움과 걱정으로 격앙된 잔인한 폭도와 전쟁 정신, 소수에 대한 무자비한 대우, 오직 인종의 근거에서 수많은 개인들에게 문명사회의 정상적 보호의 거부를 관찰하면서 독일에서 일어나고 있는 광폭한 열정이 아직은 독일인들 외에 어떤 출구도 발견하지 않았다는 사실에 기쁨을 느끼지 않을 수 없다"고 말했다.

4월 1일 모든 유태인들의 사업과 직업에 대한 독일정부 주도의 범국가적 보이콧(boycott)으로 유태인들에 대한 박해가 본격적으로 시작하면서 "갈색 복장의 자객들"(the Brownshirt thugs)이 거리에서 기회가 있을 때마다 가학적으로 유태인들을 공격하고 굴욕을 주었다. 4월 13일 처칠

---

11) 연설문 내용을 위해서는, Winston Churchill, "Air Defense," in Winston S. Churchill, *While England Slept,* pp. 37-43.

은 가장 무자비한 히틀러의 독재체제를 규탄하면서 "독일이 인접국들과 완전히 군사적 평등을 이루게 되면 우리는 분명히 전반적인 유럽의 전쟁 재개에서 멀지 않을 것"이라고 경고했다.12) 그러나 사람들이 특히 지난 전쟁에서 아버지나 아들, 남편과 형제들을 잃은 사람들은 그런 무자비한 예언을 들으려 하지 않았다. 당시엔 평화주의(pacifism)가 만연했다. 그런 사람들은 제1차 세계대전에서 죽은 100만 대영제국 병사들이 "전쟁을 끝내는 전쟁"(the war to end war)을 수행하지 않았을 것이라는 무서운 사실을 직면하기 보다는 처칠을 전쟁광(warmonger)으로 치부하는 것이 심리적으로 훨씬 더 편했다.

당시 많은 영국인들은 베르사유 조약이 독일에게 너무 가혹했으며 따라서 히틀러는 단지 그것을 수정하고 싶어한다고 느꼈던 것이다. 4월 24일 처칠은 이렇게 역설했다:

> "역사가들은 수세기에 걸쳐 그들에게 크게 손실을 가져온 영국민의 특수성을 지적했다. 우리는 투쟁에서 획득한 이익들 중 보다 큰 부분을 승리 후에 언제나 내버렸다. 우리가 고통받는 최악의 어려움들은 외부로부터 오는 것이 아니다. 그것들은 내부로부터, 우리의 지식인들 중 강력한 일부에 의해 제공되는 부당한 자기비하(self-abasement)의 분위기로부터 온다. 이것들은 우리의 많은 정치인들이 패배주의적 교리를 수용한 데서온다. 영국 스스로가 구하지 않으면 아무것도 영국을 구할 수가 없다. 만일 우리가 이끌고 통치하는 자신의 능력에 대한 자신감을 잃는다면, 만일 우리가 삶의 의지를 잃는다면, 그땐 정말로 우리의 이야기가 될 것이다."13)

---

12) Winston Churchill, "The Darkening Scene," in Winston S. Churchill, *While England Slept.*, pp. 59-68.
13) Winston S. Churchill, *While England Slept,* p. 72

이 말도 처칠이 종종 되풀이 했음에도 불구하고 사람들은 듣고 싶어 하지 않았다. 많은 사람들은 제1차 세계대전에서 발생한 무서운 손실을 고려하여 독일에게 모든 종류의 편의를 제공하면 제2차 세계대전이 피할 수 있을 것이라고 가정했던 반면에 처칠은 결정적으로 달랐다. 그에게 제1차 세계대전의 손실이 너무 컸기 때문에 히틀러가 유럽의 지배를 달성함으로써 그들의 희생이 모욕되도록 해서는 안 된다고 생각했던 것이다.

> "우리 역사의 가장 영광스러운 장들은 아직 쓰여지지 않았다. 실제로 우리들과 우리의 조국을 에워싸고 있는 바로 그 문제들과 위험들은 영국의 현 세대의 남녀들로 하여금 이런 시기에 살았다는 것을 기쁘게 해야만 한다. 우리는 운명이 영광스럽게 부여한 책임을 기뻐해야 하고 또 조국의 생명이 달려있는 시대에 우리가 우리 조국의 수호자임을 자랑스러워 해야 한다."[14]

1934년 11월 28일 처칠은 독일이 1935년에 영국과 균등한 공군력을 달성할 것이라고 경고하는 중요한 연설을 했다. 그는 폭격이 회복의 기회를 주지 않는 유일한 형태의 전쟁이 될 것이라고 서술했다. 그는 일주일 간의 폭격으로 3만 내지 4만 명의 런던 시민들이 죽임을 당하거나 부상당할 것이라고 믿었다. 그것들을 헤쳐 나갈 적절한 조치들을 취할 시간이 남아 있을 때 그런 사실들에 직면해야 할 것이다. 방어준비를 촉구하는 것은 전쟁의 임박성을 주장하는 것이 아니라, 오히려 정반대로 전쟁이 임박해서 방어를 준비하는 것은 너무 늦을 것이라고 독일공군력의 위험을 경고했다.[15]

---

14) *Ibid.*, p. 73.
15) *Ibid.*, pp. 141–152.

1935년에 수상이 된 볼드윈(Baldwin)은 주로 일본에 의해 제기되는 위협인 해군력 제한에 관해 협상하자는 히틀러의 제안을 수락했다. 다가오는 선거를 앞두고 영국인들이 영국의 재무장에 반대할 것이라고 확신했다. 그 결과 독일에게 영국함대의 35%까지 건설할 것을 독일에게 인정했고, 또 독일이 원하면 평형을 이룰 수 있는 잠수함의 45%의 비율을 인정했다. 이제 일본과 독일의 새로운 위협에 크게 놀란 처칠은 의회에서 "이것은 일본에게 횡재가 될 것이다. 영국 함대는 주로 북해에 정박할 것이다. 그리고 독일 함대가 구축되면 본국에서 그렇게 먼 곳에 영국함대의 어떤 상당한 부분을 유지할 수 없을 것"이라고 개탄했다.[16] 3월 16일 히틀러는 베르사유 조약의 비무장 조항들을 거부하고 조약에서 금지한 독일공군의 창설을 발표했으며 그 조약이 10만 명 이하로 규정한 병력을 부정하고 50만 명의 징집군대의 편성을 선언했다. 3일 후 처칠은 사적으로 수집된 정보에 입각하여 독일의 재무장 속도에 대해 의회에서 연설했다.

> "이제 누구나 우리가 위험한 시기에 들어섰음을 알고 있다. 우리
> 는 새로운 전쟁의 전망이 아니라 1918년 11월에 끝난 전쟁의 재개
> 가능성과 아주 흡사한 어떤 것에 직면하고 있다. 대안이 절망적이어
> 서 나는 그것을 피할 수 있기를 희망하고 또 믿는다. 그러나 상태는
> 1914년 때보다 훨씬 더 나쁘다. 우리는 우리 해군의 방패 뒤에서 더
> 이상 안전하지 않다. 우리는 이 섬의 치명적 항공방어에서 뒤처져 있
> 다. 우리는 1914년 때보다도 대륙문제에 훨씬 더 깊고 명시적으로 관
> 련되어 있을 뿐만 아니라 우리가 방어를 게을리했기 때문에 우리의

---

16) Donald Kagan and Frederick W. Kagan, *While America Sleeps,* New York: St. Martin's Press, 2000, p. 201.

본질적 안전을 타국가들에게 의존하게 되었다.

　우리는 모든 국가들 가운데 가장 덜 취약하기는커녕 항공의 발전으로 가장 취약하게 되었다. 하지만 지금도 우리의 필요에 진실로 걸맞는 조치들을 취하고 있지 않다. 정부는 증강을 제안했다. 그들은 폭풍과 마주칠 게 분명하다. 그들은 부당한 모든 형태의 공격에 대적해야 할 것이다. 그들의 동기들은 오역될 것이다. 그들은 비방당하고 전쟁광이라 불리울 것이다. 이 나라에서 목청이 높은 세력들이 강력하고 극단적인 모든 종류의 공격을 그들에게 퍼부을 것이다. 어쨌든 그들은 해 나갈 것이다. 그렇다면 우리에게 안전을 줄 어떤 것을 위해 싸워야 하지 않겠는가?"[17]

　영국의 의회 의원들은 처칠의 연설에 귀를 기울였지만 아무런 반응도 보이지 않았다. 공군 재무장에 대한 처칠의 입장은 3월 25일 히틀러가 영국의 외상 앤서니 이든(Anthony Eden)에게 독일공군력이 이제 영국공군력과 대등하게 되었다고 말했을 때 거의 즉각적으로 입증된 것으로 보였다. 처칠의 핵심적 메시지는 "때론 미리 돌연한 공포감을 갖지만 실제로 사태가 발생하면 아주 차분한 것이, 사전에 아주 차분하다가 사태가 발생했을 때 공포감에 사로 잡히는 것보다는 훨씬 낫다"[18]는 것이다. 처칠은 역사상 영국의 영속성 있는 의무는 유럽에서 힘의 균형을 유지하는 것으로 간주했다. 어느 경우에나 영국은 유럽에서 두 번째 강대국의 우방이었으며 최대 강대국에 굴복한 적이 없었다. 엘리자베스(Elizabeth) 1세는 스페인의 필립(Philip) 2세에 저항했고, 윌리엄(William) 3세와 말보러(Marlborough)는 프랑스의 루이(Louis) 14세에 저항했다. 피트(Pitt)는 나폴레옹(Napoléon)에 저항했으며 영국인들은 모두

---

17) *Ibid.,* p. 166.
18) Andrew Roberts, *Churchill: Walking with Destiny,* p. 390.

독일의 빌헬름(Wilhelm) 2세에 저항했다. 그런 길을 택하고 그런 노력을 통해서 영국인들은 자신들과 자신들의 자유를 보전했고 현재 영국의 지위에 도달했다. 처칠은 그런 전통적 견해로부터 달라질 이유를 알지 못했다.

1936년 3월 7일 일요일 독일군대는 갑작스럽게 아무런 경고도 없이 베르사유 조약과 로카르노 조약(the Treaty of Locarno)을 뻔뻔스럽게 위반하면서 라인란트(Rheinland)의 비무장 지대로 진입했다. 히틀러가 마침내 군사적 행군을 한 것이다. 히틀러는 의회에서 행한 연설에서 독일의 평등권을 위한 투쟁은 끝난 것으로 간주될 수 있다며 독일은 유럽에서 어떤 영토적 주장도 하지 않을 것이라고 선언했다. 이것은 베르사유 조약의 극악한 위반에 대해 아무런 군사적 보복이 없기를 바라면서 영국과 프랑스의 여론을 무마하기 위해 고도로 계산된 선언이었다. 이 연설을 마지막으로 히틀러는 독일 의회를 해산해버렸다. 그는 라인란트로 행군하는 장군들에게 적극적 대응에 직면하면 철수하라는 명령을 이미 내렸었다. 그러나 프랑스의 피에르 플랑(Pierre Flandin) 외상에게 보낸 처칠의 호소에도 불구하고 프랑스는 아무런 대응을 하지 않았다. 영국의 볼드윈(Baldwin) 수상과 이든 외상도 아무런 대응을 하지 않았다. 그러나 설사 이들이 전쟁을 감수할 준비가 되었다 할지라도 프랑스의 참여 없이 이들이 할 수 있는 일은 아무것도 없었다. 라인란트 재무장의 3일 후 "전쟁들은 모든 전투원들이 준비될 때까지 항상 기다리지 않는다"고 처칠은 말했다:

"때론 그것들은 누구나 준비하기 전에 오고, 때론 한 국가가 다른 국가 보다 스스로 덜 준비되었다고 생각할 때에도 오고, 혹은 한 국

가가 시간이 감에 따라 강해지지 않고 더 약해질 것이라고 생각할 때
에도 온다. 나는 유럽의 역사에서 절정의 순간(a culminating point)
이 있지 않을까 참으로 두렵다. 나는 언제 그 절정에 도달할지는 모
른다. 그러나 그것은 현 의회의 생애 안에 도달할 것이다."[19]

처칠은 히틀러의 항변을 믿지 않았다. 라인란트 일은 첫 걸음에 지나
지 않다고 생각했다. 처칠은 그 단계는 이 과정에서 일어나게 될 하나의
사건일 뿐이라고 경고했다. 그는 히틀러와 협상하고 싶었지만 그것은 오
직 힘의 우위의 입장에서만 가능했다. 처칠은 이렇게 역설했다.

"세계의 전 역사는 국가들이 강할 때 그들이 항상 정의롭지 않다
는 사실에, 그리고 그들이 정의롭고자 했을 때 흔히 그들은 더 이상
강하지 않다는 사실로 집약된다. 압도적인 힘이 부여된 세계의 집단
적 군사력을 보고싶다. 만일 당신이 근소한 국력의 차이만을 믿고 이
런 일을 해 나가려 한다면 당신은 전쟁으로 나가게 될 것이다. 그러
나 만일 한쪽이 다섯 배나 열 배의 힘을 갖는다면 당신은 세계의 모
든 상처를 치유하는 타결의 기회를 가질 수 있을 것이다."[20]

처칠은 파시즘과 공산주의가 그들을 가르는 것보다도 훨씬 더 많은
공통점이 있다는 것을 인식한, 그리고 그들의 전체주의 속엔 사실상 자
매 같은 신념이 도사리고 있다는 것을 간파한 최초의 인물들 가운데 한
사람이었다. 처칠은 "악마의 신념"이라는 제목의 한 기사에서 공산주의
와 파시즘에 대해 북극과 남극을 어떻게 상기시키는 지에 관한 메타포
(metaphor)를 사용해 표현하는 천재성을 발휘했다.

---

19) *Ibid.,* p. 397.
20) Winston S. Churchill, *While England Slept*, p. 256.

"남극과 북극은 지구의 반대 쪽에 있다. 그러나 만일 당신이 어느 한쪽 극에서 내일 잠에서 깬다면 당신은 어느 쪽 극인지 알 수 없을 것이다. 아마도 한쪽엔 보다 많은 펭귄들이 있을 것이고 다른 쪽엔 보다 많은 곰들이 있을 것이지만 주변엔 온통 얼음과 눈, 그리고 매섭게 부는 바람만 있을 것이다."[21]

1937년 10월까지만 해도 처칠은 독일을 포위하는 어떤 집단안보체제의 공식적 일부로 그가 혐오하는 소련이 필요할 것이라는 사실을 충분히 인정하지 않았다. 그는 히틀러 정권의 진정한 성격에 대한 평가에서 현저한 일관성을 유지했지만 히틀러를 중지시킬, 그리고 이탈리아의 독재자 베니토 무솔리니와 스페인 파시스트 독재자 프란시스 프랑코(Francis Franco)를 어떻게 다룰 것인가에 대한 최선의 방법을 고려하는 데 있어서 그의 생각은 국제연맹의 호소에 소련이 반응하는 정도에 따라 진화했다.

1938년 3월 12일 독일의 병력이 오스트리아의 국경선을 넘어갔고 다음날 히틀러는 베르사유 조약을 정면으로 위반하여 독일제국이 오스트리아를 합병(Anschluss) 통합했음을 천명했다. 3월 14일 처칠은 이 사건의 중대성은 과장된 것이 아니라면서 유럽이 독일의 침략계획에 직면하고 있다고 하원에서 말했다. 그러면서 체코슬로바키아가 히틀러의 다음 목표물이 될 것이라고 그가 오랫동안 의심했던 대로 영국의원들을 교육시키려고 했다.

---

21) Andrew Roberts, *op. cit.,* p. 416.

"영국인들의 귀에 체코슬로바키아(Czechoslovakia)라는 나라의 이름은 이상스럽게 들리겠지만 의심할 여지없이 그들은 작은 민주국가일 뿐이다. 그러나 그들은 의심할 여지없이 우리 보다 2~3배 큰 육군을 갖고 있고 의심할 여지없이 그들은 이탈리아 보다 3배나 많은 탄약공급을 갖고 있다. 그리고 그들은 여전히 씩씩한 사람들이다. 그들은 조약상 그들의 권리를 갖고 있고 요새들도 보유하고 있으며 또한 그들은 강력하게 천명된 자유롭게 살고자 하는 의지를 갖고 있다. … 만일 여러 국가들이 침략에 대한 상호방어를 위한 엄숙한 조약으로 대영제국과 프랑스 주변에 모인다면, 만일 그들이 '대동맹'(a Grand Alliance)이라는 이름으로 자기들의 군사력을 동원한다면, 만일 그들이 협조적 군사참모들을 갖는다면, 만일 모든 것들이 명예롭게 국제연맹의 헌장에 의지한다면, 국제연맹(the League of Nations)의 모든 목적과 이상들을 추구하여, 만일 그것이 세계의 도덕의식에 의해서 지탱된다면, 그러면 이 다가오는 전쟁을 지금이라도 저지할 수 있을 것이다. 그러면 어쩌면 유럽을 덮고 있는 저주가 사라질 것이다."22)

프랑스는 영국과 달리 체코슬로바키아와 동맹을 맺고 있었다. 따라서 처칠은 영국, 프랑스, 소련 및 체코슬로바키아, 루마니아 그리고 유고슬라비아라는 "작은 협상"(the Little Entente) 국가들을 모두 아우르는 하나의 대 동맹체제의 수립을 제안했다.23)

처칠은 히틀러가 거대한 영토와 측정할 수 없는 자원을 보유한 러시아를 침공할 것이라고 예측했다. 왜냐하면 그때 이미 처칠은 동쪽에서 삶의 공간(Lebensraum)에 대한 독일의 욕구를 제시했던 아돌프 히틀러의 <나의 투쟁>의 번역판을 읽었기 때문이다. 1938년 3월 24일 목요일

---

22) Winston S. Churchill, *While England Slept.*, pp. 387 – 392.
23) 이때 폴란드는 러시아와 연합하기를 거부하고 체코 영토를 주장했기 때문에 제외되었다.

처칠은 나치스가 체코슬로바키아에 주는 위협에 대해 그의 생애에서 가장 강력한 열변 중의 하나를 토해냈다. 베르사유 조약은 새로 수립된 체코슬로바키아의 국경선 내에 350만의 독일 인종들을 남겨두게 했었다. 그들의 대부분은 주데텐란트(Sudetenland) 지역에 살고 있으며 히틀러는 그들이 독일 제3제국에 흡수될 것을 요구하고 있었다. 이것은 체코슬로바키아를 전략적으로 방어할 수 없게 만들었다. 처칠은 군수품 공급성과 방위성들을 창설할 것을 정부에 촉구했다. 그러나 당시 영국의 체임벌린(Chamberlain) 수상은 독일과 체코슬로바키아 간에 전쟁이 발생한도 해도 그것이 어디에서 끝이 나고 어떤 국가들이 개입할 것인지를 말하는 것은 아주 불가능하다고 경고했다. 그러나 주데텐란트에 대한 히틀러의 발언은 점점 호전적이 되면서 무력갈등의 전망을 분명히 열고 있었다.

1938년 9월 15일 체임벌린 수상은 독일로 비행해 베르히테스가덴(Berchtesgaden)에서 히틀러를 만났다. 그리고 귀국길에 그는 히틀러가 약속을 하면 지킬 사람이라고 말했다.[24] 그는 에드바르트 베네시(Edward Beneš) 체코슬로바키아 대통령에게 히틀러의 요구에 양보하도록 압력을 가하기로 결정했다. 9월 17일 귀국하여 내각에서 히틀러는 결연하지만 그의 목표는 엄연히 제한되어 있다는 결론에 도달했다고 말했다. 그는 라인란트, 오스트리아, 그리고 이제 주데텐란트 이후엔 히틀러가 유럽에서 더 이상 영토적 주장을 하지 않을 것이라는 히틀러의 확약을 믿었다. 9월 22일 체임벌린 수상은 전략적으로 중대한 주데텐란트를 독일제국이 지리적으로 어느 정도 흡수하려는 것인지에 대해 히틀러와 협상하기 위해 바드 고데스베르크(Bad Godesberg)로 비행했다. 그리고 9월 27일

---

24) Andrew Roberts, *op. cit.,* p. 430.

체임벌린은 영국 국민들에게 방송을 하면서 이렇게 말했다.

> "우리가 머나먼 나라에서 모르는 사람들 사이에 벌어지는 싸움 때
> 문에 여기서 우리가 참호를 파고 가스마스크를 써야 한다는 것이 얼
> 마나 두렵고, 비현실적이고 믿을 수 없는 일인가."

다음 날인 9월 28일 체임벌린이 의회에서 연설을 하고 있을 때 그의 비서가 29일 뮌헨에서 만나자는 히틀러의 초청장을 전달했다. 그는 마치 승리라도 한 것처럼 가겠다고 말했으며 의원들은 그에게 기립박수를 보냈다. 동료의원들이 "일어나," "일어나"라고 소리칠 때 처칠과 이든 그리고 니콜슨(Nicolson)만이 자리에 그대로 앉아 있었다. 9월 29일 체임벌린은 히틀러, 무솔리니, 그리고 프랑스의 달라디에(Daladier)와 회담을 하기 위해 뮌헨으로 비행했다. 그러나 당사국인 체코슬로바키아의 베네시 대통령은 자국의 영토 상실을 논하는 그 회담에 초대되지 못했다. 다음 날 9월 30일 뮌헨에서 돌아온 체임벌린은 헤스톤(Heston) 공항에서 그와 히틀러가 자국의 국민들은 다시는 전쟁을 하지 않는다는 그들의 염원을 기록한 종이 한 장을 흔들어 보였다. 영국의 왕도 체임벌린을 초대하여 버킹엄 궁전의 발코니에서 자신과 왕비의 옆에서 환호하는 군중들에게 손을 흔들게 했다. 그리고 나서 체임벌린은 사람들 사이로 수상관저까지 자동차로 이동했다. 그리고 수상관저의 위층 창문에서 아래에 운집한 군중들에게 "이것은 독일에서 수상관저로 '명예로운 평화'(peace with honor)를 갖고 돌아온 영국사에서 2번째로 있는 일이라고 발표했다.[25]

---

25) 첫 번째는 1878년 디즈레일리(Disraeli) 수상과 솔즈베리(Salisbury) 경이 베를린 회의(the Congress of Berlin)에서 진정으로 명예로운 평화를 가지고 돌아왔을 때였다.

그러나 처칠은 영국인들이 곧 부끄러워 할 더러운 거래로, 체코인들이 배신당했다고 믿었기에 그런 축하에 가담하지 않았다. 10월 5일 베네시 체코슬로바키아 대통령이 사임하고 망명길에 올랐다는 소식을 접한 직후 처칠은 "뮌헨협정"(the Munich Agreement)이라는 제목으로 지금까지 그의 생애에서 가장 중요한 아주 역사적인 연설을 했다. 처칠은 자기 연설이 가장 인기 없고, 가장 환영 받지 못할 것임을 미리 말함으로써 연설을 시작하겠다면서 "영국은 전반적이고 완전한 패배를 했다. 그리고 프랑스는 영국 보다도 훨씬 더 큰 손실을 입었다"고 말했다.[26]

"모든 것이 끝났다. 조용하고, 슬프고, 버림받고, 깨어진 체코슬로바키아는 어둠속으로 가라 앉았다. 이 나라는 모든 면에서 서방 민주주의 국가들과의 연합에 의해 그리고 그것의 언제나 충직한 봉사자였던 국제연맹에 의해 고통받았다. 이 나라는 오랫동안 그의 지도와 정책을 함께 했던 프랑스와의 연합에서 특히 고통받았다. … 나는 앞으로 체코슬로바키아 국가는 하나의 독립적 실체로 유지될 수 없다고 감히 생각한다. 년도로 계산되는 시기에, 아니 어쩌면 개월로 계산되는 시기에 체코슬로바키아는 나치정권에 의해 흡수되는 것을 여러분이 보게 될 것이라고 나는 생각한다. … 그것은 우리가 지난 5년 동안에 행했던 것의 그리고 그냥 버려 둔 것의 가장 한탄스러운 결과이다. 쓸모없는 선의의 5년, 최소한의 저항의 선을 열심히 찾은 5년, 영국의 힘이 지속적으로 후퇴된 5년, 항공방어를 게을리한 5년을. 이런 것들이 내가 여기서 노출시키려는 사항들이고 또 영국과 프랑스가 비싼 대가를 지불해야만 하는 부주의한 지도력을 드러냈다. … 우리는 지난 5년 동안에 안전하고 도전 받지 않는 지위에서 현재의 위치로 후퇴했다. … 우리는 영국과 프랑스에 떨어진 제1급의 재앙을 맞고

26) Winston S. Churchill, *Blood, Sweat and Tears,* London: G.P. Putnam's Sons, 1941, p. 55.

있다. 그런 사실을 외면하지 말자. 중유럽과 동유럽의 모든 국가들이 의기양양한 나치권력과 최선의 협상을 할 것이라는 사실을 이제는 인정해야 한다. 자국의 안전을 위해 프랑스가 의지할 중유럽의 동맹체제가 휩쓸려 가버렸다. 나는 그것들이 재건될 방법을 알지 못하겠다. … 우리가 군사적 상황에서 발생한 거대한 변화와 따라서 우리가 마주해야만 할 위험들을 외면할 수 있겠는가? … 우리는 나치운동의 성격과 그것이 의미하는 지배를 고려해야 한다. 영국 수상은 이 나라와 독일 간 정중한 관계를 보고 싶어한다. 국민들 사이에 정중한 관계를 갖는 데에는 아무런 어려움이 없다. 우리의 마음은 그들에게 간다. 그러나 그들은 아무런 힘이 없다. 그러나 여러분은 현재의 독일정부와 결코 우정을 맺지 못할 것이다. 여러분은 외교적 그리고 올바른 관계를 가져야만 하지만 영국의 민주주의와 기독교적 윤리를 저버리는 권력인 나치권력과의 우정이란 결코 있을 수 없다. … 그 국가는 영국 민주주의의 믿을 만한 친구가 결코 될 수 없다. 내게 견딜 수 없는 것은 이 나라의 감각이 나치 독일의 궤도와 영향력 하에 빠져 들어가 우리의 존재가 그들의 선의나 기분에 의존하게 되는 것이다. … 영국인들은 우리의 방어에서 커다란 소홀함과 부족함이 있다는 것을 알아야만 한다. … 그들이 유럽의 전체적 균형을 흐트리고 또 무시무시한 말들이 서방 민주주의 국가들에 대해 처음으로 천명되었을 때 우리는 우리의 역사에서 무서운 이정표를 지났다는 것을 알아야만 한다. 나는 이것이 끝이라고 가정하지 않는다. 이것은 깨우침의 시작일 뿐이다. 이것은 오직 첫 모금, 즉 도덕적 건강과 군사적 활력을 최고 수준으로 회복하여 우리가 옛날처럼 다시 일어나 자유를 위해 저항하지 않는 한 햇수가 감에 따라 우리가 마시게 될 쓰디쓴 잔의 첫 맛보기에 지나지 않는다."[27]

---

27) Winston S, Churchill, *Blood, Sweat and Tears*, pp. 58–66.

처칠은 1933년 이래 줄곧 나치 파워의 성장을 억제할 일련의 기회를 저버리고 영국이 재무장하지 않으면서 독일에게 재무장을 허용한 데 대해 정부를 공격했다. 그리고 이제 영국정부의 유화정책의 절정이라고 할 수 있는 뮌헨협정을 영국에 대한 대재앙이라고 비판했다. 그리고 약 열흘 후인 1938년 10월 16일 처칠은 미국을 향해 "자유와 평화의 방어"라는 제목으로 방송할 수 있는 역사적 기회를 갖게 되었다. 처칠은 이 기회를 이용하여 미국인들에게 하나의 인간에 대한 맹목적인 우상인 독재체제는 역사에서 사라지고 있는 단계라고 말했다.

"우리의 진지하고 열성적 사고를 요구하는 것은 과거가 아니라 미래이다. 우리는 의회 민주주의와 자유주의 평화세력들이 거대하게 커진 위험들에 맞서기에는 도덕적으로 그리고 물리적으로 보다 약하게 되는 패배를 거듭하고 있다는 점을 인정해야 한다. 그러나 자유라는 이상은 불운으로부터 새로운 희망과 힘을 끌어낼 수 있는 복원력과 미덕을 갖고 있다. 영국과 미국의 헌법 수립자들의 이상들을 소중히 여기는 남녀들이 서로 간에 진지한 권고를 취해야 할 때가 있다면 그 때가 바로 지금이다. 전 세계는 평화와 안전을 염원한다. 체코슬로바키아 공화국을 희생시킴으로써 우리가 그것을 얻었는가? 여기에 중유럽의 모범적 민주주의 국가, 즉 소수 집단들을 그 밖의 어느 곳에서보다도 더 잘 대우한 국가가 있었다. 그러나 그 국가는 버려지고, 파괴되고, 삼켜졌다. 그 국가는 지금 소화되고 있는 중이다. 많은 보통 사람들이 관심을 갖는 의문은 체코슬로바키아 공화국의 파괴가 세계에 축복을 가져올 것인가 아니면 저주를 불러올 것인가이다. … 무력에 의해 지원 받은 잘못된 행위에 대한 굴복 위에 평화와 선의 그리고 신뢰가 구축될 수 있을까? 국가들의 오랜 역사를 되돌아볼 때 정반대로 그들의 영광은 폭군과 부정의에 대한 저항정신 위에 세워졌다는 것을 우리는 알아야 한다. … 우리는 또 하나의 주제에 직면하고 있다. 그것은 새로운 것이 아니다. 그것은 암흑시대로부터 우리에게 달려든다. 즉 인종적 박해, 종교적 불관용, 자유언론의 박탈 그리고 시민을 단지 국가의 영혼 없는 조각으로 보는 개념 등이다. 여기에 전쟁의 우상이 추가되었다. 어린이들이 그들의 가장 기초적인 교육에서 정복과 침략의 기쁨과 이익을 배우게 되었다. … 공산주의자들처럼 나치스는 자기들의 것 외에는 어떤 의견도 용인하지 않는다. 공산주의자들처럼 그들은 증오심을 주입한다. 공산주의자들처럼 그들은 종종 그리고 단기간에는 언제나 새로운 공격목표, 새로운 상대, 새로운 희생자를 찾아야만 한다. 독재자는 아주 자랑스럽게 자기 당의 기계에 장악되어 있다. 그는 전진할 수 있다. 그러나 그는 되돌아갈 수 없다. … 이런 탕아들이 지배하는 것은 유럽에서만이 아니다. 중국은 일본의 군사 도당들에 의해서 산산이 찢기고 있다. 그곳에서 가난과 고통 속의 중국인들이 용감하고 완강한 방어를 하고 있다.

　… 머나먼 곳에서 대서양과 태평양에 의해서 행복하게 보호받고 있는 당신들, 지금 내가 기회를 잡아 말하는 미국의 인민들은 구경꾼들이다. 그리고 이 비극들과 범죄행위의 방관자들이 점점 더 관련되고 있다고 부언하고자 한다. 미국의 신념과 동정심이 어디에 있는지 우리는 의심하지 않는다. 그러나 영국의 자유와 독립이 굴복 당할 때까지 기다렸다가 3/4이 파괴될 때 그때 가서 당신들 혼자서 대의를 들어 올리려 하는가?"[28]

처칠은 미국인들에게 호소하고 있었지만 동시에 그들의 방관적 태도를 안타까워하면서 미국이 무장해야 한다고 설득하고 또 그것을 촉구했다. 처칠의 이런 방송연설은 당시에 별다른 반응을 불러일으키진 못했지만 처칠은 미국의 개입에 대한 자신의 기대를 여실히 드러내 보였다.

---

28) Winston S. Churchill, *Blood, Sweat and Tears*. pp. 69-74.

1939년 1월 7일 처칠은 영국정부지도자들이 국민을 무장시키고 그들에게 경고할 필요성을 깨닫지 못했거나 그들의 의무수행을 두려워하고 있다고 주장했다. "전쟁은 무서운 것이다. 그러나 노예는 더 나쁘다. 영국인들은 노예로 살 바에는 차라리 싸우려 한다는 것을 우리는 확신할 수 있다." 이것은 처칠이 그 후 6년 동안 정기적으로 반복하는 일종의 후렴이 되었다. 이것은 그의 역사에 대한 심오한 독서에 입각한 것이었지만 1939년 초에 영국인들은 처칠이 그들에게 부여할 싸울 의지를 별로 보여주지 않았다. 그 후 6년에 걸쳐 처칠은 영국인들 속의 깊은 자부심과 호전성을 단지 표출하고 있었지만 실제로 그 정신의 많은 부분은 영국인들로부터 기원했다기보다는 처칠 자신의 비전에 대한 사무친 반응에서 나온 것이라고 끊임없이 말했다.[29]

1939년 5월 9일 처칠은 그것이 제1차 세계대전에서 독일의 최종적 패배의 이유였던 것처럼 양면전쟁으로 히틀러를 위협함으로써 평화를 유지할 동맹을 결성하도록 밀어붙이는 반면에 서쪽에서 재앙이 발생할지도 모른다고 생각하고 있었다. 6월 14일 그는 한 만찬 파티에서 미국의 영향력 있는 저널리스트인 월터 리프만(Walter Lippman)과 조우했다. 리프만은 조셉 케네디(Joseph Kennedy) 영국 주재 미국 대사가 전쟁은 불가피하며 영국이 패배할 것이라고 자기에게 말했다고 했다. 그러자 이에 대해 처칠은 대사가 그렇게 말하지 않았어야 했다면서 이렇게 대응했다.

"나는 일순간도 그렇게 생각하지 않지만 케네디 씨의 비극적인 언명이 설사 옳다고 가정한다고 할지라도 그렇게 생각한다면 나 한사람이라도 패배의 공포 속에서 이런 가장 사악한 인간들의 협박에 굴복

29) Andrew Roberts, *Churchill: Walking with Destiny*, p. 446.

하기보다는 차라리 전투에서 목숨을 기꺼이 내려 놓겠다. 그렇게 되면 당신들, 미국인들이 영어를 사용하는 사람들의 위대한 유산을 보전하고 유지할 것이다. 당신들은 제국적으로 생각할 것이다. 그것은 자신의 국가이익보다는 언제나 보다 더 높고, 보다 더 광대한 것을 생각한다는 것을 의미한다. 우리가 이 사랑하는 섬에서 만행과 적의 힘에 굴복한다 해도 그곳 당신들의 멀고 면제된 제국에서 자유의 햇불이 손상되지 않은 채, 또 내가 믿고 바라건대, 낙심하지 않고 타고 있다고 내가 확신하지 않는다면 내 눈 앞에 보이는 거대한 투쟁에서 나는 행복하게 죽지 못할 것이다."[30]

그것은 단순히 만찬 자리였지만 처칠은 자신의 애국심과 용기를 분명하고 단호하게 표출했다.

1939년 9월 1일 금요일 히틀러가 폴란드를 침공했다. 체임벌린 수상은 갑자기 무임소 장관으로 처칠을 임명하고 그를 포함하여 6인의 전시내각(War Cabinet)을 구성했지만 아직 독일에 선전포고를 하지는 않았다. 9월 2일 체임벌린은 처칠을 수상관저로 초대하여 전시내각에 참여해 줄 것을 제안했고 처칠은 전쟁선포가 임박했음을 감지하고 그 제안을 즉각 수락했다.[31] 그러나 독일의 폴란드 침공 후 오후 7시 45분에 그의 첫 번째 연설에서 체임벌린 수상은 "만일 독일정부가 자국의 병력을 철수하는 데 동의한다면 영국정부는 히틀러의 입장을 독일병력이 폴란드 국경선을 넘기 이전의 입장과 동일한 것으로 간주할 것"이라고 말했다.

9월 3일 일요일 오전 11시 15분에 2시간짜리 최후의 통첩이 그날 아침에 소멸되었다. 체임벌린은 영국이 전쟁상태에 돌입했다는 소식을

---

30) Martin Gilbert, ed., *Churchill: The Power of Words*, Boston, MA: Da Capo Press, 2012, p. 215.
31) Andrew Roberts, *Churchill: Walking with Destiny*, P. 457.

방송했다. 그날 처칠은 의회에서 행한 연설에서 이렇게 말했다.

> "이것은 단지 단치히(Danzig)를 위한 싸움이나 폴란드를 위한 싸움의 문제가 아니다. 우리는 나치 폭정의 해독으로부터 전 세계를 구하기 위해서, 그리고 인간에게 가장 신성한 모든 것을 방어하기 위해 싸우고 있다. 이것은 지배를 위한 전쟁이나 제국의 세력확장이나 물질적 이득을 위한 전쟁이 아니다. 어떤 나라에게 햇빛과 진보의 수단을 차단하는 전쟁이 아니다. 고유한 성격으로 보아 그것은 개인의 권리를 반석 위에 세우는 전쟁이다. 그리고 그것은 인간의 발전을 수립하고 부활시키는 전쟁이다. 자유와 권리의 이름으로 수행되는 전쟁이 그 전쟁을 치르는 과정에서 소중한 자유와 권리의 많은 부분을 일시적으로 포기해야 할 필요가 있다는 것은 어쩌면 하나의 패러독스처럼 보일 수 있다.[32]

연설을 마치자 체임벌린은 처칠이 무임소장관으로서 정책에 개입하도록 둔다면 매우 위험스럽기 때문에 그에게 일할 자리를 주는 것이 훨씬 안전할 것이라며 처칠에게 전시내각의 지위와 함께 해군장관의 자리를 제안했다. 처칠은 아주 기쁘게 수락했다. 전시내각은 6명에서 9명으로 확대되었지만 처칠을 제외하곤 그들 모두가 현저한 유화론자들이었으며 큰 전쟁에서 필요한 공세적 전략을 도모할 인물들이 아니었다. 처칠은 해군성에 자신의 장관직을 맡기 위해 오후 늦게 도착할 것이라고 통보했다. 그러자 갑판은 함대에 "윈스턴이 돌아왔다"는 신호를 보냈다.

1939년 9월 11일 미국의 프랭클린 루즈벨트 대통령은 세계사적 의미를 갖는 제2의 통신선을 별도로 열고 처칠과의 서신교환을 시작했다. 루

---

32) Winston S. Churchill, *Blood, Sweat and Tears.*, pp. 169-170.

즈벨트 대통령은 제1차 세계대전 때 처칠과 자기가 비슷한 지위에 있었기 때문에 처칠이 해군성에 복귀한 것을 매우 기뻐하고 있음을 알려왔다. 그리고 그는 무슨 일로든 처칠이 개인적으로 루즈벨트와 접촉하는 것을 언제고 환영할 것이라는 것을 처칠과 수상이 알기를 바란다고 말하면서 이 일을 시작하기 전에 처칠이 말보러(Marlborough)에 관한 책을 써서 기쁘고 그리고 그가 그것을 즐겨 읽었다는 개인적 언급으로 편지를 끝냈다. 처칠은 이 기회를 열정적으로 포착했다. 체임벌린 수상은 루즈벨트의 이런 제안을 미국의 간섭으로 적대적으로 인식했지만 처칠과의 통신은 그의 주지 하에 수립된 것이다. 이 통신교환은 처칠이 수상이 되고 나서야 실제로 작동하였다. 프랑스의 몰락이 미국과 소련의 전략적 계산을 혼란에 빠뜨렸고 미국에겐 다른 대안이 없었다.[33] 그 후 5년에 걸쳐 처칠은 1,161개의 메시지를 루즈벨트에게 보냈고 788개의 답장을 받았다. 거의 2년 동안에 걸친 이런 서신들의 우정은 1941년 8월 그들의 역사적 상봉을 위한 준비였다.

9월 17일 러시아는 몰로토프-리벤트로프 조약(the Molotov-Ribbentrop Pact)의 비밀조항에 따라 동쪽에서 폴란드를 침공했다. 러시아는 신속하게 모든 저항을 꺾고 수많은 폴란드 병사들을 포로로 잡았다. 11월 3일에는 러시아가 핀란드(Finland)를 공격했다. 1940년 3월 13일 핀란드는 러시아와 휴전에 서명했다. 처칠은 독일에 대한 방어 조치로 노르웨이(Norway)와 스웨덴(Sweden)의 몇 개 마을을 점령하자고 제안했지만 체임벌린 수상과 다른 전시각료들은 그의 제안을 거부했다. 얼마 되지 않아서 독일이 노르웨이를 침공하고 프랑스와 주변국가들을 침공하자 영국의

---

33) Richard Holmes, *In the Footsteps of Churchill: A Study in Character,* New York: Basic Books, 2005, p. 240.

회는 체임벌린과 그의 전시내각에 대한 신임을 거뒀다. 체임벌린은 의회에서 수상의 전쟁리더십에 대해 1653년 올리버 크롬웰(Oliver Cromwell)의 유명한 말로 고발을 당했다.

> "당신이 해온 어떤 좋은 일을 위해서도 당신은 여기에 너무 오래 앉아 있었다. 나는 말한다. 떠나라. 그래서 우리가 당신과 끝내자. 신의 이름으로, 떠나라!"[34]

이제는 노르웨이 작전을 다루는 문제가 아니라 정부 자체가 시험대에 올랐다. 1940년 5월 10일 금요일 여명에 히틀러는 룩셈부르크(Luxembourg), 네덜란드(Holland), 그리고 벨기에(Belgium)를 침공했다. 처칠이 예상한 대로 정확하게 봄에 침공이 행해졌다. 오전 8시에 각료회의가 열렸고 독일이 프랑스의 마지노선(Maginot Line)을 협공하려 한다는 소리를 들었다. 처칠은 네덜란드에서 망명생활을 하고 있는 전 독일황제에게 영국이 피난처를 제공하여 독일 내에 분열을 심어보자는 제안을 하기도 했다. 이 각료회의에서 체임벌린은 사임할 의사를 언급하지 않았다. 오히려 11시 30분에 군사적 상황이 너무 심각해서 자신의 사임을 전적으로 연기하는 것이 합당하다고 결론지었다.

노동당 애틀리(Attlee) 당수는 3시 40분에 본머스(Bournemouth)에서 노동당의 전국집행위원회 회의를 열었다. 이 위원회는 노동당이 거국 연립정부에 들어가야 하지만 체임벌린 수상 하에서는 안 된다고 만장일치로 합의했다. 그리하여 애틀리는 4시 45분에 수상관저에 전화로 그 소식을 통보하였다. 그날 오후 체임벌린 수상과 그의 충성파들은 외상인 에

---

34) Andrew Roberts, *Churchill: Walking with Destiny.*, p. 496.

드워드 핼리팩스(Edward Halifax) 경이 수상직을 계승하기를 원했지만 그는 거부했고 그 중대한 순간에 치과에 가버렸다.

체임벌린은 이제 버킹엄 궁으로 가서 왕에게 사임 의사를 밝혔고 왕은 그의 사임을 수락했다. 왕은 핼리팩스를 추천했지만 체임벌린은 핼리팩스가 별로 원하지 않는다고 말했다. 왕이 그에게 다른 사람의 추천을 요청하자 체임벌린은 불러야 할 사람은 윈스턴이라고 말했다.[35] 그리하여 그날 저녁 6시에 처칠은 왕의 부름을 받았고 정부의 구성을 요청 받았다. 처칠은 분명하게 그렇게 하겠다고 대답했다. 이리하여 윈스턴 처칠이 마침내 영국의 제61대 총리, 즉 수상이 되었다. 그리고 처칠은 자신의 첫 내각을 구성하면서 밤을 보냈다. 그리고 훗날 처칠은 그날을 이렇게 회고했다.

> "새벽 3시에 잠자리에 들었다. 깊은 안도감을 느꼈다. 마침내 모든 장면에 대해 방향을 제시할 권위를 갖게 되었다. 나는 내가 운명과 함께 가고 있으며 나의 모든 과거의 삶은 이 시간, 이 시련을 위한 준비에 지나지 않았다고 생각했다. 정치적 황야에서의 11년은 보통 당의 적대감으로부터 나를 해방시켰다. 지난 6년에 걸친 나의 경고들은 너무 많고, 너무 상세하고, 또 이제 너무도 무섭게 입증되어서 아무도 나를 부정할 수 없을 것이다. 나는 전쟁을 시작한다든가 그것에 대한 준비의 부족으로 나는 비난을 받을 수 없었다. 나는 내가 그것에 관해서 많이 알고 있다고 생각했다. 그리고 나는 내가 실패하지 않을 것이라고 확신했다. 그러므로 아침을 애타게 기다리고 있었지만 나는 깊은 수면을 취했으며 격려하는 꿈들을 필요로 하지 않았다. 사실들이 꿈보다 더 좋은 것이다."[36]

---

35) Andrew Roberts, *op. cit.*, p. 511.
36) Winston S. Churchill, *The Gathering Storm,* Boston, MA: Houghton Mifflin, 1948, p. 667.

마침내 국가적 위기 속에서 지식과 경험으로 다져진 완벽하게 준비된 정치지도자가 영국이라는 국가의 배를 지휘하는 선장으로 조타실을 지휘하게 된 것이다. 1950년에 처칠이 의회에서 말했던 것처럼 힘으로부터의 유화는 장엄하고 고결하며 또 세계평화로 가는 가장 확실하고 어쩌면 유일한 길이 될 수도 있다. 그러나 약세와 두려움에서 오는 유화는 쓸모 없고 치명적이다. 힘으로부터의 진정한 유화는 시도해 볼만한 정책이다. 그러나 이것은 영국이 추구하는 정책이 아니었다.[37] 그리하여 네빌 체임벌린은 실패의 아버지로 살아가야 할 역사적 인물들 가운데 하나가 되었다. 체임벌린은 인류의 악에 직면해서 유약함과 두려움의 화신이 되고 말았다.[38]

37) Donald Kagan, *On the Origins of War and the Preservation of Peace,* New York: Doubleday, 1995, pp. 317-318..
38) Bruce S, Thornton *The Wages of Appeasement: Ancient Athens, Munich, and Obama's America,* New York: Encounter Books, 2011, p. 65.

Ⅲ
위대한 정치가
A Magnificent Statesman

"이것은 추장들이나 군주들의 전쟁, 왕조나 국가적 야심의 전쟁이 아니다.
이것은 국민들의 전쟁이요 대의의 전쟁이다.
이것은 서로 모르는 전사들의 전쟁이다.
그러나 신념과 의무에서 실패하지 말고 모두가 분투하자.
그러면 히틀러의 검은 저주가 우리 시대로부터 제거될 것이다."
– 윈스턴 처칠

1940년 5월 13일 월요일에 윈스턴 처칠은 수상으로서 첫 연설을 했다. 그의 일종의 취임연설은 오직 7분간 계속되었지만 그것은 지금까지 영국의회에서 있었던 가장 위대한 연설 중의 하나였으며 그의 대성공한 웅변 중의 하나였다.

"내가 정부구성에 참여한 사람들에게 말했듯이 나는 의회에 말하고 싶다: 나는 피와, 노고, 눈물 그리고 땀(blood, toils, tears and sweat) 외엔 제공할 것이 아무것도 없다. 우리는 가장 비통한 시련을 우리 앞에 두고 있다. 우리 앞에 우리는 수많은 긴 투쟁과 고통의 달들(months)을 갖고 있다.

여러분은 우리의 정책이 무엇이냐고 묻고 있다. 나는 말하겠다: 그 것은 바다에서, 땅 위에서 그리고 하늘에서 우리의 모든 힘과 신이 우리에게 줄 수 있는 모든 힘을 다해서 전쟁을 수행하는 것, 즉 어둡 고 개탄할 만한 온갖 인간의 범죄를 범하는 괴물 같은 폭정에 대항하 여 전쟁을 수행하는 것이다.

여러분들은 우리의 목표가 무엇이냐고 묻고 있다. 나는 한마디로 대답할 수 있다. 그것은 승리이다. 승리, 모든 대가를 지불하는 승리, 모든 공포에도 불구한 승리, 그 길이 제아무리 어렵다고 해도 승리이 다. 왜냐하면 승리 없이는 생존이 없기 때문이다. 그것을 실현하자. 대영제국의 어떤 생존도, 인류가 그 목적을 향해 전진할 시대들의 촉 구와 충동의 생존도 없을 것이다. 그러나 나는 들뜬 마음과 희망을 가지고 나의 과업을 맞았다. 우리의 대의가 인간들 사이에서 실패하 도록 허락하지 않을 것이라는 확신을 느낀다. 이번에 나는 모든 이들 의 도움을 요구할 자격이 있다고 느낀다. 그리고 나는 말하겠다. 뭐 해! 단합된 힘으로 우리 다같이 전진합시다."[1]

과거 수많은 처칠의 연설에도 불구하고 바로 이 연설은 다가오는 수 개월 아니 수년에 걸쳐 반복적으로 감동을 주는 처칠의 연설들의 시작 이었다. 그것은 히틀러에 대한 승리의 궁극적인 전망을 펼치면서 목전의 위험과 시련을 결코 줄여서 얘기하려 하지 않고 대신에 용기를 북돋으 려 모색하는 것이었다. 최고 수준의 정치에서 리더십의 진공상태뿐만 아 니라 강력한 평화운동이 전개되고 있는 당황스러운 당시의 상황에서 국 가의 방향을 갈망하는 국민들에게 처칠의 말들은 그들이 즉각적으로 그 리고 또 긍정적으로 부응하는 하나의 나팔소리였다. 연설을 한 뒤 처칠 이 착석하자 로이드 조지(Lloyd George) 전 수상이 그들 간의 우정에 관

---

1) Winston S. Churchill, *Blood, Sweat and Tears.*, p. 276.

58 윈스턴 S. 처칠 -전쟁과 평화의 위대한 리더십-

해서 말하는 형식으로 처칠을 지지하는 연설을 했다. 이에 처칠은 살짝 눈물을 훔쳤다.

처칠은 마침내 그가 언제나 추구했던 것, 즉 최고의 권위와 권력을 쟁취했다. 그러나 그가 자기의 새로운 지위에 적응하기도 전에 그는 프랑스의 급속한 몰락이라는 쇼킹하고 예기치 못한 타격에 직면했다.[2]

5월 14일, 다음 날 석양녘에 독일인들이 프랑스와 벨기에 국경선의 바로 남쪽 아르덴(the Ardennes)의 스당(Sedan)에서 프랑스군의 방어진을 뚫었다는 소식이 도착했다. 저녁 7시에 전시내각은 보다 많은 수의 영국 공군의 전투기 부대를 프랑스로 즉각 파견해 달라는 프랑스의 폴 레노 (Paul Reynaud) 수상의 긴급요청을 논의하기 위해 모였다. 영국공군은 공격의 첫날 뛰어난 성적을 거두었다. 그때 동맹국들은 독일의 총 항공기의 1/6에 달하는 353대를 격추시켰지만 전투 초기에 그들은 474대의 최전방 작전 항공기 중에서 260대를 잃었다. 처칠은 모든 동료들 그리고 동맹국 사령관들과 마찬가지로 공군과 지상군을 긴밀하게 조종하는 새로운 전투형태인 독일의 전격전(Blitzkrieg)이 프랑스 군과 영국공군을 돌파하는 그 속도에 놀라움을 금치 못했다. 다음날 오전 7시 30분 레노 수상은 처칠에게 전화를 걸어 독일의 기갑부대가 전반적으로 스당을 돌파하여 파리로 가는 길을 열었으며 프랑스는 독일의 루르(Ruhr)에 대한 폭격공습을 위해서뿐만 아니라 수도 파리를 구원하기 위해 영국의 전투기 부대들이 필사적으로 필요하다고 말했다. 그리고 얼마 후 그날 오전 네덜란드가 독일에 항복했다. 오전 11시 30분에 전시내각은 4개의 전투비행단을 프랑스에 추가로 즉각 파견하기로 결정했다.

---

2) Tuvia Ben-Moshe, *Churchill: Strategy and History,* Boulder, Colorado: Lynne Rienner Publishers, 1993, p. 124.

그날 처칠은 미국의 루즈벨트 대통령에게 그도 분명히 알고 있듯이 전장이 급속히 어두워졌다는 전문을 보냈다. 적은 공중에서 아주 압도적이고 그들의 새로운 테크닉이 프랑스인들에게 깊은 인상을 주고 있었다. 물론 전격전은 영국인들에게도 깊은 인상을 주었지만 그러나 처칠은 그것을 아직은 인정하려 들지 않았다. 약소국들은 간단히 하나씩 성냥개비처럼 박살이 났으며 곧 무솔리니가 문명의 전리품을 공유하기 위해 서둘러 끼어들 것이라고 덧붙였다. 우리 자신들도 가까운 장래에 공중으로부터 낙하산과 공수병력에 의해 공격을 받을 것으로 기대하며 그것들에 대비하고 있다. 필요하다면 우리는 전쟁을 단독으로 계속할 것이고 우리는 그것을 두려워하지 않는다. 그러나 "미국의 목소리와 군사력이 너무 오랫동안 보류된다면 아무것도 아니게 된다는 것을 당신이 알고 있으리라고 믿는다"고[3] 말했다. 처칠은 영국을 무장하는 데 미국이 도와줄 것을 촉구하면서 영국이 현재 보유하고 있는 것과 전쟁 초기에 대규모로 새로 건조하는 사이에 그 간격을 매울 특별히 40~50척의 구식 구축함의 대여를 요청했다. 동시에 처칠은 수백 대의 최신형 항공기도 원했다. 그리고 방공장비와 탄약도 요청했다. 또한 미국이 태평양에서 일본인들을 조용하게 유지할 것으로 기대한다고 덧붙였다.[4]

스당과 뫼즈(Meuse)에서 프랑스 방어가 5월의 두 번째 주에 무너진 순간부터 아미앵(Amiens)과 남쪽으로 신속한 후퇴만이 벨기에 왕의 호소로 벨기에로 들어갔던 영국과 프랑스 군대를 구원할 수 있었다. 그러나 이 전략적 사실을 즉각적으로 깨닫지 못했다. 5월 24일 금요일 이른 아침에 히틀러가 독일 변방의 자기 본부에서 뫼즈의 서쪽 제방의 샤를빌

---

3) Jean Edward Smith, *FDR*, New York: Random House, 2007, p. 446.
4) Andrew Roberts, *op. cit.,* p. 530.

(Charleville)에 있는 칼 룬트슈테트(Karl Rundstedt) 장군을 보러 비행했다. 그가 룬트슈테트 장군과 논의하기를 원했던 것은 명백히 중요했다. 그것은 네덜란드와 벨기에에 있는 동맹국 육군을 포위하고 있는 독일군대의 신속한 진격과 관련된 것이었다. 즉 동맹군 군대들을 영국해협에 아직 남아있는 항구들로 밀어붙이는 것이었다. 그리고 해협에서 칼레(Calais)의 포위가 시작될 것이고 그곳에서 구데리안(Guderian) 장군의 기갑병력은 덩케르크(Dunkirk)의 남쪽까지 오직 15마일 밖에 떨어져 있지 않았다. 그러나 고려할 위험들이 있었다. 구데리안 장군이 너무 빠르게 진격했었다. 이 점에 관해 히틀러와 룬트슈테트 장군은 의견을 같이했다. 그날 오전 11시 42분 명령이 내려졌다. 구데리안 장군의 진격이 일시적으로 중단되어야 했다. 정지명령을 내리기 3일 전에 헤르만 괴링(Hermann Goering)은 후퇴하는 영국원정군은 독일공군에 의해서 박살될 수 있다고 히틀러에게 확신시켰다. 중지명령은 치명적이었다. 덩케르크는 독일공군에게 맡길 예정이었다. 칼레의 장악이 어렵게 되면 그 항구도 역시 독일공군에게 맡겨질 것이다. 히틀러의 중지명령은 분명하게 보내졌다. 그것은 런던에 즉각적으로 입수되었다.

그날 일찍 처칠은 철수명령에 대해서 알았다. 처칠은 칼레에서 철수하는 유일한 효과는 그 병력들을 덩케르크로 이동하는 것일 뿐이라는 것을 알았다. 칼레는 여러 가지 이유에서, 특히 적을 전선에 묶어두기 위해, 사수되어야 한다고 처칠은 이즈메이(Ismay) 장군에게 메모를 보냈다.5) 칼레를 지켜내야 할 또 다른 이유가 있었다. 프랑스가 영국에게 철수하지 말고 버티도록 압력을 가했다. 참으로 프랑스인들에게는 자기들

---

5) John Lukacs, *Five Days in London, May 1940*, New Haven: Yale University Press, 1999, p. 43.

을 궁지에 버려 둔 채 영국인들이 짐을 챙기는 것으로 보였다. 처칠은 정치적 그리고 인간적 함의에서 이 점을 충분히 감안했다. 그리하여 칼레는 26일 오후까지 버텼다. 그것은 차이를 만들었다. 칼레가 방어되지 않았더라면 2개의 다른 독일 사단들이 북으로 진격하는 구데리안 장군과 합류했을 것이다. 그는 이미 덩케르크의 앞 아아 운하(Aa Canal)의 북쪽에 와 있었다. 24일에는 그와 덩케르크 사이에는 오직 작은 규모의 영국군단과 몇 개의 프랑스 부대들이 있었을 뿐이었다.

5월 25일 오후에 히틀러는 무솔리니에게 특별히 장황한 편지를 보냈다. 히틀러는 무솔리니가 아마도 다음 2주 내에 참전하기로 결정한 것을 알고 있었다. 히틀러는 덩케르크의 목전에서 독일 선봉의 일시적 정지에 관해서 썼는데 무솔리니에게 그것은 이틀 이상을 가지 않을 것이라고 확약했다. 그리고 바로 다음날 히틀러는 정지명령을 해제했다.[6] 5월 26일 전시내각에서 처칠은 프랑스와 벨기에의 상황을 설명했다. 벨기에의 왕은 항복을 준비하고 있었고 프랑스는 함락될 판이었다. 처칠은 북부 프랑스에서 영국 원정군의 병력을 철수하는 데 최선을 다해야 한다고 말했다. 철수를 시작하라는 최종명령, 즉 다이나모 작전(Operation Dynamo)이 5월 26일 일요일 7시 수분 전에 발동되었다. 지금 독일인들에 의해서 포위당하고 또 압박을 당하고 있는 거의 50만 영국 및 프랑스 병력의 극히 일부이상이 영국으로 철수할 수 있을 것으로는 아무도 생각하지 않았다. 5일이상이 지난 후인 5월 31일에 가서야 진실로 대규모 철수의 전망이 일어났다. 그날 오후 남쪽으로부터 덩케르크를 향한 독일 부대들의 진격이시작됐다. 덩케르크의 포위는 다음날 27일 월요일 이른 아침에 시작했다.

---

6) *Ibid.*, p. 95.

오전 7시 15분 소머빌(Somerville) 부제독이 전화로 처칠을 깨웠다. 독일인들이 대포들을 칼레 북쪽으로 전진시켰고 덩케르크에 접근하는 선박들을 포격하기 시작했다. 이 포격보다도 훨씬 더 나쁜 것은 덩케르크와 그곳으로 후퇴하는 군대들에게 폭탄을 쏟아 붓기 시작한 독일의 폭격기들이었다. 5월 27일 이 날이 여러 가지로 덩케르크의 전체 전설에서 최악이었다. 독일인들은 영국공군의 비교적 별다른 간섭없이 하늘을 지배했다. 이것은 부분적으로 영국의 참모장들이 가능한 한 많은 영국의 공군을 영국의 본토에 대한 독일 공격의 경우를 대비하도록 결정했기 때문이다. 덩케르크에서 영국 전투기들이 보다 느린 독일 폭격기들을 공격했을 때 그들은 종종 성공했지만 그러나 많은 경우에 성공하지 못했다. 이리하여 덩케르크의 낮과 밤들을 보낸 많은 영국병사들이 공개적으로 비판했고 처칠도 덩케르크 철수 이후 6월 4일의 연설에서 그 점을 인정하고 설명했다. 5월 27일 하루동안 7천 7백 명의 영국 병사들이 영국으로 철수했으며 다음날 1만 8천 명이 철수했다.

그러나 그것은 많은 것이 아니었다. 실제로 이틀 간의 총합은 해군성의 첫 명령에서 말한 최대 4만 5천 명 보다 훨씬 적은 것이었다. 덩케르크의 7일 동안 해군의 눈부신 노력은 철수에 결정적이었지만 그러나 구축함과 다른 보다 작은 배들을 제외하곤 영국의 먼 북쪽에서 정박 중인 보다 큰 배들과 해군의 대부분은 이 전투에 투입되지 않았다. 그 사이에 덩케르크와, 영국 원정군이 후퇴하고 있던 보다 크지만 꾸준히 줄어들고 있는 고립지대에선 치열한 투쟁이 하루 종일 발생했고 반면에 영국인들은 체계적으로 자신들의 차량과 비품, 명령서와 장비들을 파괴하고 있었다. 프랑스인들은 이것을 이해하지 못했다. 그들은 덩케르크 고립지대에서 철수하기 보다는 오히려 고수해야 한다고 여전히 생각했다. 동시에 프랑스 제1군에 의한 릴(Lille)의 방어가 6월 1일까지 버티면서 그렇지 않았으면 덩케르크로 밀고 들어올 준비가 된 상당한 수의 독일 부대들을 지연시켰다. 덩케르크를 노리는 독일의 지상공격이 왜 상대적으로 느렸었는가에 대한 의문이 제기될 수 있을 것이다. 덩케르크로 치열한 직접공격 명령이 히틀러에 의해서 내려졌다면 그것이 가능했을 것이다. 그것은 끝을, 즉 전 영국의 원정군과 아마도 보다 적은 다른 국가의 군대들의 포획을 의미했을 것이다. 그러나 그런 최후 전투는 비참하고 피로 물들었을 것이다. 히틀러의 마음속에도 역시 정치적 계산이 있었을 것이다. 여전히 결정적 요인은 덩케르크에서 괴링의 공군, 즉 독일의 우월한 공군이 그 일을 할 수 있을 것이라는 괴링의 주장에 히틀러가 동의한 것이었다. 그리하여 5월 27일 월요일은 아주 나빴다. 어쩌면 덩케르크에서 최악의 날이었고 후퇴가 군사적인 요인보다도 영국원정군 전체에 더 해로운 결과를 가져올 정치적 요인에 의해서 위협을 받았다.

그날 밤 처칠은 에드워드 스피어스(Edward Spears) 장군이 파리에서 처칠에게 전화하여 벨기에의 레오폴드(Leopold) 왕이 독일에 전권대사를 파견하여 자정에 휴전을 요청했다는 소식을 전했다. 일반 사람들은 덩케르크에서 무엇이 실제로 일어나고 있는지를 알지 못했다. 5월 28일이 되어서야 영국 원정군 전체의 상실 가능성에 대한 첫 뉴스가 수면으로 떠오르기 시작하고 있었다. 덩케르크에서 전환점은 5월 29일 수요일이었다. 그날 낮과 밤에 4만 7천 명 이상의 병사들이 덩케르크의 방파제와 해변으로부터 이송되었는데 이것은 하루 전날의 숫자에 비해 거의 3배에 달했다. 영국 배들에 의해서 수송된 프랑스 병사들의 수는 5월 31일까지 크게 증가하지 않았다. 그리고 그날 처칠의 직접 명령이 있었다. 6월 4일까지 12만 5천 명의 프랑스 병사들을 포함하여 총 숫자는 33만 8,226명이었다. 독일공군의 폭격은 29일에 치열했다. 더구나 독일인들이 남쪽으로부터 뿐만 아니라 서쪽으로부터 그들의 야전 포대가 그 마을을 포격하기 시작하기에 충분할 만큼 덩케르크로 가까이 이동하고 있었다. 프랑스인들과 영국인들 사이에 난폭한 오해를 포함하여 몇 개 이상의 저하된 사기로 인한 추악한 장면들이 발생하였지만, 그러나 빈번한 후퇴의 조건 속에서 쉽지 않고 또 해변에서 전례가 없고 또 종종 혼돈 상황 속에서 일반적으로 충분한 규율과 조직이 지배했다.[7]

5월 29일 처칠은 프랑스의 레노(Reynaud) 수상과 베강(Weygand) 장군에게 5만 명의 병력이 덩케르크로부터 성공적으로 철수했으며 그날 밤 3만 명의 추가적 철수를 희망한다고 전문으로 알렸다. 6월 1일 토요일 덩케르크로부터 철수한 인원은 처칠이 희망했던 대로 20만 명을 넘었다. 다음 날 6월 2일 영국의 마지막 병사가 덩케르크의 해변을 떠났다. 6월 4일 처칠은 의회에서 그동안 무슨 일이 있었는지에 대해 설명할 특별히 아주 어려운 과업에 직면했다. 그는 역사상 고대 아테네의 페리클레스와 미국의 에이브러햄 링컨의 최고 연설에 버금가는 실로 가장 위대하고 또 가장 감동적인 연설을 했다. 처칠은 아미앵(Amiens)과 아브빌(Abbeville)에 걸친 영국 원정군이 통신선이 단절된 상황과 독일군의 돌파 및 전격전의 성격에 관해 차분하고 사실에 입각한 말로 시작했다. 그리고 나서 그는 "용기와 인내에 의해, 완벽한 규율과 오점 없는 봉사에 의해, 자원과 기술과 정복할 수 없는 충성에 의해 기적 같은 구출이

---

7) *Ibid.*, p. 191.

성취되었음은 명백하다"고 말했다.[8] 그러면서도 처칠은 전쟁을 완벽한 철수로 이기는 것이 아니다. "우리는 이 구출작전에서 승리의 속성을 부여하지 않도록 주의해야만 한다. 전쟁은 철수로 이기는 것이 아니지만 그러나 이 구출의 내부에는 주목할 만한 승리가 있었다. 이것은 영국원정의 승리였다. 그것은 공군에 의해서 얻어졌다"고 말했다.[9]

"문명의 대의 그 자체가 수천 명의 공군병사들의 기술과 헌신에 의해 방어되는 것이 가능하겠는가? 전 세계에서, 그리고 모든 전쟁사에서 젊은이들에게 그런 기회는 결코 없었다. … 히틀러가 영국을 침공할 계획을 갖고 있다는 소리가 들린다. … 만일 모두가 자신의 의무를 다하고 아무것도 소홀히 하지 않는다면, 그래서 지금 진행 중인 최선의 대비가 이루어지면, 우리는 섬나라 조국을 방어하고, 전쟁의 폭풍을 뚫고 나가서 필요하다면 수년 동안 그리고 필요하다면 홀로 폭정의 위협을 벗어날 수 있다는 것을 입증할 것이다. 어쨌든 이것이 바로 우리가 하려는 것이다. 이것이 영국정부와 모든 이들의 결의이다. 이것이 의회와 국민의 의지이다. … 유럽의 거대한 지역과 여러 오랜 그리고 유명한 국가들이 게슈타포(Gestapo)와 나치의 모든 가증스러운 지배정치의 수중에 떨어진다고 할지라도 우리는 항복하거나 실패하지 않을 것이다.

우리는 끝까지 갈 것이다.
우리는 프랑스에서 싸울 것이다.
우리는 바다와 대양에서 싸울 것이다.
우리는 불어나는 자신감과 점증하는 힘으로 하늘에서
싸울 것이다.

---

8) Winston S, Churchill, *Blood, Sweat and Tears, op. cit.,* p. 292.
9) *Ibid.,* pp. 292-293.

우리는 무슨 대가를 치르더라도,

우리의 섬을 지킬 것이다.

우리는 해변애서 싸울 것이다.

우리는 착륙지점에서 싸울 것이다.

우리는 들판에서 그리고 거리에서 싸울 것이다.

우리는 언덕에서 싸울 것이다.

우리는 결코 항복하지 않을 것이다.

　　그리고 나는 일순간에도 믿지 않지만 이 섬의 큰 부분이 굴복하고 굶주린다고 할지라도, 그때 가서는 바다건너 우리의 제국이 영국의 함대에 의해서 무장되고 지도되어, 신세계(the New World)가 그의 모든 권력과 힘을 가지고 늦지 않게 구세계(the Old World)를 구원하고 해방시키기 위해 나설 때까지 투쟁을 계속해 나갈 것이다."[10]

　　당시 의사당에서 처칠의 바로 뒤에 앉아 있던 칩스 채논(Chips Channon) 의원은 자신의 일기장에 "그는 웅변적이고 수사학적이었으며 거룩한 영어를 사용했다. 여러 명의 노동당의원들이 울었다"고 기록했다. 해롤드 니콜슨(Harold Nicolson)은 자기 부인에게 오늘 오후에 윈스턴이 내가 들은 가운데 가장 멋진 연설을 했으며 의회가 깊이 감동했다고 썼다. 그의 부인은 자신은 모골이 송연했다고 답했다. 1940년 영국공군의 비행 중대장이었으며 전후 처칠의 경호원이 된 론 고울딩(Ron Golding)은 처칠의 그 연설을 듣고나서 우리는 독일인들이 쳐들어 오기를 오히려 원했다고 회고했다.[11] 6월 10일 이탈리아의 무솔리니가 영국과 프랑스에 전쟁을 선포했다. 다음 날 영국의 군대가 리비아(Libya)의 국경선을 넘어

---

10) *Ibid.,* pp. 296－297. 그리고 Martin Gilbert, ed., *Churchill: The Power of Words,* Boston, MA: Da Capo Press, 2012, pp. 247－248.

11) 당시의 이런 감동적 소감들은 Andrew Roberts, *op. cit.,* p. 552 참조.

공세적 작전을 시작했으며 이 작전은 이탈리아가 병력을 이집트(Egypt)로 후퇴시키기 전 2개월 동안 계속되었다.

6월 14일 독일군이 파리에 입성했다. 6월 18일 샤를 드골(Charles de Gaulle) 장군은 영국의 BBC방송을 통해 자신의 동포들에게 영국으로 건너와서 자유 프랑스인들(the Free French)과 동참하라고 호소했다. 그는 제1차 세계대전에서 프랑스를 승전국으로 이끌었던 자신의 개인적 영웅인 클레망소(Clemenceau) 이후 자신이 가장 위대한 프랑스인이라는 신념을 결코 포기하지 않았다. 그는 프랑스인들의 눈에 자기가 영국의 꼭두각시가 아니라는 것을 입증하기 위해 영국인들에게 무례해야만 했다고 훗날 썼다.[12] 그날 6월 18일 처칠도 의회에서 연설을 했다. 그는 체임벌린과 유화론자들을 박해하는 사람들을 규탄하면서 연설을 시작했다.

> "덩케르크로부터 우리의 군대와 12만 명의 프랑스 병력이 영국의 해군에 의해 실제로 구출되었지만 포와 차량과 현대장비를 상실했다. 이 상실은 회복하는 데 필연적으로 몇 주가 걸렸다. 그리고 이 주들 중에서 첫 두 주에 프랑스에서의 전투에서 패했다. … 오직 3개의 영국 사단들만이 프랑스 전우들과 함께 설 수 있었다. 그들은 심하게 고통 받았지만 그러나 그들은 잘 싸웠다. 우리는 가능한 한 신속하게 재무장해 수송할 수 있는 모든 병사를 프랑스로 보냈다. 나는 비난할 목적으로 이런 사실들을 재언급하고 있지 않다. 그런 것은 전적으로 쓸모 없고 심지어 해롭다고 나는 판단한다. 우린 그럴 여유가 없다. 나는 오직 12-14개 사단 대신에 3개 사단 밖에 보낼 수 없었는지를 설명하기 위해서 그것들을 재언급했다. … 하원에서, 그리고 그들도 속했기에 의회에서 이런 재앙을 가져온 수년 동안의 정부들의 업무수행에 대하여 조사하고 싶어하는 사람들이 많다.

---

12) Andrew Roberts, *Churchill: Walking with Destiny*, New York: Viking, 2018, p. 562.

그들은 우리의 문제들을 초래한 데 대해 책임이 있는 사람들을 기소하려고 한다. 이것은 역시 어리석고 유독한 과정이다. 그 속에는 너무나 많은 사람들이 있다. 각자가 자기의 양심을 찾고 또 자기의 연설문들을 찾아보도록 하자. 나는 자주 나의 것들을 들춰본다.

만일 우리가 과거와 현재 사이에서 싸움을 시작하면 우리는 미래를 상실할 것이라는 데 나는 아주 확신하고 있다. … 지난 전쟁의 첫 4년 동안에 동맹국들은 재앙과 실망만을 경험했다. 그것은 우리의 일관된 공포였다: 거듭되는 타격, 무서운 상실, 놀라운 위험들. 모든 것이 잘못 수행되었다. 그러나 4년의 끝에서 동맹국들의 사기는 침략적 승리를 거듭했던 독일인들의 사기 보다 높았다. 그 전쟁 중에 우리는 반복해서 스스로 자문했다: 어떻게 이길 것인가? 그리고 끝에 가서, 아주 갑자기, 아주 기대 밖으로 무서운 적이 우리의 눈 앞에서 몰락할 때까지 아무도 그 질문에 아주 정확하게 답변할 수 없었다. 그리고 우리는 승리를 너무 포식하여 어리석게도 그것을 날려버렸다. …

베강(Weygand) 장군이 "프랑스의 전투"라고 불렀던 것이 끝났다. 나는 "영국의 전투"가 이제 막 시작하려 한다고 기대한다. 바로 이 전투에 기독교 문명의 생존이 달려있다. 바로 거기에 우리 영국인들의 삶이, 그리고 우리의 제도와 우리 제국의 긴 연속성이 달려있다. 적의 모든 분노와 무력이 곧바로 우리를 향할 것이다. 히틀러는 이 섬에서 우리를 분쇄해야만 할 것이고 그렇지 않으면 패전할 것이라는 것을 알고 있다. 우리가 그에게 대적할 수 있다면 모든 유럽이 자유로울 수 있으며 세계의 삶이 넓고 태양이 비추는 고지를 향해 전진해 나갈 것이다. 그러나 만일 우리가 실패한다면 미국을 포함하여, 우리가 알고 또 좋아했던 모든 국가들을 포함한 전세계가 악용된 과학의 빛에 의해 보다 사악해지고 어쩌면 더 연장된 새로운 암흑시대(a New Dark Age)의 나락에 빠질 것이다. 그러므로 우리의 의무를 다하자. 그렇게 행동함으로써 만일 대영제국과 그의 공동체가 천년 동안 지속된다면 사람들이 지금이야 말로 그들의 가장 훌륭한 시간(the finest hour)이었다고 말할 것이다."13)

처칠의 이 열변은 영어가 사용되는 한 기억될 최고의 영어 연설문이라는 평가를 받았다.14) 이 연설에서 처칠은 온갖 고난을 무릅쓰고 결국 승리한 지난 제1차 세계대전을 상기시켰고 의도적으로 미국에 대한 언급도 했다. 1940년과 그 후 1941년에 영국의 청중들뿐만 아니라 미국인들에게 연설하면서 처칠은 이 점을 잘 의식하고 있었다. 왜냐하면 미국이 참전할 때만이 영국이 단지 살아남는 것을 넘어 진정으로 승리를 기대할 수 있기 때문이었다.

6월 22일 프랑스의 페탱(Petain) 원수가 독일과의 휴전에 서명했다. 프랑스는 프랑스의 남동 지역과 중앙의 상당 부분을 지배하는 비시(Vichy)에 자리잡은 정부와 프랑스의 북부, 파리지역 중앙의 일부와 전서부 해안지방을 지배하는 독일제국으로 분할되었다. 휴전협정의 제8조는 프랑스 함대가 독일이나 이탈리아의 통제 하에 무장해제하는 것으로 규정했다. 그날 처칠은 공식성명에서 그 협정조건에 대해 비탄과 경악을 금하지 못하는 표현을 했다. 그는 현대 정치사에서 이전의 동맹국에 대한 가장 무자비한 공격 중의 하나를 이미 심사숙고하고 있었다.

6월 하순에 세계에서 가장 강력한 전함들 중 2척인 프랑스의 순양함 덩케르크(Dunkerque)와 스트라스부르(Strasbourg) 호와 2척의 전함들인 프로방스(Provence)와 브르타뉴(Bretagne) 호 그리고 여러 척의 경순양함들, 구축함들 및 잠수함들을 동반하고 알제리의 오랑(Oran) 항구 앞바다의 거대한 정박지인 메르스-엘-케비르(Mers-el-Kebir)에 정박하고

13) Winston S. Churchill. *Blood, Sweat and Tears.*, pp. 305-314.
14) Andrew Roberts, *Churchill: Walking with Destiny*, p. 563.

있었다. 영국의 해군 부제독 제임스 소머빌(James Somerville) 경은 영국 전함 후드(Hood), 벨리언트(Valiant), 리솔루션(Resolution) 그리고 아크 로열(Ark Royal)을 포함한 훨씬 더 강력한 해군력을 이끌고 그곳으로 가서 프랑스의 마르셀 장술(Marcel Gensoul) 제독에게 4가지 선택권을 제시하라는 명령을 받았다.[15] 첫째로, 장술 제독은 자신의 함대를 영국의 항구로 항해하여 영국인들과 함께 봉사할 수 있다; 아니면 둘째로 그는 영국의 항구로 가서 프랑스로 인도될 수 있다; 셋째로, 그는 메르스-엘-케비르에서 자신의 배들을 무장해제하고 프랑스의 서인도로 항해할 수 있다. 넷째, 그것도 아니면 그는 자신의 함대들을 스스로 침몰시킬 수 있다는 것들이었다. 장술 제독이 비시정부의 다를랑(Darlan) 제독으로부터 지시를 기다리고 있는 동안 영국해군성은 프랑스의 해군 참모장 모리스 르 뤽(Maurice Le Luc) 제독이 서지중해에 있는 모든 프랑스 전함들에게 장술 제독을 지원하기 위해 항해하라고 지시하는 명령 전문을 가로챘다. 비극적이게도 해군성은 장술에게 그의 함대가 독일의 손에 들어가는 것을 허용할 수 없으니 그 대신에 미국으로 항해하거나 스스로 침몰시키라는 다를랑 제독의 명령까지 가로채진 못했다. 또한 영국해군성은 독일인들이 북아프리카에 있는 프랑스 함대의 무장해제에 동의했다고 비시 정부가 발표했지만 확인되지 않은 그 성명도 입수하지 않았다. 장술 제독은 소머빌 제독의 밀사에게 이 두 가지 메시지에 관해서 말했지만 전신통신의 고장으로 해군성은 소머빌의 보고서를 이해할 수 있는 상태로 받지 못했다.

7월 1일 석양녘에 처칠은 프랑스 함대에 관련하여 어떤 모험도

---

15) Martin Gilbert, *Churchill: A Life,* New York: Henry Holt and Company, 1991, p. 666.

할 수 없다고 느꼈다. 처칠이 결정을 내린 것은 새벽 2시였다. 비버브룩 (Beaverbrook) 경이 그날 밤을 회고한 바에 의하면, "처칠은 홀로 서야만 했다. 그는 지지를 구할 수 없었고 또 그는 구하지도 않았다. 결정을 내린 직후 그는 각의실(the Cabinet room) 밖으로 나가서 다우닝 거리(the Downing Street) 제10번가의 정원으로 들어갔다. 그는 잔디밭을 오르내렸다. 바람이 세게 불었다. 아주 센 바람이었다. 밤은 어두웠다. 어느 곳에도 불빛은 없었다. 그는 그곳을 아주 잘 알고 있었기 때문에 잔디밭을 오르고 내리는 길을 찾았다. 그는 무섭게 혼란스러웠다. 그리고 몇 분간 힘찬 운동을 한 후에야 정신을 차렸다."16)

7월 2일 처칠은 "당신은 영국의 제독이 지금까지 직면했던 가장 동의할 수 없고 또 어려운 과업 중 하나의 책임을 부여받지만 그러나 우리는 당신을 완전히 신임하고 또 그것을 냉혹하게 수행해 줄 것으로 믿는다"고 소머빌에게 전문을 보냈다. 후에 처칠은 오랑에서 프랑스 함대를 침몰시키고 포츠머스(Portsmouth)에서 프랑스 선박들을 장악하라는 자신의 명령을 "증오스러운 결정, 그의 입장에선 가장 부자연스럽고 고통스러운 결정이었다"고 기술했다.17) 7월 3일의 이 케터펄트 작전(Operation Catapult)은 브르타뉴 호를 침몰시켰고 프로방스 호와 덩케르크 호의 손상과 도주, 3척의 프랑스 구축함의 손상과 도주 1척의 결과를 가져왔다. 스트라스부르 호는 툴롱(Toulon)으로 도주했다. 총 1,297명의 프랑스 수병들이 죽고 영국에선 2명의 수병이 죽었다.18) 이 작전의 와중에 열린 참모회의에서 처칠은 개전 이래 프랑스인들이 이제야 처음으로 사력을 다해 싸

---

16) Andrew Roberts, *Churchill: Walking with Destiny*, pp. 573–574.
17) *Ibid.*, p. 574.
18) *Ibid.*

우고 있다고 냉소적으로 판단했다. 그는 프랑스와의 대규모 전쟁을 이제 어떻게 피할 수 있을지 모르겠다고 말했다. "우리가 과거 동맹국에게 발포해야만 하는 것은 너무도 무서운 일이다." 처칠의 딸 메리(Mary)는 "아빠는 충격을 받았고 그런 조치가 필요하다는 데에 깊이 상심했다"고 자신의 일기에 썼다.[19]

7월 4일에 처칠이 그렇게 할 수밖에 없었다고 느꼈던 "그 슬픈 의무"를 설명하는 연설을 의회에서 했다. 그의 연설은 놀라운 반응을 자아냈다. 그의 딸 메리에 의하면 "그의 말은 슬픔에 가득찼지만 결의에 차고 고무적이었다. 그날은 아빠에게 아주 슬픈 날이었다." 꽉찬 의사당에서 처칠은 경청하는 의원들에게 상황과 정부의 조치를 침울하게 설명했다. 거의 한시간 후에 의회가 환호하기 시작했고 의회의 보수당원, 자유당원, 노동당원들이 모두 기립할 때까지 환호는 커져갔다. 처칠은 양 뺨 위에 쏟아지는 눈물을 흘리면서 그곳에 앉아 있었다.[20] 환호성이 계속되는 동안 이 위대한 프랑스 애호가인 처칠은 "이것은 나에게 심장이 찢어지는 일"이라고 말했다.

프랑스 함대에 대한 그런 단호함을 보인 것과는 달리 처칠은 영국의 식민지와 중국의 국경을 연결하는 버마 길(the Burma Road)을 폐쇄하여 일본인들과 싸우고 있는 장제스 지휘 하 중국 국민당 병력에 전쟁물자의 공급을 끊어 버림으로써 일본을 달랠 수밖에 없었다. 미국으로부터 외교적 지원 없이는 일본과의 전쟁을 무릅쓰지 않고 그 밖의 어떤 것도 하기에는 불가능하다고 처칠은 생각했다. 처칠은 "우리는 적들을 제외하고는 모든 것이 부족하다"고 말했다.

---

19) *Ibid.*
20) *Ibid.*

이제 독일이 영국을 침공할 구체적 날짜에 관한 추측이 무성했다. 7월 10일 처칠이 이전에 비해 훨씬 더 밝아졌다. 그는 침공을 두려워하지 않는다며 우리는 전방위로 강력한 저항을 해야 한다고 말한 것으로 기록되어 있다. 히틀러는 서방 전장에 2,670대의 폭격기와 전투기를 전개시켰다. 그러나 이것은 그가 하늘에서는 신속하게 결정적 우위를 확보하고 효과적으로 전략을 구사할 수 있다는 점을 이미 보여주었지만, 그러한 공군이 영국해군을 공격할 수 있지 않는 한 영국의 전투(the Battle of Britain)는 몇 개의 단계로 나누어질 수 있다. 6월 16일부터 7월 16일 사이에는 산발적이고 일반적인 구체적 목표물에 대한 공격, 특히 7월 4일 이후에는 영국의 선박에 대한 한낮의 공격으로 이루어졌다. 그리고 7월 17일부터 8월 12일까지는 남부해안지대의 항구들과 비행장들에 대한 공격이 항공기 공장들에 대한 야간의 대량공습과 함께 증가했다. 8월 13일 독수리 공격작전(Adlerangriff Operation)이 영국 남부에 걸친 공중전에서 영국공군을 파괴하려는 대규모 대낮 공격과 비행장 및 활주로의 폭격과 기총소사로 시작했다. 이것은 8월 19일 이후 항구들과 도시들의 야간 폭격으로 확대되었고 8월 25일 이후에는 런던의 조선소와 교회가 폭격을 받았다. 9월 19일 런던이 전격작전의 주된 목표가 되었다. 독일의 라디오 방송은 6월 하순부터 바다사자 작전(Operation Sealion)이라는 암호를 가진 다가오는 침공을 자신 있게 예측하고 있었다. 히틀러의 선전 장관인 요제프 괴벨스(Joseph Goebbels)는 처칠이 유태인들로부터 전쟁을 계속하도록 뇌물을 받고 있지만 그러나 제5열이 그를 곧 권좌에서 제거할 것이라고 주장했다.21)

---

21) *Ibid.*, p. 576.

7월 13일 처칠은 수상으로서 취임한지 오직 9주밖에 되지 않았지만 자신의 비서인 코빌(Coville)에게 이 전쟁에서 어떻게 이길 수 있고 또 이겨야 하는지를 선명하게 내다볼 수 있는 자신감을 갖게 되었다고 말했다. 처칠은 히틀러 암호해독기가 그것을 암시하기 훨씬 이전에 히틀러가 소련을 향할 것이고 독일인들의 공격은 개전단계에선 러시아인들을 격파할 것이라고 가정했다. 다음 날 처칠은 영국의 전략적 상황을 성찰하면서 "히틀러는 영국을 침공하지만 실패할 것이다. 만일 그가 영국의 침공에 실패하면 히틀러는 동쪽으로 갈 것이고 그리고 거기에서도 실패할 것"이라고 말했다.[22] 7월 14일 프랑스 대혁명 기념일 석양녘에 처칠은 영국 성인 인구의 거의 2/3가 청취한 라디오 방송을 했다. 해방된 프랑스가 다시 한 번 위대성과 영광을 기뻐하게 될 것이라고 자신 있게 예측하면서 우리의 고통스러운 과업은 이제 완성되었다고 오랑에 관해서 말했다.

"모든 것은 전쟁이 길고 어려울 것이라는 것을 보여준다. 그것이 어디로 번질지 아무도 알 수 없다. 그러나 한 가지는 분명하다: 유럽의 인민들은 나치 게슈타포에 의해서 오랫동안 지배를 받지 않을 것이며 세계가 히틀러의 증오와 탐욕과 지배에 굴복하지 않을 것이다. … 지금 우리는 홀로 싸우고 있다. 그러나 우리는 우리 자신만을 위해 싸우고 있는 것이 아니다. 우리는 어떤 대화도 관용하지 않을 것이다. 우리는 자비를 보일 수 있다. 그러나 우리는 그것을 전혀 요구하지 않을 것이다. … 히틀러는 자신과 동등한 의지력을 가진 위대한 국가에 의해 아직 저항받지 않았다. 많은 국가들이 폭력에 의해서 박살나기 전에 음모에 의해 독살되었다. 그들은 외부로부터 강타당하기

---

22) *Ibid.*, p. 578.

전에 내부에서 썩었다. 프랑스에서 일어난 일을 그 밖에 달리 설명할 수 있겠는가? 그러나 이곳 우리의 섬에서 우리는 건강과 건전한 마음을 갖고 있다. … 그 침략자가 영국에 온다면 다른 국가들의 경우에서 우리가 통탄스럽게 본 것처럼 그 앞에 조용히 굴복하는 국민은 없을 것이다. 우리는 모든 마을과 모든 시내와 도시를 방위할 것이다. 거리마다 싸울 런던의 거대한 대중은 모든 적대적 군대를 쉽게 집어삼킬 것이다. 그리고 우리는 무기력하고 비굴하게 노예가 되기 보다는 차라리 폐허와 잿더미가 된 런던을 보고 싶어할 것이다. 나는 이런 사실을 말 할 수밖에 없다. 왜냐하면 우리 국민들에게 우리의 의도를 알리고 그리하여 그들을 안심시키는 것이 필요하기 때문이다. … 이것은 추장들이나 군주들의 왕조나 국가적 야심의 전쟁이 아니다. 이것은 인민들과 대의들의 전쟁이다. … 이것은 무명용사들의 전쟁이다. 그러나 신념과 의무감으로 실패없이 모두가 노력하자. 그러면 히틀러의 어두운 저주가 우리 시대로부터 걷힐 것이다."[23]

내무성의 정보국은 영국의 전역에서 처칠의 이 연설에 대한 보편적 승인을 보고했다. 평화의 논의가 더 이상 없을 것이라는 재확인은 환영받았고 감동적이었다. 그것이 영국인들이 원하는 성격의 것이고 처칠은 영국민들이 추종하는 그들의 지도자라는 전형적인 반응이었다.

7월 19일 히틀러는 대영제국을 파괴하거나 심지어 손상시킬 계획을 결코 갖고 있지 않다고 말하면서 그가 "이성에 마지막 호소"라고 부른 일을 했다. 처칠은 싸움을 계속하는 것이라고 말했지만 히틀러는 무서운 보복이 런던시민들에게 가해질 것이라고 덧붙였다. 보복은 캐나다로 도주할 처칠이 아니라 런던 시민들에게 가해질 것이라면서 히틀러는 거대한 제국이, 그가 결코 파괴하려고 의도하지 않은 제국이 파괴될 것이라

---

23) Winston S. Churchill, *Blood, Sweat and Tears*, pp. 333-337.

고 예언했다.[24] 이런 히틀러의 최후통첩 같은 협박성 연설에 대해 처칠은 대꾸조차 하지 않았다.

처칠이 전쟁에 관한 가장 유명한 연설들 중의 하나를 했던 1940년 8월 20일까지도 영국전투에서 승리는 전혀 보장되지 않았다.

　　"우리의 섬에서, 우리의 제국에서 그리고 참으로 전 세계에 걸쳐 모든 가정의 고마움은, 불리함에도 겁먹지 않고 끊임없이 도전하고 치명적 위험에서 지치지 않고 세계대전의 조류를 그들의 힘과 헌신으로 돌려놓고 있는 영국의 공군병사들에게 가게 된다. 인간 갈등의 분야에서 그렇게 많은 사람들이 그렇게 적은 사람들에게 그렇게 많이 신세를 진 적은 결코 없었다.[25]

이어서 처칠은 폭격사령부의 전투기 비행사들도 찬양했다. 또한 영국으로 망명 후 프랑스 비시 정부에 의해 궐석재판에서 반역으로 사형선고를 받은 샤를 드골에게도 경의를 표했다. 그리고 처칠은 미국을 다시 지목하여 미국의 운명과 영연방공동체의 운명이 필연적으로 서로 엉켜있다고 주장했다.

　　"일시적이지만 그러나 서유럽의 거대한 부분과 그것의 엄청난 자원들의 오랜 통제를 획득할지도 모르는 한 나치권력의 공격에 대항하여 미국은 서반구의 해군 및 공군방어를 위한 시설을 확보할 것을 미국의 이익과 영국제국의 이익이 모두 요구하고 있다는 결론에 우리는 몇 개월 전에 도달했다. 그러므로 우리는 미국정부에게 미래의 측정할 수 없는 위험에 대비하여 그들의 보다 큰 안전을 위해 우리는 기

---

24) Andrew Roberts, *Churchill: Walking with Destiny,* p. 579.
25) Winston S. Churchill, *Blood, Sweat and Tears.,* pp. 347－348.

꺼이 우리의 대서양횡단 재산에서 적합한 장소들을 빌려주어 그러한 방위시설들을 마음대로 배치하도록 허용할 것임을 알리기로 자연스럽게 그리고 요구받거나 어떤 유인책도 제안받지 않고 결정했다. … 영국정부는 99년간 임차의 토대 위에 미국에게 어떤 방어시설도 아주 기꺼이 허용할 것이며 또한 우리의 이익이 그들의 이익이라고 확실히 느끼고 또 식민지 자신들과 캐나다와 뉴펀들랜드의 이익이 그렇게 하여 봉사받을 것이라고 우리는 확실히 느낀다. 이것들은 중요한 조치들이다. 의심할 여지없이 이 과정은 영어를 사용하는 민주주의의 이 두 위대한 조직들인 영국제국과 미합중국이 상호적이고 일반적 이익을 위해 상당한 그들의 문제에서 어느정도 함께 섞여야만 할 것이다. 앞을 내다보는 나로서는 그 과정을 어떤 불안감을 가지고 보지 않는다. 설사 내가 그러고 싶다 해도 나는 그것을 멈출 수 없다. 미시시피 강처럼 그것은 계속 굴러간다. 그렇게 굴러가게 하자. 보다 넓은 땅과 보다 나은 날들을 향해 냉혹하고, 저항할 수 없고, 이로운 거대한 물줄기를 타고 구르게 하자."26)

처칠의 이런 전율을 일으키는 연설도 그의 오랜 정적들로부터는 아무런 감흥을 불러내지 못했다.27)

히틀러가 베를린 스포츠 광장에서 연설한 3일 후인 1940년 9월 7일 런던에 대한 히틀러의 전격전이 200대의 폭격기로 시작하여 300명의 런던인들을 죽였다. 독일공군은 공포스러운 4개월 동안 런던을 공격할 것이지만 초기에는 폭격기들이 57일간 연속으로 공격했다. 탐조등, 사이렌, 그리고 폭탄의 폭발이 수백만 런던인들의 일상적 삶에 만연할 것이다. 전쟁을 치르는 데 있어 직접 관련이 없는 런던 주민의 1/4인 3백만명의 시민들이 공습이 있을 땐 이미 전국적으로 차분하고 안전하게 소

---

26) Winston S. Churchill, *Blood, Sweat and Tears*, pp. 350-351.
27) Andrew Roberts, *op. cit.*, p. 585.

개했으며 런던에는 경악이 없었다. 히틀러는 나중에 베를린이 폭격당할 때 피포격 지점을 자신의 메르세데스 벤츠 자동차에 커튼을 치고 지나가면서도 단 한 번도 방문하지 않았지만, 처칠은 전격전 기간 동안 시민들의 사기를 북돋우기 위해서 런던의 이스트 엔드(East End) 지역을 꾸준히 방문했다.

1940년 9월 11일 수요일 처칠은 라디오 연설을 통해 영국인들이 과거에 종종 치명적 위험에 처했지만 모든 경우에 우선 살아남고 그리고 나서 결국 승리했다는 역사적 사실을 상기시켜 주었다.

> "그러므로 우리는 다음 주쯤을 우리의 역사에서 아주 중요한 시기로 간주해야만 한다. 그것은 스페인의 무적함대가 영국해협으로 접근하고 있던 그리고 드레이크(Drake)가 그의 한판의 게임을 끝내고 있었던 아니면 넬슨(Nelson)이 불로뉴(Boulogne)에서 우리와 나폴레옹 군대 사이에 섰던 바로 그 날들과 같은 급이다. 우리는 역사책에서 이것에 관한 모든 것을 읽었다. 그러나 지금 일어나고 있는 일은 과거의 이런 용감했던 날들 보다도 훨씬 더 규모가 크고 세계의 삶과 미래 그리고 세계의 문명에 훨씬 더 많은 결과를 가져올 것이다.
> 따라서 모든 남녀는 자신의 의무가 무엇이든 특별한 자부심과 정성으로 자신의 의무를 다할 준비를 해야 할 것이다."[28]

런던에 대한 히틀러의 이 잔인하고 무엄한 무차별 폭격은 물론 히틀러의 침략계획의 일부라고 처칠은 말했다.

> "히틀러는 수많은 민간인들, 여자들과 어린이들을 죽임으로써 이 강력한 도시인들을 공포로 겁을 먹게 하고 또 그들이 영국정부의 부

---

28) Winston S. Churchill, *Blood, Sweat and Tears*, p. 368.

담과 불안감이 되게 만들고, 그리하여 그가 준비하고 있는 잔인한 학살로부터 우리의 관심을 부당하게 돌리기를 바라고 있다. 그는 그들의 조상들이 의회민주주의 수립에 주도적 역할을 했으며 자신들의 생명을 훨씬 넘어서 자유를 소중히 여기도록 양육된 영국 민족의 정신이나 런던인들의 거친 기질을 잘 모르고 있다. … 그가 한 일은 이곳에서 그리고 전 세계에 걸쳐 영국인들의 가슴속에 불길을 당기는 일이었다. 그는 나치 폭정의 마지막 흔적이 유럽에서 다 타버릴 때까지 그리고 구세계와 신세계가 함께 손잡고 가까운 시일 내에 타도되지 않을 기반 위에 인간의 자유와 명예의 사원들을 구축할 때까지 꾸준히 불타오르는 화염의 불을 당겼다.[29]

이 연설은 정확하게 말해서 대중들이 초기의 두려움을 극복하는 데 크게 도움이 된 영국정부의 입장에 관한 결의에 차고 확고한 성격을 보여주었다. 그리하여 영국에는 경악이 없었고 처칠은 끝까지 싸우려는 것이었다. 그가 한 일은 승리를 거둘 때까지 계속 싸울 영국인들의 결의를 반영했고 표출하는 것이었지만 처칠은 나아가 그것을 창조하고, 지탱하고 지도하기 위해 많은 일을 했다. 그러나 지금 당장 처칠의 유일한 전략은 독일의 공격을 매일 견디어 내도록 노력하고 또 일단 생존이 확실해지면 최종적 승리를 위한 계획이 수립될 때까지 전시의 영국을 유지하는 것이었다.

이틀 후 히틀러는 영국을 침공하는 바다사자 작전(Operation Sealion)을 연기했다. 그리고 10월 1일 처칠이 이미 말했던 것처럼 10월 12일의 침공이 다음 봄까지 공식적으로 취소되었다. 그러나 처칠은 이 사실을 즉각 알지는 못했다. 히틀러는 침공의 연기에도 불구하고 민간인들의 사

---

29) *Ibid.*, p. 369.

기를 꺾고 미래에 재개될 침공 시도가 이루어질 수 있으리라는 희망에서, 또 베를린과 다수의 도시 폭격에 대한 복수를 위해 영국에 집중적 포격을 계속했다. 처칠은 히틀러를 향해 말했다. "우리는 10배로 갚을 것이다. 그러나 우리는 먼저 비행기를 생산해야 한다. 우리에게 조금만 더 시간을 다오. 그러면 빚 갚을 것을 약속한다. 복리 이자를 쳐서 갚아주마."[30] 종국에는 영국인들의 5만 8천 명에 비해 엄청나게 더 많은 10배 가량의 50만 명 이상의 독일인들이 전쟁 중 영국의 항공폭격으로 죽었다. 처칠이 약속했던 대로 영국은 런던폭격에 대한 빚을 복리이자를 쳐서 히틀러와 독일인들에게 갚은 것이다.

1940년 9월 27일, 독일, 이탈리아 그리고 일본이 10년 간의 3국동맹(the Tripartite Pact)을 체결했다. 이 세 파시스트 국가들이 이제 공식적으로 군사동맹을 맺고 유럽과 극동에서 신질서(New Order)의 인정을 요구했다. 처칠은 걱정스러웠다. 그리고 10월 28일 이탈리아가 그리스를 침공했다. 10월 30일 미국의 루즈벨트 대통령은 보스톤에서 미국인들에게 "나는 거듭, 거듭, 거듭해서 여러분들의 아들들을 어떤 해외 전쟁에도 파견하지 않을 것임을 말했다"고 미국인들에게 상기시켰다. 1,733대나 되는 독일공군의 항공기가 1940년 7월 10일과 10월 31일 사이에 영국에서 격추되었다. 루즈벨트가 대통령직에 재선되자 처칠은 11월 6일 루즈벨트에게 전문을 보내 영국이 아주 장기적으로 갚겠다면서 무기의 임대나 차용을 요청했다. 루즈벨트는 그 서신을 읽고 또 읽었다. 그리고 이틀 동안 그는 어떤 분명한 결론에 도달한 것처럼 보이지 않았다. 그러나 아주 특별한 생각이 대통령의 마음속에서 형성되고 있었다. 11월 30

---

30) Andrew Roberts, Churchill, Walking with Destiny, p. 598.

일 자신의 66번째 생일 날 처칠은 전략적 상황을 요약하고 다시 한번 지원을 위한 압력을 구사하는 15쪽의 편지를 루즈벨트에게 썼다. 그것은 여러 차례 수정되었으며 12월 7일에야 미국으로 보내졌다.

루즈벨트에게 보낸 처칠의 편지는 "1941년을 위한 결정은 바다에 있다. 1941년에 전 전쟁의 중대상황은 대양을 건너, 특히 대서양을 건너는 해상수송과 수송능력일 것임"을 말하고 있었다. 처칠은 더 많은 해상수송, 보다 많은 구축함을 요청했고 미국 전함이 미국의 통상선박을 호송할 것을 요청했다. 그리고 만일 루즈벨트가 나치와 파시스트 폭정의 패배를 미국과 서반구 사람들에게 엄중한 결과를 가져올 문제라고 확신한다면 그는 이 편지를 원조의 호소로서가 아니라 영-미간 공동목적을 달성하기 위해 필요한 최소의 조치에 관한 천명으로 간주할 것이라고 말했다. 1940년 말에 영국의 암호해독은 독일군이 발칸 특히 불가리아에 집중하고 있음을 폭로했다. 이것은 히틀러가 중립적 유고슬라비아를 침공하려고 하고 있고 또 지금까지 이탈리아의 침공에 대한 투쟁에서 잘하고 있는 그리스에 개전하려는 것을 의미했다. 그리하여 처칠은 1941년 1월 6일 이곳에 병력을 파견하여 그리스의 좋은 동맹국이 되길 원했을 뿐만 아니라 불가리아인들, 터키인들 그리고 어쩌면 러시아인들과 미국인들의 눈에 영국의 국가적 위신을 증대시키길 원했다.

1941년 1월 29일 루즈벨트는 미국과 영국 두 나라가 추축국가(the Axis Power)들을 패배시킬 여러 가지 전쟁시나리오들을 검토하기 위해 워싱턴에서 1급 비밀의 영-미참모회담을 승인하는 고무적 조치를 취했다. 이것들은 ABC-1회담이라고 불렸으며 그것들은 미래의 동맹국 전쟁계획과 양국의 정책결정자들 사이에 상호작용을 위한 토대를 이루었다. 2월 9일 루즈벨트 대통령의 사자인 홉킨스(Hopkins)가 처칠에게 작별 인사를 위해 수상의 체커스(Chequers) 별관을 방문했을 때 미국 하원이 260 대 165로 무기대여법(the Lend-Lease Bill)을 승인했다는 소식이 전해졌다. 그것이 상원에 의해 승인되고 대통령이 서명한다면 영국은 미국으로부터 30억 파운드에 달하는 무기를 살 수 있게 될 것이며 수십 년에 거쳐 지불하게 될 것이다. 다음 날 처칠은 주로 미국인들을 염두에 둔 저녁 방송을 했다.

"1억 3천만 국민의 원수로 3차례 선택된 이 위대한 인간에게 내가 줄 답변은 무엇인가? 내가 루즈벨트에게 줄 답변이 여기 있다: 우리를 믿어 주시오. 우리에게 당신의 신념과 당신의 축복을 주시오. 그러면 하늘의 섭리 하에 모든 것이 잘 될 것이오. 우리는 실패하거나 흔들리지 않을 것이오. 우리는 약해지거나 지치지 않을 것이오. 갑작스런 전투의 충격에도 또한 오랜 불침범과 노고에도 우리는 소멸되지 않을 것이오. 우리에게 연장을 주시오, 그러면 우리는 일을 끝장내겠소."[31]

3월 8일 무기대여법이 미국상원에서 60 대 31로 통과되었다. 처칠은 이 법을 높게 찬양하면서 이 법안은 의심할 여지없이 기록된 전 역사에서 가장 비탐욕적인 조치로 간주되어야 할 것이라고 말했다. 3월 19일 대서양전투위원회(The Battle of the Atlantic Committee)가 처음으로 소집되었을 때 선박의 침몰비율은 호위함 1척당 평균 10%였다. 영국은 식량과 자원의 대부분을 수입에 의존했기 때문에 영국의 상황은 머지않아 아주 심각하게 될 것이었다. 다음 날 처칠은 "나는 항공전이 두렵지 않

---

31) Martin Gilbert, ed., *Churchill: The Power of Words,* Boston, MA: Da Capo Press, 2012, p. 278.

다. 나는 침공도 두렵지 않다. 나는 발칸에 대해 크게 걱정하지 않는다. 그러나 나는 대서양이 염려된다"[32]고 내각에서 말했다. 12주 동안 독일의 유보트(U-Boat) 잠수함대가 142척의 동맹국 선박들을 침몰시켰고 3월 중순에 독일의 전투함 2척이 대서양에서 동맹국 해상수송의 8만톤을 침몰시키거나 나포했다.

4월 2일 처칠은 독일의 3개 기갑사단이 3월 하순에 발칸으로부터 폴란드의 크라쿠프(Krakow)로 이동하라는 명령을 받았다는 암호해독기에서 얻은 정보를 스탈린에게 전달하도록 크립스(Cripps) 소련 주재 영국 대사에게 주었다. 처칠은 히틀러가 그의 남쪽 측면이 유고슬라비아와 그리스에서 확보되자 마자 그것은 곧 러시아 침공을 의미한다고 의심했다. 그러나 스탈린은 독일이 동쪽으로 향할 것이라는 1940년 6월 처칠의 비슷한 경고를 무시했던 것과 꼭 마찬가지로 그 경고를 단지 "영국의 도발"로 치부했다. 당시에 소련은 독일인들과 맞선 영국인들을 별로 믿지 않았다. 4월 24일 그리스가 독일군에게 항복했다.

4월 28일 독일의 롬멜(Rommel) 장군이 이집트 국경선으로부터 250마일도 안 되는 토브룩(Tobruk)의 입구까지 진격하자 처칠은 "이집트의 방어"라는 제목으로 전시내각에 지시를 내렸다. 그것은 이집트의 철군과 수에즈 운하(Suez Canal)의 차단을 위한 모든 계획은 카이로 본부의 엄격한 통제 하에 유지되어야 하며 그런 계획에 관한 어떤 귓속말도 허용되지 않는다는 것이었다. 처칠은 적어도 50%의 사상자가 발생하지 않는 한 부대들의 항복은 허용되지 않을 것이며, 나폴레옹의 금언에 따르면 병사가 홀로 비무장 상태에서 붙잡히면 항복할 수도 있다고 덧붙였다. 5월

---

32) Andrew Roberts, *Churchill: Walking with Destiny*, p. 642.

초 처칠은 웨이벌(Wavell) 장군에게 그리스와 에티오피아에서 싸우도록 이미 명령했다. 처칠은 또한 이라크와 시리아에서도 비록 작은 병력이지만 새로 개입할 것을 고집했다. 그는 이라크의 지리를 잘 알고 있었다.

1941년 5월 7일 처칠은 의회에서 있었던 불신임투표에서 그리스의 난관을 정당화해야만 했다. 처칠은 현 난관을 역사적 맥락으로 설명했다.

> "어떤 이들은 히틀러의 정복을 나폴레옹의 정복과 비교했다. 그러나 나폴레옹의 군대는 프랑스혁명의 해방과 평등의 강력한 바람을 몰고간 반면에 히틀러의 제국의 뒤에는 인종적 자기주장, 첩보활동, 약탈, 부패 그리고 프러시아의 장화 외엔 아무 것도 없다."[33]

그러면서 "견뎌내고 있으라"(Keep Buggering on)는 처칠의 언명으로 덩케르크 1년 후에서 러시아의 참전 사이의 기간에 그는 군사적 전략의 유용한 묘약을 제공했다. 암호해독을 통해 소련과 독일 사이에 다가오는 충돌을 확신한 처칠은 그 경우에 독일을 쳐부수기 위해 어느 국가와도, 심지어 악마와도 동맹을 맺을 준비가 되어 있다고 말했다. 처칠이 수상이 된 첫 기념일인 1941년 5월 10일 영국의 의사당 건물이 독일의 대규모 공습으로 파괴되었다. 그날 밤 2천 개의 발화가 시작됐고 3천 명의 런던 시민들이 죽거나 부상당했다. 5월 16일 처칠은 스탈린에게 두 번이나 경고했지만 모두 무시당했다. 만일 독일이 소련을 침공한다고 해도 많은 사람들은 독일군이 소련의 붉은 군대에 대해 승리를 계속할 것으로 가정했다. 왜냐하면 당시 소련의 군부는 1930년대 말 최고사령부에 대한 숙청으로 크게 약화되었고 핀란드를 굴복시키는 것도 겨우 해냈기

---

33) *Ibid.*, p. 653.

때문이다.

1941년 6월 22일 새벽 마침내 히틀러의 161개 사단 300만 명의 병력이 소련을 침공하는 "바바로사 작전"(Operation Barbarossa)이 시작되었다. 많은 경고에도 불구하고 스탈린에게는 전혀 예상 못한 일이었다. 식량과 석유의 공급으로 독일인들을 돕던 소련인들은 하룻밤 사이에 돌변한 그들과 결사적 투쟁에 돌입했다. 그날 오후 9시에 처칠은 방송을 했다.

> "오늘 아침 4시에 히틀러는 러시아를 공격하고 침공했다. 히틀러는 피와 약탈에 대한 욕망에 목마른 사악한 괴물이다. … 이제 피에 굶주린 부랑아가 새로운 도살, 약탈 그리고 파괴의 장으로 자신의 기갑부대들을 발진시켰다. …"[34]

이제 처칠은 러시아와 전면적인 동맹을 주장하며 영국정치에서 일생동안 가장 소리 높은 반(反)볼세비키주의자의 입장을 재빨리 번복했다. 처칠은 "어느 누구도 지난 25년 동안 나만큼 일관된 공산주의의 반대자는 없었다"고 인정하면서도 "공산주의에 관해 내가 했던 어떤 말도 취소하지 않을 것이다. 그러나 이 모든 것들은 이제 펼쳐지고 있는 장관 앞에서 희미해진다. 미래를 내다볼 때 우리는 하나의 목표 그리고 하나의 되물릴 수 없는 목적을 갖고 있다. 히틀러와 함께 행군하는 자나 국가는 누구나 우리의 적이다"라고 처칠은 말했다. 여기에는 서방의 이익에 대한 호소도 있었다. "히틀러의 러시아 침공은 영국에 대한 침공시도의 전주곡에 지나지 않는다. 그러므로 자신의 집과 가정을 위해 싸우는 모든 러시아인들의 대의가 지구의 모든 곳에 있는 자유인들의 대의인 것과

---

34) *Ibid.*, p. 660.

꼭 마찬가지로 러시아의 위험은 우리의 위험이고 미국의 위험이다"라고 처칠은 말했다. 처칠은 자신의 내각 동료들과 최소의 협의만 하고 소련과의 전면적 동맹을 발표했다. 그리고 7월 14일 모스크바에서 독일에 대항하여 서로 원조하고 별개의 단독 평화를 이루지 않는다고 공약하는 영－소협정(The Anglo－Soviet Agreement)이 체결되었다. 처칠은 즉각적으로 노르웨이를 돌아 그리고 철로를 통해 페르시아만으로부터 카스피아 해(Caspian Sea)로 러시아에 공급운송길을 찾기 시작했다. '러시아인들은 야만인들이지만 그러나 앞으로 4년 동안 영국의 동맹국이 될 것이다.' 처칠은 제2차 세계대전 중 전투에서 죽는 5명의 독일 병사 중 4명은 동부전선에서 죽게 될 것이라고 말하면서 러시아를 동맹국으로 갖는데 대해 신경 쓰이는 전망에 대해 말했다.[35]

1941년 7월 14일 처칠은 카운티 홀(County Hall)에서 연설하면서 지난 겨울의 전격공습을 회고했다. 영국에 대한 독일 폭격이 계속되었다. 러시아에 대한 독일의 전쟁노력을 흐트러뜨리기 위해 영국은 독일에 대한 폭격을 계속했다. 7월 7일 밤에 프랑크푸르트가 폭격되었다. 처칠은 선언했다. 독일이 우리에게 한 것 이상을 우리는 독일인들에게 할 것이다. 처칠은 히틀러에게 직접적인 도전을 계속했다.

"너희는 최악을 다하라, 그러면 우리는 최선을 다할 것이다."[36]

이틀 후 밤에 함부르크가 폭격되었다. 7월 19일 독일 병력이 독－소 국경과 모스크바 사이의 중간지점에 도달했을 때 스탈린이 러시아에 가

---

35) *Ibid.,* p. 662.
36) Martin Gilbert, *Churchill: A Life,* New York: Henry Holt and Company, 1991, p. 703.

해지는 압박을 완화시키기 위해 노르웨이와 프랑스의 북서부에 영국군을 상륙시켜 그 후 제2전선으로 알려진 전선을 열어 달라고 처칠에게 긴급하게 호소했다.[37] 처칠은 그 계획을 참모총장들에게 넘겼다. 그러나 그들은 그것이 지나치게 위험하다고 거부했다. 처칠은 러시아를 돕기 위해 그가 할 수 있는 의미 있고 효과적인 것은 무엇이든 하겠으나 병력을 상륙시키는 시도는 피의 반격을 받게 될 것이고 소규모의 공습들은 우리 모두에게 훨씬 해가 되는 재앙을 가져올 뿐이라고 답했다. 그럼에도 불구하고 그는 북극에서 공군과 해군 작전을 고려하겠다고 약속했다. 7월 19일 처칠은 소련대사에게 "우리는 독일을 잔혹하게 폭격할 것이다. 매일, 매주, 매달! 결국 우리는 폭격으로 독일을 압도할 것이다. 우리는 독일 주민의 사기를 꺾을 것이다"라고[38] 말했다.

처칠은 최고의 정치지도자로서 승리(Victory)라는 단어를 의미하기 위해서 이따금씩 손가락으로 V자를 표시했는데, 이는 V자를 도전의 표시로 벽에 분필로 쓰거나 페인트로 칠이 되고 있던 유럽의 피점령지에서 습득한 것이다. 그 표시를 처칠이 사용한 것은 상징의 힘을 잘 이해하는 빅토리아 시대에서 온 정치인에겐 자연스러운 일이었다. 그의 시가, 보우타이, 중산모와 지팡이도 의식적으로 사용된 것으로, 카툰이나 신문의 그림에서 그를 즉각적으로 알아보게 한 강력한 이미지들이었다. 어찌된 일인지 러시아인들은 처칠의 V자를 의미하는 2개의 손가락이 제2의 전선을 열 것이라는 의미로 해석하였다. 처칠은 바바로사 작전을 "황제"라고 묘사했으며 또한 러시아인들이 12개월간 계속 싸울 것이며 그것은 적어도 영국에 대한 침공시도를 연기시킬 것이라고 생각했다.

---

37) *Ibid.*
38) *Ibid.*, p. 667.

IV

정상회담의 창설자

The Founder of Summit

"우리는 미래의 신비로움을 들여 다 볼 수 없다.
그럼에도 불구하고 다가오는 날에 영국민과 미국민들이
자신들의 안전과 모두의 선을 위해 장엄한 과정의
그리고 평화 속에서 나란히 함께 가는 날이 올 것이라는
나의 희망과 신념을 확실하고 신성하게 공언한다."
- 윈스턴 처칠

1941년 8월 3일 처칠은 1년 여 전 독일의 전격작전에 의한 프랑스의
함락이래 영국밖으로 나가는 첫 여행을 하기 위해 그의 별관 관저인 체커
를 떠났다. 스코틀랜드의 써소(Thurso)에서 그는 프린스 오브 웨일즈
(Prince of Wales) 호에 승선했다. 독일인들이 그들의 지난 마지막 전쟁(제
1차 세계대전)을 시작했던 것은 27년 전 오늘이었다. 그는 8월 4일 배 위
에서 루즈벨트에게 "이번에 우리는 일을 잘해야 한다"라고 전문을 보냈
다.[1] 처칠의 목적지는 뉴펀들랜드이고 여행목적은 루즈벨트 미국 대통령
을 만나는 것이었다. 처칠은 뉴펀들랜드 해안에서 루즈벨트 대통령을 만

---

1) Martin Gilbert, *Churchill; A Life, op. cit.,* p. 705.

날 전망에 어린아이처럼 흥분했다. 그동안 두 사람은 전신문을 점점 빈번하게 교환하게 되었지만, 1918년 이후 그들의 직접상봉은 좋든 싫든 정점의 순간이 될 것이다.[2) 이 배는 6일간의 항해 동안 거의 2년만에 처음으로 전파의 차단을 준수했다. 처칠은 일상적 사건들의 과정에 대한 직접적 책임으로부터 고립된 자신을 발견했지만 아무런 신호도 보내지 않았다.

1941년 8월 9일 오전 9시에 그들의 배는 플러센시아 만(Placentia bay)에 입항하여 미국 대통령이 타고 있는 미국의 순양함 오구스트라(Augustra) 옆에 정박했다. 프린스 오브 웨일즈 호의 밴드가 미국의 국가를 연주했고 파도를 넘어 영국의 국가 "신이시여 왕을 구하소서"(God Save the King)가 들려왔다. 오전 11시에 루즈벨트 대통령은 처칠과 악수를 했으며 리비에라(Riviera)라는 암호로 불린 회담의 첫 모임에 처칠 일행을 환영했다. 루즈벨트는 육군참모총장 조지 마샬(George C. Marshall) 장군, 해롤드 스타크(Harold Stark) 해군제독, 육군공군부의 헨리 아놀드(Henry Arnold) 장군, 서머 웰리스(Summer Welles) 국무부 차관, 그리고 대통령의 아들 프랭클린 루즈벨트 2세(Franklin Roosevelt, Jr.)를 동반했

---

2) 루즈벨트 대통령과 처칠 수상의 최초의 사교적 상호교류는 불행했다. 루즈벨트는 과거 제1차 세계대전 중 처칠을 만났으며 그 기억을 소중히 간직했지만 처칠은 솔직히 기억하지 못한다고 인정했다. 루즈벨트는 외교적이었다. 그때 그는 처칠을 불쾌한 사람으로 생각했었다. 처칠은 후에 자신의 회고록 <다가오는 폭풍>에서 그가 전쟁에서 한 번 루즈벨트를 만났다고 했다. 그것은 그레이스 인(Gray's Inn)에서 있었던 만찬모임에서였으며 처칠은 루즈벨트의 젊고, 힘찬, 훌륭한 모습이 인상적이었다고 썼다. 그의 또 다른 저서 <위대한 당대인들>(Great Contemporaries)과 당시 연설에서 보여준 루즈벨트에 대한 처칠의 찬양은 과거 1918년 그레이스 인에서 가진 빈약한 인상을 깔끔히 지웠다. 그날 늦게 루즈벨트는 자신의 먼 친척이며 가까운 친구인 마가렛 석클리(Margaret Suckley)에게 '처칠은 엄청나게 중요한 인물이며 많은 면에서 영국판 라 구아디아(La Guardia) 당시 뉴욕시장 같다. 내가 그렇게 말했다고 말하지 말라. 나는 그를 좋아한다. 그리고 둘만의 점심은 쌍무 간 침묵을 깼다'고 말했다. 처칠과 루즈벨트는 제2차 세계대전 중 9번의 정상회담, 별개의 경우에 총 113일 간이나 함께 보내게 된다. 이 두 사람의 서신교환의 시작부터 1941년 12월 7일 진주만 공격으로 미국이 참전한 직후 워싱턴에서 첫 정상회담을 위해 처칠이 런던을 떠날 때까지 두사람의 서신을 상세히 다룬 것으로는, Joseph P. Lash, *Roosevelt and Churchill 1939–1941: The Partnership That Saves the West,* New York: W.W. Norton & Company, 1976.을 참조.

다. 처칠은 루즈벨트를 만나기 전에 "어떤 연인도 내가 루즈벨트 대통령의 경우에 그랬던 것처럼 자기 미스트레스의 모든 변덕을 연구하지는 않았다"고 선언했다.[3]

첫 날의 점심은 서로를 알아가는 데 소비되었다. 물론 두 지도자들이 플러센시아 만에서의 회동에서 원했던 많은 구체적인 것들이 있었다. 이 것들은 계속되고 보다 깊이 있는 참모회담, 일본의 침략을 억제하기 위한 공개선언, 영국 통제하에 있는 아이슬란드 주변에 대한 미해군의 정찰에 대한 합의, 무기대여법에 입각한 최고속 공급요청과 영어를 사용하는 사람들과 중립국들로 하여금 이 전쟁이 나치스의 가치보다 전적으로 우월한 가치들을 위해 싸우고 있다는 것을 인식하도록 고무할 보편적 원칙들에 대한 공동선언을 포함했다.

다음 날 8월 11일에는 무엇보다도 스탈린에게 보내는 공동 메시지와 회담에 관한 코뮤니케뿐만 아니라 "대서양 헌장"(the Atlantic Charter)의 내용에 대한 합의가 있었다. 실질적인 어떤 문제에 있어서도 이견이 없었다. 그리하여 영국과 미국의 참모, 주로 영국의 딜(Dill) 장군과 미국의 마샬 장군 사이에 우호적 관계의 수립뿐만 아니라 처칠의 모든 여행 목적이 성취되었다. 대서양 헌장은 미국 대통령과 영국 수상이 함께 만나 그들이 세계의 보다 나은 미래를 위해 그들이 희망이 기초할 그들 각 국의 국가정책에서 확실한 공동원칙들을 알리는 것이 옳다고 생각했다.

첫째로, 그들의 국가들은 영토적이거나 다른 어떤 확장도 모색하지 않는다.

둘째로, 그들은 관련된 인민들이 자유롭게 표현된 염원과 일치하지

---

3) Andrew Roberts, *Churchill: Walking with Destiny,* p. 674.

않는 어떤 영토적 변화를 보고 싶지 않다.

셋째로, 그들은 자신들이 살아가는 정부의 형태를 선택할 모든 인민들의 권리를 존중한다. 그리고 그들은 과거에 강제로 빼앗긴 사람들에게 주권과 자치정부가 부활되기를 염원한다.

물론 미국은 영국인들이 비현실적으로 희망하는 것처럼 독일에 선전포고를 하지 않을 것이었다. "나치 폭정의 최종적 파괴 후"라고 시작한 대서양 헌장 제6조는 중립국가의 명백한 입장을 대변했다. 그런 다음에 평등한 조건에서 무역과 자연자원에 대한 모든 국가의 접근성, 모든 국가들의 전면적인 경제적 협력, 모든 땅에서 궁핍과 공포로부터 자유, 모든 공해나 대양의 방해 없는 횡단, 그리고 일반적 군비축소와 무력사용의 포기에 관한 원칙들이 뒤따랐다. 그 후 이 헌장은 벨기에, 체코슬로바키아, 자유 프랑스, 그리스, 룩셈부르크, 화란, 노르웨이, 폴란드 그리고 유고슬라비아의 망명정부들과, 다소 냉소적이지만, 소련에 의해서 서명되었다. 대영제국에 헌신적인 처칠이 모든 인민들의 정부의 선택권을 인정한 제3조에 동의한 것은 놀라운 일이었지만 그러나 대서양 헌장은 8월 14일에 발표되었는데 이것은 루즈벨트와 처칠이 만나 그들이 나치즘의 박멸 후에 건설하고자 하는 세계를 위한 기본원칙들에 완전히 일치했다는 것을 알게 되는 첫 순간이었다. 그것은 자유의 세력을 위한 강력한 결집의 외침을 제시했다. 그리하여 인민들은 단지 사악한 어떤 것에 대항하여 싸우는 것이 아니라 그들이 싸우는 어떤 염원하는 목적을 갖고 있다고 느낄 수 있었다. 8월 12일 오후 5시 처칠이 승선한 프린스 오브 웨일즈 호는 호위를 받으며 아이슬란드로 향했다.

독일인들은 모스크바와 레닌그라드를 향해 빠르게 진격했다. 그러나 전시 생산이 큰 문제였다. 8월 21일 자기 장군들의 권고를 무시하고 히틀러는 동쪽으로 전진을 늦추기로 하고 우크라이나의 농업자원을 장악하기 위해 키에프(Kiev)를 향해 병력의 상당부분을 남쪽으로 보내기로 결정했다. 그것은 모스크바로 가는 아주 중요한 진격을 치명적으로 약화시키는 기념비적 실수였다. 만일 모스크바로 진격했더라면 그것은 스탈린과 소련정부를 우랄산맥 너머로 후퇴시켰을 것이다. 같은 날 영국의 첫 번째 북극 수송선이 북 러시아에 도착하여 2대의 허리케인(Hurricane) 항공기들을 수송했다. 아프리카 서부 사막에서 영국의 지위에 대한 손상에도 불구하고 탱크를 뒤따라 보냈다. 전쟁이 끝날 때까지 영국은 소련에 40척의 수송선에 720척의 배를 소련에 보냈다. 그리고 400톤의 보급품, 5,000대의 탱크와 7,000대의 항공기를 소련에 전달했다. 그러나 처칠은 스탈린으로부터 감사의 말을 듣지 못했고 오히려 스탈린으로부터 영국이 충분히 보내주지 않았다는 씁쓸한 불평만을 들었다.

10월 혁명의 24주년 기념연설에서 스탈린은 청중들에게 "우리 조국은 어느 누구로부터도 군사적 도움을 받지 않고 단독으로 해방전을 수행하고 있다"고 말했다. 더구나 소련에 전쟁물자를 수송한 영국의 수병들은 무르만스크(Murmansk)나 아르항겔스(Archangel)에서 푸대접을 받았다. 스탈린의 이런 배은망덕에도 불구하고 처칠은 스탈린의 인민들에게 일어나고 있는 일에 경악했다. 8월 24일 방송에서 히틀러의 군대가 진격함에 따라 대서양 헌장에 초점을 두었지만 러시아에서 일어나고 있는 민간인들, 특히 유태인들과 공산주의자들의 끔찍한 학살도 언급하면서 히틀러에 관해 말했다. 점령된 유럽의 인민들을 향해서 "절망하지 말라. 당신들의 땅은 청소가 될 것이다. 나치와 모든 접촉으로부터 당신의 영혼을 지켜라. 나치스에게 그들의 잔인한 승리의 덧없는 시간에서 조차 그들은 인류의 도덕적 부랑자들이라는 것을 느끼게 만들어라. 구원이 갈 것이다. 강력한 군사력이 당신들을 위해 무장하고 있다. 희망을 가져라. 구출은 확실하다."[4]고 처칠은 말했다. 전시중 나치 점령하에 살았던 수 많은 사람들은 절망의 상태에서 처칠의 연설이 희망을 주었다고 증언했다. 그들은 비록 그렇게 하는 것이 중죄였음에도 불구하고 비밀리에 불법적으로 라디오 세트를 통해 처칠에 귀를 기울였다.

8월 25일 독일인들을 키에프 시의 밖에 두고 영국군과 러시아군은 합동으로 작은 병력이지만 이란을 쳐들어갔다. 그들은 3일만에 승리했으며 샤(Shah)의 아들이 아버지 대신에 왕좌에 옹립되었다. 영국은 육로로 러시아에 공급하고 영-이란석유회사(Anglo-Iranian Oil Company)의 아바단(Abadan) 유전을 이제 보호할 수 있게 되었다. 처칠은 사적으로 "우리가 정당성은 있지만 권리는 없는 그런 일을 해왔다"고 인정했다. 9월 4일 마이스키(Maisky) 소련대사가 전달한 편지에서 스탈린은 동부전선에서 30~40개 독일군 사단을 끌어내기 위해 프랑스와 발칸에서 제2의 전선을 요구하고 있었다. 그는 또한 3만 톤의 알미늄 그리고 매달 적어도 400대의 항공기와 500대의 탱크를 원했다. 스탈린은 그것들이 없이는 러시아가 전쟁에서 패배할지도 모른다고 경고했다.

처칠은 스탈린에게 보내는 답장에서 "나는 히틀러가 그의 적들을 하나씩 쳐부수는 그의 옛 정책을 여전히 추구하기를 원하고 있다는 것을 의심하지 않는다. 만일 그렇게 하여 내가 단지 20개 사단이라도 당신의 전선에서 끌어낼 수 있다면 나는 5만 명의 영국인들의 생명을 희생시킬

---

4) Andrew Roberts, *op. cit.,* p. 678.

준비를 할 것"이라고 말한 뒤 그러나 그는 "영국해협이 독일인들로 하여금 영국으로 뛰어드는 것을 막아주는 것과 꼭 마찬가지로 영국해협은 영국이 점령된 프랑스로 뛰어드는 것을 막고 있다"고 말했다. 발칸 작전을 위한 병력이나 항공기와 수송 물량도 없다고 덧붙였다. 처칠은 4개의 영국사단들은 우호적인 국가인 이집트에서 그리스로 전환하기 위해 7주가 걸렸다는 것을 지적했다. "아니오, 아니오, 우리는 프랑스에서건 발칸에서건 간에 확실한 패배 속으로 걸어 들어갈 수 없다"고 처칠은 답변을 마쳤다.5) 처칠은 공급의 문제에 관해서도 "영국 또한 무기가 부족하다. 100만 이상의 영국 군인들이 여전히 비무장 상태에 있다. 영국의 전체 탱크 생산이 한달에 500대에 미치지 못하고 있다. 1942년엔 상황이 바뀔 것이다. 영국과 미국이 1942년에는 스탈린에게 더 많이 줄 수 있을 것이다. 그러나 지금으로선 공산주의 소련인들이 믿지 않는 하느님만이 다음 6~7주 간에 도울 수 있을 뿐"이라고 처칠은 마이스키 소련대사에게 말했다. 8월 18일 그날 키에프가 독일군 수중에 떨어졌다.

9월 30일 연설에서 처칠은 여론에 지나치게 신경을 쓴 나머지 적절한 리더십을 보여주지 못하는 정치인들에 관해서 농담을 했다.

> "전시에는 항상 자신의 맥박을 느끼고 체온을 재면서 여론조사의 변덕스러운 분위기 속에 사는 것보다도 더 위험스러운 일은 없다. 지금은 지도자들이 땅에 귀를 대고 있어야 할 때라고 누군가가 말하는 것을 들었다. 내가 말할 수 있는 것은 영국은 그런 다소 볼품없는 자세의 지도자들을 우러러보기 매우 어렵다는 것을 발견하게 될 것이다."6)

---

5) *Ibid.*, p. 679.
6) *Ibid.*, p. 684.

10월 7일 처칠은 심각한 러시아의 상황을 걱정했다. 독일인들이 중앙 지역에서 또 다른 전진을 시작했기 때문이다. 독일군대가 모스크바 지하도 역들에 도달했고 겨울은 러시아인들에게 충분하게 빨리 오지 않았다. 이제 스탈린은 30개 사단의 영국군이 북극의 아르항겔스에 상륙해야 한다고 고집했지만 그도 이미 잘 알고 있듯이 그것은 완전히 불가능한 요청이었다. 같은 날 루즈벨트는 대서양회담이 미국을 더 전쟁에 가깝게 가져오지는 않았다고 공개적으로 천명했다.

1941년 12월 7일 일요일, 일본이 하와이의 진주만 미국 해군기지를 기습 공격하여 그곳에 정박 중인 8척의 미국 전함 중에서 7척을 침몰시키거나 심각한 손상을 입혔다. 이어 수일 동안 일본은 말라야, 필리핀, 보르네오, 태국, 홍콩, 그리고 네덜란드의 동인도를 침공했다. BBC 방송의 9시 뉴스를 듣고 처칠은 즉각 서재로 가서 루즈벨트에게 전화를 걸었다. "대통령님, 일본이 무슨 일입니까?"라고 묻자 루즈벨트 대통령은 "그들이 진주만에서 우리를 공격했소. 이제 우리는 같은 배를 탄 겁니다"라고 대답했다. 처칠은 이미 11월 10일 "미국이 일본과 전쟁을 하게 되면 영국의 선전포고가 곧 바로 뒤따를 것"이라고 말했었다. 12월 8일 새벽 1시에 진주만 공격 후 루즈벨트와 통화한 바로 그날 밤 처칠은 일본의 런던 주재 대리대사에게 전쟁을 선포한다는 편지를 썼다. 그는 "명예롭고 고도의 심려와 함께, 당신의 복종적 하인 윈스턴 S. 처칠"이라고 그 편지를 아주 의례적이고 형식적으로 끝맺었다. 전후 그는 이렇게 말했다. "어떤 사람들은 이 의례적 스타일을 좋아하지 않았다. 그러나 결국 당신이 사람을 죽여야 할 때 겸손한 것은 아무런 비용이 들지 않는다"[7]고 말했다.

---

7) *Ibid.*, p. 692.

비록 독일과 미국이 아직 전쟁상태는 아니었음에도 불구하고 처칠은 자신의 회고록에서 그날 저녁 자신의 행복감에 대해서 이렇게 썼다.

"미국을 우리편으로 갖게 된 것이 나에겐 최대의 즐거움이라고 내가 선언한다고 할지라도 내가 틀렸다고 생각하는 미국인들은 없을 것이다. … 그렇게 결국 우리가 이겼다. 그렇다. 덩케르크 이후, 프랑스의 몰락 이후, 오랑의 무서운 에피소드 이후, 침공의 위협 이후 … 우리는 전쟁에서 이겼다. … 우리의 역사는 끝나지 않을 것이다. 나는 에드워드 그레이(Edward Grey) 외상이 30년 전에 미국은 '거대한 보일러'(a Gigantic Boiler)라고 나에게 했던 말을 생각한다. 거기에 일단 점화가 되면 그것이 생산하는 힘에는 한계가 없다. 감정과 흥분에 젖어 만끽하며 나는 잠자리에 들어 구원된 고마운 마음으로 가득한 잠을 잤다."[8]

그리고 처칠은 미국인들에 관해서 "어떤 사람들은 미국인들이 온화하고 또 다른 사람들은 그들이 결코 단결하지 않을 것이라고 말했다. 그들은 유혈을 결코 견디지 못할 것이다. 그들의 민주주의와 빈번한 선거제도가 그들의 전쟁노력을 마비시킬 것이다. 그들은 친구와 적에 대해 막연하고 흐리멍덩할 것이다. 이제 우리는 이 수는 많지만, 멀고, 부유하고 또 말이 많은 사람들의 약점을 보게 될 것이다. 그러나 나는 마지막 절망적 순간까지 싸운 미국의 내전을 공부했다. 또한 히틀러나 무솔리니나 혹은 도조 히데끼(Tojo Hideki)와는 달리 나는 미국을 여러 차례 방문하여 동쪽 끝에서 서쪽 해안까지 여행했으며 48개 주 중에서 28개 주를 방문했었다. 그래서 나는 화가 나고 동기를 갖게 된 미국이 무엇을 할 수 있는 지를 알고 있었다"고 썼다. 처칠은 태평양에서 작전 중인 10척

---

8) *Ibid.*, pp. 692-693.

8) *Ibid.*, pp. 692-693.

의 일본의 전함들이 2척의 미국 전함과 대치한 상황에서 그는 미국이 태평양에서 대 일본전을 추진하면서 영국이 유럽, 아프리카, 그리고 중동에서 독일과 이탈리아와 싸우도록 내버려 둘지 모른다는 심각한 위험이 있음을 인식했다.[9]

태평양에서 전쟁이 요구하는 것으로 인해 영국에 대한 미국의 원조와 대서양 수송에서 미국의 지금까지 확대일로의 참여에서 미국을 떨어져 나가게 할지도 모른다고 두려워한 처칠은 12월 8일 미국으로 떠날 계획을 세웠다. 그러나 루즈벨트가 적어도 한달 동안 그를 만날 수 없어서 그 방문은 연기되었다. 실망한 처칠은 루즈벨트에게 "나는 최종적 승리에 대해 그렇게 확신한 적이 없었지만 그러나 오직 협조적 조치만이 그것을 달성할 것"[10]이라고 말했다. 미국의 전쟁부가 진주만 직후 중동에 보낼 대여무기의 수송을 중지하겠다고 위협했다. 처칠은 "독일 먼저"(Germany First) 정책으로 알려진 것을 확실히 하기 위해서는 자기가 가능한 한 빨리 워싱턴에 가야 한다고 확신했다. "독일 먼저" 정책은 추축국 중에서 가장 강력한 국가를 일본에 앞서 패배시키는 것이었다. 그리고 그것은 일본이 미국을 공격하고 독일은 공격하지 않았지만 루즈벨트 행정부의 전략적 우선순위로 남았다. 실제로 처칠은 걱정할 필요가 없었다. 왜냐하면 '독일 먼저' 정책은 진주만 공격 이전에 전쟁부의 정책이었으며 마샬(Marshall) 장군과 그리고 당시에 상당한 소장 계획자인 드와이트 아이젠하워(Dwight D. Eisenhower) 장군 같은 미국의 전략가들에 의해서 승전에 핵심적인 것으로 인정되고 있었다.[11]

---

9) *Ibid.,* p. 693.
10) Martin Gilbert, *Churchill: A Life,* p. 711.
11) Andrew Roberts, *Churchill: Walking with Destiny,* p. 694.

진주만에서 많은 미국의 전함들이 파괴됨으로써 극동에서 영-미의 해군 우위가 사라져 버렸다. 일본이 남쪽으로 모험하는 것을 억제하려는 희망으로 진주만 이전에 처칠이 보낸 영국의 전함 프린스 오브 웨일즈(Prince of Wales)와 리펄스(Repulse) 두 척이 당시 싱가포르에 도착했음에도 불구하고 해군력의 균형이 11대 10으로 영-미의 우위에서 4대 10의 열세로 전환되어 버렸다. 12월 9일 처칠은 루즈벨트에게 현실과 새로운 사실에 비추어 전체적 전쟁계획을 검토하기 위해 워싱턴 방문을 제안했다. 그러면서 독일과 이탈리아가 조약상 그렇게 하기로 되어 있기에 조만간 미국에 선전포고를 할 것으로 예상한다고 덧붙였다.

12월 10일 처칠을 플러센티아 만(Placentia Bay)으로 수송했던 프린스 오브 웨일즈 호와 리펄스 호가 말라야 해안에서 일본의 폭격기와 어뢰를 발사하는 항공모함에 의해 침몰되었다. 톰 필립스(Tom Phillips) 해군 중장과 840명의 장교들과 수병들이 죽었다. 이 두 전함의 상실은 영국의 해군에 심각한 타격이었다. 처칠은 이 손실에 대해 비판을 받았지만 일본인들의 말라야 상륙을 방해하기 위해 공군의 커버없이 싱가포르에서 발진하게 한 것은 처칠이 아니라 필립스였다. 현대 학문은 대체로 이 재앙의 책임으로부터 처칠 수상을 면해 주었다.[12]

그러나 이 침몰의 충격은 12월 11일 아무런 도발도 없이 먼저 이탈리아가, 그리고 독일이 미국에 선전포고를 했을 때 상쇄되어 버렸다.[13] 태평양 전쟁에 몰입한 루즈벨트는 히틀러에게 전쟁을 선포할 계획이 없었으며 진주만 후 4일 동안에도 그렇게 하지 않았다. 이제 독일을 미국과 전쟁상태로 끌고 들어간 것은 히틀러였다. 미국은 히틀러가 공식적으

---

12) *Ibid.,* p. 695.
13) Martin Gilbert, *Churchill: A Life,* p. 712.

로 선전포고한 유일한 국가가 되었다. 처칠은 이제 더 이상 미국의 전쟁 노력의 대부분이 일본을 향할 것이고 영국에는 훨씬 적은 전쟁물자가 지원될 것이라고 걱정할 필요가 없게 되었다.[14] 히틀러의 오만한 선언의 결과로 미국은 20년 이상의 중립 이후 갑자기 유럽의 교전국이 되었다.

12월 13일 12시 30분 처칠과 그의 수행원들은 4천 5백 톤급 전함인 듀크 오브 요크(Duke of York) 호에 승선했고 암호는 아르케디어 회담(Arcadia Conference)이었다. 이 배에서 12월 16일부터 20일 사이에 처칠은 참모장들을 위해 서방동맹국들이 전쟁의 다른 단계에서 따라야 할 전략을 광범위하게 제시한 7천 단어에 이르는 4개의 메모랜덤(정책제안서)을 작성했다. 그때까지 단지 살아남는 정책뿐이었던 데서 러시아와 미국의 참전으로 처칠은 앞날을 분명하게 볼 수 있게 되었다.[15] 그 달 초에 독일인들은 비록 여전히 남쪽으로 진격하고 또 10월에 키에프를 장악했음에도 불구하고 모스크바의 문 앞에서 저지되었으며 그곳에서 탄약이 떨어져 버렸다.

"대서양 전선"이라는 제목의 첫 메모랜덤은 러시아에서 히틀러의 실패와 손실이 지금 전쟁에서 주된 사실이라고 시작했다. 우리가 약속한 병참을 실패없이 정확하게 보내는 것을 확실히 한 것을 제외하곤 영국과 미국은 이 사건에서 어떤 역할도 하지 않았다. 이런 식으로만 우리는 스탈린에 대한 우리의 영향력을 가질 수 있을 것이며 막강한 러시아의 노력을 전쟁이라는 하나의 직물에 짜넣을 수 있을 것이다. 그 시점까지 히틀러가 결코 실패하지는 않겠지만 모스크바를 장악하지 않음으로써 그는 중대한 전략적 전복을 당했으며 인구 수에 있어서 독일과 러시아

---

14) *Ibid.*
15) Andrew Roberts, *Churchill: Walking with Destiny*, p. 698.

의 불균등은 독일의 손실이 러시아인들이 감내하는 것과 같은 방식으로 지탱될 수 없을 것임을 의미한다고 처칠은 인식했다. 그럼에도 불구하고 독일인들이 크리미아를 장악할 것이라고 처칠은 정확하게 예측했다. 서방동맹국들을 위하여 처칠은 만일 비시 정부가 모로코, 알제리 그리고 튀니지에서 협력하지 않으면 모로코의 대서양 항구를 포함해서 북아프리카의 전 해안을 손에 넣거나 정복하기 위해 1942년에 군사작전이 이루어져야 한다고 말했다. 그는 알제리와 튀니지에서 편리한 상륙 장소들을 언급했다. 그는 또한 독일인들이 전 프랑스를 장악하고 점령지로 지배할 날을 내다보았다. 실제로 1942년 11월 결국은 전 프랑스가 독일 점령지가 되었다.

처칠은 독일에 의한 침공의 시도에 대비하여 강력한 추가적 억제력으로 북아일랜드에 미국의 3개 사단과 추가적 기갑사단을 원했을 뿐만 아니라 영국이 독일에 대항하기 위해 20개 미국 폭격부대를 작전에 투입하여 독일의 도시들과 항구들에 훨씬 더 가혹하고 보다 정확한 폭격을 감행하기를 원했다. 그는 스페인인들이 지브롤터(Gibralta)를 공격하고 또 북아프리카를 침공하기 위해 스페인을 통한 자유통과를 허용하지 않을 가능성이 높다고 부언했다.

"태평양 전선"이라는 제목의 두 번째 메모랜덤에서 처칠은 일본인들이 버마와 버마로드(Burma Road)를 공격하여 중국을 고립시킬 것이라고 예측했다. 홍콩을 위한 어떤 위안도 가능하지 않았다. 일본인들은 말라카 해협(the Straits of Malacca)의 양쪽에 자리잡을 것으로 예상해야 했다. "1943"년이라는 제목의 세 번째 메모렌덤에서 처칠은 1943년 초까지 전 북아프리카의 해안과 레반트(Levant, 동부 지중해의 연안국들)가 영－미의 손 안에 들어올 것이라고 예측했다. (그리고 그것은 그해 5월에 그렇게 되었다.) 1943년 후반에 러시아의 지위가 강력하게 수립될 것이다. 그리고 시실리와 이탈리아에서 발판이 구축될 수 있을 것이며 이탈리아 내부에서 아주 호의적인 반작용들이 있을 것이다. 그러나 이 모든 것이 전쟁의 종식을 가져오는 데는 부족할 것이다. 이것은 피정복 주민들로 하여금 반란을 일으키게 할 만큼 충분히 강력한 영국과 미국 군대의 계속적이거나 동시에 이루어지는 적합한 지점들에 대한 상륙작전에 의해서 서부와 남부 유럽의 점령된 국가들의 해방에 의해서만 성취될 것이다. 처칠은 그런 적합한 상륙지점으로 프랑스의 해협 해안들과 프랑스의 대서양 해안들이 1943년에 가능한 장소들이라고 언급했다. 그는 특히 원칙적으로 상륙작전은 상륙선이나 특별히 개조된 대양에서 사용될 선박들로부터 항구가 아니라 해변에서 이루어져야 한다고 썼다.

처칠의 "태평양에 관한 노트"(Notes on the Pacific)라는 제목의 네 번째 마지막 메모랜덤에서 "우리는 태평양에서 우리의 소유지나 방어거점들을 하나씩 잃을 것으로 예상해야 하지만 그러나 서방동맹국들의 목적은 태평양에서 명백하게 우월한 전투함대를 확보하는 것이어야 하며 5월을 이것이 달성될 날짜로 삼아야 한다"고 예측했다. (미드웨이 전투는 1942년 6월에 발생했다.) 비록 처칠은 이 정책제안서에서 몇 개의 부정확한 예측을 했음에도 불구하고(예를 들어, 싱가포르는 6개월 내에 함락되지 않을 것이고 전쟁은 1944년에 승리할 것이라는 등) 그것들은 모두가 통찰력과 선명한 전략적 사고의 걸작을 이루었다. 그의 예측 가운데 어떤 것은 실제로 발생한 것과 한두 달의 차이가 있었을 뿐이었다. 처칠은 1930년대의 나치즘과 1940년대의 스탈린주의에 관한 선견지명으로 정확하게 명예를 부여받았을 뿐만 아니라 동시에 1941년 12월에 폭풍이 몰아치는 대서양을 건너는 동안 비범한 정확성으로 제2차 세계대전의 과정을 그려낸 위대한 명예를 부여받을 자격이 있다고 하겠다.

12월 22일 오후 2시 15분에 그의 배는 버지니아 주의 햄프톤 로즈(Hampton Roads)에 정박했다. 처칠과 그의 수행원들은 노포크(Norfolk) 비행장까지 자동차로 이동했고 50분 후에 그들은 워싱턴의 국립공항(National Airport)에서 루즈벨트 대통령의 영접을 받았다. 그것은 특별하고 명백한 존경의 표시였다. 처칠은 3주 동안 백악관에 머물렀다. 처칠이 워싱턴에 왔다는 발표가 있자 엄청난 수의 선물들이 미국의 지지자들로부터 답지하기 시작했는데 이 선물에는 수백 상자의 시가 담배도 포함되어 있었다.

다음 날 처칠과 루즈벨트는 지도실(Map Room)에서 전략을 얘기하면서 오랜 시간을 함께 보냈다. 바로 여기에서 처칠은 북아일랜드(Northern Ireland)를 수비하기 위한 6만여 명의 미군 이동을 확보했다. 그들은 서로의 침실과 욕실의 안과 밖에서 서성거리기도 했다. 이때 처칠의 속기사 패트릭 킨나(Patrick Kinna)는 벌거벗고 부끄러워하지 않는 처칠이 목욕을 끝낸 후 루즈벨트가 수건을 건네주자 처칠이 "대영제국의 수상은 미국의 대통령에게 감출 것이 아무 것도 없다"고 농담하는 것을 목격했다.16) 처칠과 루즈벨트 그리고 영국의 참모장들과 미국의 참모장들 간의 8번에 걸친 주요 대화들 중 첫 번째가 12월 24일에 있었다. 성탄절 전야에 수천 명의 인사들이 연설을 하고 케럴송을 부르기 위해 커다란 크리스마스 트리가 설치된 백악관 잔디밭에 모였다. 그 자리에서 처칠은

---

16) *Ibid.*, pp. 700−701.

생중계로 방송된 연설을 했다.

    "나는 이 기념일과 축제를 나의 조국으로부터, 나의 가족으로부터, 아주 멀리 떨어진 곳에서 보낸다. 내 어머니 쪽 혈연관계이든 아니면 수년에 걸친 내 삶에서 발전된 우정이든, 아니면 같은 언어를 사용하는 위대한 국민들의 공동 명분에 입각한 동료의식의 당당한 감정이든, 나는 미국의 중심과 정상에서 내 자신을 이방인으로 느낄 수 없다. 이것은 이상야릇한 성탄절이다. 거의 모든 세계가 과학이 고안할 수 있는 가장 무서운 무기로 치명적 투쟁에 빠져 있고 국가들은 서로 상대 국가로 진격하고 있다. … 어린이들은 재미와 웃음의 밤을 보내게 하자. 우리 어른들은 우리 앞에 놓여있는 엄숙한 과업과 무서운 시간으로 돌아가기 전에 어린이들의 인색하지 않은 즐거움을 완전히 공유하자. 그리고 우리의 희생과 용맹으로 바로 이 어린이들이 그들의 유산을 박탈당하지 않고 자유롭고 품위 있는 세상에서 살아갈 권리를 부인하지 않도록 결심하자. 그리고 하느님의 자비속에 여러분 모두에게 메리 크리스마스를 기원한다."17)

    영국과 미국의 참모장들이 극동에서 호송함으로 군사력을 강화할 방법들을 함께 찾고 있는 바로 이 성탄절에 홍콩이 일본인들에게 항복했다. 그날 저녁 주미 영국대사인 핼리팩스 경이 처칠을 방문했을 때 그는 처칠이 시가, 위스키와 소다, 그리고 비서들에 둘러싸여 미국 의회의 합동회의에서 행할 자신의 연설문을 준비하고 있는 것을 발견했다. 미국 의회의 합동회의는 그때까지 1874년과 1934년 오직 두 차례만 열렸기에 이 곳에서 연설기회는 엄청난 명예였다. 12월 26일 처칠은 자신

---

17) Martin Gilbert, ed., *Churchill: The Power of Words,* Boston, MA: Da Capo Press, pp. 291 – 292.

의 연설을 농담으로 시작했다.[18]

"내가 실제와는 달리 정반대로 내 부친이 미국인이고 나의 모친이 영국인이었다면 나는 스스로 여기에 와 있을지도 모른다. 나는 영국 의회의 아들이다. 나는 내 부친의 집에서 민주주의에 믿음을 갖도록 훈육되었다. 국민을 믿어라! 그것이 메시지였다. 디즈레일리가 말했듯이 소수, 그것도 아주 작은 소수를 위한 세상이던 그런 과거 귀족주의적 빅토리아시대에 노동자들의 군중에 의해 집회와 거리에서 그가 환호를 받는 것을 보곤 했다. 그리고 나는 특권과 독점에 반대하는 대서양의 양쪽에서 흘렀던 조류와 나의 전 생애는 전반적으로 조화를 이루었다. 그리고 나는 국민의, 국민에 의한, 국민을 위한 정부라는 게티스버그의 이상을 향해 자신 있게 헤쳐 나갔다. 여러분들의 나라에서처럼 나의 조국에서 공인들은 국민의 봉사자임을 자랑스러워하며 주인이 되는 것을 부끄러워할 것이다. 나에게 최선의 소식은 과거 그 어느 때보다도 단결된 미국이 자유를 위한 검을 뽑았고 단호한 태도로 나왔다는 것이다. … 우리가 미국과 영국제국의 자원들을 일본의 것과 비교할 때, 우리가 그렇게 오랫동안 용감하게 침공을 견디어 낸 중국인들의 자원을 고려할 때, 그리고 우리가 또한 일본을 덮고 있는 러시아의 위협을 관찰할 때, 일본의 행동을 분별력이나 심지어 제정신 상태로 이해하기는 훨씬 더 어렵게 된다. 도대체 그들은 우리를 어떤 종류의 국민으로 생각하는 건가? 그들과 세계가 결코 잊지 못할 교훈을 얻을 때까지 우리가 그들에게 대항하는 것을 멈추지 않을 것이라는 사실을 그들이 깨닫지 못한다는 것이 과연 가능한 일인가? … 우리가 미래의 신비를 꿰뚫어 볼 수는 없다. 그럼에도 불구하고 오늘날에 영국과 미국인들이 자신들의 안전과 모두의 선을 위해

---

18) Martin Gilbert, *Churchill and America,* New York and London: Free Press, 2005, pp. 249-250; Jon Meacham, *Franklin and Winston: An Intimate portrait of an Epic Friendship,* New York: Random House Trade Paperbacks, 2003, p. 153-154.

존엄과 정의와 평화 속에 나란히 함께 걸어갈 것이라는 나의 희망과 신념을 확실하고 또 신성하게 고백한다."[19)

처칠은 이 연설을 하는 중에 여러 차례의 기립 박수를 받았다. 미국 의회에서 행한 그의 역사적 연설은 더할 나위 없는 대성공이었다.

1942년 1월 14일 아르케디어 회의가 종결되었다. 미국 군대가 북아일랜드에 훈련을 위해 그리고 침공을 억제하기 위해 파견되어야 한다는데 합의를 이루었다. 탄약 생산과 수송을 위한 합동위원회들이 설립되었다. 정보수집에서도 협력이 합의되었다. 북서유럽과 동남아시아 그리고 지중해의 전장에서 합동사령부가 수립되었다. "독일 먼저" 전략이 서면으로 그리고 명시적으로 재확인되었다. 처칠은 이 전략 뒤의 사고를 다음해 미국 의회에 보내는 성명에서 설명했다. 즉 일본의 패배는 독일의 패배를 의미하지 않지만 독일의 패배는 일본의 멸망을 의미하는 것이 분명하다는 것이었다.[20) 아르케디어 회의의 또 다른 성과는 전쟁의 대전략에 대해 최종적 지도력을 갖는 연합참모총장위원회(Combined Chiefs of Staff Committee)를 워싱턴에 설립하는 것이었다. 그런 통합된 동맹국 지휘는 전례가 없었고 실로 혁명적이었다. 제1차 세계대전에서 계획과 집행이 제2차 세계대전에서는 비견할 수 없는 포쉬(Foch) 원수의 전체적 지휘하에 있었지만 실제로 계획과 집행은 개별 군대와 개별 전투지구에 위임되었다.

1942년 1월 1일 새해에 처칠과 루즈벨트 그리고 워싱턴 주재 소련대사인 맥심 리트비노프(Maxim Litvinov), 그리고 중국대사는 러시아와 중

19) Martin Gilbert, *Churchill: The Power of Words,* pp. 292−294.
20) Andrew Roberts, *Churchill: Walking with Destiny,* p. 703.

국을 대서양 헌장의 제원칙에 헌신하게 하는 "연합된 국가들의 공동선언"(The Joint Declaration of the United Nations)에 서명했다. 다음날 여기에 22개 다른 국가들도 서명했다. 루즈벨트는 동맹이라는 단어가 상원의 고립주의자들에게 헌법상의 어려움을 이야기하게 할 지도 모른다는 두려움 때문에 "연합된 국가들"(United Nations), 즉 '국제연합'이라는 표현을 선택했다.

처칠은 1월 4일 저녁식사 후 워싱턴을 떠났으며 루즈벨트는 그를 환송하기 위해 철도역까지 나갔다. 원래는 버뮤다(Bermuda)에서 듀크 오브 요크(Duke of York) 호를 타고 귀국할 계획이었지만 말라야로부터의 소식과 런던의 정치적 반대자들의 소란으로 급히 귀국할 필요가 있었다. 그래서 그는 최초로 대서양횡단 비행을 했다. 1월 17일 오전 9시 45분에 플리머스(Plymouth)에 도착했다. 그 길은 길고도 아주 생산적인 여행이었다. 히틀러의 선전포고와 "독일 먼저" 정책에 대한 루즈벨트와 마샬 장군의 약속은 처칠이 1940년과는 달리 이제는 더 이상 루즈벨트의 애원자가 아니라는 것을 의미했다. 미국을 다루는 데 있어서 처칠에게 계속해서 조심스런 언어를 사용하라는 권유에 대해서 "오! 그것은 우리가 그녀를 유혹하고 있을 때 우리가 말하는 방식이다. 이제 그녀가 하렘(harem)에 있으니 우리는 그녀에게 아주 다르게 말할 것이다"라고 답변했다.21) 처칠은 1월 18일 아르케이더 회의의 결과에 대해 전시내각에 보고했다.

---

21) Andrew Roberts, *Churchill: Walking with Destiny,* p. 707.

V
장군들을 지휘하는 군사 전략가
A Military Strategist Who Directs the Generals

"결코 굴복하지 말라. 결코 무력에 굴복하지 말라.
겉으로 보기에 압도적인 적의 힘에 굴복하지 말라."
– 윈스턴 처칠

윈스턴 처칠은 정치가이기 이전에 군인이었다. 영국의 국회의원으로서 의회에서 전쟁에 관해서 어느 누구보다도 많이 아는 인물로 인정되었다.[1] 그런 그의 명성은 전쟁 수행 과정에서 유감없이 드러났고 또 그의 전략적 안목이 빛을 발했다. 그는 "전시에 좋게 대할 필요가 없다. 옳기만 하면 된다"고 믿고 전쟁 수행의 전략적 원칙에 충실하려고 했다.[2] 1942년 1월 21일 독일의 롬멜(Rommel) 장군이 새로운 공세를 펴서 28일 벵가지(Benghazi)에서, 그리고 2월 3일엔 더나(Derna)에서 철수하게 했으며 영국 군대를 토브룩을 방어하는 가잘라 라인(Gazala Line) 뒤로 후퇴시켰다는 소식에 처칠의 염려는 크게 증대되었다. 게다가 처칠은 국방위원회에서 "싱가포르는 요새로 간주할 수 없다는 것이 분명하다. 왜

---

1) Geoffrey Best, *Churchill and War*, London: Hambledon and London, 2005, p. ix.
2) Elliot A. Cohen, *Supreme Command*, New York: Simon & Schuster, 2002, p. 128.

냐하면 육로의 적절한 방어가 마련되지 않은 것 같기 때문이다. 보다 넓게 보면 버마가 싱가포르보다는 더 중요하다. 버마는 중국과 통신의 종착점이다"라고 처칠은 말했다.

처칠은 전쟁에 관한 다음 토론에서 자신의 정부에 대한 의회의 신임을 묻기로 결정했다. 1월 23일 보다 많은 의원들이 기권하고 오직 몇몇 의원들이 정부에 반대할 것으로 예상했다. 기권이 체임벌린 정부를 실각시켰기 때문에 신임을 묻겠다는 결정은 위험이 없지 않았다. 많은 의원들이 토론에서 발언했다. 처칠에 대한 가장 많은 비판은 보수당의 체임벌린 추종자들로부터 나왔다. 그러나 아무도 처칠을 실각시키는 투표를 하려 들지는 않았다. 이 토의에서 처칠은 러시아를 원조하고, 리비아에서 공세를 취하고 극동에서 예상 못한 해군의 불행과 극동에서 막대한 손실을 보고 앞으로도 보더라도 극동에서 약세를 결과로 수용하는 전략적이고 정치적인 결정이 전쟁의 전반적 과정에서 유용한 역할을 할 것임을 알게 될 것이라고 말했다. 처칠이 그의 오프닝 연설에서 설명했듯이 그의 정부를 비난하는 사람들은 처칠의 답변을 듣는 것이 중요했다. 1월 27일 하원에서 처칠은 상황이 나쁘게 되었고 더 나쁜 일이 올 것이기에 신임투표를 요구했다.[3]

"나는 봉사자로서 의회에 나와 의원들에게 그들의 격려를 나에게 달라고, 그리고 나를 지원해 달라고 요청할 자격이 있다고 느낀다. 나는 감히 미래를 예측한 적이 없다. 내가 제공할 모든 것이 피, 노고, 눈물과 땀이라는 나의 처음 계획을 여전히 고수한다. 5개월 후 거기에 많은 단점, 실수 그리고 실망을 추가했다. 그러나 구름 위에서 어

3) Martin Gilbert, *Churchill; A life*, p. 716

렴풋한 빛이 우리의 길을 넓혀주고 있는 것을 보기에 "연합된 국가들"의 병기고에 추가적 무기로서 의회의 신임 선언을 대담하게 요구한다."4)

처칠은 신임투표에서 464 대 1로 승리했다. 투표의 타이밍에서 처칠은 운이 좋았다. 투표가 진행될 때 독일인들이 벵가지를 장악했다는 소식이 도착했다. 일본인들은 이제 싱가포르에서 18마일 내에 있었다. 의회의 투표 후 영국의 전투함 베탐(Betham)이 11월에 이집트 앞바다에서 862명의 인명손실과 함께 침몰했다는 사실을 최종적으로 노출하는 발언이 나왔다. 2월 15일 퍼시벌(Percival) 장군이 싱가포르에서 일본인들에게 항복했다는 소식이 도착했다. 호주의 병사들을 포함해서 8만 명 이상의 병사들이 포로가 되었다. 오후 9시에 대국민 방송에서 처칠은 그 재앙을 최소화하려고 시도하지 않았다. '엄청나고 광범위한 군사적 패배의 그림자 속에서 여러분 모두에게 말한다. 영국과 제국의 패배다. 싱가포르가 떨어졌다. 말라야 반도 전체가 공략당했다.' 그럼에도 불구하고 그는 이제 미국이 참전하고 있다는 사실을 경축했다.

"그것이(미국의 참전) 내가 꿈꾸고, 목표로 삼고 또 노력한 것이다. 그리고 이제 그것이 이루어졌다. 그러나 어떤 면에서 보다 즉각적으로 효과적인 또 다른 사실이 있다. 러시아 군대들이 패배하지 않았다. 그들은 박살 나지 않았다. 러시아 국민들은 정복되거나 파괴되지 않았다. 레닌그라드와 모스크바가 점령되지 않았다. 러시아 군대들이 여전히 전장에 있다. … 그렇다면 최종적으로 세계상황을 지배하고 과거에는 결코 가능하지 않았던 형식으로 승리를 가능하게 하는 2개

---

4) Andrew Roberts, *Churchill: Walking with Destiny*, p. 712.

의 엄청나게 근본적인 사실이 있다.

오늘 밤 일본인들이 승리했다. 그들은 세계 도처에서 흥분해 소리
친다. 우리는 고통받고 있다. 우리는 후퇴했다. 우리는 크게 압박당하
고 있다. 그러나 나는 이런 어두운 시간에서 조차 역사는 일본 침략
자들에게 '범죄적 광기'를 심판할 것으로 확신한다. 그러나 아무도 일
본의 전쟁기계의 막중함과 효율성을 더 이상 과소평가해서는 안 된
다. 하늘에서 건 바다에서 건 혹은 땅에서 백병전이든 그들은 가공할,
치명적인, 그리고 말하기 미안하지만 야만적인 적들임을 이미 입증했
다. 그러므로 이것은 영국인종과 국민이 그들의 성질과 그들의 천재
성을 보여줄 수 있는 순간들 중 하나이다. 이것은 불행의 심장으로부
터 승리의 충동을 끌어낼 수 있는 순간들 중 하나이다. 여기에 냉정
함과 자부심이 죽음의 문턱으로부터 아주 오래되지 않은 과거에 우리
를 끌어낸 단호한 결의와 결합하였음을 과시하는 순간이 있다. 여기
에 우리의 오랜 역사에서 종종 그러했듯이 불운을 품위와 갱신된 힘
으로 맞이할 수 있음을 보여줄 또 다른 기회가 있다. 이제 우리는 더
이상 혼자가 아니라는 것을 기억해야 한다. … 우리는 위대한 벗과
함께 있다. 인류의 3/4이 지금 우리와 함께 가고 있다. 인류의 전 미
래는 우리의 조치와 행위에 달려있다고 할 수 있다. 지금까지 우리는
실패하지 않았다. 지금 우리는 실패하지 않을 것이다. 폭풍속으로 그
리고 폭풍을 뚫고 꾸준히 함께 전진해 나가자."[5]

비록 거의 만장일치로 의회에서 재신임되었지만 처칠은 싱가포르 문
제로 끝없는 비판을 받았다. 그러나 그는 자신이 정했던 우선순위에 대
해서 후회하지 않았다. 1941년 9월까지 영국이 러시아에 수송했던 450
대의 항공기가 싱가포르에 보내졌더라면 일본의 진격을 늦출 수도 있었

5) Martin Gilbert, ed., *Churchill: The Power of Words,* Boston, MA: Da Capo Press, pp.
305–312; Andrew Roberts, *Churchill: Walking with Destiny,* p. 716.

을 것이다. 그럼에도 불구하고 만일 말라야 반도가 리비아와 러시아를 위해 어려움을 당했다면 그가 아닌 어느 누구도 그보다 더 큰 책임을 질 수는 없다. 그러나 그는 정확히 똑같은 일을 다시 할 것이라고 애틀리(Attlee) 부수상에게 말했다. 처칠은 중요하지만 그러나 궁극적으로 변방적인 것을 전략적으로 중대한 것과 구별할 능력을 갖고 있었으며 그에게는 러시아를 전쟁에 계속 유지시키는 것이 훨씬 더 중요했다. 2월 17일 처칠이 싱가포르 함락을 발표하기 위해 의사당에 들어갈 때 의원들은 모두가 침묵을 지켰다.

3월 7일 버마의 랑군(Rangoon)이 적의 수중에 떨어졌다. 그리하여 인도에 대한 일본의 위협이 아주 심각하게 되었다. 3월 10일 처칠은 미국인들이 호주와 뉴질랜드에 가능한 한 복수의 사단을 파병하려 한다는 소식에 그러면 기존의 호주와 뉴질랜드 사단들이 중동에 남아 있을 수 있다고 기뻐했다. 이것은 미국 측으로서 커다란 조치라고 말했다. 호주에 있는 더글라스 맥아더(Douglas MacArthur)의 임명에 관해서 처칠은 "이제 우리는 인도양과 실론(Ceylon) 지역에 집중하고 태평양의 그 지역을 미국에게 맡길 수 있다. 기억할 가장 중요한 것은 우리와 미국이 전략의 세부사항에 관해 다투어서는 안 된다는 것이다"라고 덧붙였다.[6]

3월 18일 루즈벨트가 처칠에게 전문을 보냈다. 싱가포르와 네덜란드의 동인도에 대해서 생각하는 것은 소용없는 일이다. 그곳들은 상실되었다. 호주는 지켜야만 한다. 미국이 기꺼이 그것을 수행할 것이다. 인도는 유지되어야 하고 처칠이 그걸 해야 한다. 실론도 영국이 지킬 수 있을 것으로 생각한다. 처칠은 이집트, 수에즈 운하, 시리아, 이란, 그리고 코

---

6) Andrew Roberts, *Churchill: Walking with Destiny*, p. 721.

카서스로 가는 길을 지켜야 한다. 루즈벨트는 미국이 태평양에 집중하는 동안 한때 동방의 지브롤터였던 싱가포르의 서쪽에 있는 모든 것에 대해 영국이 책임을 질 것이라는 데 처칠이 사실상 동의하기를 원했다. 4월 9일 필리핀의 바탄(Bataan) 반도에서 3만 5천 명의 미국병사들이 일본군에 의해서 포로가 되었다. 이것은 미국 역사상 가장 큰 규모의 항복이었다. 이 사건이 미국의 "독일 먼저" 정책에 변화를 가져오지 않을까 하고 처칠을 걱정시켰다.

그러나 조지 마셜과 해리 홉킨스가 다음 날 런던에 도착하여 마셜 메모랜덤(Marshall Memorandum)으로 알려진 것을 가져왔다. 이것은 1943년 어느 땐가를 위해 준비된 주요 영-미의 해협도해 공격인 소탕작전(Operation Round-up)[이것은 최종적으로 1944년 D-Day에 착수된 대군주작전(Operation Overlord)이 되었다]과 러시아가 굴복하는 것으로 보일 경우 비상작전으로 계획된 북서 프랑스에서 수행할 보다 소규모의 영국 상륙작전인 큰 철퇴작전(Operation Sledgehammer)을 위한 제안들을 포함하고 있었다. 여기엔 볼레로(Bolero) 작전도 있었는데 이것은 위의 작전들을 위해 필요한 것으로 대규모 미군 병력을 영국에 파견하는 것이었다. 처칠은 대신에 노르웨이나 북아프리카의 짐네스트(Gymnest)에서 주피터작전(Operation Jupiter)의 착수를 원했다. 그러나 영국은 마셜 장군의 아이디어를 간단히 거절할 수 없었다. 왜냐하면 영국인들은 미국인들의 볼레로 작전으로 영국을 보호하고 미국인들의 병력파견을 바랐으며 "독일 먼저" 정책을 보호해야만 했기 때문이다. 그러므로 예민한 협상이 필요했다. 서방전략은 루즈벨트와 처칠, 그리고 그들의 두 최고 참모총장인 마셜과 브룩(Brooke) 장군들 간의 상호작용을 통해서 궁극적으로 이루어저야 할 것이었다. 처칠과 브룩은 비록 마샬이 이 대공세작전이 일어나기를 원했음에도 불구하고 루즈벨트는 그렇지 않다는 것을 알고 있었다.[7]

4월 1일 처칠은 마샬 메모랜덤을 논의하기 위해 핵심 국방위원회를 열고 여기에 미국 측의 마샬과 홉킨스도 참석시켰다. 처칠은 이것이 참모총장들에 의해서 어제 충분히 논의되고 조사된 중대한 제안이라고 말문을 열었다. '그 자신은 그 계획을 채택하는 데 정중하게 주저하지 않겠다. 그것을 뒷받침하는 원칙은 전쟁의 고전적 원칙들, 즉 주적에 대항하는 집중의 원칙과 부합한다. 그러나 하나의 주요한 유보가 있어야 한다. 그것은 인도와 중동의 방어를 계속하는 것이다. 우리는 인도의 60만 병사들과 전 인력의 상실을 가히 직면할 수 없는 것이다. 나아가서, 호주를 미국과 연결하는 섬 기지들은 이 작전이 어쩔 수 없이 전쟁을 연장시킬 것이기 때문에 적의 수중에 떨어지도록 허용되어서는 안 된다. 이것은 마샬 장군이 제안한 주된 목적의 촉진으로 우리는 모든 것을 비켜둘 수 없을 것이다'라고 처칠은 말했다. 마샬 장군은 앞으로 5개월 동안에는 수송이 제약되기 때문에 미국의 기여가 작을 수밖에 없을 것이라는 점을 인정하면서 1942년 가을 이전에 철퇴작전을 펼 가능성에 대해 길게 말했다. 이 철퇴작전은 러시아에 대한 압력을 덜어주는 방법으로 마련되었다. 그리고 비록 모스크바가 히틀러의 침공에서 살아 남는다고 할지라도 소련인들은 특히 남쪽에서 여전히 거대한 압박을 받을 것이다.

이제 마샬은 철퇴작전을 가능한 빠른 시기에 그 자체로서 바람직스러운 것으로 보았다. 브룩 장군은 만일 영국이 유럽 대륙에서 작전을 개시할 수밖에 없다 해도 그것은 소규모일 수밖에 없다고 말했다. 그 외에도

---

7) *Ibid*, p. 726.

여러 인사들이 그 모임에서 비슷하게 말했다. 해협도해 계획의 세부적인 것은 여전히 마련될 필요가 있음에도 불구하고 그 틀에 대해서는 완전한 만장일치를 이루었다. 그러나 그는 인도양에서 지원을 요청할 것이다. 왜냐하면 그것이 없이는 전체계획이 치명적으로 손상될 것이기 때문이라고 브룩 장군은 말했다. 그러나 처칠은 영어를 사용하는 국민들이 유럽의 해방을 위한 거대한 작전에 대한 결의에 차 있다는 것이 점차로 알려질 것임을 확신했다. 그리고 처칠은 마샬에게 그들이 착수하려고 하는 거대한 일의 성공에 기여할 수 있는 영국정부와 국민의 측면에서 수행되지 않는 것은 아무 것도 없을 것이라고 약속했다.[8] 날짜도 정해지지 않았고, 또 철퇴작전을 두고 말하는 것인지의 여부도 가르쳐 주지 않는 처칠의 아주 거창한 언어가 마샬에게 생각할 여지를 주지 않을 수 없었다. 처칠과 브룩은 해협도해 공격을 원했지만 그것은 중동과 인도가 먼저 안전하게 된 뒤의 일이었다.

국방위원회는 그 제안들을 원칙적으로 수락했다. 그리고 미국의 친구들은 영국이 소탕작전과 철퇴작전을 약속했다는 잘못된 인상을 가지고 행복하게 귀국했다. 그리고 이 오해는 후에 불행한 결과를 가져올 수밖에 없었다. 마샬은 후에 처칠과 브룩이 그를 의도적으로 오도했다고 확신하게 되었다. 처칠과 브룩은 영국의 입장을 충분히 말하지 않음으로써 미국인들로 하여금 그들이 1942년에 제2의 전선을 지지할 것이라고 믿게 한 것으로 보인다. 그들은 바탄에서와 같은 패배를 보복하기 위해서 동쪽으로 가버릴지도 모르는 병력과 자원을 "독일 먼저" 정책에 헌신하도록 설득할 필요가 있었다. 4월 15일 처칠은 루즈벨트에게 전문을 보냈는

---

8) *Ibid*, pp 727-728.

데 '우리는 주적에 대항하여 집중하는 당신의 개념에 전적으로 동의한다. 독일인들과 일본인들의 연합을 막는 것이 긴요하다'고 말했다.

5월 10일, 처칠은 수상이 된 두 번째 기념일에 전쟁 상황에 대한 대국민 방송을 했다. 그는 동포들에게 히틀러가 중대한 실수를 저질렀다고 거의 장난처럼 말했다.

> "… 그(히틀러)는 겨울에 관해서 잊었다. 여러분들이 알다시피 러시아엔 겨울이 있다. 수개월 동안 기온이 아주 낮게 떨어진다. 눈이 있다. 서리가 있고 또 그 모든 것이 있다. 히틀러는 러시아의 겨울에 관해서 잊었다. 그는 아주 헐렁하게 교육받았다. 우리 모두는 그것에 관해서 학교에서 들었다. 그러나 그는 그것을 잊었다. 나는 결코 그런 나쁜 실수를 한 적이 없다."[9]

5월 20일 뱌체슬라프 몰로토프(Vyacheslav Molotov) 소련 외상이 1942년에 제2의 전선을 요구하기 위해 미국으로 가는 길에 런던에 들렸다. 그는 또한 영–소 조약에 대한 사전 협상을 원했는데 그 조약은 전후 러시아–폴란드 국경과 발틱 국가들(Baltic States)의 병합에 대한 인정문제로 심히 교착되었던 것이다. 전략 회합에서 처칠은 몰로토프에게 금년에 용감한 러시아 군대에 필요한 많은 지원을 제공하기 위해 영국정부가 무엇을 할 수 있는지 진정으로 알고 싶다고 말했다. 그리고 그는 1942년에 우리가 할 수 있는 어떤 조치도 그것이 성공적이라 할지라도 동부전선에서 적의 대규모 지상군을 끌어낼 것 같지는 않다고 덧붙였다.

---

9) Martin Gilbert, *Winston S. Churchill,* Vol. VII, *Road to Victory 1941–1845,* Hillsdale, Michigan: Hillsdale College Press, 1986, pp. 106–107; Andrew Roberts, *Churchill: Walking with Destiny, op. cit.,* p. 732.

몰로토프는 처칠이 비동정적이라고 스탈린에 보고했다. 처칠은 몰로토프를 완전한 로봇으로 보았으며 심리 중인 그 조약을 싫어했다. 왜냐하면 그것은 폴란드인들과 발트인들을 배신하고 대서양 헌장에 모순된다고 느꼈기 때문이다. 처칠은 몰로토프에게 우리는 약소국가들의 권리를 지지하기 위해 독일과 싸우고 있다고 솔직히 말했다. 며칠 간의 협상도 교착상태를 깨지 못했다. 이든(Eden) 외상이 영토문제는 유보될 수 있다고 제안했다. 그리하여 5월 26일 향후 20년 우호조약이 영국과 소련 간에 체결되었다.

5월 20일과 6월 1일 사이에 워싱턴에서 몰로토프 소련 외상을 만난 뒤 루즈벨트 대통령은 1942년에 유럽에서 제2의 전선을 수립할 긴급한 과업들에 관해서 전반적 이해를 이루었다는 코뮤니케를 발표했다. 미국은 영국이 원치 않고 또 해낼 수도 없다고 러시아인들이 알고 있는 것을 약속하고 있었다. 처칠은 소탕작전이 분명히 행해지길 원했기 때문에 5월 30일 침공할 해변에 인공항구를 세우고 수송한다는 자신의 과거 1917년 아이디어를 부활시켰다. 2년 1주일 후에 영국에서 조립되고 해협으로 수송되어 노르망디 해안에 설치하는 방식으로 두 개의 거대한 콘크리트 항구가 고안되고 건설되었다. 6월 3일 4척의 일본 항공모함을 침몰시킨 미드웨이 전투에서 미국이 승리했다는 소식에 마음을 다시 먹었다. 처칠은 우리가 일본의 꼬리를 물 기회라고 말하면서 바다에서의 손실들은 일본 측에 공포의 표시를 낳을 것이라고 전시내각에서 말했다.

1942년 6월 18일 처칠과 그의 수행원들은 27시간이 걸린 3천 마일의 비행 후 현지시간 오후 8시에 워싱턴의 포토맥 강(Potomac River)에 착륙했다. 이것은 처칠의 유일한 전시 대서양횡단 왕복 비행 여행이었다.

여행 동안 그는 서류작업을 했다. 다음날 처칠은 뉴욕 주의 허드슨 강의 둑에 위치한 하이드 파크(Hyde Park)에 있는 루즈벨트의 저택으로 비행했다. 여기에서 처칠은 철퇴작전과 이른 소탕작전에 대한 자신의 우려를 분명히 했으며 횃불작전(Operation Torch, 이전엔 Gymnest)을 강력히 제시했다. 루즈벨트는 11월 초 중간선거 때까지는 미국의 군대가 독일과 싸우고 있기를 원했다. 만일 영국이 1942년 프랑스에서 공세에 동의하려 하지 않는다면 그것은 분산작전이라고 마샬과 합참의 반대에도 불구하고 미군이 북아프리카에서 싸워야 할 것임을 인정했다. 6월 21일 처칠과 루즈벨트는 대통령 특별 열차편으로 워싱턴으로 돌아왔고 처칠은 다시 한번 백악관에 머물렀다.

마샬과 브룩이 함께 참석한 백악관 대통령 집무실 회의에서 루즈벨트 대통령은 토브룩이 적의 손에 떨어졌다고 내용의 노트를 처칠에게 건넸다. 처칠은 이 무서운 순간에 "패배와 치욕은 다른 것"이라고 썼다. 3만 3천 명 이상의 대영제국 국가 공동체의 병사들이 반 밖에 안 되는 추축국에 의해 포로가 되었다. 토브룩의 엄청난 연료와 탄약이 파괴되지 않았다. 그것들이 이제 독일의 손에 넘어갔다. 하워드(Howard) 제독은 함대를 수에즈 운하 남쪽으로 이동시켜야만 했다. 수세기만에 처음으로 영국해군이 지중해에서 쫓겨난 것이다. 버고인(Burgoyne)[10] 이래 미국에서 가장 비참한 영국인이라고 처칠은 말했다. 루즈벨트는 즉시 미국이 어떻게 도울까 하고 물었다. 가능한 한 많은 셔먼(Sherman) 탱크들을 달라고 하면서 그것들을 가능한 한 빨리 중동으로 보내 달라고 처칠은 답했다. 미국은 북아일랜드에 전개되고 있는 300대의 셔먼 탱크와 100문의 대포

---

10) 1776년 사라토가(Saratoga) 전투에서 항복한 영국의 존 버고인(John Burgoyne) 장군을 지칭.

를 이집트에 있는 영국 군대로 수송했다. 이것은 루즈벨트의 굉장한 대응이었고 이에 대해 처칠은 항상 고마워했다.[11] 이집트를 빼앗기면 그것은 아라비아, 시리아, 아프가니스탄 등을 상실하는 것을 의미했다. 그것은 그 지역의 모든 유전을 의미했다.

6월 22일 처칠은 명랑하고 지적인 미국 전쟁부의 아이젠하워(Dwight Eisenwer) 장군을 처음으로 만났고 그들은 해협도해작전의 기술적인 문제들을 논의했다. 다음날 백악관의 모임에서 그들은 또한 어느 단계에서 프랑스에 대규모 상륙작전을 원하고 있음을 분명히 했다. 6월 23일 처칠은 불쾌한 소식을 받았다. 영국 하원에서 처칠에 대한 불신임안이 제출되었다는 것이다.

1942년 7월 1일 하원에서 처칠의 90분에 걸친 질의에 대한 답변은 솔직하고 탁월했다. 그는 토론을 통해 독일 롬멜 장군의 4천마일 진격은 심각한 타격임을 인정했다. "이 순간에 우리는 프랑스의 몰락 이후 중동과 지중해에서 견줄 수 없는 우리의 희망과 전망의 후퇴를 직면하고 있다." 그러나 처칠은 이런 후퇴 앞에서 자신의 행위를 옹호했다.

> "나는 싱가포르가 버틸 것이라고 말한 것 같은 것을 제외하곤 어떤 예측도 한 적이 없다. … 나는 여러분의 봉사자이다. 그리고 여러분은 원할 때 나를 해고할 권한을 갖고 있다. 여러분이 갖고 있지 않은 권한은 효과적인 조치를 취할 힘이 없던 나에게 책임을 묻는 것이다. … 만일 오늘 아니면 미래의 어느 때나 의회가 의심할 여지없는 권한을 행사하려 한다면 나는 나에게 주어진 그런 빛에 따라 나의 의무를 다했다는 좋은 의식과 감정을 가지고 걸어 나가겠다. 이 경우 여러분에게 요청할 단 한 가지가 있다. 그것은 나의 후임자에게 나에

---

11) Andrew Roberts, *Churchill: Walking with Destiny*, p. 739.

게는 거부되었던 가장 온건한 권한들을 부여하는 것이다."12)

처칠 정부는 이번 불신임 투표에서 475대 25, 기권 30으로 승리했다.
7월 18일 마샬, 홉킨스 그리고 미 해군참모총장 어니스트 킹(Ernest
King) 제독이 전력 논의를 위해 영국에 도착했다. 루즈벨트는 서부 전장에
서 빨리 미국이 싸우길 원했다. 그리고 이번이 북아프리카의 침공보다는
1942년에 해협도해 공격에 영국이 동의하도록 설득할 합동참모부의 마지
막 시도였다. 논의는 쉽게 이루어질 것 같지 않았다. 왜냐하면 지난 4월에
영국이 분명한 단서를 달았지만 프랑스에서 공격하는 것을 찬성하는 것으
로 천명했다고 생각했기 때문이다. 그런데 처칠이 마음을 바꾸었다. 그리
고 루즈벨트를 사주하여 사건의 중심부에서 아주 먼 북아프리카에서 공격
을 찬성케 했었다. 킹 제독과 앨버트 웨드마이어(Albert Wedemeyer) 같은
미국 장군들에게 이것은 히틀러를 가능한 한 빨리 파괴하기보다는 중동
에서 영국제국을 지지하게 하려는 것이라고 느껴졌다. 그들은 또한 제1
차 세계대전 때 참호전에서 처칠과 브룩의 경험으로 인해서 영국인들이
러시아가 독일제국을 약화시켜 싸움이 보다 쉬워질 때까지 지상에서 독
일인들을 직면하지 않으려 한다고 믿었다. 킹 제독은 "독일 먼저" 정책
조차도 믿지 않았다. 그는 일본에 대항하여 집중하는 것, 즉 그가 이끄
는 해군에 의해 지배될 작전을 선호했을 것이다.
7월 20일 시작한 회담에서 브룩은 소탕작전의 착수를 거부하면서 아
무런 결과도 없이 미국인들이 약 6개 사단의 손실만을 가져올 수 있을
것이라고 말했다. 영국의 입장은 이러했다. 즉 대서양의 전투는 승리해

---

12) Martin Gilbert, *Winston S. Churchill*, Vol. VII, *Road to Victory, 1941–1945*, p. 139;
    Andrew Roberts, *Churchill: Walking with Destiny*, pp. 743–744.

야 한다. 지중해 지역은 수송을 위해 열려야 한다. 이탈리아는 격파되어야 한다. 그리고 독일은 공군으로부터 점차 증가하는 폭격에 직면해야 한다. 러시아 전선에서 소모전과 함께 이런 조치들은 북, 서유럽에 대한 독일의 장악을 약화시킬 것이며 그리하여 지상공격을 성공하게 할 것이다. 이 계획은 1941년 대서양을 횡단하면서 처칠이 4개의 메모랜덤에서 썼던 것을 놀랍게도 거의 다 반영하는 것이었다.

당시에 처칠은 최우선적으로 3개의 전략적 고려를 하고 있었다. 첫째는 루즈벨트와 심각한 불화는 생각할 수 없다. 둘째, 착수하기에 안전하기만 하면 가능한 한 빨리 가장 큰 규모의 행동을 하고 싶어 하는 그의 열망이었다. 그리고 셋째로, 정체적 교착 상태, 즉 전선이 안정화되어 또 다른 서부전선으로 귀결되는 침공에 대한 처칠의 두려움이었다. 그 정도로 웨드마이어와 다른 인사들이 제1차 세계대전이 처칠의 생각에 영향을 미친다고 생각하는 것은 맞았다. 그러나 훨씬 더 영향을 끼치는 것은 독일인들의 기동능력과 영국공군이 그들을 정지시킬 능력 부재의 관점에서 덩케르크를 겪은 영국육군의 경험이었다. 처칠은 자신이 그것의 성공을 이성적으로 확신할 때까지 철퇴작전과 소탕작전에 영국을 공약하지 않았다. 그의 마음속에 이것은 지중해와 대서양에서 결정적 사전 승리를 필요로 했다.13) 그들이 만일 1942년에 철퇴작전이나 소탕작전을 착수하는 데 동의하지 않으면 "일본 먼저" 정책으로 영국을 위협하는 것을 루즈벨트가 지지하지 않을 것임을 확인한 후 합동참모들은 그 해의 나머지 기간 동안 초점을 아프리카에 두고, 아이젠하워를 총사령관으로 삼아 10월 말 이전에 횃불작전(Operation Torch)을 착수하는 것을 받아

---

13) Andrew Roberts, *Churchill: Walking with Destiny*, p. 746.

들였다.

일단 북아프리카에서 추축국 군사력이 청소되고 그리하여 이집트와 인도로 가는 길이 안전해지면 그때 동맹국들은 이탈리아에 대한 지중해 작전을 착수하고, 또 남부 프랑스나 발칸이나 혹은 이 두 지역 모두를 통과하여 점령된 유럽으로 가는 길을 택할 수 있을 것이며, 이것은 해협도해 공격으로부터 독일군사력을 끌어낼 것이다. 처칠은 영국과 미국 참모에 의해 북부 노르웨이에서 주피터 작전이 시행되지 않을 것이라고 이해하게 되었다. 합동참모장들은 만족스럽지 않은 채로 귀국비행을 했지만 북아프리카 침공을 성공시키기로 약속했다. 처칠은 영국인들이 옳다는 것을 미국인들에게 확신시키는 힘든 일주일을 보낸 뒤 아주 피곤해 보였다.[14]

8월까지 갤럽(Gallup)에 의해 실시된 여론조사에서 처칠의 지지율은 80%까지 상승했고 1942년 11월에 90%를 약간 상회해서 1944년 1월까지 유지되었다. 그리고 상위 80%대로 떨어져서 그해에 이따금 상승국면이 있었지만 그 수준에 머물렀다. 이 기록은 그 이전이나 그 이후 다른 어떤 수상에게서도 볼 수 없는 현저히 높은 지지도였다. 1945년 4월에 조차 처칠은 수상으로서 여전히 90%의 지지를 받았다.[15]

북아프리카 전선에서 1개월 간의 비결정적 전투 후에 처칠은 브룩 장군과 함께 카이로에 가기로 했다. 그런데 그 여행은 곧 소련 주재 영국 대사인 아치볼드 클라크 커(Archibald Clark Kerr)로부터 스탈린이 모스크바에서 처칠을 만나고 싶다는 메시지를 받아 훨씬 더 야심적인 원정이 되었다. 처칠은 스탈린이 횃불작전을 그가 필요로 하는 제2의 전선으로 보지 않을 것이라는 것을 인정하고 그의 면전에서 말해 줄 사람이 필요

---

14) *Ibid*, p. 747.
15) *Ibid*.

하다고 느껴서 결국 자기가 갈 수밖에 없었다. 이런 사명을 시작하고 북
아프리카 전선이나 스탈린의 설득에 실패한다면 그것은 영국의 대의나
정치지도자로서 처칠에게 재앙이 되었을 것이라고 그의 개인 비서인 레
슬리 로윈(Leslie Rowan)이 전후에 기록했다. 그러나 그런 생각은 결코
처칠의 것이 아니었다. 그는 의무의 과정이 어디로 가는가를 보았고 그
것이면 그에겐 충분했다.

　다음날 처칠은 지브롤터로 비행했다. 그 비행은 스페인 영토를 횡단했
지만 스페인에는 무관심했다. 그가 지브롤터에 착륙한 뒤 다음날 그들은
카이로로 비행했다. 8월 3일 오후 5시 30분 처칠은 오친렉(Auchinleck)
중동 사령관을 만났다. 그는 제8군이 당한 일련의 패배를 복수하고 국내
의 비판자들을 침묵시키고 횃불작전이 서쪽에서 시작되면, 롬멜을 격파
할 양면 이동을 창출하기 위해 이른 시기에 결정적 공세계획들을 수행
하기를 원했다. 그러나 오친렉 사령관은 그런 계획들을 제시할 수 없음
이 분명해졌다. 처칠은 엘 알라메인(El Alamein) 사령부에서 오친렉 사령
관을 해임했다. 오친렉 사령관도 수상의 말처럼 군인다운 위엄을 가지고
해임을 받아들였다. 군사작전의 정점에서 사령관을 해임하기가 어려운데
훌륭한 장군을 해임하는 것은 잔학하다. 우리는 오친렉을 다시 사용해야
만 한다고 처칠은 말했다. 그러나 제8군의 사기는 낮았고 사막에서 롬멜
을 패배시킬 탁월한 사령관이 필요했다.

　버나드 몽고메리(Bernard Montgomery) 장군이 제8군 사령관에 임명되
었다. 몽고메리 장군은 불쾌감의 명성을 갖고 있었지만 처칠은 자신의
부인 클레멘타인(Clementine)에게 말했듯이 "아주 유능하고 대담하며 결
정적 군인을 갖게 되었다. 만일 그가 자기 주변 사람들을 불쾌하게 한다

면 그는 또한 적들도 불쾌하게 만들 것이다"라고 말했다.16) 몽고메리 장군은 군사적 천재라고 간주하기에는 너무 조심스런 사령관이었지만 처칠이 절망적으로 필요로 했던 것은 그것이 어떻게 성취되든 확실한 승리였다. 처칠은 몽고메리를 혼란스럽고 사기가 뚝 떨어진 것으로 보이는 군대에 질서와 낙관주의를 가져다 줄 인물로 보았다. 8월 8일 그의 두 번째 전선의 방문에서 처칠은 4개의 기갑여단에게 6시간에 걸친 7번의 연설을 하고 카이로로 돌아왔다.

1942년 8월 10일 처칠은 스탈린을 방문하는 자신의 사명에 착수했다. 처칠은 이 사명을 거대한 얼음덩어리를 북극으로 가져가는 것과 같은 일이라고 서술했다. 8월 12일 수요일 초저녁에 그와 그의 수행원들은 모스크바에 착륙하여 스탈린, 몰로토프 그리고 많은 정치국원들 및 장군들의 영접을 받았다. 그리고 그들은 모스크바에서 약 8마일 떨어진 국영 빌라(State Villa) 제8호로 안내되었다. 수행원들 중 공군원수가 이 빌라가 도청되고 있다고 심히 의심하여 한 장의 종이 위에 "조심"이라고 써서 처칠에게 건네주었다.

스탈린과의 첫 전략회의가 그날 밤에 이루어졌다. 2인치 두께의 방탄 유리창의 자동차로 크렘린 궁까지 20분간 이동 후에 처칠은 스탈린의 집무실이 차르(Czar) 시대의 퇴색한 주홍빛 금색으로 장엄하게 장식되었음을 보았다. '현실을 논의할 수 있으리라고 확신하지 않았다면 나는 모스크바에 오지 않았을 것'이라는 말로 처칠은 시작했다. 그는 스탈린에게 가까운 시기에 유럽에서 제2의 전선은 불가능하다고 말했다. 그러자 스탈린의 얼굴이 구겨져 굳어졌다. 스탈린은 계속 일어나 큰 방을 가로

---

16) *Ibid*, p. 750.

질러 가 테이블 위에서 담배를 찾았다. 처칠의 말이 통역자 파블로프 (Pavlov)를 훨씬 앞서가자 통역자가 스탈린에게 정확하게 통역하지 못했다. 내가 이해는 못했지만 그 정신을 좋아한다고 스탈린이 언급했다. 독일군대가 볼가 강(River Volga)에 다다랐다. 그리하여 많은 러시아의, 백러시아의, 그리고 우크라이나의 도시들이 독일군의 손 안에 있는 상황에서 붉은 군대는 거의 극한 상황으로 산개되었다. 그러나 스탈린은 횃불작전의 잠재력을 재빠르게 간파하고 적어도 처음에는 거의 우호적으로 보였다. 이 회의는 저녁 10시 40분에 긍정적으로 끝났다.

그러나 다음 날 8월 13일 목요일은 완전히 달랐다. 크렘린 궁에 도착하자 처칠은 횃불작전을 완전히 무시하고 1942년 제2의 전선의 결핍을 공격하는 스탈린의 특징적인 강력한 메모랜덤들 중 하나를 넘겨 받았다. 그것은 전날의 논의가 전혀 없었던 것처럼 보였다. 8월에 또 다른 호송을 발주하기엔 PQ-17 호송에서 손실이 너무 크다고 설명했을 때 스탈린은 영국의 해군이 전투에서 돌아선 역사상 처음 있는 일이라고 말했다. 이 말은 처칠을 자극하려고 계획된 겁쟁이를 의미하는 말이었다. 스탈린은 처칠에게 그가 자신이 약속을 지키지 않았으며, 독일인들은 불패가 아니라고 말했다. 그래서 만일 영국이 싸우려고만 한다면 독일인들이 초인이 아니라는 것을 알게 될 것이라고 했다. 화난 처칠은 자신의 성질을 참으면서 자기 마음속에 있는 말, 즉 무엇보다도 서방에서 독일의 공격을 가능하게 했던 "리벤트로프-몰로토프 조약(the Ribbentrop-Molotov Pact)이 없었더라면"이라는 말을 하지 않았다. 처칠의 자제력은 참으로 대단했다. 논의 중에 처칠은 그림을 그려가면서 영-미의 전략은 러시아가 악어의 코를 공격할 때 그것의 아랫배를 공격하는 것이라고 설명했다.17) 이 비유가 스탈린에게 먹힐 것이라고 처칠이 생각했다면 놀라운 일이지만 그러나 그는 또한 스탈린의 집무실에서 지구본을 사용하여 지중해에서 추축국을 격퇴하는 것의 지리적 이점들을 설명했다. 첫 온종일의 토론은 새벽 2시에 스탈린이 자기는 처칠의 주장에 동의하지 않는다고 말할 수밖에 없다는 선언과 함께 끝났다.

처칠은 루즈벨트와 전시내각에 스탈린이 아주 많은 모욕적인 말을 한 가장 불쾌한 논의를 가졌다고 알리는 전문을 보냈다. 스탈린의 기분은 4일간의 회담에서 여러 차례 변했다. 한때 처칠은 아무런 합의 없이 런던으로 돌아갈 것이라고 제언해야만 했다. 그러나 결국 두 사람은 이해에 이르렀다. 스탈린은 영국의 원조가 필요했고 처칠은 계속 싸우는 러시아가 필요했다. '러시아를 떠나겠다는 위협은 나는 성질 때문이 아니었다. 그것은 계산된 장군에 대한 계산된 명군이었고 그것은 성공했다.' 협상 중 여러 시간 동안 영국인들은 스탈린을 볼 수 없었다. 왜냐하면 그가 오래 걷기 때문이라고 들었다. 새벽 3시까지 계속된 스무 가지 요리가 나오는 코스 식사와 긴 건배로 이어진 밤늦은 마라톤식 먹고 마시는 회의가 여러 차례 있었다. 이것은 처칠이 최고 지도자로 지내면서 맞게 되는 또 다른 시련이었다. 음식과 음주로 신음하며 탁자 너머로 이어진 토론은 전쟁에만 국한되지 않았다. 한순간 처칠은 스탈린에게 그의 경력에서 가장 걱정되는 때가 무엇인지를 물었고 스탈린은 소련농업의 집단화라고 답했다. 그러자 처칠이 "쿨라크들(Kulaks)은 어떻게 되었어요?"라고 물었다. 그 과정에서 살해된 수백만의 잘 살던 농민들에 관해서 물었던 것이다. 그러자 스탈린은 눈 한 번 깜박임도 없이 태연하게 손을 저

17) *Ibid*, p. 753.

으면서 "오! 그들은 사라졌다"고 대답했다.[18] 8월 15일 마지막 회담 뒤 크렘린에 있는 스탈린의 아파트에서 긴 주연의 만찬이 있었는데 여기서 처칠은 스탈린의 딸 스베틀라나(Svetlana)를 만났고 애저 고기를 먹고 상당한 양의 보드카를 마셨고 스탈린과 농담을 주고받았으며 그와 함께 말보러(Marlborough)와 웰링턴(Wellington)의 상대적 장점들을 논했다. 그 결과로 20년간 공개적으로 서로를 비난해온 두 사람은 마침내 잘 지내게 되었다. 다음 날 처칠은 테헤란을 거쳐 카이로로 돌아왔다. 8월 24일 귀국 길에 지브롤터에 도착했다. 그날 늦게 그가 리니햄(Lyneham) 비행장에 착륙하였을 때 그의 부인 클레멘타인(Clementine)이 그를 맞았다.

런던에 돌아온 뒤 처칠은 전시내각에 스탈린과의 회담에 관해 보고했다. "최대의 선의가 지배했다. 처음으로 용이하고 우호적 관계가 되었다. 나는 도움이 될 개인적 관계를 수립했다고 느낀다. 이제 그들은 최악을 알게 되었고 그들의 항의가 전적으로 우호적이 되도록 했다. 지금은 가장 고통스럽고 염려스러운 시기라는 사실에도 불구하고 그렇다." 처칠의 이런 생각은 소름끼치게 순진한 것으로 후에 드러났다. 10월에 스탈린은 마이스키(Maisky) 영국주재 소련대사에게 모스크바에서 우리 모두는 처칠이 러시아의 희생으로 히틀러나 브뤼닝(Bruening) 전 독일 수상과 타협하기 위해 러시아의 패배를 노리고 있다는 인상을 받았다고 말했다. 스탈린은 처칠을 믿지 않았다. 왜냐하면 그는 2년 동안 히틀러를 제외하고는 아무도 믿지 않았기 때문이다.[19] 그러나 처칠은 1941년 6월 이후 영국의 정보기관이 영국의 새로운 동맹국 소련에 관해서 스파이 활동을 중지시켰기 때문에 자기에 관한 스탈린의 진정한 견해를 알 수 없었다.

---

18) *Ibid*, p. 754.
19) *Ibid*, p. 757.

이것은 분명히 스탈린에 의해 보답 받지 못한 잘못된 정책이었다.

1942년 9월 9일 인도의 의회당(the Congress Party)은 일본이 인도를 침공할 경우에 오직 소극적 저항만 할 것이며 인도를 방어하는 영국을 돕지 않을 것이라는 것을 처칠이 알게 되었다. "동물적 종교를 가진 동물적 인간들이다." 그는 인도를 싫어한다고 말해버려 비난 받았지만 역사상 가장 큰 자원군대인 250만 인도 군대에 대한 그의 많은 찬사가 무시되는 경향이 있었다. 처칠은 다른 곳에서 유용하게 사용될 수 있었던 영국의 육군 사단들로 인도를 계속해서 보호했다. 모슬렘이든 힌두든 인도 병사들과 장교들의 탁월한 용맹과 또 아비시니아와 북아프리카에서 버마와 이탈리아에 이르는 군사작전에서 보여준 그들의 영광스런 영웅주의는 전쟁의 역사에서 영원히 빛날 것이라고 처칠은 말했다. 5개월에 걸친 중대한 스탈린그라드의 전투가 6주째 되는 9월 하순에 처칠은 러시아의 계속적 저항에 믿음을 표했다. 매일 밤 영국공군은 독일의 도시들에 영국의 코벤트리(Coventry)를 파괴했던 폭탄의 3배 반에 해당하는 폭격을 가하여 제3제국의 무기생산의 증가를 중지시키고 독일 국민의 사기를 저하시키는 과정을 시작했다.

1942년 10월 23일 금요일 몽고메리 장군이 엘 알라메인에서 자신의 공세를 시작했다. 처칠이 "이집트의 전투"(the Battle of Egypt)라고 명명하고자 했던 이 전투는 12일 간 밤낮으로 계속되었다. 11월 3일 그때까지 몽고메리의 공격 중에서 가장 강력한 추징금 작전(Operation Surcharge)이 전투의 4번째 단계에서 독일의 방어망을 깨부수고 롬멜로 하여금 푸카(Fuka)로 후퇴를 시작하게 만들었다. 다음 날 롬멜은 전반적으로 후퇴했다. 몽고메리의 군대가 3만 명의 추축국 군대를 잡았다. 그날 11월 15일 일요일에 처칠은 일단 성공적 독일의 반격 가능성이 없어 보이자 영국의 모든 종들(bells)을 울리도록 명령했다. "우리는 최종적인 승리를 축하하고 있는 것이 아니다. 전쟁은 여전히 길게 계속될 것이다. 우리가 독일을 패배시킬 때 일본을 패배시키는 데 2년 이상이 걸릴 것이다. 그것이 나쁜 일도 아니다. 그것은 우리가 유럽에서 평화를 만드는 동안 미국과 우리를 단결시킬 것이다." 엘 알라메인의 중요성에 대한 그의 공식적 평가가 11월 10일 멘션하우스(Mansion House)에서 행한 연설에서 표현되었다. 이 연설에서 처칠은 로마의 역사가 에드워드 기번(Edward Gibbon)을 유명하게 만든 경구로 천명했다.

> "이제 이것은 끝이 아니다. 끝의 시작도 아니다. 그러나 어쩌면 이
> 것은 시작의 끝이다."[20]

11월에 히틀러는 프랑스 전체를 점령함으로써 북아프리카에 대한 공격에 응수했다. 그러나 프랑스는 툴롱(Toulon)에 있는 자신들의 함대를 침몰시켰다. 2년 전에 오랑에서 그랬더라면 1,300명의 생명을 구할 수 있었을 것이다. 이 사건은 처칠의 조치를 더욱 정당화시키는 일이 되었다. 11월 중순부터 처칠은 울트라 암호해독기(Ultra Decrypts)를 다시 사용하기 시작했다. 왜냐하면 그는 지난 4월에 그것들을 잘못 읽었음을 인정했기 때문이다. 롬멜을 추격하는 몽고메리의 느림보 행위에 좌절한 처칠은 아주 현저한 적들 사이의 약점과 역지령(counter-order)의 조건을 보여주는 일련의 암호해독문을 인용했다. 그러나 알렉산더와 몽고메리 장군은 독일군의 반격능력을 올바르게 인식하고 있었으며 그들의 철저하고 성공적인

---

20) Andrew Roberts, *Churchill: Walking with Destiny*, p. 761에서 재인용.

진격속도를 바꿀 처칠의 개입을 허용하지 않았다. 따라서 처칠이 울트라 암호해독기를 이용하여 작전결정에서 자신의 주장을 뒷받침하는 것이 마지막으로 중요한 기회가 되고 말았다. 전쟁의 나머지 기간 동안 독일 비밀암호를 읽으려는 열정은 유지했지만 그러나 이후 비밀암호의 해석이 너무도 많이 생산되어 합동정보위원회는 어느 것을 처칠에게 보여줄 것인지를 선택해야만 했다.

이제 처칠의 관심은 이탈리아가 되었다. 국가가 전쟁에서 철저히 패배할 때 전에는 누구도 상상할 수 없는 온갖 일들을 하게 된다. 11월 22일 연합참모총장들은 아직 이탈리아의 본토작전의 관점에서 생각하고 있지 않았다. 그러나 처칠은 지난해 4개의 정책제안서를 낸 이래 그런 관점에서 생각하고 있었다. 그는 이 본토작전을 북, 서프랑스의 해변으로부터 독일 병력을 끌어내는 방법으로 간주했다.

12월 10일 처칠은 의회의 5번째 그리고 마지막 회의에서 프랑스 비시 당국이 튀니지와 알제리를 계속 통치케 하는 아이젠하워와 다를랑(Darlan) 간의 거래를 옹호했다. 처칠은 왜 자유 프랑스인들이 그렇게 적고 왜 그렇게 비시정부 협력자들이 많은가를 설명하면서 전능하신 하나님의 무한한 지혜가 영국인의 이미지로 프랑스인들을 창조하는 것이 적합하다고 보지 않는다고 말했다. 앙리 지로(Henri Giraud) 장군이 포로상태에서 탈출하여 알제리에 왔다. 그는 프랑스와 해외에 있는 모든 프랑스 반–비시정부 세력을 조정하도록 마련된 "프랑스 민족해방위원회"(the French Committee of National Liberation)를 누가 주도할 것인가의 문제로 드골 장군과 충돌하게 되었다. 처칠은 "우리 모두는 지로 장군이 적합한 인물이며 그의 도착은 강력한 반응이 있을 것이라고 생각했다."라고 말했다. 이 견해에 지로 장군도 명확히 동의했다. 처칠은 페탱(Petain) 원수를 "그 노령의 패배주의자"로 묘사했다. 이상의 설명을 마치고 처칠이 의자에 앉았을 때 의원들은 더 크게 환호했다.[21]

루즈벨트는 드골의 맹목적 애국심(chauvinism) 때문에 그를 싫어하게 되었다. 드골은 동맹국들의 이익에 앞서 프랑스의 이익을 끊임없이 우선시하는 습관을 보이고 미국 – 비시 정부 관계를 방해하려고 시도했다. 루즈벨트는 드골이 영국정부에 의해 피난처를 부여 받고 있고 또 영국이 자유 프랑스 군을 유지하고 있기 때문에 영국이 드골을 처칠의 꼭두각시로 잘못 의심했다. 처칠은 루즈벨트에게 보낸 전신문에서 '나도 당신만큼 그를 좋아하지 않는다'고 항의하면서 '나는 그가 잔다르크(Joan of Arc)와 클레망소(Clemenceau)를 결합한 인물로 뽐내게 하기보다는 위원회에 두고 싶다'고 말했다. 처칠은 드골에 의해 굉장히 좌절당하고 그에게 화도 났지만 그러나 그에 대한 지지를 결코 철회하지는 않았다.

1943년 신년을 맞아 처칠, 루즈벨트 그리고 영 – 미의 참모총장들은 추축국이 북아프리카에서 완전히 축출된 후에 영 – 미가 다음에 어디를 공격할 것인지를 결정하기 위해 모로코의 카사블랑카(Casablanca) 외각에 위치한 이전에 관광호텔이었던 미군의 안파 캠프(Anfa Camp)에서 만나기로 동의했다. 1943년 1월 12일 처칠은 이 회의를 위해 출발했는데 이것은 처칠을 거의 4개월 동안 영국 밖에 머물게 했던 1943년에 그가 행할 4차례의 긴 여행 중 첫 번째 여행이 되었다. 루즈벨트는 1월 14일에 도착했다. 그리하여 9일간에 걸쳐 연합참모총장들이 다양한 전장에 대한 전쟁물자의 분배를 결정했다. 미국인들은 1943년에 해협도해 전략

---

21) *Ibid.* p. 765.

보다는 지중해 전략을 수용하도록 여전히 설득되어야만 했다. 영국에 협오적인 미국의 웨드마이어(Wedemeyer) 장군은 후에 카사블랑카에서 처칠에 의해 오도되었다고 불평했다. 다음 해에 처칠은 그들이 내가 오도했다고 말할지는 모르지만 그 길의 모든 단계에서 그들은 유쾌한 과일과 유익한 채소들을 발견했다고 반박했다. 카사블랑카에서 다음 공격목표는 시실리가 될 것이라고 합의했다. 사르디니아(Sardinia)가 제안되었을 때 그는 절대적으로 거절한다고 말했다. 회의 끝에 처칠은 동맹국들이 독일의 무조건 항복(Unconditional Surrender)을 요구하여 히틀러의 나치 후계자와 협상에 의한 평화의 가능성을 차단해야 한다는 루즈벨트의 제안에 동의했다.[22]

비판자들은 이것이 독일인들이 패배할 줄 알게 된 이후에도 계속 싸우도록 설득하는 것이었다고 주장하지만 그러나 처칠은 그것이 승전국들에게 명백한 의무를 부여했다고 공개적으로 말했다. 그와 같은 무조건 항복의 요구는 동맹국들의 사기를 올리는 것으로 믿게 되었고 그에 미치지 못하는 어느 것도 전쟁의 마무리 단계에서 서방 동맹국들이 독일인들과 거래할 준비가 되었을 것이라는 스탈린의 의심을 확실하게 증대시켰을 것이다. 그러나 처칠은 그것에 결코 만족하지 않았으며 또한 루즈벨트가 자기에게 그렇게 중대한 요구에 대해 충분한 경고를 주지 않았다고 느끼지 않았다. 회담 초기에 처칠은 루즈벨트와의 사이에 아주 강력한 우정을 갖고 있다고 말했다. 처칠과 루즈벨트는 대부분의 식사를 함께 했으며 밤 늦게까지 머물렀다. 그래서 처칠은 카사블랑카 회담의 결과를 커다란 성공으로 올바르게 간주했다.

---

22) Andrew Roberts, *Churchill: Walking with Destiny*, p. 767.

시실리를 먼저, 그리고 다음에 이탈리아를 공격하는 지중해 전략은 미국인들도 동의했다. 호위 및 상륙함들이 1944년 버마의 궁극적 재탈환을 위해 약속되었고 러시아에 대한 지원도 증가되고 드골과 지로 장군도 비록 잠시 동안이었지만 카메라 앞에서 악수를 했다. 군사력의 지구적 배치에 전체적 사령관들이 합의했다. 이 모든 합의에서 마샬과 브룩, 루즈벨트와 처칠이 중심적 인물이었고 그들의 결과에 기뻐했다. 카사블랑카에서 처칠은 자기 주장을 관철시켰다. 마샬 장군은 영국의 간접 접근법이 아니라 해협도해작전으로 곧바로 프랑스를 공격하는 직접 접근법을 계속해서 촉구했다. 그러나 프랑스의 침공은 연기될 것이다. 1943년에 프랑스를 공격하는 것이 배제되지는 않았지만 처칠과 루즈벨트는 1943년 프랑스에 상륙이 가능하도록 영국에서의 병력 구축을 승인했다. 그리고 독일에 대한 전략적 폭격에 역시 서명했다.23) 그것들은 모든 점에서 처칠이 원하고 제안하고 설득하여 관철시킨 것이었다. 실제로 처칠은 그것이 모든 점에서 자기가 원하고 제안했던 것이라고 부인 클레멘타인에게 말했다.24)

1월 24일 최종 기자회견 후에 처칠과 루즈벨트는 마라케시(Marrakesh)로 이동했다. 그곳에서 처칠은 빌라의 지붕에서 모스크에 압도되는 도시의 일부 풍경을 화폭에 담았다. 그리고 카토우비아 모스크의 탑(The Tower of Katoubia Mosque)이라고 제목을 달아 그 그림을 루즈벨트에게 주었다. 루즈벨트는 1월 26일 오전에 마라케시를 떠났고 처칠은 그날 석양이 물들 무렵 카이로로 비행하여 그곳의 현지 영국 사령관들에게 도디

---

23) Jon Meacham, *Franklin and Winston: An Intimate Portrait of an Epic Friendship*, New York: Random House Trade Paperbacks, 2003, p. 207.
24) Andrew Roberts, *Churchill: Walking with Destiny*, p. 768.

케니스 열도(Dodecanese Islands)를 장악하는 아콜레이드 작전(Operation Accolade)을 계획하도록 명령했다. 브룩 장군은 그것을 이탈리아 작전으로부터 산만한 일탈로 간주했지만 그러나 처칠은 만일 영국이 크레타(Crete)를 재점령하고 도디케니스 열도를 장악할 수 있다면 적의 이동을 동부 지중해에서 제약할 수 있고 보스포루스(Bosporus) 및 발칸까지도 열고, 터키를 참전시켜, 터키의 공군기지를 사용하여 그리스, 루마니아 그리고 불가리아에 있는 추축국의 목표물들을 공격할 수 있기를 희망했다. 그러나 루즈벨트와 마샬은 그것에 노골적으로 반대하고 참여하기를 거부했다. 1월 31일 처칠은 터키의 이스메트 이뇌뉘(Ismet Inoenu) 대통령을 만나러 아다나(Adana)로 비행했으며 야니드제(Yanidje) 근처에서 마련된 자신의 특별열차에서 터키 대통령을 만났다. 처칠은 그에게 동맹국들이 전쟁에서 분명히 이길 것이므로 터키는 중립을 포기하고 다가오는 승리에서 이득을 챙기려면 터키가 입장을 확실히 해야 한다고 말했다.[25] 처칠은 후에 전시내각에서 이뇌뉘 대통령과 함께 동지들을 만들었으며 터키는 승리를 원한다고 말했다.

1943년 2월 2일 독일의 프리드리히 파울루스(Friedlich Paulus) 원수가 스탈린그라드에서 20만 명 이상의 추축국 병사들과 함께 항복했을 때 처칠은 카이로에 있었다. 그는 스탈린에게 축하의 편지를 썼으며 터키가 1943년말 이전에 참전할 것이라는 엉터리 예측을 했다. 그는 또한 루즈벨트에게 스탈린이 "어느 누구도 보다 더 비밀을 잘 지킬 수 없을 것"이라고 말하면서 스탈린에게 이탈리아에 대한 그들의 계획을 알려야 할 것으로 생각한다고 말했다. 그는 우리가 8월에 17~20개 사단의 운용이

---

25) *Ibid*, p. 769.

가능할 것이므로 해협도해의 무거운 작전을 모색하고 있다고 스탈린에게 알리는 것을 제안했다. 그러나 시실리와 이탈리아 본토에서 강력한 독일의 저항에 부닥친다면 그렇게 할 수 없을 것이라고 처칠은 덧붙였다. 2월 5일 그는 카이로를 떠나 서부 사막으로 가서 제8군이 트리폴리(Tripoli)로 정식 입성하는 것을 목격했으며 4만 명 군대의 퍼레이드를 검열했다.

1943년 2월 9일 처칠은 카사블랑카 회담에서 돌아온 이후 처음으로 의회에 나가 요란한 환호를 받았다. "우리는 물리적으로 그리고 이성적으로 가능한 모든 방법으로 백해(the White Sea)에서 흑해(the Black Sea)까지 거대한 러시아의 전선에서 적이 불태우고 피를 흘리게 한 것과 똑같은 방식으로 적이 불타고 피를 흘리게 해야 한다"고 말했다. 그리고 나서 처칠은 계속했다. "내가 러시아가 하는 모든 일과 소련 군대들의 방대한 성취를 볼 때 인간의 모든 힘이 행해지고 있고 또 영국과 미국의 군사력이 최대의 속도와 에너지로 그리고 가장 큰 규모로 적에 대해 조치를 취하도록 행해질 것이라는 것을 나의 가슴과 양심 속에서 확신하지 않는다면 나는 내 자신이 사건들에 미치지 못한다고 느낄 것이다"라고 덧붙였다. 그리고 처칠은 대담하게 자기 군대의 신임과 엄청나고 굳건한 몽고메리 장군과 전쟁연구에 바친 그의 일생에 존경을 표했다. 그리고 처칠은 롬멜을 패배시킨 뒤 알렉산더 장군이 보낸 메시지, 즉 "폐하의 적들은 이집트, 시레나이카, 리비아 그리고 트리폴리탄에서 완전히 제거되었다, 이제 나는 당신의 다음 지시를 기다리고 있다"는 메시지를 읽었다. 연설을 마친 뒤 처칠은 흡연실에서 의원들을 자기 주변으로 모았다. 그에게 가장 깊은 인상을 주었던 것으로 보이는 것은 리비아에서 이탈리아

주민들이 그를 맞이하는 것이었다. "그들은 나에게 환호를 보냈다. 그리고 이렇게 박수를 쳤다"면서 자신의 시가를 입에 물고 손뼉을 쳤다.[26]

3월초 롬멜은 튀니지에서 4차례의 주요 반격을 시도했지만 그것들은 모두 아이젠하워와 몽고메리에 의해서 격퇴되었다. 3월 9일 "사막의 여우"는 병이 들어 의학적 치료를 위해 독일로 송환되었지만 실제로는 포로가 되는 것을 피하기 위해서였다. 아프리카의 모든 좋은 소식에도 불구하고 영국은 여전히 독일공군에 의해 정기적으로 폭격을 받고 있었다. 3월 3일 밤엔 173명의 민간인들이 베스널 그린(Bethnall Green) 지하철 역에서 죽임을 당했고 많은 사람들이 지하철 계단에서 굴러 떨어졌으며 공포에 사로잡혔다. 처칠은 이와 같은 사건에 대해 그런 보도를 하는 데 반대했다. 우리가 일찍이 공포에 겁먹지 말라고 말했기 때문이 아니라 이것이 공포에 겁먹고 있음을 확실히 하기 때문이라고 말하면서 그는 뉴스의 검열을 원했다.

3월 21일 처칠은 전쟁 후 영국이 직면할 도전들에 관해 자신의 첫 방송을 했다. 이것은 승리가 눈에 보인다는 점증하는 자신감의 표시였다. 4월 8일 아이젠하워 장군이 시실리에서 독일의 증원 군사력의 도착이 7월로 정해진 동맹국의 시실리 섬 침공작전인 허스키 작전(Operation Husky)을 배제할지도 모른다고 암시했을 때 처칠은 예상할 수 있듯이 신랄하게 반응했다. 만일 독일의 2개 사단의 존재가 현재 북아프리카에 있는 백만 명의 병사에 열려 있는 모든 공세작전이나 상륙작전을 거부하는 데 결정적인 것으로 간주된다면 전쟁이 어떻게 수행될 수 있을지 알기 어렵다고 참모장들에게 썼다. "수개월 간의 준비와 넉넉한 해군과

---

26) *Ibid*, p. 771.

공군력이 있는데 2개의 독일 사단이 그 모든 것을 두들겨 패는데 충분하다니 … 나는 참모장들이 그것들이 어디에서 왔든 이런 소심하고 패배주의적 교리들을 수용하지 않을 것으로 믿는다. … 자신의 전선에서 독일의 185개 사단을 마주하고 있는 스탈린이 이것을 어떻게 생각할지 나는 상상할 수가 없다." 그것은 처칠의 드문 과소평가였다. 스탈린은 실제로 그보다 약간 많은 독일군을 마주했다. 허스키 작전은 유지되었다. 처칠의 전략적 주장의 승리였다.27)

1943년 4월 18일 독일은 폴란드의 카틴(Katyn) 숲속에서 1만 4천 명이 넘는 폴란드 장교들의 거대한 무덤들을 발견했다고 발표했다. 소련은 책임을 부인했는데 이것은 1990년까지 계속한 소련의 거짓말이었다.

그러나 폴란드인들과 적십자사가 조사했을 때 진실은 곧 분명해졌다. 5월 말 런던에 있는 폴란드 망명정부에 파견된 영국의 연락관 대사가 이든 외무상에게 러시아인들이 1940년 3월 폴란드 장교들을 냉혹하게 학살한 방법을 모골이 송연할 정도로 자세하게 설명하는 강력한 서류를 보냈다. 처칠은 그 보고서를 읽고 전시의 위급성으로 보아 자신과 외무성은 침묵하는 것이 필요하다고 결정했다. 모스크바에 있었던 스탈린과의 회담에서 스탈린이 쿨라크들이 "사라졌다"고 잘라 말했던 냉담성은 처칠에게 충격을 주었을 지라도 처칠을 완전히 놀라움에 빠지게 하지는 못했을 것이다. 레닌과 트로츠키(Leon Trotsky)의 잔혹성은 독일 황제 자신이 직접 책임이 있는 그 어느 것 보다도 더 대규모로 더욱 섬뜩하고, 더 많았다고 1919년에 이미 썼다. 지금은 그들과 동등하게 잔학한 후계자인 스탈린의 소련이 동맹국이었다. 독일의 성명이 진실로 입증된다

27) *Ibid*, p. 775.

고 할 지라도 "당신에 대한 나의 태도는 변하지 않을 것이다. 당신들은 용감한 사람들이다. 스탈린은 대단한 전사이다. 그리고 지금 당장에 나는 공동의 적을 가능한 한 신속하게 패배시키는 데 관심이 있는 군인으로서 모든 것을 접근한다"고 4월 23일 수상의 별관에서 마이스키 소련 대사에게 말했다.[28] 전시에는 무슨 일이든 일어날 수 있다. 그런 대규모의 학살은 소련 정치국의 직접 명령 없이는 감히 일어날 수 없음을 처칠은 알고 있었다. 처칠의 입장을 도덕적으로 지지할 수는 없지만 그것은 정치적으로 피할 수 없는 것이었다. 그것은 처칠의 경력에서 보다 더 큰 대의를 추구하느라 현실정치가 도덕과 심지어 인간의 품위를 넘어 선 경우들 가운데 하나였다.

추축국들이 북아프리카에서 막 축출되고 이탈리아 작전의 전야에 킹(King) 제독이 미국의 합동참모총장들 사이의 논의에서 "독일 먼저" 정책에 대한 의문을 제기했다. 이런 사실이 런던에 전해지자 처칠은 워싱턴에서 또 하나의 중대회의가 필요하다고 결론지었다. 그는 킹 제독에게 만일 영국의 사령관들이 현재 전달된 초청을 수락한다면 그들은 "태평양 먼저" 학파에 의해 그들이 압도당하는 것을 막기 위해 보다 고위층에서 "정치적 뒷받침"을 필요로 할 것이라고 말했다. 처칠은 시실리를 함락시키자마자 1944년 해협도해 공격의 날짜를 정하고 또 핵문제들을 논의하기 위해, 그리고 이탈리아 본토의 침공을 위한 쇄도작전(Operation Avalanche)에 대한 미국인들의 약속을 원했다.

대서양 전투에서 승리의 전망은 프랑스에 대한 보다 이른 상륙작전의 시작에 대한 하나의 중대한 반대가 빠르게 사라지고 있었다. 1943년 5

---

28) Andrew Roberts, *Churchill: Walking with Destiny*, p. 775.

월 육지에 기지를 둔 항공기들에 의해 순양함들이 보호될 수 없는 그린란드(Greenland)의 남쪽 바다가 마침내 600마일까지의 항속거리를 가진 리버레이터(Liberator) 폭격기들 같은 특공대에 의해서 패쇄되었다. 그 달 독일 해군사령관 칼 되니츠(Karl Doenitz) 제독은 대서양 중부로부터 자신의 군사력을 철수해야만 했다. 일단 공군의 격차가 1943년 봄에 없어지자 200척의 작전 함대 중 15척의 유보트(U-boat)가 3월에 격침되고, 4월에는 추가적으로 15척, 그리고 5월에는 41척이 격침되었다.

1943년 5월 5일 처칠은 퀸 메리(Queen Mary) 호로 출발하여 대서양을 건너 6일 후에 스테이튼 아일랜드(Staten Island)에 착륙하여 여기서 특별열차로 워싱턴으로 갔으며 이곳에서 그날 저녁에 루즈벨트 부처의 환영을 받았다. 다음날 트라이던트(Trident)라는 암호명의 정상회담이 시작되고 5월 25일까지 계속되었다. 7월에 시작될 허스키(Husky) 작전의 성공을 가정한 뒤 1944년 5월 1일에 있을 소탕작전을 위해 철수하여 준비할 미국의 4개 사단과 영국의 3개 사단을 제외하고는 모든 지중해 군사력이 이탈리아의 침공에 사용 가능하게 될 것이다. 태평양 전쟁에서 영국의 군사력은 버마의 아라칸(Arakan) 해안선까지 철수하기로 했다. 워싱턴에서 이탈리아가 항복한 후에 일본군에 대한 합동작전을 시작하기로 합의되었다. 이 기획들은 처칠이 "튀니지의 작전이 끝났다. 모든 적의 저항이 멈추었다. 우리가 북아프리카의 주인이다"는 알렉산더 장군의 전문을 받은 5월 13일에 긴급히 마련되었다. 5월 7일 미국인들은 비제르타(Bizerta)를 장악했고 영국육군은 튀니지에 입성했다. 알 알라메인 승전 이후 처음으로 전 영국에서 교회의 종소리가 울려 퍼졌다.[29]

---

29) *Ibid.*, pp. 777-778.

5월 18일 처칠은 미의회에서 행할 연설을 준비하면서 대부분의 시간을 보냈다. 그날 오전 9시 30분에 시작하여 그는 오후 4시 30분까지 중간에 쉬도 없이 그의 비서인 엘리자베스 레이턴(Elizabeth Layton) 양에게 받아쓰게 했다. 그리고 나서 또 자정에서부터 새벽 2시 30분까지 받아쓰게 하여 총 9시간 30분 동안 받아쓰게 했다. 다음 날 5월 19일 정오가 조금 지난 후에 처칠은 미국 의회의 합동회의에서 생애 두 번째로 연설을 했다. 여기서 그는 거기에 모인 미국의 상하원 의원들에게 게티스버그(Gettysburg) 후에 어떤 방법으로 전쟁의 무서운 균형이 기울었는지 아무도 의문을 갖지 않았지만, 게티스버그 이후 그 이전의 모든 싸움에서보다 훨씬 더 많은 피를 흘려야 했었다는 점을 상기시켰다. 그리고 처칠은 연설의 끝부분에서 이렇게 열변을 토했다:

"너무나 많은 땅들로 확산하고 있고 거기에 대해 우리 자신들이 너무도 한탄스러울 정도로 고통과 희생을 감수해야만 하는 학살과 파멸을 단축하고자 한다고 해도 우리는 우리 존재의 단 한조각의 신경을 완화하게 하거나 우리 노력의 가장 작은 감소도 허용할 수 없다. 적은 여전히 자신만만하고 또 강력하다. 적은 잡기가 어렵다. 그는 여전히 엄청난 군대와 방대한 자원 그리고 소중한 전략적 영토들을 소유하고 있다.

전쟁은 신비와 놀라움으로 가득하다. 한발짝 잘못 디딤, 하나의 틀린 지시, 한번의 전략 실수, 모든 동맹국들의 불화나 권태로움도 곧 공동의 적에게 새롭고 사악한 사실들로 우리를 직면할 힘을 줄 것이다. 우리는 많은 심각한 위험들을 극복했다. 그러나 끝까지 우리와 함께 갈 하나의 중대한 위험이 있다. 그것은 전쟁의 부당한 연장이다. 어떤 새로운 합병증과 위험들이 4년이나 5년의 전쟁에서 발생할지 아무도 모른다. 그리고 독일과 일본의 주된 희망이 이제 존재하는 것은 민주주의가 지치고 권태롭거나 분열될 때까지 엄청난 비용으로 전쟁을 질질 끄는 데 있다.

우리가 아주 많은 다른 것들을 파괴했고 그리고 바로 목적을 위해서 우리는 제아무리 매력적이라고 해도 모든 화제에, 그리고 제아무리 자연스러운 것이라 해도 연합국들의 일반적 승리의 이 최고 목표로부터 우리의 마음과 에너지를 분산시키는 모든 경향을 조심해야 하기 때문에 우리는 바로 이 희망을 깨부셔야만 한다.

목적의 유일성으로, 행위의 확고함으로, 지금까지 우리가 보여준 그런 견고함과 인내력으로 … 바로 이런 것들로 그리고 오직 이런 것들로 우리는 미래의 세계에 대한 그리고 인간의 운명에 대한 우리의 의무를 수행할 수 있을 것이다."[30]

트라이던트 회의가 종결되자 처칠, 브룩, 그리고 마샬은 시실리의 침공계획을 감독하기 위해서 뉴펀들랜드의 보트우드(Botwood)와 지브롤터를 거쳐 알제(Algiers)로 비행했다. 5월 28일부터 알제에서 처칠은 커닝햄(Cunningham) 제독의 빌라에 머물렀으며 그곳에서 그는 바다로부터 불어오는 시원한 산들바람을 즐기고 또 기분 좋은 상태에 들어갔다. 마샬과 아이젠하워는 허스키 작전을 위한 준비가 되어 있었다. 처칠은 애틀리(Attlee)에게 '어느 누구도 공정한 플레이에 보다 더 자연스럽게 응대하지 않을 수 없다. 미국인들을 잘 대우하면 그들은 언제나 당신을 더 잘 대우할 것'이라고 말했다.[31]

6월 중순 처칠은 브룩 장군에게 소탕작전의 최고 사령관직을 제안했

---

30) Martin Gilbert, *Winston S. Churchill,* Vol. VII, *Road to Victory 1941–1945,* Hillsdale, Michigan: Hillsdale College Press, 1986, 409; Martin Gilbert, *Churchill and America,* New York: Free Press, 2005, p. 275; Martin Gilbert, *Churchill: The Power of Words,* Boston, MA: Da Capo press, 2012, p. 328–329.
31) Andrew Roberts, *Churchill: Walking with Destiny,* p. 779.

는데 그것은 아직 시기상조였다. 그러나 두 사람은 소탕작전을 ― 후에 "대군주 작전"으로 재명명된 ― 누가 지휘할 것인가에 대한 결정은 궁극적으로 영국에 달려 있지 않을 것이라는 것을 인정했어야만 했다. 그들은 이 작전의 주니어 파트너(junior partner)가 될 것이기 때문이다. 1944년 7월 25일까지 프랑스에 착륙한 145만 2천 명 가운데 약 56%는 미국에서 왔으며 44%가 영국과 캐나다 및 다른 파병국가들에게서 왔다. 미국인들이 이 작전을 위해 가장 많은 병력을 제공하기 때문에 그 사령관은 미국인이 될 것으로 기대할 수밖에 없었다. 1943년에 영국이 2만 8천 대의 전투 항공기를 생산했고 독일과 러시아가 각각 4만 대를 생산했다면 미국은 9만 8천 대를 생산했다. 미국의 군수산업 능력은 엄청났고 전쟁의 계산을 극적으로 변환시켰다. 처칠이 1943년 7월에 제국회의를 원했던 이유들 가운데 하나는 영국 연방과 제국이 하나라는 것을 세계와 미국에 보여주기 위해 그것들을 내세우는 문제를 논의하기 위한 것이었다. 미국인들은 항상 그들이 전후 세계를 주도할 것이라고 말하고 있었다.

1943년 7월 9일 허스키 작전이 시작되었다. 대서양 전투에서 승리하고 북아프리카 해안이 추축국 병력을 소탕하기 전에는 집결될 수 없었던 병력 수인 16만 명의 군대가 완전한 공군의 커버와 약 3천 척의 선박의 지원 하에 남부 시칠리아의 해변을 치고 들어갔다. 1943년 7월에 독일인들은 그해 말까지 병력을 30개 사단 이상으로 증강했지만 당시엔 이탈리아와 발칸에 12개 사단을 갖고 있었다. 동맹국들이 이탈리아 비행장으로부터 남부 독일의 목표물을 공격하는 것을 막기 위해 그들은 쿠르스크(Kursk)에서 사용되거나 해협도해 공격을 격퇴하는 데 사용되길 원했던 자원들로 이탈리아에서 경합해야만 했다. 비록 처칠은 대군주 작전에 헌신했고 또 워싱턴에서 이루어진 합의를 어길 생각은 없었지만 그럼에도 불구하고 처칠은 자연적으로 특별히 어려운 작전의 성공가능성에 대한 두려움을 이따금씩 갖고 있었다. 7월 중순에 그는 미국의 헨리 스팀슨(Henry L. Stimson) 전쟁장관에게 자기는 해협이 패배한 동맹국 병사들의 시체로 가득차는 것을 내다볼 수 있다고 말했다. 7월 12일까지 처칠은 동맹국들의 고려를 순전히 프랑스의 고려에 우선하는 데 대한 드골 장군의 완고한 거절로 인해 드골과 결별하기를 원했지만 이든 외무상은 드골을 자유 프랑스의 지도자로 지지하고자 했다. 이든 외상과 내각은 비록 자유 프랑스를 프랑스의 임시정부로 공식 승인하는 것을 D-Day 4개월 후인 1944년 10월까지 미루었지만 처칠은 드골에 대한 영국의 물질적 지원을 종식시키는 것을 막았다.[32] 7월 25일 저녁 때 허스키 작전의 성공이 이루어졌고 그에 따라 이탈리아의 왕 빅터 엠마누엘(King Victor Emmanuel)과 바돌리오(Badoglio) 원수를 부추겨 무솔리니를 전복시켰다는 소식이 도달했다. 처칠의 첫 번째 할 일이란 이탈리아 인들을 동맹국 측으로 끌어들이려고 노력하는 것이다. "우리는 아주 중대한 결과를 가져올 사건의 와중에 있다"고 말했다.

8월에 처칠은 퀘벡(Quebec)에서 열린 쿼드런트 회의(Quadrant Conference)에서 루즈벨트를 다시 만나는 것에 대해 비록 스탈린이 참가를 거부하기는 했지만 그가 몹시 화를 낼 것이라고 걱정했다. 만일 우리가 금년에 이탈리아의 포(Po)라는 계곡에서 전선을 형성할 때 미국인들이 우리를 돕도록 설득할 수 있다면 스탈린이 달리 생각할 수 있을 것이라고 처칠

---

32) *Ibid.*, p. 784.

은 이든 외상에게 말했다. 처칠과 이든 외상은 8월 5일 오후 6시에 크리이드(Clyde)로부터 퀸 메리(Queen Mary) 호로 항해하여 닷새 하고도 다섯 시간 만에 노바 스코시아(Nova Scotia)의 핼리팩스(Halifax)에 도착했다. 처칠은 대서양을 건널 때 암호로 하나의 메모랜덤을 작성했다. 8월 9일 오후 4시 핼리팩스에 도착하여 캐나다 국립철도 회장의 개인 열차를 타고 퀘벡으로 갔다. 군중들이 기차가 멈추는 모든 곳에서 모여 손을 흔들었고 처칠이 이제 잘 알려진 V자 사인을 했을 때 그들은 처칠에게 환호했다. 그는 퀘벡에서 캐나다 총독의 여름 관저인 성체(the Citadel)에서 머물렀다. 그날 늦게 하이드 파크에 있는 루즈벨트 저택으로 가는 길에 나이아가라 폭포(Niagara Falls)를 방문했다. 하이드 파크에서 보내는 2일 동안 처칠과 루즈벨트는 영국과 미국이 다른 강대국과는 불가능한 양국 상호간 핵 정보를 교환할 것이며 핵무기는 상대방의 승인 없이는 어느 쪽에 의해서도 사용하지 않을 것이라는 데 합의했다.[33] 그러나 이 합의를 문서로는 남기지 않았다.

그 후 얼마가지 않아 영국의 과학자들이 뉴멕시코에 있는 로스 알라모스(Los Alamos)에 있는 핵 시설에서 일하기 시작했다. 처칠은 또한 루즈벨트에게 카틴(Katyn) 학살에 관한 오말리(O'Malley)의 비밀 보고서를 주면서 대통령이 그것을 읽은 후 우리가 어떤 식으로든 그것을 공식적으로 회람하고 있지 않기 때문에 그것을 돌려받고 싶다고 덧붙였다. 해리 홉킨스(Harry Hopkins)가 대군주 작전의 최고사령관직이 영국의 브룩 장군보다 미국의 마샬 장군에게 가야한다고 밀어붙일 때 처칠은 이것을 수락했다.[34]

---

33) *Ibid.*, P. 791.
34) *Ibid.*, p. 791.

8월 17일 루즈벨트가 퀴드런트 회의를 위해 퀘벡에 도착할 즈음 시칠리아 전체가 동맹국 수중에 떨어졌으며 독일군들은 남부 러시아 전선을 따라 후퇴하고 있었다. 동맹국들이 메시나(Messina) 해협을 건너 이탈리아 본토에 착륙하는 쇄도작전(Operation Avalanche)을 성공적으로 착수했던 9월 3일 처칠은 백악관에 머물고 있었다. 그날 빅터 엠마누엘 3세와 아프리카에서 사령관을 지낸 피에트로 바돌리오(Pietro Badoglio) 원수가 이끄는 이탈리아인들이 동맹국들과 카시빌레(Cassibile) 휴전협정에 서명하고 5일 후에 발표했다. 이로써 독일인들이 이탈리아반도의 전 영토를 계속 지키겠다는 것을 분명히 했음에도 불구하고 이탈리아는 전쟁에서 벗어나 공식적 항복의 길을 열었다. 처칠은 원래 계획했던 것보다 더 오래인 11일간 워싱턴에 머물렀지만 그는 이탈리아가 공식적으로 항복할 때 루즈벨트 대통령과 함께 있길 원했으며 그가 이탈리아의 클라이맥스라고 부르는 것이 발생할 때 대서양의 한중간에서 그걸 맞이하려 하지 않았다.

9월 6일 아침 보스턴에 다다르자 처칠은 그가 명예박사 학위를 받게 될 하버드 대학교(Harvard University)로 안내되었다. 그의 수락 연설에서 처칠은 어떻게 운명의 긴 팔이 그의 생애에서 두 번이나 미국을 향해 뻗었고 또 두 번이나 미국이 반응했는지에 관해서 말했다. '위대성의 대가는 책임이었다. 고통으로 몸부림 치고 대의에 의해서 고무된 문명세계의 문제에 관여하지 않으면서 여러 가지 면에서 문명세계의 주도적 공동체로 부상할 수 없다.'

"우리는 주로 인종 그 자체와 전쟁을 하지 않는다. 폭정이 우리의 적이다. 그것이 어떤 장식과 위장으로 복장을 해도, 그것이 어떤 언어로 말을 해도, 그것이 외부적이든 내부적이든 간에, 우리는 영원히 경계해야 하고, 언제나 동원되고, 항상 불침번을 하고, 언제나 그것의 목구멍으로 뛰어들 준비가 되어 있어야 한다. 이 모든 일에서 우리는 함께 행진한다. 이 순간에 전장이나 공중에서 적의 공격 하에 우리는 행진하고 어깨를 나란히 하고 분투할 뿐만 아니라 인간의 권리와 존엄성을 신성하게 한 사상의 영역에서도 동시에 우리는 행진하고 분투해야만 한다. … 나 자신처럼 모든 원로 의회주의자들은 고도의 이동성을 배울 수밖에 없다. 그러나 모든 영국인들에게처럼 미국의 젊은이들에게 나는 말하노라. '너는 멈출 수 없다.' 우리의 여정에서 우리가 이제 도달한 지점에 쉬는 장소는 없다. 그것은 세계 무정부 상태이거나 아니면 세계질서야만 한다. 두 나라는 무엇이 옳고 또 품위 있는가에 대한 공통의 개념을 공유하고 있다. 두 나라는 공정한 플레이에 대한, 특히 약자와 가난한 자에 대해, 공정한 플레이의 뚜렷한 존경심을 갖고 있다. 두 나라는 공정한 정의, 그리고 무엇보다도 개인적 자유에 대한 엄격한 감정을 공유하고 있다. … 위대한 비스마르크(Bismarck)는 … 과거에는 독일에 위대한 인간들이 있었는데 … 19세기 말에 인간사회에서 가장 강력한 요소는 영국과 미국인들이 같은 언어를 사용한다는 사실이라고 그의 생이 끝날 즈음에 말했다. … 공통언어의 선물은 무한한 가치의 유산이고 또 언젠가 공동시민권의 토대가 될 것이다. 나는 영국인들과 미국인들이 서로에게 외국인이라는 느낌이 전혀 없이 서로의 넓은 땅을 자유롭게 이동하는 것에 관해서 생각하고 싶다. 그러나 나는 우리가 우리의 공동언어를 전 지구에 걸쳐 훨씬 더 널리 확산시키려고 노력하고 또 어느 누구에도 이기적 이익을 추구함이 없이 이 무한한 가치의 예의와 출생권을 스스로 소유해서는 안 될 이유를 모르겠다. … 우리의 세계안보제도가 무슨 형태를 취하든, 국가들이 어떻게 집단을 이루고 조정되든, 보다 더 큰 통합을 위해 국가주권으로부터 어떤 훼손이 있다 해도, 영국과 미국인들의 통일된 노력 없이는 아무 것도 건전하게 작동하거나 아니면 오랫동안 성공할 수 없을 것이다.

우리가 함께 하면 불가능한 것은 없다. 우리가 분열되면 우리는 실패할 것이다. 그러므로 우리 두 국민들의 형제적 연합의 교리를 계속해서 설교한다. 이것은 그들 중 어느 누구를 위해 불쾌한 물질적 이득을 얻으려는 목적을 위해서가 아니라 인류에 봉사하려는 목적과 위대한 대의에 충실히 봉사하는 사람들에게 오는 명예를 위해서이다."[35]

이것은 처칠의 생애에서 그가 행한 중요한 연설들 가운데 하나로 인정되었다. 이 연설은 영어를 사용하는 국민들의 미래에 대한 비전을 제시한 것이었다. 서양제국들의 시대가 얼마 남지 않았다고 완곡하게 인정하듯이, 아니 어쩌면 미국의 반제국주의 전통에 동의하듯이 처칠은 "미래의 제국들은 '마음의 제국들'이다"라고 말했다. 처칠의 이러한 선언은 그가 자신의 나머지 생애동안 계속해서 천명했던 교리가 되었다.

마침내 1943년 9월 8일 이탈리아가 동맹국에 항복했다. 잠시 동안이나마 계획들의 길이 상쾌한 과일들로 정열되어 있는 것처럼 보였다. 처칠은 이번에는 독일인들이 얼마나 더 오랫동안 계속 싸울지 어림잡아 말하지 않았지만 그러나 한 각료가 그들은 양들처럼 누구든 따라갈 것이라고 불평했을 때 처칠은 "오! 그들은 육식하는 양들이다"고 대답했다.[36] 9월 12일 무솔리니가 독일 공수부대에 의한 대담한 공습으로 산 정상에 있는 그의 감옥에서 풀려났다는 곤혹스러운 소식이 도달했을 때 처칠은

---

35) Martin Gilbert, *Winston S. Churchill*, Vol. VII, *Road to Victory 1941 – 1945*, Hillsdale, Michigan: Hillsdale College Press, 1986, pp. 492 – 493; Martin Gilbert, Ed., *Churchill: The Power of Words*, Boston, MA: Da Capo Press, 2012, pp. 330 – 331.
36) Andrew Roberts, *Churchill: Walking with Destiny*, p. 795.

하이드 파크에 머물고 있었다. 무솔리니는 후에 가르다 호수(Lake Garda)에 기지를 둔 잔당 "살로 공화국"(Republic of Salo)의 독재자로 히틀러에 의해 임명되었다.

처칠은 9월 19일 런던으로 귀국했다. 이틀 후 처칠은 6주간의 해외일정 후 의사당에 들어가 요란한 환호를 받고 중간에 점심시간을 둔 2시간에 걸친 연설을 했다. "나치의 폭정과 프러시아의 군국주의가 독일인의 삶에서 절대적으로 파괴되어야 할 2가지 요소들이다. 유럽과 세계가 제3차 그리고 더욱 소름끼치는 갈등을 면하려면 그것들이 절대적으로 발본 색원되어야 한다"고 처칠은 선언했다. 이탈리아에 관해서는 "우리는 우리 과업의 무게나 우리 병사들이 짊어지는 짐에 불필요하게 추가해서는 안 될 것이다. 위성국가들은 매수되어서든 아니면 겁을 먹어서든 그들이 전쟁을 단축하는 것을 돕는다면 아마도 귀국길이 허락될 것이다."[37]

10월에 독일공군이 다시 런던을 폭격하기 시작했다. 미국인들이 앞으로 있을 로도스(Rhodes)와 도데카네스 제도(Dodecanese Islands)를 공격하는 표창작전(Operation Accolade)에 참여하도록 설득하지 못한 것으로 처칠은 좌절감을 느꼈다. 10월 7일 그는 그의 비서 마리언 홈즈(Marian Holmes)에게 "어려운 건 이기는 것이 아니라 당신이 이기도록 사람들을 설득하는 데 … 바보들을 설득하는 데 있다고 말했다.[38] 10월 28일 파괴된 의사당을 전후 재건할 때 그것이 취할 형태에 관한 토론에서 처칠은 그것은 파괴된 것을 정확하게 재현해야 한다고 강력히 주장했다. "우리는 건물을 형성하지만 그 후엔 건물이 우리들을 형성한다"고 처칠은 말했다. "파괴된 의사당에서 40년 이상 살았고 또 봉사했으며 그곳으로

---

37) *Ibid.,* p. 797.
38) *Ibid.,* p. 798.

부터 아주 커다란 기쁨과 이익을 얻었기에 당연히 나는 모든 본질적인
것에서 그곳의 옛 형태, 편의, 그리고 위엄으로 복구되는 걸 보고 싶다."
처칠은 또한 의사당이 구성원들의 2/3만 수용할 크기여야 한다. 왜냐하
면 하원이 모든 의원들을 수용할 만큼 크면 토론의 9/10는 거의 혹은
반은 빈 의사당의 울적한 분위기 속에서 수행될 것이기 때문이다. 의사
당에서 훌륭히 말하는 것의 본질은 대화하는 스타일, 신속하고 비공식적
중단과 교환을 위한 재능이라고 처칠은 말했다.[39]

1943년 10월, 미국, 소련, 그리고 영국의 외상들에 의해서 유럽자문
단(European Advisory Commission)이 설립되었는데 이것은 독일과 오스
트리아를 점령 지역들로 분할했고 또 각 군대가 유럽을 해방시키는 데
얼마나 멀리 전진할 수 있는지를 보여주었다. 이 지역들은 점령지에 대
한 동맹국 군사정부(Allied Military Government for Occupied Territories,
AMGOT)에 의해서 운영될 것이다. 베를린, 프라하 그리고 다른 주요 중
부 유럽의 도시들은 그들이 훨씬 더 가까운, 분명한 작전상의 이유로,
인해 붉은 군대에 의해서 점령될 것이다. 그러나 아이젠하워에 관한 한
그것은 서방 민주주의 국가들보다는 훨씬 더 많은 사상자들을 수용하고
흡수할 것이었다. 주요 중부 유럽의 도시들이 소련의 영향권 하에 들어
갈 것임에도 불구하고 동맹국군사정부(AMGOT)는 영-미 군사력에 의해
서 해방된 덴마크, 베네룩스 국가들과 독일의 서부지역을 관리할 것이고
전쟁이 끝나는 단계에서 중대하게도 영토에 대한 소련과 서방 군사력
사이에 충돌이 없을 것이라는 것을 의미했다.

1943년 11월까지 처칠과 참모장들 사이에 대(對) 일본 전쟁에서 채택

---

39) *Ibid.*, p. 800.

할 최선의 전략에 대해 주요 차이들이 발생했다. 참모장들은 태평양에 있는 일본 점령 섬들에 대한 미국의 공격을 지원하는 데서 승리가 올 것이라고 널리 믿었다. 그러나 처칠은 버마, 말라야, 그리고 홍콩의 전 영국의 영토들을 회복하는 데 집중하여 1941년 12월에 아주 더럽게 잃어버린 제국의 위신의 부활을 원했다. 예를 들어 처칠은 북부 수마트라를 공격하는 컬버린 작전(Operation Culverin)의 착수를 원했고, 중동, 실론 그리고 인도에 있는 영국기지들의 사용을 원했다. 그러므로 이 벵갈만(Bay of Bengal) 전략은 근본적으로 중부 및 남서부 태평양에서 신속한 승리를 위한 참모장들의 선호와 충돌했다.

　범세계적으로 전략적 우선순위를 정하기 위해서 세 거두(the Big Three)는 스탈린을 소련으로부터 너무 멀리 떨어지게 하지 않을 목적지인 테헤란(Teheran)에서 11월 말에 회동하는 것을 준비했다. 그 이전에 처칠은 카이로에서 중동의 사령관들과 회동하기를 원했다. 11월 17일 몰타(Malta)에 도착하여 처칠은 고트(Gort) 경의 관저인 산 안톤 펠리스(San Anton Palace)에 머물렀고 그곳에서 아이젠하워와 알렉산더, 영국참모총장들과 테더(Tedder)를 만났다. 그가 몰타에 있을 때 처칠은 토브룩 이후 최초의 심각한 역전인 도데카네스에서 영국의 패배를 알게 되었다. 그는 9월 15일에 예정된 표창작전의 축소판으로 영국 군대에 의해 재강화될 신동맹국 이탈리아인들이 그 섬들을 지탱하도록 밀고 나갔다. 이것은 그 사이에 로도스도 점령한 독일인들로부터 9월 26일 이후 막대한 폭격을 촉발시켰다. 독일인들이 11월 12일 레로스(Leros)와 나머지 도데카네스 제도를 침공하여 4일 후 영국 군대가 철수하게 만들었다. 그리하여 600명이 전사했고 100여 명이 부상하고 3,200명이 포로가 되었으며

3척의 어뢰정이 상실되었다. 그것은 토브룩의 규모와 같은 패배는 아니었지만 그러나 만일 처칠이 미국인들에게 귀를 기울였다면 그것은 발생하지 않았을 것이다.[40]

처칠은 11월 21일에 알렉산드리아에 도착하여 군의 수송기를 타고 카이로로 비행했다. 루즈벨트 그리고 장제스 중국 총통과 섹스턴트(Sextant)라는 암호명의 5일간 카이로 회담이 피라미드에서 멀지 않은 메나 하우스 호텔(Mena House Hotel)에서 개최되었다. 처칠과 브룩은 미국인들이 중국인들에게 지나친 인상을 받았고 또 그들은 루즈벨트가 그들을 위해 계획한 전후 핵심적 지위를 정당화하기 위해 별로 할 일이 없다고 생각했다. 그러나 이것은 불공정한 인종적 가정이었다. 중국인들이 1931년과 1945년 사이 14년 동안 일본인들과 싸우면서 1,500만 국민을 잃었으며, 따라서 그것에 대한 인정을 받을 만했다.[41]

1943년 11월 25일 루즈벨트는 20인을 위해 구운 거대한 칠면조 고기와 육군 군악대를 배경으로 하여 거창한 추수감사절 만찬을 냈다. 그날 저녁이 어쩌면 루즈벨트와 처칠 간의 우정의 분수령으로 보였을 것이다. 그리하여 전망에 대한 이견이 행동을 말하는 합의에 의해 화해될 수 있었다. 이 이견들은 동부 지중해에서 행동에 대한 미국의 반대를 포함했는데 그 행동은 발칸 작전을 열 수 있고 또 터키가 참전하도록 압력을 가하는 정도로 유고슬라비아의 티토(Tito)를 돕는 것이다. 놀랍게도 루즈벨트는 그들이 테헤란에 왔을 때 어떻게 스탈린을 접근할 것인가에 대해 논의하는 것도 원하지 않았다.

유레카(Eureka)라는 암호명을 가진 테헤란(Teheran) 회담은 무엇보다

---

40) *Ibid.*, P. 802.
41) *Ibid.*, p. 804.

도 소련 지도자인 스탈린과 개인적으로 회동하고 싶어하는 루즈벨트 대통령의 염원에서 기인했다.[42] 테헤란 회담의 첫 모임은, 처칠의 69번째 생일 이틀 전인 1943년 11월 28일 오후에 소련 대사관에서 열렸다.[43] 그 모임에서 처칠은 그들이 인류 역사에서 보여준 아마도 세속적 힘의 가장 큰 집중을 대변한다고 말했다. 유일한 국가 원수로서 회의를 주재한 루즈벨트는 미결상태의 많은 계획들, 즉 해협도해 원정, 지중해에서 아주 큰 원정, 이탈리아, 발칸과 에게(the Aegean), 터키 등등에 대한 공격의 힘을 증가시키는 것 등에 관해서 말했다. 회담의 가장 중요한 과제는 이것들 가운데 어느 것을 결정할 것인가이며 지배적 목표는 영－미 군대가 소련병력의 가장 큰 짐을 끌어내는 것이 될 것이라고 말했다. 그다음 차례에 두 서방지도자들에게 말한 스탈린은 어떻게 영－미 군사력이 러시아를 가장 잘 도울 수 있는가의 질문에 대한 답변으로 이탈리아 작전이 지중해를 열었다는 점에서 그 작전이 동맹국들에게 큰 가치가 있다고 소련정부는 항상 느꼈다. 그러나 이탈리아는 독일의 침공을 위한 적합한 출발지가 아니다. 그들 사이에는 알프스가 있다. 그러므로 독일의 침공을 위해 이탈리아에 대규모 병력을 집중하여 얻을 것은 아무 것도 없다. 터키가 이탈리아보다 더 좋은 출입구일 것이다. 그러나 터키는 독일의 중심부에서 아주 멀리 떨어져 있다. 따라서 스탈린은 북프랑스 혹은 북서프랑스가 물론 독일인들이 결사적으로 저항할 것임에도 불구하고 영－미군대가 공격할 장소라고 말했다.

그러자 처칠은 스탈린에게 "해협도해 침공은 영국과 미국의 대부분의

42) Keith Sainsbury, *The Turning Point,* Oxford: Oxford University Press, 1986, p. 8.
43) Martin Gilbert, *Winston S. Churchill,* Vol. VII, *Road to Victory, 1941–1945,* Hillsdale, Michigan: Hillsdale College Press, 1986, p. 570–571.

준비와 자원을 흡수하고 있다. 두 나라는 1944년에 그것을 실행할 결심이다. 지중해에서 작전들은 비록 그것들이 1943년에 우리가 할 수 있는 최선의 기여가 되겠지만 제2차적인 성격의 것이다. 그것들은 제1차적으로 중요하지만 독일을 침공하는 관점에서 그렇지 않다"고 말했다. 대군주 작전의 세부사항의 논의로 들어가자 처칠은 미국의 19개 사단과 영국의 16개 사단의 총 35개 사단에 의해서 수행될 것이라고 설명했다. 그러나 이 병력들은 1944년 이른 봄이나 여름까지 준비될 수 없으며 아직도 6개월이나 남았다. 그와 루즈벨트는 해협도해 침공을 연기하지 않고 아마도 한두 달 동안 러시아의 짐을 가장 잘 덜어줄 지중해에서 가용한 자원으로 이 6개월 동안에 무엇을 할 수 있을지에 대해 자문해왔다. 그 계획은 1월에 로마를 장악하고 또 동시에 10~11개의 독일 사단들을 파괴하거나 장악하는 것이라고 처칠은 설명했다.

두 개의 가능성이 있다. 하나는 남부 프랑스로 이동하는 것이다. 그리고 또 하나는 루즈벨트가 제안한 것처럼 아드리아 해의 북동쪽 끝에서 다뉴브(Danube)로 이동하는 것이다. 이 두 가지는 해협도해 상륙과 동시에 일어날 수 있다. 그러나 다음 6개월 동안에 무엇을 해야 하는가의 의문은 그대로 남는다. 처칠은 티토를 지원하고, 만일 터키가 동맹국 측으로 들어온다면 그것은 다다넬스(Dardanells) 해협을 열어 이미 지중해에 있는 동맹국들의 호위 선박들의 통과를 가능하게 하고 또 그리하여 소련의 흑해 항구들에 끝없는 물자공급의 흐름을 가능하게 할 것이다. 루즈벨트가 잠시 개입하여 처칠과 스탈린에게 북 아드리아 해까지 그리고 나서 북동으로 다뉴브까지 이동하는 추가적 프로젝트들을 상기시켰다. 스탈린은 루즈벨트의 북부 아드리아 해의 제안에 반대하면서 프랑스 남부에 상륙하는 아이디어를 즉각적으로 집어 들었다. 스탈린은 터키가 참전에 동의할 것을 기대하지 않았다. 스탈린은 로마의 장악을 포기하길 선호했고 그렇게 함으로써 프랑스 남부의 상륙이 해협도해 상륙의 약 2개월 전에 3개의 사단에 의해 발진할 수 있을 것이었다. 그러면 두개의 침공이 서로 손을 잡을 수 있을 것이라고 스탈린이 말했다.

그러나 처칠은 우리가 로마의 장악을 포기하는 일은 불가능할 것이라고 대답했다. 그렇게 하는 것은 모든 측에 의해서 참혹한 패배로 간주될 것이며 영국의회는 그런 생각을 일순간도 용서하지 않을 것이라고 말했다. 다음에 루즈벨트가 스탈린이 제시한 타이밍에 관해서 남부 프랑스에 대한 작전의 가능성을 군사전문가들이 조사해야 한다고 제안하면서 지배적 요인은 대군주 작전이 정해진 시간에 착수되는 것이라고 말했다. 논의가 진행되는 과정에 분노한 처칠이 휴식시간을 제안했다. 루즈벨트가 휴식과 전문가들 사이의 군사적 논의에 동의했다. 그러나 스탈린은 군사적인 문제들이 이 회담에서 논의될 것으로 기대하지 않았다며 군사전문가들을 데려 오지 않았다고 코멘트했다. 세 거두의 첫 모임의 끝에 처칠은 우리가 모두 대단한 동지들이지만 우리가 모든 문제를 같이 바라볼 것이라는 환상에 빠져서는 안 되며 시간과 인내가 필요하다고 말했다.[44]

그날 밤 만찬은 루즈벨트가 주선했다. 커피와 시가 후에 루즈벨트는 잠자러 갔다. 처칠은 스탈린을 소파로 안내하고 두 사람이 전쟁을 이긴 후에 어떤 일이 일어날지에 관해 잠시 얘기하자고 제안했다. 이든 외상도 그 자리에 있었다. 처칠은 이것이 역사적 모임임을 지적하면서 너무

---

44) *Ibid.*, p. 574.

도 많은 것들이 세 정부 수반들의 우정과 회담에서 도달된 결정에 달려 있다고 말했다. 먼저 그들이 일어날지도 모르는 최악을 고려해야 한다고 스탈린은 대응했다. 그는 독일의 민족주의를 두려워했다. 베르사유 이후 평화가 확실한 것으로 보였지만 독일은 재빨리 회복했다. 그러자 처칠은 독일이 얼마나 빨리 회복할 것이냐고 묻자 스탈린은 15~20년 이내가 될 것으로 생각한다고 대답했다. 세계는 적어도 50년 동안은 안전해야 한다. 만일 15~20년 동안 안전하다면 우리는 우리의 군인들을 배신한 것이 될 것이라고 처칠이 코멘트했다.

스탈린은 그와 처칠이 문제의 경제적인 면을 고려해야 한다고 제안했다. 그는 독일인들은 아주 근면하고 교양 있는 유능한 인민이라서 빨리 회복할 것이다고 말했다. 분명한 조치들이 취해져야만 할 것이라고 처칠은 답했다. 그는 민간용이든 군사용이든 모든 항공기들을 금지할 것이고 또 그는 '일반참모제도'(the General Staff system)를 금할 것이다. 그러자 스탈린은 처칠이 대포의 부품을 만드는 공장들과 항공기 공장으로 쉽게 전환되는 시계공들과 가구공장들의 존재도 역시 처칠이 금할 것인지의 여부를 물었다. 답변에서, 처칠은 스탈린에게 '최종적인 것은 아무 것도 없다. 세상은 계속 굴러간다. 이제 우리는 뭔가를 배웠다. 우리의 의무는 (a) 군비축소에 의해, (b) 재무장을 방지함으로써, (c) 독일 공장들의 감독을 통해서, (d) 멀리 미치는 영토적 변화에 의해서 세계를 적어도 50년간 안전하게 만드는 것이다.' 스탈린은 이것이 옳다고 생각했다.[45)]

모든 것이 영국, 미국 그리고 러시아가 자신들의 상호 이해를 위해 가까운 우정을 유지하고 독일을 감독하는 문제로 돌아왔다고 처칠이 코

---

45) *Ibid.*, p. 575.

멘트했다. 그들은 위험을 보자 마자 명령을 내리는 것을 두려워해서는 안 된다고 처칠은 말했다. 지난 전쟁 후에 통제가 있었지만 실패했다고 스탈린이 지적하자 처칠은 사람들이 경험이 없었다. 지난 전쟁은 같은 정도로 국민 전쟁이 아니었으며, 러시아는 평화회의의 당사국이 아니었지만 이번에는 다르다고 처칠이 대답했다. 이 모든 것이 아주 좋지만 불충분하다고 스탈린은 생각했다. 거기에 대해 처칠이 러시아는 육군을 갖고 대영제국과 미국은 해군과 공군을 소유할 것이라고 코멘트했다. 뿐만 아니라, '세 강대국들은 모두 강력하게 무장한 다른 국가들의 무력들을 보유할 것이며, 그들은 무장해제할 의무를 지지 않을 것이다. 그들이 실패한다면 아마도 수백년 간의 혼돈이 있을 것이다. 만일 그들이 강력하다면 그들은 자신들의 신탁을 수행할 것이다. 단지 평화를 유지하는 것 이상이 있다'고 처칠은 계속했다. 세 강대국들은 세계의 미래를 지도해야만 한다. 그는 공산주의자가 아니라 다른 국가들에게 어떤 원칙을 강요하고 싶지 않다. 그러나 그는 모든 나라들이 자기들이 원하는 대로 발전할 자유와 권리를 요구했다. 처칠은 그들이 모든 나라에서 인민들에게 행복한 가정을 확실히 하기 위해 우정을 유지해야 한다고 말했다.[46]

　11월 29일 오후에 제2차 본회의가 열렸다. 그러나 그날 오후 본회의 전에 루즈벨트와 스탈린이 전후 정부의 방법에 관한 그들의 논의에서 처칠을 배제하고 사적으로 만났었다. 군사보좌관들이 오전 내내 만났기에 그들의 논의 결과를 보고하는 것은 브룩 장군이었다. 현재와 대군주 작전의 발진 사이에 지중해에서 무엇도 행하지 못하는 독일인들이 그들의 병력을 이탈리아에서 러시아나 북부 프랑스로 전환할 것이라고 그는

---

46) *Ibid.*, p. 576.

경고했다. 누가 대군주 작전을 지휘할 것인가가 스탈린의 첫 마디였다. 루즈벨트가 이것은 아직 결정되지 않았다고 대답했을 때 스탈린은 한 사람이 준비와 실행 모두를 책임지지 않는 한 그 작전은 아무것도 아니게 될 것이라고 되받았다. 상정된 모든 지중해 작전들의 목표는 러시아의 짐을 덜어주고 또 대군주 작전에 가능한 최선의 기회를 주는 것이라고 처칠이 재설명했다. '지중해에서 대규모 군사력의 사용에 문제가 없다. 유고슬라비아, 알바니아 그리고 그리스의 유격대원들이 이미 21개 독일 사단들을 묶어 놓고 있으며 루마니아는 이미 무조건 항복하려고 결사적으로 열심히 노력하고 있다.'

다음에 스탈린이 말했다. '터키의 참전, 유고슬라비아의 지원 그리고 로마의 장악은 상대적으로 중요하지 않다. 만일 이 회의가 군사문제를 논의하기 위해 소집된 것이라면 대군주 작전이 먼저이고 5월 늦은 어느 날에 착수해야만 한다. 로마의 장악과 지중해에서 기타 다른 작전들은 관심이탈로 간주될 수 있을 뿐이다.' 루즈벨트는 의견을 달리하지 않았다. 그 대신에 그는 어떤 동부 지중해 원정도 비록 군사적으로 지중해 원정에서 처음에 2~3개 사단들만 관계한다고 할지라도 그것들은 보다 큰 병력들의 파병과 관련되는 보다 큰 공약으로 발전할 가능성이 항상 있다고 경고하는 스탈린을 또다시 지지했다. 이 경우에 그 후에 오는 대군주 작전의 날짜가 피해를 입을 것이다.[47] 스탈린은 자기로서는 대군주 작전이 5월 달을 넘어가는 어떤 지연에도 동의할 준비가 되어있지 않다고 처칠과 루즈벨트에게 말하면서 강조했다.

그러나 처칠은 수개월 전에 준비한 것으로 대군주 작전이 착수될 3개

---

47) *Ibid.*, p. 579.

의 조건들을 스탈린에게 상기시켰다. 첫째, 공격하기 전에 북서 유럽에서 독일의 전투병력들의 만족스러운 감소가 있어야만 한다. 둘째로, 프랑스와 북해연안의 저지대 국가들에서 독일의 예비병력이 공격하는 날 약 12개 일급 기동사단들 이상이 되어서는 안 된다. 셋째, 첫 60일 작전 기간 동안 독일이 다른 전선으로부터 15개 일급 사단들 이상을 전환하는 것이 가능하지 않아야 한다. 여기에 대응해서 스탈린은 처칠에게 수상과 영국 군사참모들이 대군주 작전을 진실로 믿느냐고 물었고 그에 대해 처칠은 이 조건들이 충족된다면 해협을 횡단하여 독일인들에게 영국의 모든 힘을 쏟아붓는 것이 자기들의 엄격한 의무라고 대답했다. 그리고 나서 처칠은 스탈린에게 터키를 참전시키길 원하는 자신의 이유들을 제시했다. '터키를 끌어들이려는 우리의 노력이 성공하지 못한다면 그걸로 끝이다. 그러나 터키를 끌어들이는 것을 실패한다면 독일인들에게 안도감을 줄 것이다.' 처칠은 스탈린에게 터키의 문제를 가볍게 치워버리지 말라고 간청했다.[48] 두 번째 본회의가 끝났다. 그러나 그들은 작전회담에서 어떤 진전을 이룬 것으로 보이지 않았다.

대군주 작전을 위한 5월의 날짜가 희미해지고 있었다. 연합작전의 우두머리인(the Chief of Combined Operations) 레이콕(Laycock) 장군이 5월 8일 이후 다음 적합한 달 기간(the moon period)은 6월 5일과 10일 사이에 발생한다고 일주일 후에 지적했다. 처칠은 스탈린을 단독으로 만나길 요청했고 스탈린이 동의했다. 그래서 두 사람과 그들의 통역자들만의 모임에서 처칠은 대군주 작전 이전 6개월 동안 지중해에서 군사적 조치를 보고 싶어하는 자신의 이유들을 설명했다. '이탈리아에 9~10개 영국의

---

48) *Ibid.*, p. 580.

사단들이 있다. 나는 그들을 항상 사용하고 싶다'고 처칠은 설명했다. 3월에 벵갈 만에서 일본인들에 대한 상륙작전, 즉 "해적 작전"(Operation Buccaneer)을 수행하려는 미국의 결의가 지중해 전략만큼이나 대군주 작전의 타이밍에 영향을 주고 있다고 처칠은 스탈린에게 지적했다. '만일 우리가 지중해에서 벵갈 만에 필요한 상륙선을 갖고 있다면 우리가 그곳에서 원하는 모든 것을 하기에 충분할 것이며 그러고도 여전히 대군주 작전의 이른 날짜를 지킬 수 있을 것'이라고 처칠은 스탈린에게 말했다. 선택은 지중해와 대군주 작전의 날짜 사이가 아니라 벵갈 만과 대군주 작전의 날짜 사이이다. 모든 것이 대군주 작전을 위해 영국의 3개 사단과 미국의 4개 사단들의 제거로 인해 이탈리아에서 영국 군대는 다소간 사기가 꺾였다. 바로 이런 이유로 인해서 우리는 이탈리아의 몰락을 충분히 이용할 수 없었다. 그러나 처칠은 그것이 동시에 대군주 작전을 위한 우리 준비의 진정성을 입증했다고 처칠은 지적했다.[49]

큰 전투가 이탈리아에서 임박하고 있다고 처칠은 스탈린에게 말했다. 그러나 스탈린의 관심이 고정되고 또 그것에 관해 그가 염려가 꽂힌 것은 이탈리아 작전이 아니라 대군주 작전이었다. 처칠은 스탈린에게 해협 도해 침공은 확실하게 일어날 것이라고 확약했다. 그러나 상륙작전의 성공은 미국인들과 영국인들이 그곳에 결집시킬 수 있는 것보다 더 많은 병력을 프랑스로 들여오는 데 달려있다는 영국의 전제조건들을 재천명했다. '만일 독일인들이 40~50개 사단을 프랑스에 갖고 있다면 해협을 횡단하려는 우리의 병력이 지탱할 수 있을 것으로 생각하지 않는다. 그러나 만일 붉은 군대가 적과 교전하고 영국이 이탈리아에서 그들을 붙

---

49) *Ibid.*, p. 583.

잡고 있다면, 그리고 만일 터키가 참전한다면, 그러면 우리가 이길 수 있다고 생각한다.' 스탈린은 처칠에게 "해협도해 침공의 첫 걸음은 붉은 군대에 좋은 영향을 줄 것이며 붉은 군대는 5월과 6월에 스스로 독일인들을 공격할 것이다. 독일인들은 붉은 군대의 진격을 두려워하며 붉은 군대는 도움이 동맹국들로부터 오고 있는 걸 보면 진격할 것"이라고 말했다.[50]

그 후 처칠과 스탈린은 오찬을 위해 루즈벨트의 빌라로 갔는데 거기에서 스탈린은 따뜻한 날씨의 항구에 대한 러시아의 염원을 제기했다. 처칠은 러시아가 따뜻한 날씨의 항구를 갖는 데 장애는 없다고 말했다. 그는 러시아가 자국의 해군과 상선함대로 대양을 항해하면 우리는 그 배들을 환영할 것으로 기대한다고 말했다. 점심이 끝난 직후에 테헤란 회담의 제3차 본회의가 시작했다. 루즈벨트가 모인 집회에서 주요 군사문제들에 대한 합의가 이루어졌다고 말했다. 브룩 장군이 설명한 대로 합동참모총장들은 해협도해 침공은 프랑스 남부에 대한 지원 작전과 함께 5월에 착수될 것이다. 대군주 작전을 위한 위험 시기는 상륙으로부터 전개하는 시기이다. 그러므로 그는 어떤 상당한 독일 병력의 동쪽으로부터 어떤 이동도 막기 위하여 5월에 대규모의 러시아의 공세의 조직을 착수할 것이라고 스탈린이 말했다.[51] 루즈벨트는 회의에서 대군주 작전의 사령관이 3~4일 내에 임명될 것이라고 말했다. 이 회의의 끝에 속임수의 문제로 논의가 돌았다. 스탈린은 처칠과 루즈벨트에게 러시아인들은 가짜 탱크, 항공기 그리고 비행장들의 수단으로 상당한 속임수의 사용을 했다고 말했다. 라디오 속임수도 여전히 효과가 있다. 합동 커버와

---

50) *Ibid.*, p. 584.
51) *Ibid.*, p. 585.

속임수 계획을 수립할 목적으로 협력하는 참모들에게 자기는 전적으로 동의한다고 덧붙였다. 처칠과 스탈린은 합의했다.

11월 30일, 그날 밤 처칠은 회의의 세 번째 만찬을 냈다. 그 자신의 69번째 생일이기도 했다. 그의 건배에서 처칠은 루즈벨트를 그의 용기와 통찰력으로 1933년에 미국에서 혁명적 소용돌이를 막았다고 칭송했다. 스탈린에게 처칠은 그가 러시아 역사의 위대한 영웅들의 반열에 들 것이며 "스탈린 대제"(Stalin the Great)라는 칭호를 획득했다고 말했다.[52] 처칠은 애틀리 부수상에게 전문을 보냈다. "우리는 여기서 위대한 날을 가졌다. 그리고 영국, 미국 그리고 소련 사이의 관계는 그렇게 정중하고 친근한 적이 없었다. 모든 전쟁계획은 합의되고 협조적이었다."

유레카(Eureka)라는 암호명의 이 테헤란 회담은 스탈린이 루즈벨트와 처음으로 얼굴을 마주하는 만남이었고 두 사람은 그것을 성공시킬 결의에 차 있었다. 루즈벨트는 심지어 안전상의 이유로 회담장소를 미국의 공사관에서 러시아의 대사관으로 옮기는 것까지 동의했다. 처칠은 이 사건의 중요성, 그리고 미국과 러시아의 긴밀한 관계가 영국의 위신에 영향을 미칠 효과를 놓치지 않았다. 처칠은 8개월 후에 그가 테헤란에서 처음으로 영국이 얼마나 작은 국가인가를 깨달았다고 말했다. 그의 주치의였던 모란(Moran) 경은 보다 퉁명스럽게 "수상은 자신의 무력함에 소름이 끼쳤다"고 지적했다.[53]

전반적으로 유레카 회담은 성공적이었다. 스탈린은 독일이 패배한 뒤 일본을 패배시키기 위해 "우리의 공동전선을 펼 것"이라는 첫 의사를 표시했다. 그는 비이성적이지 않게 서방동맹국들의 누가 대군주 작전을 지

---

52) *Ibid.,* p. 586.
53) Andrew Roberts, *Churchill: Walking with Destiny,* p. 805.

휘할 것인지를 결정해야 한다고 고집부리지 않았으며 그 작전은 그들이 결정할 때까지 발생할 것이라고 믿지 않았을 것이다. 스탈린이 대군주 작전을 위해 위장 침공계획을 시행하는 것을 승인했을 때 처칠은 스탈린에게 아주 즐겁게 "진실은 너무 소중해서 그 진실은 언제나 거짓의 경호원도 함께 참석해야 할 것"이라고 말했다. 비록 루즈벨트가 테헤란에서 처칠에 대항하여 스탈린과 음모했다는 비난을 받았지만 11월 30일 소련 대사관에서 있었던 대화에 대한 외무성의 기록은 오히려 처칠이 스탈린과 음모를 시도했다는 것을 보여준다.[54] "수상은 그가 반은 미국인이고 또 미국 국민들에 대한 거대한 애정을 갖고 있다. 그가 말하려는 것은 미국인들을 헐뜯는 어떤 것으로 이해되어서는 안 된다. 그러나 두 사람 사이에 말하는 것이 더 나은 경우가 있다." 그리고 처칠은 이탈리아에서는 14개 동맹국 사단들이 있는데 그중 9~10개가 영국 사단들이다. 선택은 대군주 작전의 날짜까지 기다리느냐 아니면 중동에서 작전을 펴 압박할 것인가로 대변된다고 그는 말했다. 그러나 그것이 이야기의 전부는 아니었다.

12월 2일 아침 9시30분에 처칠은 카이로에 돌아왔다. 이틀 후에 이뇌뉘 터키 대통령이 이끄는 터키 대표단이 도착했다. 처칠은 그들에게 히틀러에 대항하는 선전포고를 원했지만 터키인들과의 회담은 계속 비생산적이었다. 그러나 테헤란에서 루즈벨트가 받았다는 스탈린의 촉구 하에 루즈벨트가 아이젠하워를 대군주 작전의 사령관으로 선택한 것은 카이로에서였다. 그가 아이젠하워를 선택한 것은 워싱턴에서 자기에게 마샬 장군이 없어서는 안 되었기 때문이었다.

---

54) *Ibid.*, p. 806.

1943년 크리스마스 전야에 윌슨, 테더, 아이젠하워, 커닝햄 그리고 알렉산더 5명의 사령관들을 포함하여 많은 고위 사령관들이 "조약돌 작전"(Operation Shingle)을 논의하기 위해 도착했다. 이 작전은 나폴리(Naples)의 북쪽 안지오(Anzio)에서 벌이는 상륙작전으로 처칠은 이것이 이탈리아에서 결정적 결과를 가져올 것으로 그리고 심지어 대군주 작전이 시작되기 전에 로마의 장악으로 이어지기를 희망했다. 12월 26일 그는 노스 케이프(North Cape) 전투에서 독일의 전함 샨호스트(Sharnhost)호를 침몰시켰다는 반가운 소식을 받았다. 12월 27일 처칠은 탁월한 프랑스 요리의 주방장이 있다는 빌라 테일러(Villa Tayler)에서 그동안 나빠진 건강의 회복을 위해 모로코의 마라케시(Marrakesh)로 비행했다. 이 곳에서 처칠은 원기를 완전히 회복했다.

베네스(Benes) 폴란드 대통령은 폴란드인들이 러시아와의 전후 국경선으로 커즌 라인(Curzon Line)[55])을 수용하도록 노력하고 있었다. 그리하여 그는 런던의 망명정부 폴란드 인사들에게 처칠의 마음을 굳어지게 만들었다. 왜냐하면 처칠은 전후 그들의 국가는 수백 마일 서쪽으로 이동하여 러시아를 수용하고 독일을 응징하려는 스탈린으로부터 압력을 받고 있었기 때문이다. 2천~3천만 명의 러시아인들의 생명을 희생시킨 2번의 전쟁 후 러시아는 서쪽 국경선들의 안전에 대한 확고부동한 권리가 있다고 1944년 1월 7일 스탈린은 이든 외상에게 전문을 보냈다. 폴란드는 이제 유럽의 심장부에서 과거 보다는 좋은 해안지방과 보다 나은 영토를 가진 커다란 독립국가로서의 지위를 부여받게 될 것이다. 만일 폴란드가 이것을 수락하지 않는다면 영국은 폴란드에 대한 모든 의

---

55) 영국의 외상 커즌(Curzon) 경이 1919년 미래의 폴란드─러시아간 국경선으로 그었고 1939─1941년 러시아─독일간 국경선을 위한 나치─소련 조약에서 실제적으로 사용되었다.

무사항들에서 벗어나고 폴란드인들은 소련인들과 직접 조율을 할 수 있을 것이다.

1944년 1월 12일 드골 장군이 마라케시에서 열린 오찬에 초대되었다. 그것은 처칠이 이제 대군주 작전이 그 해에 계획된 이상 가능한 한 화해적이기를 바랐기 때문에 가능했다. 그는 드골 장군에게 말했다:

> "이봐요. 나는 강력하고 패배하지 않은 국가의 지도자이다. 그러나 내가 눈을 뜨는 매일 아침 나의 첫 번째 생각은 어떻게 루즈벨트 대통령의 마음에 들게 할 수 있는가이고, 두 번째 생각은 스탈린 원수와 어떻게 잘 지내느냐이다. 당신의 상황은 아주 다르다. 그런데 어째서 당신은 눈뜨고 첫 번째 생각은 어떻게 영국과 미국인들을 경멸할 수 있을까이다."56)

처칠의 이런 경고성 말에도 불구하고 그 말은 드골 장군에게 아무런 영향도 없었다.

1944년 1월 14일, 처칠은 조약돌 작전(Operation Shingle)에 대한 또 하나의 회의를 위해 지브롤터로 비행했으며 그곳에서 영국의 조지 5세(King George V) 호를 타고 플리머스(Plymouth)로 항해했다. 1월 18일 처칠은 아무런 예고 없이 2개월 만에 의사당에 나타났다. 그는 환호를 받았으며 그도 두 줄기 눈물을 흘렸고 하얀 손수건으로 눈물을 닦았다. 수상에 대한 질문 시간에 한 의원이 아양을 떨며 의회가 "모든 독재자에게 죽음을, 그리고 처칠 수상을 필두로 하는 모든 해방자들에게 만세"라고 건배할 것을 제안했을 때 처칠은 "너무 이른 아침이다"라고 침착하게 대

---

56) Andrew Roberts, *Churchill: Walking with Destiny*, p. 810.

꾸했다. '미국인들 때문에 우리는 로도스(Rhodes)를 장악할 기회를 상실했다. 그리고 로마는 아직 우리의 것이 아니다. 그러나 마침내 우리는 지중해의 통제력을 갖고 있다'고 처칠은 말했다.

1944년 1월 22일 안지오(Anzio) 상륙작전이 서부 이탈리아에서 시작되었다. 클러크(Clerk) 장군의 제5군단에 앞서 총 3만 6천 명과 3,000대의 차량들이 영국과 미국의 각 1개 사단을 독일 전선 뒤에 사실상 저항 없이 상륙시켰다. 처칠은 알렉산더 장군에게 '당신이 상륙 거점에서 참호를 파기보다는 천막을 치는 것이 기쁘다'고 말했다. 그러나 곧 사령관인 존 루카스(John P. Lucas) 장군이 너무나 우유부단하고 느려서 상륙 직후 상황을 잘 이용하지 못했다. "우리는 해안에 살쾡이를 풀어 놓고 있기를 희망했는데, 그러나 우리가 얻은 것은 좌초된 고래였다"고 10일 후 처칠은 불평했다.[57]

2월 4일 동맹국 군대들은 이탈리아에서 리리 밸리(Liri Valley)를 압도하는 몬테 카시노(Monte Cassino)의 중세 성당과 로마로의 길에 도달했지만 이탈리아 반도 전역에 걸친 완강한 독일군의 저항을 뚫는 것이 불가능하다는 것을 알게 되었다. 2월 11일 처칠은 루즈벨트에게 불가리아 정부로부터 오고 있는 평화제의가 실제로 그 나라의 폭격을 완화해서는 안 된다는 것을 의미한다. '만일 약이 효과가 있다면 더 많이 먹게 해야 한다'고 처칠은 말했다. 미국인들은 이탈리아에서 군주제를 연장시키는 데 아무런 관심을 보이지 않았다. 그리고 다른 이견들이 아르헨티나의 쇠고기, 전후 민간항공권리, 중동의 석유, 제국의 무역 조절과 기타 비군사적 주제들 같은 다양한 문제들에 대해서 등장했다. 처칠은 이런 주제

---

57) *Ibid.* pp. 811–812.

들에서 이제 훨씬 더 막강한 미국이 영국의 권리를 침해하고 있다고 느꼈다. 처칠은 브룩 장군에게 최근 '대통령의 불쾌한 태도'에 관해서 언급하기까지 했다. 그리고 그들의 합의들이 항상 답변을, 적어도 충분히 그리고 대통령 자신으로부터 받는 것이 아니었다. 전쟁 중 처칠이 루즈벨트에게 보낸 메시지는 루즈벨트가 처칠에게 보낸 것보다 373개가 더 많았다.

1944년 2월 20일 수상관저가 독일의 공격으로 손상되었다. 1941년 5월 이래 독일의 공습을 피했지만 이번엔 피격되었다. 모든 창문들이 박살 나고, 벽토의 조각들이 객실의 천정으로부터 떨어지고 큰 구멍을 남겼다. 관저 앞 다우닝 거리(Downing Street)는 깨진 유리 조각들이 카펫처럼 깔렸다. 재무성 건물 구석에 떨어진 폭탄은 큰 수도관을 폭발시켰다. 회의와 식사를 위해 관저로 갔던 처칠은 대부분의 시간 동안 별관으로 돌아가야만 했다. 그곳에서 행한 대국민 방송에서 처칠은 '기쁜 마음으로 스탈린 원수로부터 유럽의 주도적 강대국들 중 하나로 강력하고 완전히 독립적인 폴란드 국가의 창설과 유지를 결의하고 있다는 말을 들었다'고 말했다. 그는 이 선언들을 공개적으로 여러 차례 반복했다. 그리고나서 그는 그것들이 소련의 정착된 정책을 대변한다는 점을 확신한다고 말했다. 그러나 처칠은 그의 공개적 천명이 암시하는 것만큼 소련을 신뢰하지는 않았다. 3월 13일 처칠은 '모스크바에서 우리가 내놓은 전제조건들이 정확히 달성되지 않는다고 할지라도 인간적으로 가능하다면 공격을 염원한다'는 의미에서 대군주 작전에 관해 마샬 장군에게 편지를 썼다. 이런 조건들은 북부 프랑스에 오직 15개 독일 사단이 있는 반면, 정보에 의하면, 여러 개 사단들이 더 있을 것이라고 결론 지었다.

"나는 굳어지고 있다."는 처칠의 말을 아이젠하워가 취했는데 그때 그는 5월 15일 그에게 그 말을 되풀이했다. 그것은 처칠이 전에는 대군주 작전을 약속하지 않았지만 그러나 마샬 장군에게 보낸 처칠의 편지는 그것이 그렇지 않다는 것을 보여주었다.[58]

1944년 3월 하순에 처칠과 참모총장들 관계가 가장 낮은 지점을 찍은 것은 태평양에서 전략에 관한 입장 차이에서였다. 참모총장들은 처칠이 선호하는 벵갈 만 전략에 자원들을 투입하려 하지 않았다. 그리고 처칠은 자기가 마라케시에 있을 때 태평양전략을 위해 잠정적 계획안을 작성함으로써 자신이 모르게 했다고 믿었다. '참모총장들이 이 문제에서 지금까지 진행했었고 또 그들이 봉사하는 민간인 권력의 견해를 확인하고 이행하려고 어떤 식으로든 노력함이 없이 그것에 대한 그런 최종결론(settled conclusion)에 이르렀다는 데 대해 나는 몹시 유감스럽다'고 처칠은 5쪽짜리 거슬리는(abrasive) 메모랜덤을 작성했다. 여기에서 '그들은 국방장관인 나에게 알릴 의무와 그들이 그 문제에 부여한 중요성을 내가 이해하도록 확실히 할 의무를 분명히 지고 있다. 그들의 헌법적 의무들에 대해 참모총장들에게 강의하듯 하는 것은 그것이 어쩌면 의도적으로 무례했던 만큼이나 불필요했지만 그러나 그것은 동시에 누가 궁극적인 허가권을 갖고 있는지를 상기시켜주는 것이었다. 오랫동안 그렇게 많은 어려운 상황들 속에서 함께 일한 친밀감과 우정을 고려할 때 나는 참모총장들이 그렇게 많은 정치적 및 기타 비군사적 고려사항들이 관련된 이 같은 장기적 전략의 중대한 문제에 함께 하도록 노력함이 없이 들어갈 것이라고는 결코 상상하지 않았다.' 이 모든 것들은 한마디로 우정에 대

---

58) *Ibid.*, p. 814.

한 호소, 즉 그들이 개입할 권한이 없는 영역을 침범하고 있다는 비난이 있다. 그리고 그가 효과적으로 소외되었다는 개탄, 그가 어쨌든 설득될 수 있을 것이라는 힌트, 그리고 마지막에는 영국의 자치령들(Dominions) 과 미국인들에게 한 목소리를 내는 것이 필요하다는 경고가 있었다. 처칠은 도전적으로 그리고 명확하게 '1945년 여름까지 벵갈 만은 일본에 대항하는 영국과 제국의 전쟁을 위한 힘의 중심부로 남을 것'이라고 결론지었다.

처칠에 대한 참모총장들의 사적이고 1급 비밀의 답변이 3월 28일 전달되었다. '우리는 우리들의 견해와 제안들에 대해 여전히 어느 정도 오해가 있다고 확실히 느낀다. 그리고 우리는 이 모든 주제에 관해 당신과 더 논의할 기회를 환영한다.' 이 문서는 처칠의 모든 비난을 하나씩 거부했다. 육해공의 3부 참모총장들은 이렇게 썼다. "우리는 우리가 어떤 식으로 든 당신과 협의 없이 영국정부를 어떤 특수한 정책노선에 투신했다는 당신의 비난을 수용할 수 없다. 우리는 섹스턴트(Sextant)[59]에 앞서 대(對) 일본 전쟁을 위한 장기적 전략에 관한 우리의 견해를 설명하기 위해 최선을 다했지만 회의 전이나 후의 경우에 당신이 다른 일에 전심하여 이것을 배제했다." 이 사건에서 핵심 결정들이 D－Day 후에까지 취해질 필요가 없기 때문에 대규모 사임들은 회피되었고 또 열기도 가라 앉았다. 3월 26일 처칠은 국민들에게 "우리는 지금 희망뿐만 아니라 이성으로 질서 있게 우리 여정의 정점에 도달할 것이며 또한 전 세계를 위협하고 아마도 수세기 동안 모든 빛을 꺼버리고 우리의 자녀들과 후손들을 어둠과 굴레 속에 남겼을 비극, 즉 바로 그 비극은 오지 않을

---

59) 1943년 12월 두번째 카이로 회담.

것이다"라고 말했다. 이어서 다가오는 유럽 본토의 침공에 관해서 그는 "신호가 주어질 때, 모든 복수심에 불타는 국가들이 적에게 달려들 것이며, 그리고 인류의 발전을 가로 막으려 했던 가장 잔혹한 폭정의 생명을 파멸시킬 것이다"라고 말했다.[60]

1944년 4월, 동맹국들은 노르망디(Normandy)에 8만 톤의 폭탄을 떨어뜨렸다. 처칠은 민간인들에 미치는 영향 때문에 이 정책에 주의 깊은 검토를 주장했다. 우리가 갈 수 없는 선을 넘으면 그것이 프랑스인들 사이에서 발생할 학살과 그에 따른 분노에 한계가 있다고 처칠은 전시내각에서 말했다. 1941년 그리스 원정과 미국인들이 일본을 패배시키기 전에 영국의 극동지역 재산을 재탈환하는 지금의 벵갈 만 전략에 관해서도 처칠은 정치적 고려를 순전히 군사적 고려 앞에 두고 있었다. 그러나 처칠 자신이 제1차 세계대전에 관해 저술한 <세계의 위기>(*The World Crisis*)에서 썼듯이 "정상에서 진정한 정치와 전략은 하나이다."[61]

1944년 4월 중순, 처칠은 독일인들이 대군주 작전에 대처하기 위해 병력을 철수시키는 것을 중지시키도록 의도된 프랑스 남부에 대한 공격인 용 작전(Operation Dragon)[62]을 반대하는 운동을 시작했다. 4월 16일 테헤란에서 모루 작전(Operation Anvil)에 대한 자신의 지지는 로마의 동맹국 진격이 몬테 카지노에서 저지당하기 전에 있었던 것이라고 마샬 장군에게 말했다. 지금 독일인들은 모루 작전이 대군주 작전으로부터 벗어나도록 계획했던 바로 그 사단 병력들을 이탈리아에 투입하고 있었다. "우리는 이 전투에 전념해야 한다. 그리고 대군주 작전이 전면적 정복으

---

60) Andrew Roberts, *Churchill: Walking with Destiny*, p. 815.
61) *Ibid.*, p. 816.
62) 이전에 Anvil 작전.

로 가느냐 아니면 죽느냐로 만들어야 한다"고 처칠은 썼다. 그는 이제 더 이상 모루 작전이 그 점에서 도움이 될 것이라고 믿지 않았다. 5월 15일 동맹국 군최고 수뇌부 전체가 해머스미스(Hammersmith)에 있는 몽고메리 장군의 옛 학교였던 세인트 폴(St. Paul)에 자리잡은 몽고메리의 제21차 집단육군사령부(Army Group Headquarters)에 대군주 작전의 브리핑을 위해 모였다. 왕과 처칠에겐 안락의자가 제공되었고 나머지 모두는 학생들의 벤치에 앉았다. 아이젠하워 총사령관이 3주 후에 노르망디에서 착수할 것으로 그가 희망하는 것에 대한 평가를 내놓았다. 그리고 나서 처칠이 비록 기록되지는 않았지만 반시간 동안 말했다. 그는 대단한 활력을 갖고 공세적 리더십을 촉구하고 그가 믿기에 거기에 참석한 사람들이 느낄 전투에 대한 열망을 강조했다.[63]

5월 18일 몬테 카시노가 마침내 함락되었고 또 그러므로 로마는 6월 5일로 계획된 D-Day 전에 장악할 수 있을 것이었다. 영연방, 미국, 프랑스 그리고 폴란드 군대들이 모두 이탈리아의 수도를 공략했으며 처칠은 영국의 공헌이 정기적으로 언론에서 언급되기를 원했다. 5월 말에 왕과의 오찬에서 처칠은 D-Day에 노르망디를 포격하는 전함들 가운데 한 척에 승선하려 한다고 말했다. 왕은 이 말에 놀라지 않고 그 자신도 역시 가고 싶다고 제안했다. 왕비도 그 생각을 지지했다. 그러나 영국의 장군들은 물론 아이젠하워 사령관, 그리고 중대하게, 대군주 작전의 해군부분의 총사령관인 램지(Ramsay) 제독은 그들 중 누구도, 즉 왕이든 처칠 수상이든 그곳에 가는 데 모두가 단호히 반대했다. 특히 처칠이 선택한 영국의 벨파스트(Belfast) 호는 프랑스 해안을 포격할 것이고 그리

---

63) Andrew Roberts, *Churchill: Walking with Destiny*, p. 818.

하여 독일공군의 반격에 쉽게 노출될 수 있기 때문이었다. 6월 1일 수상 관저 별관에서 있었던 오찬에서 램지 제독과 다른 사람들의 권고를 고려하여 왕은 그들 중 아무도 가지 않을 것이라고 말했다. 처칠이 내각에 왕이 가는 것을 권유할 수 없지만 그러나 자기는 분명히 갈 것이라고 응수했다. 그러자 헌법상 왕의 동의 없이는 국가를 떠날 수 없다는 주장에 대해 처칠은 자기가 영국의 배에 승선할 것이기에 자기는 실제로 외국에 있는 것이 아니라고 주장했지만 그 배가 영국의 영해 밖에 있을 것이기에 사실상 외국에 있는 셈이라고 지적되었다.

왕은 수상이 사태를 이기적인 방식으로 보는 것 같아 걱정이라고 썼다. "그는 미래에 대해서나 영국이 그에게 얼마나 의존하고 있는 지에 대해 신경을 쓰지 않는 것 같다"면서 다음날 아침 왕은 처칠에게 편지를 썼다.

> "나는 당신에게 D-Day에 바다에 가지 말라고 다시 한 번 호소하고자 한다. 나는 당신보다 젊은이며 항해사이다. 그리고 왕으로서 나는 이 모든 군부대들의 수장이다. 내가 바다로 가는 것 보다도 잘하고 싶은 것은 아무 것도 없지만 그러나 나는 국내에 머물기로 동의했다. 그렇다면 내가 스스로 하고 싶었을 바로 그것을 당신이 하려한다면 공정한가? … 당신의 단순한 승선은 제독과 지휘관들에게 아주 무거운 추가적 책임이 될 것이다. 나는 당신이 전반적 문제를 다시 한번 가장 진지하게 고려하길 요청하며 내가 아주 잘 이해하고 있는 당신의 개인적 염원이 당신으로 하여금 국가에 대한 당신 자신의 아주 고도의 의무기준으로부터 벗어나지 않게 하시오."[64]

---

64) *Ibid.*, pp. 819-820.

당시 포츠머스(Portsmouth)로 가고 있는 중이었던 처칠로부터 왕은 즉각적인 대답을 받지 못했다. 그리하여 왕의 개인 비서인 래설스(Lascelles)가 처칠이 탄 기차에 연락하여 그가 결국 가지 않을 것이라는 좀 우아하지 못한 수락을 이끌어 냈다. 크게 실망한 처칠은 그래서 6월 3일 왕에게 다소 성마른 편지를 썼다.

> "수상과 국방장관으로서 나의 의무를 수행하기 위해 필요하다고 내가 생각하는 어느 곳에든 나는 가도록 허락되어야만 한다. … 나는 내 자신의 판단에 의존하고 많은 심각한 문제들에서 나의 의무들을 수행하는 사람이 당연히 처할 모험의 적당한 한계가 무엇인지에 관해서 생각했다. 내가 전쟁의 다양한 현장에서 스스로 조건들을 알기 위해 내가 필요하다고 판단할 때 내 이동의 자유를 금하는 어떤 원칙도 없을 것이라는 사실을 나는 폐하께 가장 진지하게 요청한다. 이 경우에 폐하가 나에게 나의 개인적 안전에 관해 그렇게 많은 걱정이 되는 명예를 베풀어 주시기 때문에 나는 폐하의 염원과 그리고 실제로 명령에 따를 것이다."[65]

왕은 이에 대해 자신의 일기장에 "나는 헌법상의 사항을 제기하고 있지 않았다. 나는 그에게 친구로서 그의 생명을 위태롭게 해서 나와 모든 다른 사람들을 어려운 입장에 밀어 넣지 말라고 요청했던 것"이라고 썼다.

6월 4일 D−Day가 시작하기로 되어 있는 오직 수 시간 전에 로마가 함락되었다. 자기 조국의 임박한 해방에 관해 들었던 드골 장군이 수상의 기차에서 처칠과 오찬을 하도록 초대되었다. 오찬은 길고 다정스럽지 않았다. 드골은 작은 것을 말하는 사람이 아니었다. 그는 처칠의 야유에

---

65) *Ibid.*, p. 820

대응하길 거부했다. 한순간에 처칠은 의자에서 약간 옆으로 숙이고 얼굴을 돌려 장군을 향했고 매혹적인 어린아이의 방긋한 미소를 보냈다. 드골은 시든 미소를 짓고 마치 누군가가 그에게 부적절한 제안을 한 것처럼 보였다. 이 두 사람은 결코 함께 행복하지는 않았을 것이다. 얼마 후 대군주 작전 후 프랑스의 관리에 관한 다툼에서 드골은 처칠을 "깡패"(gangster)라고 불렀고, 처칠은 드골을 "반역자"(traitor)라고 불렀다. 드골은 다가오는 수주와 수개월에 걸쳐서 프랑스에서 영–미의 군사적 위력이 프랑스의 독립을 어떻게든 침해할 것임을 두려워했다.[66]

드골의 신랄함은 자부심에 차 있고 대못 같은 개성에서뿐만 아니라 고도로 발달된 자부심에도 불구하고 그가 굴욕적인 방식으로 지난 4년간 처칠과 루즈벨트에게 의존하면서 탄원해 온 데 기인했다. 아이젠하워는 D–Day에 드골이 해방의 날이 도달했다고 프랑스 국민들에게 방송하고 동맹국가들에게 본격적으로 협력해야 한다고 제안했다. 다음날 전시내각에 기차에서의 논의를 보고하면서 처칠은 드골이 제시된 방송 텍스트를 보고 방송을 거절한다고 말했다. '나는 아이젠하워에게 걱정하지 말라고 말했다. 만일 그가 하지 않겠다는 것을 정말로 하지 않으면 … 나는 거의 한계의 끝에 있다. 그것이 결과에는 최소한의 차이도 만들지 않는다'고 처칠은 말했다. 이든 외상이 미국의 군사적 힘 앞에서 프랑스 주권에 관해 드골의 반대를 설명하려고 했지만 처칠은 그것을 무시하고 드골의 거부는 공동의 대의를 무시하는 그의 사악함의 불쾌한 본보기로 묘사함으로써 그릇되고, 부풀린 개성이라는 그의 진정한 점에서 그를 제지해야 할 것이다. "만일 그가 지금 방송을 하지 않는다면 나와는 끝이

---

66) *Ibid.*, p. 821.

다"라고 처칠은 말했다. 그 논의의 후반에 처칠은 "드골을 위해 루즈벨트와 언쟁하지 않을 것"이라고도 말했다.[67] 그것은 특별해 보였다. 드골이 런던에서 자유 프랑스를 수립한 4년 후 심지어 D-Day의 전야에서까지 영국과 미국의 지도자들이 드골에 대해 그런 불신을 느꼈다. 그러나 그들은 드골의 프랑스 국수주의를 혐오했고 또 그가 프랑스를 전후 반(反)서방 드골주의식 독재체제로 전환시키려고 할지도 모른다고 두려워했다.

모든 선박과 모든 방면에서 준비된 6월 5일, 날씨가 나빠서 공격은 24시간 연기되어야 했다. 이것은 처칠의 기차에서 긴장의 분위기를 고조시켰다. 그것은 전체 전쟁 중에서 가장 걱정스러운 순간이었다. 처칠은 로마의 점령을 발표하고 또 알렉산더 장군에게 그의 행정적 기술, 판단, 강인함 그리고 도덕적 용기에 대해, 즉 그에 대한 우리의 큰 빚에 대해 내각의 축하를 표했다고 말했다. '그의 승리다. 그 밖의 어느 누구의 것도 아니다'라고 말했다. 대군주 작전 그 자체에 관해서 처칠은 이 작전의 위험은 다음 30~40일 동안에 아주 클 것이라고 말했다. 그러나 그는 우리가 해안에 상륙해 교두보를 설치할 것이라는 것을 생각하라고 말했다. 그것은 내각을 위한 낙관적 전망이었다.

바로 그날 모스크바 밖 자신의 별장에서 스탈린은 유고슬라비아의 공산주의 지도자 밀로반 질라스(Milovan Djilas)에게 루즈벨트와 처칠에 대한 자신의 진정한 태도를 아주 분명히 했다. "어쩌면 우리가 영국인들의 동맹국이기 때문에 그들이 누구이고 처칠이 누구인지를 잊었다고 생각하는 것이다. 동맹국들을 속이는 것보다도 그들이 더 좋아하는 건 없다.

---

67) *Ibid.*, p. 821.

그리고 처칠은? 당신이 그를 감시하지 않으면 처칠은 당신 주머니에서 1코펙(kopeck) 마저 훔쳐 갈 그런 종류의 사람이다. 제길, 당신의 주머니에서 1코펙을 훔쳐간다니까. 그리고 루즈벨트는? 루즈벨트는 그와 같지 않다. 그는 보다 큰 동전만을 위해 자기의 손을 깊이 찌른다." 그날 밤에 통보받은 D-Day에 관해서 스탈린은 해협에 안개가 끼면 그 작전은 취소될 것이라고 말했다. 아마도 그들은 어느 정도의 독일인들을 마주할 것이라면서 다시 한 번 동맹국들을 겁쟁이라고 비난했다.[68]

처칠은 1942년 철퇴 작전과 소탕 작전에 동의할 것을 거부함으로써, 그리고 1943년 카사블랑카에서 자신의 지중해 전략을 내세움으로써 보다 일찍이 대군주 작전이 실시되는 것을 막았었다. 그가 아니면 누구도 미국인들을 유럽의 전쟁에 끌어들이지 못했을 것이라고 1943년 11월 해롤드 맥밀란(Harold Macmillan)은 자신의 일기에 적었다.[69] 그러나 이제 1943년 여름 대서양 전투의 승리와 함께 또 1944년 초 항공의 우월성, 멀베리 인공 항구들(the Mulberry harbors)과 해저송유관(PLUTO, Pipe Line under the ocean), 그리고 6천 척의 동맹국 함대가 준비된 상태였고, 이탈리아에서 계속된 공격에 의해 독일군이 약화된 상태였으며, 러시아인들에 의한 공격에 독일은 더 약화되었고, 그리고 이 거대한 신경을 거슬리는 노력이 마침내 착수되었다. 수상관저의 별관으로 돌아온 처칠은 그날 밤 지도실(Map Room)을 세 차례나 방문했다. 잠자리에 들기 전 처칠은 부인에게 "아침에 당신이 눈을 뜨는 시간까지 2만 명의 병사들이 죽어 있을 것이라는 것을 알고 있소?"라고 말했다. 그것은 최고로 불안한 순간이었다. 그러나 그의 낙관은 꾸밈이나 속임수가 아니었다. 그것은

---

68) *Ibid.*, p. 822.
69) *Ibid.*, p. 822.

준비, 판단, 결의 그리고 순수한 리더십의 결과였다.[70]

1944년 6월 6일, 바로 역사적인 그날, D-Day 정오에 처칠은 내각에서 로마의 함락을 발표했다. 그리고 그는 '지난밤 동안 그리고 오늘 아침 이른 시간 동안에 유럽대륙에 대한 일련의 상륙들 중에서 첫 상륙이 발생했다'는 것을 역시 의회에 발표해야만 했다. 의사당의 분위기는 '조용해진 경외'의 하나라고 서술되었다. 그 후 처칠은 버킹엄 궁전에서 왕과 오찬을 하고 그와 함께 스탠모어(Stanmore)에 있는 공군참모총장 트래퍼드 리-맬러리(Trafford Leigh-Mallory)의 동맹국 공군 사령부를 방문했다. 그리고 런던 교외의 부시(Bushey)에 있는 아이젠하워의 최고 사령부인 동맹원정군 사령부로 갔다. 그곳에서 그들은 거대한 지도를 통해 전투의 진전을 보았다. 처칠의 주된 걱정은 날씨에 관한 것이었다. 또 특히 그가 후에 서술했던 "폭풍의 바다, 빠른 조류 그리고 공격의 상륙 쪽을 파괴할지 모른다고 그가 두려워한 18피트 높이의 파도"에 관한 것이었다. 이것이 요소이다. 하늘에서 자세를 취하고 있는 독수리처럼 분명하게 걸려 있는 날씨의 이 가능한 변화가 요소라고 덧붙였다.[71]

D-Day에 비는 멈추었다. 그러나 세찬 바람이 빠르고 높은 파도를 일으켰고 그것은 해협에서 탱크를 수송하는 여러 척의 상륙선을 침몰시켰다. 하지만 D-Day가 성공하는 것을 정지시킬 만큼 충분하지는 않았다. 병력은 비행기로 공수되었으며 미국인들의 오마하(Omaha)와 유타(Utah), 영국인들의 검과 금(Sword and Gold), 그리고 캐나다인들의 주노(Juno)라는 암호명의 다섯 곳의 침공해변에 상륙했다. 비록 그날 3천 명의 사망자들을 포함하여 9천 명의 사상자들이 있었지만 두려워했던 것

---

70) *Ibid.*, p. 822.
71) *Ibid.*, p. 823.

의 스펙트럼에서 보면 가장 낮은 끝이었다. 그러나 이날들의 모든 불안감 속에서도 처칠은 유머감각을 결코 잃지 않았다. 6월 8일에 어느 한 의원이 제1차 대전 후에 있었던 배상금에 대한 동일한 실수들이 일어나지 않도록 확실히 할 것인지를 물었을 때 처칠 수상은 그에게 "그 점은 아주 충분히 우리의 마음속에 있다고 보장하면서 그때의 실수들은 되풀이되지 않을 것이다. 그러나 아마도 우리는 다른 실수들을 하게 될 것이라고 확신한다"고 말했다.[72]

6월 12일 처칠은 켈빈(Kelvin) 구축함을 타고 노르망디로 출발했다. 그는 브룩 장군과 스머츠(Smuts) 장군을 데려갔지만 드골 장군은 데려가지 않았다. 그는 새로운 프랑스 임시정부의 인사문제에 대한 또 하나의 다툼을 벌리고 있었고 처칠은 이든 외상에게 드골을 제2의 히틀러라고 묘사했다. 6월 19일 알렉산더 장군이 처칠에게 자기의 군대가 손상되지 않는다면 그는 포 밸리(Po Valley)로 진격하여 독일의 알베르트 케셀링(Albert Kesselring)의 두 군대를 최종적으로 제거할 수 있을 것이라고 말했다. 비엔나로 똑바로 진격하는 우리를 멈추게 할 것은 아무 것도 없다고 말했다. 이 계획은 처칠에게 크게 호소력이 있었지만 브룩과 마샬에겐 그렇지 못했다. 브룩 장군은 알프스의 지형과 겨울을 고려하여, 우리는 하나의 적이 아니라 3개의 적을 갖게 될 것이라고 처칠에게 말했다. 마샬도 독일인들은 북이탈리아에서 알프스 산으로 단지 철수만 할 것이며 그것은 동맹국들이 보유한 것보다도 훨씬 적은 수의 사단으로 유지될 수 있을 것이라고 주장하면서 처칠에 동의했다. 러시아인들에 앞서 영국과 영연방 병력들이 비엔나에 먼저 도착하는 처칠과 알렉산더 장군

---

72) *Ibid.*, p. 824.

의 꿈은 오직 거기까지였다. 그것을 달성하기 위해서는 루즈벨트가 테헤란에서 스탈린에게 약속했던 8월 중순에 프랑스 남부를 공격하겠다는 모루(Anvil) 작전이 취소되어야 할 것이었다. 그러나 루즈벨트와 마샬은 그 약속을 지킬 의향이었다.

그럼에도 불구하고 처칠은 참모총장들과 루즈벨트에게 대단한 에너지, 노력, 그리고 정치적 자본을 써서 알렉산더의 계획이 채택되도록 노력했다. 처칠은 루즈벨트 대통령에게 이 문제에 관해 전문을 쏟아붓고 국방위원회에서 이 문제로 거듭 돌아갔다. 모루 작전을 버리고 이탈리아 작전에 집중하려는 그의 작전은 길고도 때로는 쓴맛이었지만 그러나 영국의 참모장들의 완전한 지지를 받았다. 그러나 그것은 테헤란에서 합의되었던 것으로부터 이탈하지 않으려는 루즈벨트와 마샬의 결합된 거부에 부딪쳤다. 6월 25일 루즈벨트는 처칠에게 '나는 미국 합참의 입장과 완전히 일치한다'고 썼다. '북이탈리아로 진격하고 거기서 북동쪽으로 진격하기 위해 실제로 모든 지중해 자원을 계속적으로 사용하기 위한 윌슨(Wilson) 장군의 제안은 내가 수용할 수 없다.' 그리고 '나는 우리가 우리의 작전을 강화해야지, 그것들을 흩어지게 해서는 안 된다고 진실로 믿고 있다'고 루즈벨트는 썼다. 그러나 처칠은 모루 작전 그 자체를 자원의 흩어짐으로 보았다.[73]

영국은 암호해독기를 사용하여 합동참모총장들에게 히틀러가 케셀링 장군에게 오스트리아를 보호하기 위해서 동맹국이 포(Po) 밸리로 진격하는 것을 모든 대가를 지불해서라도 막으라고 명령했음을 보여주었다. 그러나 그것도 아무런 효과가 없었다. 깊이 상심한 처칠은 루즈벨트에게

---

73) *Ibid.*, p. 828.

편지를 썼다. "우리의 제1차적인 염원은 가장 신속하고 효율적인 방법으로 아이젠하워를 돕는 일이다. 그러나 우리는 이것이 지중해에서 우리의 모든 거대한 문제들을 완전히 망치는 것과 관련된다고 반드시 생각하지 않는다. 그리고 우리는 이것이 우리에게 요구되어야 한다는 것을 받아들이기 어렵다. 나는 미국 참모총장들의 어조는 임의적이라고 생각한다. 그러나 나에겐 현재의 선에서 합의의 전망이 분명히 보이지 않는다. 그 땐 무슨 일이 일어나겠는가?"[74]

처칠은 그 전문에서 발칸을 언급하지 않았지만 루즈벨트는 포 밸리 후에 트리에스테(Trieste)로 가기를 그가 원하고 있다는 것을 알고 있었다. "나의 관심과 희망은 아이젠하워 앞에서 독일인들을 패배시키고 독일로 진격하는 데 집중되어 있다. 여기에 순전히 정치적 고려를 하여 만일 제법 대규모의 병력이 발칸으로 흩어졌다는 것이 알려지면 나는 대군주 작전에서 조금의 후퇴에도 결코 살아남을 수 없을 것이다." 처칠은 루즈벨트의 이 답변에 분명히 괴로워했다. 처칠은 루즈벨트의 노(No)를 답변으로 간주하지 않았다. 처칠은 그것에 아주 씁쓸해 했다. 실제로는 모루 작전이나 발칸 어느 것도 전략적으로 가장 중요하지 않았고 또 비엔나도 빨리 함락되지 않을 것이었다. 일단 동맹국들이 1944년 6월 프랑스 북부해안에 상륙하자 프랑스의 남부나 북부 이탈리아 어느 것도 라인강을 건너 루르(Ruhr)를 장악하는 것만큼 중요한 문제가 아니었다. 그러나 처칠은 동시에 독일인들이 항복했을 때 루마니아, 불가리아, 유고슬라비아, 폴란드 그리고 헝가리와 오스트리아 조차도 이들 국가에 동맹국 병력이 없다면 이들이 소련의 영향권 하에 있을 전후 유럽의 정치

---

74) *Ibid.*, p. 828.

를 내다보고 있었다. 정상에선 다시 한번 처칠이 말한 대로 진정한 정치와 전략은 하나였다.[75]

1944년 7월 20일 작은 규모의 독일 장군집단이 동프러시아의 본부인 볼프스찬체(Wolfsschanze)에서 히틀러를 암살하려는 시도가 실패했다. 처칠은 전시 중 독일에서 반-히틀러 요인들을 접촉하는 데 아무런 관심을 보이지 않는다고 비판을 받았지만 독일내 정치적 혹은 군사적 반대 요인들에 대한 영국 정보기관의 접근시도는 서방 동맹국들이 별개의 평화수립을 계획하고 있다는 스탈린의 의심을 불러일으켰을 것이다. 히틀러가 7월 20일 바지만 찢어진 채 폭탄을 모면했을 때 그는 자기의 생존이 하늘의 섭리라고 묘사했다. 처칠은 9월에 의회에서 고도의 아이러니라고 말했다. "나는 순전히 군사적 관점에서 볼 때 그에게 동의할 수 있다고 생각한다. 왜냐하면 만일 동맹국들이 투쟁의 종식 단계에서 그런 형태의 전쟁에 적합한 천재를 박탈당한다면 아주 큰 불행이 될 것이기 때문"이라는 것이었다. 후에 그는 장교들이 적합한 방식으로 봉기하게 하는 것이 훨씬 낫다고 생각됨에도 불구하고 군사적 바보들도 그의 행동들 중에서 어떤 잘못을 못 보기 어렵다는 것을 발견할 것이라고 말했다. 폭탄암살 음모가 실패한 다음 날 처칠은 노르망디의 칼바도스(Calvados) 구역의 블레(Blay)에서 가까운 몽고메리 장군의 사령부를 방문했다. 그는 틸리(Tilly) 근처에서 전투 중인 포병을 방문했는데 한 지점에선 전선으로부터 4천 야드 거리에 있었다. 귀경하여 처칠은 전시내각에 그렇게 행복한 군대, 웅장해 보이는 군대는 결코 본 적이 없었다고 말했다.[76]

모스크바는 7월 말 루블린(Lublin)에서 런던에 있는 정당한 폴란드

---

75) *Ibid.*, p. 829.
76) *Ibid.*, p. 832.

망명정부에 직접 반대하는 괴뢰정부인 민족해방 폴란드 위원회(Polish Committee for National Liberation)를 수립했다. 이틀 후 망명정부에 충성하는 바르샤바 국토방위군대의 폴란드인들이 독일 점령군에 대항하여 폴란드 수도에서 봉기를 일으켰다. 그것은 해방을 위한 63일간의 절망적 투쟁이었다. 종국에는 모든 남자들이 사실상 완전히 제거되고 여성과 어린이들은 박멸 캠프(extermination camps)로 끌려갔다. 스탈린은 독일인들이 국토방위군대를 파멸하도록 허용하고 봉기 지도자들을 '범죄적 모험가들'이라고 비난하고 또 동맹국 항공기가 그들에게 재공급될 상륙허가를 거부하면서 바르샤바 밖에서 자신의 병력을 멈추게 했다. 처칠은 항의의 뜻으로 무르만스크(Murmansk)로 가는 원조의 수송을 중지시킬 것을 고려했지만 그렇게 하지 않기로 결정했다. 그는 "무서운 그리고 심지어 굴욕적인 굴복이 때로는 일반적 목표를 위해 이루어져야 한다고 썼다.[77]

이제, 동유럽에 관한 한 스탈린이 명령하는 지위에 올랐다는 사실을 변경할 수 있는 것은 아무 것도 없었다. 백러시아(Belorussia)에서 5만 명에 달하는 독일의 중부 육군 집단의 병력을 죽이고, 부상시키거나, 포로로 잡은 7월의 바그라티온 작전(Operation Bagration)의 성공은 심지어 D−Day 후에 일어났던 것조차도 초라하게 만들었다. 독일군대로부터 배짱을 제거하는 주된 일을 했던 것은 러시아 군대들이라는 사실을 처칠은 8월 2일 의회에서 곧 바로 인정했다. 그는 러시아 군대들이 그들의 손으로 폴란드의 해방을 가져올 것이라고 말했다. 그들은 자유, 주권, 그리고 독립을 제공한다. 비록 그때까지 처칠은 이것이 실제 가능성이라기

---

77) *Ibid.*, p. 832.

보다 희망적 생각이라는 것을 알고 있음에도 불구하고 그렇게 말했다. 8일 후에 처칠은 영국공군의 노솔트(Northolt) 비행장에서 이탈리아에 있는 알렉산더의 제5군단의 사기를 진작시킬 여행을 가는 길에 알제(Algiers)로 비행했다. 그곳에 있는 동안 드골은 처칠을 만나기를 거절했는데 이것은 처칠을 언짢게 했다. 드골은 영국과 미국인들이 임시정부를 아직 인정하지 않는 것에 분노했던 반면에 처칠은 프랑스의 미래정부가 반세기 후에 가장 반-영국적이 될 것임을 두려워했다.[78]

8월 12일 처칠은 그곳에서 나폴리(Naples)로 비행했다. 퀸 빅토리아(Queen Victoria)의 여름 빌라에서 티토(Tito) 원수를 만났다. 그는 티토의 유격대원들(partisans)을 크게 원조했다. 그래서 티토가 승리 후 소련보다는 서방과 동맹하도록 설득하길 원했다. 그는 티토에게 자기는 이제 너무 나이가 많아서 낙하산으로 착륙할 수 없다. 그렇지 않으면 자신이 유고슬라비아에서 싸우고 싶다고 티토에게 솔직하게 말했다. 티토는 "그러나 당신은 아들을 보냈다'고 티토가 답하자 처칠의 눈에는 눈물이 고였다. 비록 처칠과 유고슬라비아의 독재자 사이에 개인적 관계가 좋았음에도 불구하고 실제 티토는 1980년 사망 때까지 서방과 소련 사이를 경쟁시키면서 미묘한 균형을 잡아갔다.

8월 14일 처칠은 코르시카(Corsica)의 아작시오(Ajaccio)로 비행했는데 그곳에서 처칠은 1910년 부인 클레멘타인과 휴일에 나폴레옹의 어린시절 집을 방문했던 것을 회고했다. 다음 날 그는 이제 용 작전(Operation Dragon)으로 재개명된 모루 작전(Operation Anvil)을 영국의 킴벌리(Kimberley)호의 구축함의 함교에서 관찰했다. 적의 대포들은 오전 8시까진 잠잠해

---

78) *Ibid.*, p. 833.

졌다. 처칠은 루즈벨트에게 그 작전의 성공을 축하했다. 이틀 후 처칠은 몬테 카지노에서 지중해 최고 동맹국 사령관인 헨리 윌슨(Henry Wilson) 장군과 함께 피크닉을 갔는데 그곳에서 그는 지형이 자신의 젊은 날 북서 전선을 상기시킨다고 말했다. 언제나 그는 동맹국들이 프랑스를 통과해 나가기 위해서는 그들이 밀고 들어가야 하는 핵심적 병목지역인 팔레즈 협곡(Falaise Gap)에서 독일의 제7군단을 어떻게 패배시키고 있는지에 관한 보고들을 받고 있었다.[79]

이제 처칠은 루즈벨트에게 퀘벡(Quebec)에서 새로운 회담이 필요하다고 제안했다. 그는 참모들 사이에 존재하는 여러 가지 차이, 그리고 자기와 미국 참모들 사이에 존재하는 차이가 이제 결정에 이르러야 한다고 생각했다. 그는 전장에 있는 3개의 영국 군 중에서 하나는 프랑스에서 아이젠하워의 지휘를 받고 있고, 다른 하나는 이탈리아에서 알렉산더와 함께 2차적이고 좌절된 상황에 처해 있으며, 세 번째 군대는 버마에서 미국인들의 과장된 — 중국으로 히말라야 산맥을 넘어 들어가는 — 미국 공군선을 보호할 수 있는 한 최악의 상태에서, 세계에서 가장 비위생적인 나라에서 싸우고 있다고 말했다. 따라서 영국 병력의 2/3는 미국의 편의를 위해 잘못 전개되고 있고 나머지 1/3은 미국의 지휘하에 있다. 자신의 좌절감을 강조하기 위해서 처칠은 1944년의 6개월 동안 버마에서 고통받은 4만 명의 사상자들 가운데 다수는 질병 때문이라고 덧붙였다. 플로렌스(피렌체) 가까운 곳에 있는 알렉산더 사령부를 방문한 뒤 처칠은 로마에서 교황 피우스 12세(Pius XII)를 만났고 파리가 8월 24일 해방되기 시작할 때 처칠은 시에나(Siena)에 있었다. 그는 이탈리아에

---

79) *Ibid.*, p. 834.

머물면서 제8군이 북으로 적의 고딕라인(Gothic Line) 방어선을 뚫고 공격하는 것을 참관했다.

1944년 9월 초 영국과 캐나다인들은 앤트워프(Antwerp)를 장악했고 파드칼레(pas-de Calais)와 그 밖에 있는 로켓 무기(V-Weapon) 기지들을 파괴했다. 9월 5일 처칠은 퀸 메리(Queen Mary) 호를 타고 퀘벡에서 옥타곤(Octagon)이라는 암호명의 회담을 위해 출발하여 9월 10일 오찬 후 노바 스코시아(Nova Scotia)의 핼리팩스에 배를 정박시켰다. 그곳에서 처칠 일행은 기차를 타고 퀘벡으로 향했다. 다음 날 아침 루즈벨트 대통령 부처가 퀘벡 철도역에서 그들을 기다리고 있었으며 그들은 성채(Citadel)로 안내했다. 9월 11일 미국 군대가 트리어(Trier)에서 독일 전선을 뚫었다. 성채에서 루즈벨트 부처와 캐나다 수상 매켄지 킹(Makenzie King)과의 오찬에서 처칠은 미국의 군사적 지배라는 주제를 제기했다. 처칠은 루즈벨트에게 육, 해, 공군에 관해 말하면서 대통령이 오늘날 가장 강력한 군사강국의 지도자라고 언급했다. 루즈벨트는 자신이 그것을 좋아하지 않기 때문에 그런 사실을 깨닫는 것이 어렵다고 말했다. 그는 그런 식으로 느낄 수 없었다. 물질적으로 미국에 크게 기울어버린 그들의 전반적 전시 기여의 상대적 비중을 균형 잡고 영국의 영향력을 유지하기 위해 만일 영국이 전쟁 개시 때 했던 것처럼 싸우지 않았다면 미국은 자국의 생존을 위해 싸워야만 했을 것이라고 처칠은 덧붙였다. 만일 히틀러가 영국으로 침입했고 일종의 파시스트(Quisling) 정부가 프랑스 함대와 함께 영국해군의 소유를 독일인들에게 넘겨주었더라면 아무 것도 일본이 공격을 준비한 미국을 구원하지 못했을 것이다. 루즈벨트는 시간상 미국인들이 준비할 수 없었을 것이라고 처칠에게 동의했다. 처칠의 메시지는 분명했고 또 성품 좋고 온화한 루즈벨트에 의해서 논박되지 않았다. 오늘날 미국이 병력과 물자에서 사자의 몫을 제공하고 있지만 1940~41년 영국이 동등하게 중대한 시간의 요인을 제공했었다.[80]

9월 13일 성채에서 오전 11시 45분에 시작한 옥타곤 회담의 첫 본회의에서 처칠은 지난 12월에 있었던 카이로 회담 이래 사건들의 개관으로 절차를 시작했다. 그는 언제나 벵갈 만을 뚫고 나가 싱가포르를 회복하는 작전들을 주장했었다면서 싱가포르의 상실은 영국의 위신에 한탄스럽고 부끄러운 타격으로 보복이 있어야 한다. 평화의 테이블에서 싱가포르가 회복되는 것만으로는 충분하지 않을 것이다. 우리는 전투에서 그것을 회복해야 한다고 처칠이 확인했을 때 그에게서 제국주의자가 다시 한번 전면에 나섰다.

처칠에게 가장 만족스러운 결과를 가져온 용 작전의 성공에 대해 루즈벨트는 축하하기까지 했다. 실제로 "우리가 접촉하는 모든 것이 금으로 변했다. 그리고 지난 7주간 연속적인 군사적 성공이 있었다고 관찰하면서 처칠은 대체로 생기에 가득 찼다. 논의될 가장 중요한 문제들은 독일이 패배한 후 태평양에서 영국이 수행할 역할, 파리가 해방되고 독일인들이 동부 프랑스에서 후퇴하고 있는 상황에서 이탈리아 작전의 미래, 지속적 무기대여법에 의한 수송의 규모, 영국과 프랑스가 독일의 일부를 점령하여 독일에 입성했을 때 채택할 전반적 군사전략, 그리고 미국의 재무장관 헨리 모겐소(Henry Morgenthau)가 20세기에 독일이 제3차 세계대전을 시작하지 못하도록 독일을 탈산업화 하려는 계획 등이었다. 이것들이 주요 문제들이었지만 그러나 그것은 오직 4일간의 본회의 이후

---

80) *Ibid.*, p. 837.

모두 타결되었으며 이 각각의 문제에서 처칠은 끊임없이 전면에 나섰다. 처칠은 중부 태평양에서 대일본 작전을 위해 심지어 영국 함대를 미국 사령관 밑에 두는 것까지 제안했지만 미국의 킹 해군 제독은 그곳에서 오직 미 해군 만으로 전 작전의 수행을 원했다. 미국인들은 알렉산더가 케셀링의 사단들을 잡아 두기 위해서 이탈리아에서 전투를 계속할 수 있다는 데 동의했는데, 이것은 변방 전략의 마지막 잔재라고 묘사된 양 보였다.[81]

처칠은 발칸에서 러시아인들의 급속한 세력확장과 이 지역에서 그에 따를 러시아 영향력의 확산에 관해서 루즈벨트에게 경고하려고 애썼다. 그러나 미국인들은 이스트라(Istria)에 군대를 투입하려는 처칠의 계획을 발칸에 영국의 지위를 수립하려는 것으로 알고 다른 곳에서 필요하다며 (필요한) 상륙선들의 투입을 거절함으로써 이를 억압했다. 처칠은 그것들이 생산의 "공동 풀"(Common Pool)의 일부였으며 영국은 다른 지역에 집중했다고 주장하려 애썼지만 그러나 그의 주장은 수용되지 않았다. 루즈벨트와 마샬에게 발칸은 단 한 명의 미국 공수부대원의 건강한 뼈의 가치도 없어 보였다.[82] 전쟁의 그 단계에선 전략적으로 이것이 옳았다. 동맹국들이 독일에 집중하는 것이 긴요했다. 그러나 이것은 발칸의 대부분은 결국 처칠이 두려워했던 것처럼 냉전시대 소련의 통제 하에 들어가게 된다는 것을 의미했다.

처칠과 루즈벨트 간 개인적 관계가 모루/용(Anvil/Dragon) 작전에 대한 그들의 저기압으로부터 회복되었다. 루즈벨트 대통령의 한 가지 아이디어, 아니 적어도 공식회의에서 제기할 만큼 그가 지지했던 모겐소의

---

81) *Ibid.*, p. 838.
82) *Ibid.*, p. 839.

아이디어는 루르(Ruhr)와 자르(Saar) 지역에 있는 전쟁제조산업들을 제거하여 독일을 성격상 주로 농업적이고 목가적인 나라로 변환시키는 것이었다. 9월 15일 처칠은 모겐소 계획에 대한 메모렌덤을 작성하려고까지 했지만 그러나 그는 브룩 장군이 인구가 많은 독일이 러시아에 대항하는 미래의 동맹국으로 필요할지도 모른다고 지적했을 때 신속히 자신의 마음을 바꾸었다.[83] 그리하여 무엇 보다도 도덕적 근거에서 그 계획을 비난했으며 그것에 관한 얘기는 더 이상 별로 들리지 않았다. 루르를 포위하려는 주요 북방 노력과 본(Bonn)과 스트라스부르(Strasbourg)를 향해 제2차 공격을 단행하려는 아이젠하워의 아이디어가 승인되었다. 이것은 루르로 곧장 진격하기를 원하는 몽고메리 장군이나 베를린으로 가기를 원하는 제3군 사령관 조지 패튼(George S. Patton) 장군을 만족시키지 않았다. 그러나 그것은 반격을 위해 잘 발전된 능력을 가진 적에 대항해서 채택하는 올바른 전략이었다.

9월 16일 정오 마지막 본회의 이후 처칠과 루즈벨트는 성채에서 일광욕용 지붕에서 합동 기자회견을 가졌다. 처칠은 기자들에게 첫 퀘벡 회담에서 이루어진 결정들은 아주 오랫동안 독일인들의 썩어가는 발 밑에서 장악된 친애하고 아름다운 프랑스 땅을 해방시킨 대군주 작전을 포함하여 이제 역사의 기념비에 새겨졌다고 말했다. 대일본 전쟁에 관해서 처칠은 "당신들은 모든 좋은 것들을 혼자서 전부 다 가질 수 없다. 당신들은 공유해야 한다"고 미국인들에게 말했다. 다음날 마켓 가든 작전(Operation Market Garden), 즉 에인트호벤(Eindhoven), 네이메겐(Nijmegen)과 아른헴(Arnhem) 주변에 일련의 네덜란드의 교량들을 장악하는 몽고메리 장군

---

83) *Ibid.*, p, 839.

의 야심찬 계획이 시작했다. 이 작전은 7천 명 이상의 병사들이 죽고, 부상당하거나 포로가 된 영국의 제1공수사단에겐 재앙적 결과를 가져왔다. 이것은 몽고메리 장군과 패튼 장군의 베를린을 향해 더 깊게 그리고 또 빠르게 가는 "좁은 돌격"(narrow thrust) 접근 전략을 누르고 독일을 침공하여 루르를 포위하는 아이젠하워의 "넓은 전선"(broad front) 전략을 위한 주장을 강화했다. 그러나 전략에 대한 그의 모든 매혹에도 불구하고 동맹국들이 D-Day에 해안에 일단 상륙하자 유럽의 전장에서 정책결정에 투입하는 것이 현저하게 별로 없었다. 1945년 3월 처칠의 개인비서 레슬리 로원(Leslie Rowan)은 처칠 수상이 전쟁에 관한 관심을 잃고 있었는데, 왜냐하면 그가 더 이상 군사문제에 대한 통제력을 갖지 못했기 때문이라고 생각했다고 썼다.[84]

대군주 작전 때까지 처칠은 자신을 모든 군사적 결정들에 있어 의회라는 최고의 권위로 주도했지만, 이제는 넓고 장기적 전략의 문제를 제외한 모든 문제에서 상황에 따를 수밖에 없는 방관자(spectator)에 지나지 않았다. 그가 일부러 벗어난 것은 아니었다. 그리고 그가 전반적 접근에 근본적으로 동의하지 않는다면 많은 곤란을 야기할 수 있지만 그러나 아이젠하워가 최고동맹국 사령관이고 또 독일의 침공을 위해 "넓은 전선" 전략이나 "좁은 돌격" 전략 중 어느 것을 채택할 것인가에 관한 것과 같은 근본적인 문제들에도 처칠의 투입을 필요로 하지 않았다. 1944년 9월 18일 처칠은 루즈벨트의 저택인 하이드 파크에 머물렀고 여기서 루즈벨트와 처칠은 핵 기술에 대한 국제적 통제를 단호히 거부하는 핵 협력 합의를 시작했다. 그리고 이 합의는 미국인들이 갑자기 그리

---

84) *Ibid.*, p. 840.

고 사실상 경고도 없이 1946년 8월 맥마혼 법안(McMahon Act)으로 그것을 종식시킬 때까지 영-미 핵협력의 토대가 되었다.

9월 20일 오전 9시 15분 처칠 부처는 뉴욕에서 퀸 메리 호에 승선했다. 처칠은 아이젠하워가 독일의 몰락이 멀지 않은 것으로 믿고 있다고 말하면서 즐거워했다. 대서양에서 유보트(U-boat) 한 척이 남쪽으로 이동을 필요하게 만들었지만 영국해군의 버윅(Berwick) 선박의 에스코트를 받아 의회의 휴회가 끝나기 전에 귀국했다. 9월 28일 의회에서 행한 처칠의 연설은 아른헴(Arnhem)에서 재앙을 "헛되지 않았다는 것이 살아남은 자들의 자부심이고 죽은 사람의 묘비명일" 것이라고 가장 잘 그럴듯하게 얼버무렸다.

9월에 독일인들이 루마니아로부터, 10월엔 유고슬라비아에서 그리고 12월엔 헝가리에서 쫓겨나자 어떤 형태의 정부가 자리를 잡을지에 관심이 쏠렸다. 드골의 민족해방 프랑스 위원회가 마침내 그 달에 프랑스의 정당한 정부로 동맹국들에 의해서 인정받았지만 그러나 러시아가 장악한 동유럽국가들에서는 오직 친-모스크바 괴뢰 정부들만이 허용될 것이라는 것이 분명해졌다. 이탈리아에선 바돌리오(Badoglio) 원수가 권력을 지탱할 것이라는 처칠의 희망은 루즈벨트에 의해 공유되지 않았다. 그는 다음 달에 대통령 선거를 앞두고 있었으며 해방된 국가들에서 진보주의자들보다 군주주의자들을 선호하는 것으로 보이기를 원치 않았다. 10월 2일 바르샤바 봉기의 최종적 파괴는 폴란드에서 민족주의를 위한 나쁜 조짐으로 보였다. 처칠은 내각에서 폴란드인들은 '300년 동안 정치적 문제에서 서툰 솜씨를 보여 온 영웅적 국민'으로 묘사했다. 그들에게 뛰어난 솜씨가 있었다고 할지라도 그들의 땅에 지금 주둔하고 있는 100

만 명의 붉은 군대를 넘어서 그들의 독립을 어떻게 재확보할지를 알기란 어렵다. 더 남쪽으로 가면 그리스 공산주의 유격대원들의 정치적 날개와 군사적 날개가 권력을 장악하고 그리스인들의 왕인 조지 2세(George II)와 자유주의적 수상인 게오르기 파판드레우(George Papandreou)하의 망명정부의 귀환을 막을 준비를 하고 있다고 말했다.

처칠은 폴란드와 발칸, 특히 그리스를 논의하기 위해 모스크바에서 스탈린과 또 한번의 회담을 할 중대한 필요성이 있다고 말하면서 그것은 한편에 루즈벨트와 내가 있고, 다른 한편에 러시아인들이 있는 문제가 아니라는 것을 스탈린이 이해하는 것이 중요하다고 설명했다.[85] 그러나 이것은 덧없는 희망이었다. 스탈린은 자본주의 국가들을 공모자들이라고 가정하기 때문에 모스크바에서 또 한번의 개인적 회동이 그가 오래 간직해 온 견해로부터 벗어나게 하지는 못할 것이다.

85) *Ibid.*, pp. 182–183.

Ⅵ
평화의 전략가
As a Peacemaker

> "우리의 첫째 최고 목표는 전쟁으로 가지 않는 것이다.
> 그런 목적을 위해 우리는 타국들이 전쟁으로 가지 않도록
> 우리의 최선을 다해야 한다."
> – 윈스턴 처칠

처칠은 주로 전쟁의 지도자로만 알려져 있다. 그러나 처칠은 동시에 평화의 전략가였다.[1] 전쟁이 끝이 멀리서 나마 보이기 시작하자 처칠은 톨스토이(Tolstoy)라는 암호의 회담, 즉 두 번째 영·소 모스크바 정상회 담에서부터는 본격적으로 전후의 평화질서를 구축하는 데 선도적 역할 을 수행하기 시작했다.[2] 1944년 6월 6일 시작된 D – Day 상륙작전의 성공, 즉 대군주 작전의 성공 이후 동맹국들은 완전하게 공세 전략으로 들어섰다. 퀘벡 회담으로 영 – 미 간이 양국의 정상에서 전략적 조율이

---

1) James W. Muller, ed., *Churchill as Peacemaker,* Cambridge: Cambridge University Press, 1997.
2) 처칠과 스탈린의 이 정상회담은 대부분의 제2차 세계대전을 다룬 역사책에서 간단히 언급만 하고 넘어간다. 왜냐하면 미국의 참여가 없었기 때문이다. 그래서 그 후 곧 개최된 얄타회담을 아주 중요하게 다룬다. 그러나 저자는 처칠과 스탈린의 모스크바 정상회담에서 동유럽과 발칸의 전후 질서에 대한 구상이 최초로 제시된 중대한 회담이라고 생각한다.

이루어지자 전쟁은 이제 거의 다 야전군 사령관들, 즉 군인들의 몫이 되었다. 군사전략가로서 그의 역할은 이제 거의 다 소진되었다. 그러나 처칠에게는 새로운 정치적 과업이 눈 앞으로 다가왔다. 동유럽과 발칸에서 일어나고 있는 군사적 상황은 전후 정치적 국제질서의 미래에 대한 처칠의 두려움을 야기했다. 특히 발칸 전체가 소련의 붉은 군대에 의해 점령당해 공산주의 소련의 지배하에 들어갈 위험성을 분명하게 내다볼 수 있었다. 처칠은 마음이 조급하게 되었다. 전후 소련의 야심을 견제하려면 빨리 스탈린을 만나서 그와 협상해야 한다고 처칠은 생각했다.

1944년 10월 9일 정오 직후 처칠 수상은 이든 외상과 브룩 장군을 대동하고 모스크바에 도착했다. 그러나 그것은 툴린 비행장이었다. 그래서 그들은 다시 이륙하여 30분 후에 마이스키(Maisky) 대사와 비신스키(Vyshinsky), 그리고 사열대가 그들을 기다리는 곳에 도착했다. 이 회담은 "톨스토이"라는 거의 불가해한 암호명이 주어졌다. 모스크바 공항에서 처칠은 자동차로 시내 중심지로부터 45분 거리에 위치한 몰로토프의 별장으로 안내되었다. 그날 저녁 처칠은 몰로토프의 빌라에서 이든 외상과 아치볼드 클라크 커(Archibald Clark Kerr) 모스크바 주재 대사와 함께 만찬을 하고 모스크바로 들어가 영국 대사관으로 갔다. 그리고 그곳에서 스탈린과 첫 회동을 위해 크렘린(Kremlin)으로 안내되었다.

"톨스토이"라는 암호명의 이 첫 회의는 처칠이 서명된 사진 한 장을 스탈린에게 선물하는 것으로 시작했다. 처칠은 소련 지도자에게 그들이 오랫동안 서로에게 편지를 썼던 많은 문제들을 해소할 수 있기를 희망한다고 말했다. 시간이 감에 따라 많은 문제들이 발생했지만 그러나 그것들은 공동투쟁의 위대성에 비할 수 없다고 말했다. 서로 간에 직접 말함으로써 그와 스탈린은 많은 전신문과 편지들을 피할 수 있을 것이며 그리하여 대사에게 휴일을 줄 수 있을 것이라고 말했다. 스탈린 원수는 무엇이든 논의할 준비가 되어있다고 대답했다. 처칠 수상은 가장 피곤한 문제, 즉 폴란드 문제로 시작하면서 그들은 폴란드에 대해서 공동정책을 가져야 한다고 말했다. 처칠 수상은 국경선의 문제는 합의되는 대로 해결된다고 언급하면서 지도로 국경선에 관해 지금 확인하고 싶다고 말했다. 스탈린은 국경선이 커즌 라인(Curzon Line)에서 합의되면 그들의 논의에 도움이 될 것이라고 말했다. 처칠은 테헤란에서 정해진 대로 국경선을 지지할 것이라고 스탈린에게 말했고 또 미국도 마찬가지일 것임을 확신한다고 스탈린에게 말했다.

폴란드인들에 관한 어려움은 그들이 현명하지 못한 정치지도자들을 갖고 있다는 것이다. 두 사람의 폴란드인이 있으면 한 개의 싸움이 있다고 처칠이 말한 데 대해 스탈린은 한 사람의 폴란드인이 있을 때도 그는 순전히 심심해서 자신과의 싸움을 시작할 것이라고 언급했다.[3] 동부에 있는 폴란드인들이 이미 소련정부와 합의를 이룬 반면에 영국인들은 그들이 폴란드인들에게 압력을 가할 것이라는 '톨스토이' 회담의 첫 합의가 이루어졌다. 그 후 대화는 독일의 "위성국들"로 향했다. 러시아인들이 곧 부다페스트(Budapest)에 있을 것이라고 희망한다면서 처칠은 영국이 특별한 관심을 갖고 있는 두 나라가 있다. 하나는 그리스라고 소련 지도자에게 말했다. 처칠은 루마니아에 대해서는 신경을 쓰지 않았다. 그 나라는 러시아에게 매우 중요한 지역으로 소련정부가 제안했던 조건들은 합리적이며 미래의 일반적 평화의 이익에서 많은 통치술을 보여주

---

3) Martin Gilbert, *Winston S. Churchill,* Vol. VII, *Road to Victory, 1941–1945,* Hillsdale, Michigan: Hillsdale College Press, 1986, p. 991.

었다. 그러나 그리스에서는 다르다. 영국은 주도적 지중해 강대국이어야만 한다. 그리고 스탈린 원수가 루마니아에 대해서 했던 것과 똑같은 방식으로 그리스에 관해서 영국이 제1의 발언권을 갖게 내버려 두기를 희망했다. 물론 영국은 소련정부와 접촉을 계속할 것이라고 처칠은 말했다.

스탈린은 그리스에 관하여 영국의 입장에 관한 이해로 대답했다. 지중해 루트가 영국의 수중에 있지 않을 때 그것은 심각한 문제라고 처칠은 말했다. 그는 영국이 그리스에서 제1의 발언권을 가져야 한다는 처칠 수상의 의견에 동의했다. 처칠은 이런 것들은 미국인들이 충격을 받을지도 모르기 때문에 "영향권으로 분할"과 같은 용어를 사용하지 않고 외교적 용어로 표현하는 것이 더 좋겠다고 말했다. 루즈벨트 대통령은 애버렐 해리먼(Averell Harriman)이 그들의 회담에 옵저버(observer)로 참석하길 원하고 있고 또 그들 사이에 도달한 결정들은 잠정적 성격이길 원한다고 스탈린이 코멘트했다. 처칠은 동의했다. 그와 대통령은 비밀이 없다. 처칠은 해리먼을 그들의 여러 번의 회담에서 환영할 것이라고 말했다. 그러나 처칠은 그가 스탈린 원수와 자기 사이의 긴밀한 회담을 막으려 하지는 않는다고 스탈린에게 말했다. 그러자 스탈린은 루즈벨트가 미국에게 너무 많은 권리들을 요구하여 어쨌든 공동원조 조약을 가진 소련과 영국에게 남겨두는 것이 별로 없다고 했다. 그러나 그는 공식회의에 해리먼이 참석하는 것을 반대하지 않는다고 처칠에게 말했다.

그 후 동유럽과 발칸에서 그에 따른 정치적 균형에 크게 영향을 미치게 될 에피소드가 발생했다. 그때 처칠 수상은 발칸 국가들의 목록과 강대국들 사이에서 그 국가들에 대한 이익의 비율을 보여주는 이른바, "거친 문건"(a naughty document)을 처칠 수상이 내놓았다. 처칠은 미국인들이 그가 얼마나 노골적으로 표현했는지를 안다면 그들은 충격을 받을 것이라고 말했다. 스탈린은 현실주의자였다. 그 자신은 감상주의자가 아니었다. 처칠은 스탈린에게 말했다. "발칸에서 우리의 문제들을 해결하자. 당신의 군대들이 루마니아와 불가리아에 있다. 우리는 그곳에 이익과 사명과 대리인들이 있다. 작은 일로 대립하지 말자. 영국과 러시아에 관한 한 당신이 루마니아에서 90%의 지배력을 갖고, 우리가 그리스에서 90%의 지배력을 갖고, 유고슬라비아에선 50대 50으로 가면 어떤가?" 이 말이 통역되는 동안 처칠은 반장 짜리의 종이 위에 자신의 비율에 대한 개념을 써서 테이블 건너 스탈린에게 내밀었다.

루마니아
    러시아 ··· 90%
    기타 국가들 ·· 10%
그리스
    영국 ··· 90%
      (미국과 합의하여)
    러시아 ··· 10%
유고슬라비아 ··· 50 – 50%
헝가리 ··· 50 – 50%
불가리아
    러시아 ··· 75%
    기타 국가들 ·· 25%

스탈린은 잠깐 멈칫하더니 자신의 파란 연필을 꺼내 그 위에 커다란 표시를 하고 처칠 쪽으로 밀어 놓았다. 스탈린은 분명히 그 문건을 승인했다. 그 후 긴 침묵이 흘렀다. 연필을 댄 종이는 테이블 중앙에 있었다.

마침내 처칠이, "우리가 수백만의 사람들에게 너무도 운명적인 이 문제들을 이렇게 즉석에서 처리한 것으로 보이면 냉소적으로 생각되지 않겠소. 그 종이를 태웁시다"라고 말했다. "아니오, 당신이 보관하시오"라고 스탈린이 말했다.[4] 스탈린은 자신이 냉소적으로 보일지의 여부에 전혀 신경을 쓰지 않았다. 그는 자기가 원하는 것을 얻었고 헝가리와 유고슬라비아가 소련과 서방 사이에서 균등한 통제를 경험할 진정한 가능성은 전무했다. 처칠은 그 문건을 기꺼이 돌려받았다. 그리고 그 사건은 영국의 공식기록에 기록되지 않았다.[5]

러시아인들이 불가리아와 루마니아를 완전히 통제하고 있고, 헝가리는 곧 러시아인들의 수중에 떨어질 판이었고, 그리고 티토는 친(親)모스크바 진영으로 끌려들어 가는 것처럼 보인 반면에 그리스는 스탈린이 무장시키고, 지시하고 또 쉽게 재정적으로 지원할 수 있었던 공산주의 반란군의 위협 하에 있었던 1944년 10월 중순 전반적인 지정학적 상황을 고려한다면 소위 "비율합의"(percentages Agreement)는 영국과 서방 측에 하나의 좋은 거래를 대변했다. 1945년에 그리스가 철의 장막 뒤로 사라지지 않은 것은 다분히 처칠의 덕택이었다. 미국의 참여가 없었기에 처칠은 모든 단계에서 루즈벨트가 알고 있어야 할 필요성을 예리하게 의식했다. 그러나 루즈벨트에게 전신문을 보낼 때 그는 "거친 문건"을 언급하지 않았다.[6] 처칠은 모스크바를 떠나기 3일 전인 10월 16일 스탈린이 '비율합의'를 준수할 것이라고 충분히 확신하여 리처드 스코비(Richard Scobie) 장군에게 영국 군대로 아테네를 점령하고 필요하다면 공산주의

4) Martin Gilbert, *Winston S. Churchill*, Vol. VII, *Road to Victory, 1941–1945, op. cit.*, p. 993.
5) Andrew Roberts, *Churchill: Walking with Destiny, op. cit.*, p. 843.
6) *Ibid.*, p. 844.

파르티잔들에게 발포하라는 명령을 내렸다.[7)]

의제가 터키의 해협 문제로 돌자 스탈린은 터키가 자국의 주권을 남용하여 러시아 무역의 목을 조르기를 원하지 않는다고 처칠에게 말했다. 이에 대해 처칠은 러시아의 상선들과 전함들을 위해 지중해에 대한 러시아의 자유로운 접근을 찬성한다고 답했다. 이 문제에 대해 영국은 소련과 우호적인 방식으로 일하기를 원하지만 그러나 영국은 터키를 겁주지 않고 부드러운 조치들로 끌어들이기를 원했다. 스탈린은 이것을 이해한다고 말했다. 터키해협에 관한 한 러시아인들이 선수를 쳐야 하고 또 영국과 미국에게 그들의 마음이 무엇인지를 말해야 한다고 스탈린에게 말했다. 그리고 처칠은 러시아가 권리와 도덕적 주장을 내세울 자격을 갖고 있다고 소련 지도자에게 말했다.

스탈린은 베르사유 평화가 부적절하다고 생각했다. 그것은 복수의 가능성을 제거하지 않았다. 심한 조치들은 복수심을 일으킬 것이다. 문제는 복수의 능력이 부인될 그런 평화를 수립하는 것이다. 독일의 중공업은 파괴되어야 할 것이다. 국가는 분할되어야 할 것이다. 그것을 어떻게 할지가 논의되어야 할 것이다. 중공업은 최소한에 그쳐야 한다. 처칠이 그것은 전기 산업과 화학 공업에도 적용되어야 할 것이라고 제안했다. 스탈린은 그것이 전쟁물자를 생산하는 모든 산업에 적용되어야 할 것이라고 동의했다. 독일은 복수의 가능성이 박탈되어야 한다. 그렇지 않으면 매 25년이나 30년마다 젊은 세대를 말살할 새로운 세계전쟁이 있을 것이다. 이런 각도에서 접근하면 가장 가혹한 조치들이 가장 인간적임을 입증할 것이다.

---

7) *Ibid.*, p. 844.

독일에서 보복들은 오직 150만 독일인들에 영향을 줄 것이다. 구체적인 제안들에 관해서는 이든 외상과 몰로토프가 함께 해야 한다. 그때 몰로토프가 처칠에게 모겐소 계획에 대한 의견을 물었다. 처칠은 대통령과 모겐소 장관이 그것에 대한 반응에 행복하지 않다. 처칠은 자기가 테헤란에서 선언했던 것처럼 언젠가 영국 여론이 난리를 칠 것이기 때문에 영국은 독일인들의 대량 처형에 동의하지 않을 것이라고 말했다. 그러나 전장에서 가능한 한 많이 죽이는 것은 필요하다. 다른 이들은 타국들에게 입힌 손해를 배상하기 위해서 일하도록 해야 한다. 그들은 그런 일에 게슈타포를 이용할지도 모르며 히틀러의 젊은이들(Hitler Youth)은 파괴하는 것보다 건설하는 것이 더 어렵다고 재교육되어야 할 것이라고 처칠은 말했다. 스탈린은 독일의 긴 점령이 필요하다고 생각했다. 처칠은 미국인들이 오래 머물 것으로 생각하지 않았다.

스탈린이 프랑스가 어느 정도의 병력을 제공해야 한다고 제안했을 때 처칠은 동의했다. 그러자 스탈린은 약소국가들의 이용을 제안했고 이에 대해 처칠이 자기는 "통일된 폴란드"가 전개될 수 있을 것으로 생각한다고 대답했다. 그리고 몰로토프, 이든, 그리고 해리만이 독일의 미래를 논의하고 처칠과 스탈린에게 보고하기로 합의했다. 대화가 끝나자 처칠은 영국이 미국만큼이나 많은 사단들을 이탈리아와 프랑스에서 독일에 대항하여 싸우게 하고 있고 또 거의 그만한 정도의 많은 영국인들이 일본에 대항하여 싸우고 있다는 사실을 스탈린이 알기를 원한다고 말했다. 모두 합쳐 영국은 각 4만 명으로 구성된 60개 사단이, 즉 거의 250만 병사들이 독일 및 일본과 전쟁 중이라고 지적했다. 처칠이 이든 외상과 클라크 커 대사와 영국 대사관에 돌아올 땐 자정이 훨씬 지난 후였다.

다음 날인 10월 10일 처칠이 스탈린이 준비한 오찬에 참석하고나서 별장에 돌아오자마자 루즈벨트 대통령은 어제 저녁의 대화에 관해 설명한 전문을 받았다. 그것은 처칠과 스탈린의 이름으로 보내진 것으로 오찬 때 초안을 해리만에게 보여주었다. 그 전문은 루즈벨트에게 두 지도자들이 전후 세계기구에 관한 모든 논의는 '우리가 함께 만날 때까지 기다리기로 했다'고 알렸다.[8] 그리고 그 전문은 그들이 헝가리와 터키를 포함하여 발칸 국가들에 관한 합의된 정책에 도달할 최선의 방법을 고려해야만 한다고 말했다. 처칠과 스탈린은 이 전문에서 발칸 국가들, 헝가리나 터키에 대해 그들이 마음에 두고 있는 종류의 합의에 대해서는 언급하지 않았다.

10월 11일 모스크바 회담에서 처칠은 일찍이 테헤란에서처럼 발트해에서 얼지않는 항구에 대한 스탈린의 요구에 쉽게 양보했다. 이제 처칠은 전함들의 통과를 막을 권한을 터키에게 부여한 전쟁 전 몽트뢰 협약(Montreux Convention)과는 정반대로 소련의 전함들이 다다넬스를 통과하여 지중해 안으로 들어갈 평화 시의 권리가 주어지는 것을 볼 준비가 되어 있었다.[9] 이든 외상은 러시아에 대한 이 양보의 슬기로움에 대해 의심했지만 처칠은 자신의 결정을 옹호했다. 10월 12일 새벽 4시가 되어서야 스탈린과의 논의가 끝이 났다. 이날 아침에 처칠은 본국의 전시내각에 보내는 전보문에서 발칸에 대한 "비율"을 제시했던 것에 대한 자신의 의도를 설명했다. 그것은 지침 이상의 것으로 의도되지 않았으며 영향권 이상으로 엄격한 제도를 세우려는 시도도 아니었다. 그러나 그것은 미국의 두 주요 동맹국들이 그 비율이 모두 제시될 때 이들 지역에

---

8) Martin Gilbert, *Winston S. Churchill*, Vol. VII, *Road to Victory, 1941–1945*, p. 997.
9) *Ibid.*, p. 1003.

VI. 평화의 전략가　**201**

대해 어떻게 느끼는지를 미국이 알게 하는 데 도움이 될 것이다. 따라서 아주 자연스럽게 소련은 흑해를 접하고 있는 국가들에게 이익을 갖고 있고 그들 가운데 26개 사단으로 가장 무자비하게 공격받은 루마니아 그리고 소련과 오랜 연대를 갖고 있는 또 하나의 국가인 불가리아가 있었다. 영국은 이 국가들에 관한 러시아의 견해에 대해, 그리고 공동 대의의 이름으로 그들을 주도하는데 있어서 특별한 방식으로 주도하려는 소련의 갈망에 대해 특별한 존중을 보이는 것이 옳다고 느꼈다.

비슷하게, 영국은 그리스와 우호관계의 오랜 전통을 갖고 있으며 또한 그리스의 미래에 지중해 강대국으로서 직접적인 이익을 갖고 있었다. 이 전쟁에서 영국은 그리스의 독일-이탈리아의 침공을 저항하려고 노력하는데 있어서 3만 명의 병사들을 잃었다. 그리하여 영국은 그리스가 현재의 곤란에서 벗어나도록 주선하는 데 주도적 역할을 수행하려고 한다. 영국이 군사적 의미에서 주도적 역할을 할 것이고 아테네에서 가능한 한 광범위하고 또 통일된 토대 위에 왕정 그리스 정부가 수립되는 것을 도우려고 노력할 것으로 이해되었다. 처칠은 영국이 러시아와 루마니아 사이의 밀접한 관계를 인정할 것과 같은 방식으로 소련이 영국에게 이런 지위와 기능을 인정할 준비가 될 것이라고 지적했다.[10] 전시내각에 처칠은 헝가리는 소련 군대가 헝가리의 통제력을 얻고 있어 영향력의 주요 몫은 러시아의 것이 될 것이며, 유고슬라비아의 경우에 50/50의 수적 상징의 의미는 이것이 지금 긴밀하게 관련된 두 강대국가들 사이에 공동조치와 합의된 정책의 토대로 의도된 것이라고 설명했다. 이 전문을 끝내면서 처칠은 그가 루마니아, 그리스, 헝가리 그리고 유고슬라

---

10) *Ibid.*, p. 1004.

비아에서 '소련과 영국의 감정의 광범위한 노출'이라고 서술한 것은 가까운 전시의 미래를 위한 오직 임시 가이드에 지나지 않으며 강대국들이 유럽의 일반적 타결을 위해 종전이나 평화의 테이블에서 만났을 때 그것은 그들에 의해 조사될 것이라고 강조했다.

10월 12일 처칠 수상과 이든 외상은 드골의 국가해방위원회를 프랑스의 임시정부로 인정할지의 여부에 관한 오랜 미해결의 문제를 논의했다. 처칠은 드골에게 최고의 권위를 부여하는 데 여전히 저항했다. 이든 외상은 프랑스에 관해 더 주장해봐야 사태를 별로 진전시키지 않는다면서 바위에 물방울을 하나씩 떨어뜨리는 경우라고 지적했다. 10월 14일 루즈벨트에 보내는 전문에서 처칠은 프랑스인들이 최고 사령부들과 협력해 왔으며 또 그들의 임시정부는 다수 프랑스 인민들의 지지를 받고 있음에 의문의 여지가 없다고 썼다. 그러므로 "나는 드골 장군의 행정부를 프랑스의 임시정부로 이제 안전하게 인정할 수 있다고 제안한다"고 썼다.11)

"비율합의"에서 눈에 띄게 빠진 국가는 물론 폴란드였다. 10월 13일 아침에 처칠은 전날 저녁 때 런던으로부터 도착한 런던 임시정부의 폴란드인들과 회의를 열기 위해 자동차로 모스크바로 이동했다. 그들은 스타니스와프 미콜라치크(Stanislaw Mikolajczyk) 망명정부 수상과 로메르(Romer) 외상과 폴란드 국가위원회(the Polish National Council)의 의장인 그라브스키(Grabski)의 3인이었다. 미콜라치크는 어려운 입장에 있었다. 스탈린은 그의 모스크바 방문에 동의했지만 그러나 미콜라치크가 새 루블린 위원회(Lublin committee)의 대표들과 문제를 논의해야 한다고 공표

---

11) *Ibid.*, p. 1006.

했다. 그리하여 스탈린은 경쟁적 폴란드 세력들간의 중재자의 지위를 자청했다.[12] 미콜라치크 수상은 미국인 장교들을 동부전선에 파견하고 정보 에이전트들을 폴란드에 공수해달라고 루즈벨트 대통령에게 호소했지만 그것은 아주 비현실적 요청이었다. 루즈벨트가 줄려고 준비한 모든 지원은 스탈린에게 전문을 보내 '그가 이 전체 문제를 우리의 공동노력의 최대한 이익이 되게 폴란드 수상과 해결하기를 바라는 희망을 표현한 것'이었다.[13]

처칠은 이든 외상과 클라크 커 대사를 동반했고 스탈린은 몰로토프와 비신스키(Vyshinsky)가 수행했다. 2시간 30분 동안 계속된 대화는 스피리도노프카 궁전(Spiridonovka Palace)에서 있었다. 대표단들이 모이자 스탈린은 소련군이 리가(Riga)를 장악했으며 여러 독일 사단들이 헝가리에서 포위되었다고 처칠에게 말했다. 논의의 과정 동안에 미콜라치크는 폴란드정부, 즉 자기의 정부가 영국과 미국에 의해서 인정된 반면에 당시 루블린(Lublin)에 있는 국가해방위원회(the Committee of National Liberation)는 소련에 의해서만 인정되었다고 지적했다. 이제 그는 두 단체의 대표들로 구성되는 새 정부를 제안했다. 그러자 스탈린이 '당신들이 소련정부와 관계를 갖기를 원한다면 원칙으로 커즌 라인을 인정함으로써만 그렇게 할 수 있을 것이라고 대답했다. 런던의 폴란드인들은 지금까지 이것을 거부했었다. 소련의 전시 희생과 폴란드의 해방을 향한 소련의 노력은 소련으로 하여금 커즌 라인에 따른 서부 국경선에 대한 자격이 있다고 주장하게 했고, 폴란드는 '좋은 바다 해안과 단치히(Danzig)에서 훌

---

12) Piotr S. Wandycz, *The United States and Poland,* Cambridge, MA: Harvard University Press, 1980, p. 286.
13) *Ibid.*

량한 항구 그리고 슐레지엔(Silesia)에서 가치있는 자연 물질들을 포함하여 서쪽에서 균등한 량의 영토를 받을 것'이라고 처칠이 재설명을 했다. 그러나 미콜라치크는 커즌 라인에 대한 반대에서 벗어나지 않을 것이다.

처칠은 타협안으로 커즌 라인을 평화회의에서 그 문제에 대한 최종적 논의의 권리를 가진 폴란드의 사실상(de facto) 동부 국경선으로 수용하자고 제안했다. 그러자 스탈린이 '커즌 라인에 관련하여 소련정부는 처칠 수상의 타협안을 수용할 수 없다는 것을 절대적으로 밝히고자 한다'고 선언했다. 그에 대해 처칠은 실망과 무력함의 제스처를 취했다. 스탈린은 집요했다. '커즌 라인에 대한 앞으로의 논의는 있을 수 없다. 그것은 폴란드와 소련 간의 국경선으로 수락되어야 한다. 우리는 국경선을 계속 바꿀 수 없다. 왜냐하면 사회 및 경제적 조직들이 여기에서 다르고 또 폴란드에서 다르기 때문이다. 우리는 집단 농장을 갖고 있다.' 논의가 끝남에 따라 처칠은 미콜라치크에게 영국정부는 소련의 입장을 완전히 지지한다면서 커즌 라인을 인정하라고 호소했다.14) 이 회의는 끝이 났다. 처칠은 이든, 해리만, 클라크 커와 함께 자신의 숙소로 돌아와서 이들과 같이 식사하고 네 사람 모두가 이번에는 루블린 폴란드인들(Lublin Poles)과의 회의를 위해 스피리도노프카 궁전으로 돌아갔다. 이 회의도 2시간 30분 동안 계속되었다.

루블린 폴란드인들은 러시아의 주구들이라는 것이 곧 분명해졌다. 그들은 자신들의 역할을 잘 배우고 너무도 주의 깊게 연습하여 그들의 주인들마저도 그들이 너무 과도하게 역할을 수행하고 있다고 분명하게 느꼈다. 예를 들어, 지도자인 비에루트(Bierut)는 이런 식으로 말했다: "우

---

14) Martin Gilbert, *Winston S. Churchill*, Vol. VII, *Road to Victory, 1941–1945*, p. 1008.

리는 폴란드를 대신해 르보프(Lvov)가 러시아에 속할 것을 요구하려고 여기에 있다. 이것이 폴란드 인민의 의지이다." 이 말이 영어와 러시아어로 번역될 때 처칠은 스탈린을 바라보았다. 그리고 그는 그의 눈속에서 '우리 소련의 교육이 어때!'라고 말하는 것이나 마찬가지로 보이는 번득임을 보았다.15) 또 다른 루블린 지도자인 오수브카-모라프스키(Osobka-Morawski)의 긴 말도 역시 맥이 풀리게 하는 것이었다.

처칠은 비에루트와 모라프스키에게 영국정부의 목표와 이익은 독일에 대항하여 모든 폴란드인들의 일치된 단결을 달성하고 또 폴란드 인민들에게 가치 있는 조국을 보증하는 것이라고 말했다. 그는 전쟁의 이 단계에서 폴란드인들 사이에서 일어난 싸움에 맥이 풀렸다. 세계는 그런 싸움에 실증을 느끼고 있었다. 1939년 9월 이래 폴란드인들과 폴란드정부에 대한 영국의 일관된 지원을 이유로 영국정부는 모든 폴란드인들이 우호적 타결에 도달하는 데 각자의 역할을 요구할 자격이 있었다. 모라프스키의 지원을 받으며 비에루트가 미콜라치크에 대한 긴 목록의 불만을 늘어놓자 처칠 수상은 그들을 꾸짖고 또 보다 덜 시비조이고 보다 더 우호적이며 건설적인 태도를 취해줄 것을 거듭 호소했다. 스탈린 원수도 통합에 대한 처칠의 호소를 지지하고 헌법적 문제가 타결에 장애를 이루어서는 안 된다는 데 동의했다. 그날 저녁 모스크바의 하늘은 이번에는 붉은 군대의 리가(Riga)의 입성을 경축하기 위해 불꽃으로 밝아졌다.

10월 14일 정오 직전에 처칠은 런던의 폴란드인들(London Poles)과 상황을 논의하기 위해 영국 대사관으로 갔다. 그는 또 다시 그들에게 커즌 라인을 수락하라고 촉구했다. 그의 견해에 의하면 상황의 핵심은 커

---

15) *Ibid.*, p. 1009.

즌 라인이었다. 만일 폴란드인들이 그것을 동부 국경선의 타결을 위한 기초로 수락할 수 있다면 헌정상의 문제들과 새로운 폴란드정부의 구성과 같은 다른 문제들은 해소될 것이다. 왜냐하면 스탈린 원수가 이런 것들은 분명히 부수적인 것으로 간주하여 루블린 폴란드인들이 이성적 태도를 취하도록 설득할 수 있을 것이기 때문이다. 그리고 나서 처칠은 미콜라치크에게 용기 있는 결정을 하도록 강력하게 촉구했다. 이것이 미콜라치크가 상황을 만회할 마지막 기회라고 처칠은 덧붙였다. 만일 그가 거부한다면 처칠 수상은 소련정부와의 현 회담이 미콜라치크의 잘못으로 깨졌으며 그 결과 영국정부가 그를 위해 더 이상 할 수 있는 일이 없다고 영국의회에 선언할 수밖에 없을 것이다. 이에 대한 답변으로 미콜라치크는 그와 그의 정부는 폴란드 영토를 스스로 박탈하는 결정을 할 수 없으며 루블린 위원회의 참여에 동의할 수도 없다고 말했다. 그는 '내가 나 자신에 대한 사형선고에 서명해야 하느냐'고 물었다. 처칠의 인내력도 거의 탈진되었다. 처칠은 화가 나서 '나는 손을 털겠다. 나로서는 그 일을 포기할 것'이라고 말했다. 그리고 그는 '당신이 국경선을 수락하지 않는 한 당신은 영원히 할일을 잃는다. 러시아인들이 당신의 조국을 휩쓸어 버릴 것이고 당신의 인민들은 박멸될 것이다. 당신은 괴멸 직전에 있다'고 처칠은 경고했다.16)

오후 3시에 미콜라치크가 처칠의 숙소에 도착하여 40분 동안 커즌 라인이 왜 수락될 수 없는지에 관해서 설명하려고 애를 썼다. 처칠은 아주 단호하게 '만일 당신이 아무런 결정을 할 수 없다면 당신은 정부가 아니다. 당신들은 유럽을 파괴하기를 원하는 무감각한 사람들이다. 나는

---

16) *Ibid.*, p. 1012.

당신을 그 곤경에 남겨둘 것이다. 당신이 그들의 고통에 관해서 냉담하게 본국에 있는 당신의 인민들을 포기하고자 할 때 당신은 책임감이 없다. 당신은 유럽의 미래에 신경을 쓰지 않고 있다. 당신은 오직 자신의 이익만을 마음에 두고 있다. 동맹국들의 합의를 깨는 것은 범죄적 시도라고' 처칠은 말했다. 만일 당신이 러시아를 정복하기를 원한다면 우리는 당신이 그렇게 하도록 놓아둘 것이다. '나는 마치 정신병동에 있는 것처럼 느낀다. 영국정부가 당신을 계속해서 인정할지 모르겠다.' 처칠은 러시아 앞에서 영국은 힘이 없다고 열정적으로 선언했다. 폴란드정부가 평화회의에서 폴란드의 이익을 방어할 권리를 자신에게 주어야 한다는 미콜라치크의 언급에 대해 처칠은 '당신은 평화회의에서 더 나은 입장에 있지 않을 것이다. 내가 미국정부를 대신해 말할 수 없다. 미국의 대표는 여기에 없다. 이번 전쟁에서 동맹국들의 노력에 대한 당신의 기여는 무엇인가? 공동의 풀(the common pool)에 당신은 무엇을 던졌는가? 원한다면 당신의 사단들을 철수해도 좋다. 당신은 사실을 직면하는 데 절대적으로 무능하다. 내 생애에서 나는 그런 사람들을 결코 본 적이 없다. 당신은 러시아를 증오한다. 나는 당신이 그들을 증오하는 것을 알고 있다'고 처칠은 강조해서 덧붙였다.[17]

　한때 절망적으로 처칠은 미콜라치크에게 폴란드 대표단이 커즌 라인을 수락할 준비가 되어 있지 않으면 아무런 의미가 없다고 말하자 그에 대해 미콜라치크는 폴란드정부가 런던에 계속해서 머물 수 없다는 것을 충분히 알고 있다고 코멘트했다. 오후 4시 20분에 스탈린이 10분 후에 만나자는 전갈이 왔다. 처칠은 통역자만을 동석시킨 채 스탈린과 단독으

---

17) *Ibid.*, p. 1015.

로 한 시간을 보냈다. 교착상태를 깨고 또 폴란드의 독립을 보전하려는 대담한 시도로 처칠은 스탈린에게 독일에 대한 영토적 보상으로 폴란드인들의 커즌 라인의 수락뿐만 아니라 런던 폴란드인들과 루블린 폴란드인들의 동수로 구성되는 모든 당사자들이 참여하는 폴란드정부의 포뮬라(formula) 초안을 스탈린에게 내밀었다. 그리고 스탈린은 제안된 노선 위에서 해결에 원칙적으로 동의했다.[18] 이제 모든 것은 처칠이 미콜라치크로 하여금 커즌 라인을 수용할 수 있도록 설득할 수 있는가에 달렸다.

10월 15일 아침에 처칠의 몸상태가 상당히 불편했다. 그날 오후에는 열이 발생하여 하루 종일 침대에서 보냈다. 10월 16일 아침에 그의 체온이 정상으로 돌아왔다. 그날 아침 처칠은 그리스의 파판드레우(Papandreou)에게 '민주주의가 태어난 도시인 아테네의 해방은 억압된 유럽의 전역에서 안전한 부활의 적합한 상징'이라는 전보를 보냈다.[19] 8시간 후에 처칠은 메이틀랜드 윌슨(Maitland Wilson) 장군으로부터 2개 대대의 영국 군대와 함께 특별공군 서비스 여단의 본부가 아테네에 도착했으며 젤리코(Jellicoe)로부터 접수했다는 소식을 들었다. 영국 군대들은 열렬한 환영을 받았다고 윌슨 장군이 덧붙였다. 처칠이 너무 아파서 자기의 침대를 떠날 수 없자, 이든 외상이 그날 저녁 스탈린과 몰로토프를 만나 르보프(Lvov)의 미래에 관해 타협에 도달하려고 노력했다. 이든이 스탈린에게 르보프에 대해 자기를 좀 도와줄 수 있겠느냐고 물었을 때 스탈린은 아주 미안하지만 그것은 불가능하다고 즉시 답했다. 그는 "우크라이나인들을 배신할 수 없다. 그는 늙은이고 그래서 우크라이나인들을 배신했다는 낙인이 찍힌 채 자기 무덤으로 가는 것을 원하지 않는다"고 스탈린은 말했다.

---

18) *Ibid.*, p. 1016,
19) *Ibid.*, p. 1021.

10월 16일 처칠은 폴란드에 관한 논의에 다시 들어갈 만큼 충분히 회복되어 스탈린과 미콜라치크 모두에게 수용될 커즌 라인에 대한 포뮬라를 발견하려고 다시 한 번 더 노력했다. 처칠은 폴란드인들에게 훨씬 더 친절하게 "국경선"(frontier line)이 아니라 "경계선"(demarcation line)이라는 표현으로 새로운 포뮬라를 스탈린에게 내밀고 최선을 다하기로 약속했다. 처칠과 이든은 5시에 크렘린으로 갔다. 그리고 2시간 25분 동안 처칠은 경계선 포뮬라를 수락하도록 스탈린을 설득하려고 노력했지만 그의 주장은 헛수고였다. 처칠은 가능한 모든 주장을 다했지만 그러나 스탈린을 움직일 수 없었다. 스탈린은 커즌 라인이 폴란드와의 새 국경선이기를 원했을 뿐만 아니라 그렇게 서술되기를 원했다. 이것이 수용될 때까지 스탈린은 런던 폴란드인들과 루블린 폴란드인들이 연립으로 구성한 통일된 폴란드정부의 형성을 허락하지 않을 것이었다.

그날 밤 처칠은 미콜라치크를 다시 한 번 보았는데 이것은 3일 동안에 6번째 만남이었다. 처칠은 "국경선"이라는 말에 그가 동의하도록 촉구했다. 그러나 미콜라치크는 그렇게 하지 않을 것이다. 그래서 그날 오후 처칠이 스탈린에게 설명했던 것처럼 자기의 인민들에게 거부당하지 않고 그렇게 할 수는 없었다. 10월 17일 아침에 처칠은 스탈린에게 미콜라치크를 만나줄 것을 요청했다. 그래서 스탈린이 그를 만났다. 4일 후에 처칠은 루즈벨트에게 전문을 보내면서 스탈린이 자기를 돕기로 약속했으며 미콜라치크는 러시아인들에게 철저히 우호적인 정부를 수립하고 수행하기로 약속했다. 그는 자신의 계획을 설명했지만 스탈린은 루블린 폴란드인들이 다수를 이루어야 한다는 것을 분명히 했다고 말했다.

10월 17일 처칠과 스탈린은 마지막 회담을 했는데 이것은 저녁 10시부터 다음날 새벽 4시까지 계속되었다. 마침내 독일의 미래가 논의의 대상이었다. '프러시아가 악의 뿌리이다. 그러므로 프러시아는 고립되어야 하고 루르(Ruhr)와 자르(Saar)에 대한 동맹국들의 통제가 수립되어야 한다고 처칠은 말했다. 첫째, 러시아, 벨기에, 네덜란드 그리고 프랑스가 필요한 모든 기계와 기계도구들을 제거할 필요가 있었다. 그는 러시아의 서부지역들에 대한 피해를 회복하는 데 있어서 스탈린을 지지했다. 같은 것이 작은 국가들에게도 적용되었다. 이것은 모겐소 장관이 루즈벨트 대통령 앞에 내놓은 정책, 즉 루르와 자르가 작동할 수 없게 하는 것이었다. 그 다음에 처칠은 영국 자신의 경제문제로 옮겨 갔다. '이 전쟁 이후 영국은 유일하게 거대한 채무국가가 될 것이다. 영국 채권은 4억 파운드가 팔렸다. 스털링(Sterling) 빚은 30억 파운드에 달한다. 영국은 식량을 구입하기 위해 수출을 증가시키는 모든 노력을 다 해야 할 것이다. 독일의 기계를 가져가려는 러시아의 의도는 독일에 의해 남겨진 격차를 줄이려는 영국의 이익과 조화된다.' 스탈린은 동의했다. 그는 영국이 당한 손실들을 보상하기 위한 어떤 조치도 지지할 것이라고 스탈린은 말했다.

다음, 해군 문제로 논의가 넘어가자 영국은 어느 정도의 독일 선박들을 이용할 수 있을 것이라고 스탈린이 말했고 이에 대해 처칠은 러시아도 마찬가지라면서 그러나 미래에는 공군이 함대보다도 더 강할 것이라고 대답했다. 지도가 준비되었다. 처칠은 지도 위에서 지적하면서 바바리아와 오스트리아는 비엔나를 수도로 함께 가야하고 또 빅르텐버그와 바덴과 함께 별개의 국가를 수립해야 한다고 말했다. 독일에는 부드러운 처리의 바바리아와 오스트리아, 단단한 처리의 프러시아, 그리고 국제통제 하 루르의 공업지역이 있다. 다 털린 색소니(Saxony)는 프러시아로

갈 수 있다고 처칠은 제안했다. 그러자 스탈린이 중유럽의 제안된 국경선들에 관해서 설명하고 헝가리는 별개의 국가로 남아야 할 것이라고 처칠에게 말했다. 헝가리인들이나 슬라브인들은 결코 어떤 독일 국가의 일부가 되어서는 안 된다. 그들은 너무 약하고 독일은 너무 발전되었다. 독일이 그들을 신속히 지배할 것이다. 유럽의 작은 국가들은 독일을 정찰하도록 만들어져야 한다. 폴란드인들은 기꺼이 점령에 낄 것이다. 폴란드인들은 그들의 서부 국경들에서 영토를 획득할 자격이 있다. 그들은 일세기 동안 많이 고통받았다고 스탈린은 처칠에게 말했다.

그러자 처칠은 중유럽의 3개 국가들, 즉 폴란드, 체코슬로바키아, 그리고 헝가리가 별도의 집단을 형성한다는 아이디어를 제시하고 스탈린에게 자기 마음속에 무엇을 생각하고 있는지 그리고 그 이유를 설명해 나갔다. 처칠은 그것은 하나의 협력관계를 넘어서 "관세동맹"(Zollverein)이 될 것이라고 설명했다. 유럽에서의 악은 유럽을 여행할 때 사람들이 상이한 통화를 사용하고 10개의 국경선을 통과하고 많은 관세 장벽들을 통과하는 일이다. 이 모든 것이 무역에 큰 장애이다. 그는 유럽이 번영하고 어느 정도의 옛 영광으로 유럽이 돌아가기를 보고 싶다. 이런 방식으로 어쩌면 증오심이 죽을 것이다. 그는 이것이 통상과 무역의 목적을 위한 집단구성에 의해서 성취될 수 있을 것이라고 처칠은 설명했다.[20] 그러나 스탈린이나 몰로토프는 처칠의 비전에 의해 아무런 인상을 받지 않았다. 그래서 논의는 독일공군력으로 옮겨갔다. 처칠은 독일이 모든 공항이 박탈되어야 한다고 제안했다. 스탈린은 이에 동의하고 민간 및 군사적 항공 모두가 허용되어서는 안 된다. 그리고 파일럿을 위한 모든

---

20) *Ibid.*, p. 1026.

훈련 학교들이 금지되어야 한다고 덧붙였다.

"톨스토이"라는 암호명의 마지막 공식 회동이 끝났다. 이 마지막 회의 동안에 처칠은 스탈린이 미콜라치크가 수용할 수 있을 것으로 그가 희망하는 커즌 라인에 대한 포뮬라를 수락하도록 설득하는 데 성공했다. 커즌 라인은 이제 더 이상 스탈린이 원래 고집했던 것처럼 '국경선'이 아니라 차라리 국경선을 위한 기초였다. 이것은 미콜라치크의 포뮬라, 즉 '경계선'에 더 가까워 보였다. 이제 처칠은 미콜라치크를 설득하여 스탈린의 단어들의 형식에 동의하게 하기를 희망했다. 그러나 어느 쪽도 양보하지 않을 것이다. 애틀리 부수상에게 스탈린과의 최종 논의에 관해서 보고하면서 처칠은 "비율"합의에 대한 자신감을 보였다. 폴란드에 관해서는 영국의회가 이것이 우리의 정책임을 잘 알고 있다고 해도 폴란드인들에게 커즌 라인을 강제하는 것은 비판을 불러일으킬 것이라고 경고했다. 처칠에게 하나의 문제는 테헤란에서 처칠에게 알려주지 않고 스탈린과 루즈벨트가 분명히 가진 논의였다. 런던 폴란드인들과 루블린 폴란드인들은 모두 귀국하여 현저한 문제들에 관해 자신들의 동료들과 협의할 것이라고 처칠은 루즈벨트에게 10월 18일에 전보를 보냈다. 영국의 입장은 커즌 라인과 정전회의나 평화회의에서 그것의 보상을 지지할 것이라는 점이다. 또한 처칠은 루즈벨트에게 모스크바 논의의 결과로 다른 방향에서 얻은 상당한 이득에 관한 노트를 보냈다. 히틀러가 전복되면 일본을 공격하겠다는 소련정부의 분명한 결의에 관해서, 문제에 관한 그들의 면밀한 연구와 대규모로 동맹국간 준비를 시작할 그들의 준비성에 관해서 이미 당신에게 알려준 바 있다. '우리가 다른 문제로 화가 날 때 우리는 전 투쟁을 단축시키는데 이것의 가치를 기억해야 한다'고 처칠은

썼다.[21]

　1944년 10월 18일, 처칠은 영국 대사관으로 가서 미국, 영국 그리고 러시아의 특파원들을 위한 기자회견을 가졌다. 처칠 수상은 45분간 말했다. 모스크바에서 처칠의 마지막 공식 약속은 그날 저녁 7시에 미콜라치크와 함께 커즌 라인에 있어서 스탈린 자신의 타협 포뮬라를 논의하는 것이었다. 그러나 미콜라치크는 그가 설사 스탈린의 포뮬라를 수락한다 해도 그의 지지자들이 그것을 거부할 것이라고 말했다. 이것이 그가 모스크바에 있는 동안 합의에 이르려는 처칠의 희망에 대한 최종적 타격이었다. 그날 저녁 8시에 처칠은 스탈린과 몰로토프가 참석하는 작별 만찬을 위해 크렘린으로 갔다. 파티는 새벽 2시까지 계속되었다. 만찬 동안에 붉은 군대가 체코슬로바키아에 입성했다는 소식이 모스크바에 도착했다. 다시 한번 모스크바는 여러 색깔의 로켓트와 빛나는 대포소리에 진동했다. 새벽 2시 30분에야 처칠과 이든은 각자의 잠자리에 들었다.

　10월 19일 처칠은 모스크바를 떠날 준비가 되었다. 동맹국들의 단결과 방문객의 중요성을 강조하기 위해 스탈린은 처칠을 환송하러 모스크바 공항으로 나갔지만 처칠이 아직 도착하지 않았다. 스탈린은 빗속에서 처칠을 기다렸다. 처칠이 공항에 도착하자마자 간단한 연설들이 있었다. 처칠의 비행기가 이륙을 준비하자 그는 스탈린에게 승선하여 둘러보라고 초대했다. 스탈린은 수락했고 몰로토프도 역시 이든과 함께 비행기 안으로 들어와서 처칠 수상의 여행시설을 둘러보았다. 그리고 나서 스탈린과 몰로토프는 비행기에서 떠나 활주로에 서 있었다. 비행기가 서서히 활주해 나가자 스탈린은 자기의 손수건을 흔들었다.[22] 처칠의 비행기는

---

21) *Ibid.*, p. 1029.
22) *Ibid.*, p. 1032.

모스크바로부터 크리미아를 향해 남쪽으로 날았다. 거의 5시간의 비행 후 오후 3시 30분에 사라브츠(Sarabuz) 활주로에 착륙했다. 저녁 만찬 후 사라브츠로 돌아온 영국 일행은 카이로를 향해 오전 12시 45분에 이륙했다. "톨스토이'라는 암호명의 긴 모스크바 회담이 마침내 끝났다. 1944년 10월 20일 오전 8시에 처칠, 이든 그리고 브룩이 크리미아로부터 카이로에 도착했다.

1944년 11월 7일 루즈벨트 대통령은 미국 역사상 전례가 없는 4선에 재선되었다. 처칠은 기뻐했고 안도했다. 3일 후 11월 10일 그는 파리로 비행하여 종전일(the Armistice Day) 기념행사에 참석했고 케도르세(Quaid'Orsay)에 머물도록 초대받았다. 11월 11일 처칠은 샤를 드골과 함께 샹젤리제(Champs—Elysees) 거리를 걸었다. 1944년 봄까지 영국은 범세계적으로 미국보다 1/4과 1/3 사이에서 더 많은 사단들이 추축국과 싸웠다. 그러나 1945년 1월부터는 미국인들이 60%가 더 많았다. 점증하는 미국의 힘의 지배는 처칠로 하여금 루즈벨트에게 솔직하게 이런 편지를 쓰게 했다: "당신은 세계에서 가장 큰 해군을 갖고 있다. 내가 바라건대 당신은 가장 큰 공군력도 갖게 될 것이다. 당신은 큰 무역도 갖고 있다. 당신은 모든 금을 갖게 될 것이다. 이런 일들이 나의 마음을 두려움으로 짓누르지는 않는다. 왜냐하면 당신의 재천명된 리더십 하에서 미국인들은 허영에 찬 야심에 굴복하지 않을 것이며 또한 정의와 공정한 플레이가 그들을 지도하는 빛이 될 것이기 때문이다."[23]

사실 처칠은 이 단계에서 루즈벨트가 전후 미국을 지도하기 위해 그곳에 있을 것인지에 대해 확신하기보다는 바라고 있는 상황이었다. 그때

---

23) Andrew Roberts, *Churchill: Walking with Destiny*, pp. 848–849.

까진 그들의 지속적 개인적인 상호 존경에도 불구하고 두 지도자들이 의견을 달리하는 보다 많은 정책 영역이 있었다. 예를 들어, 미국인들은 스페인에서 프랑코(Franco) 장군의 정치체제를 기꺼이 불안정하게 하려 했지만 처칠은 반대했다. 처칠은 프랑코가 파시스트이지만 그는 동시에 반공주의자이고 1940–1942년 위험스러운 시기에 중립을 지켰다고 느꼈다. 비슷하게 부드러운 비난의 노트가 12월 22일 루즈벨트에 보낸 처칠의 전문속에서 발견될 수 있었는데 그때 그는 무조건 항복에 자기를 밀어붙인 그곳에 그대로 있다고 말했다. 미래의 민간 항공 권리에 대해 루즈벨트로부터 온 하나의 전문은 그것이 계속적 무기 대여법에 입각한 공급에 연계되어 있기 때문에 '완전한 공갈'(pure blackmail)로 처칠의 비서 콜빌(Colville)이 묘사한 위협이 수반된 것으로 보였다.

11월 30일 처칠은 자신의 생일에 대해 "70세가 되는 건 지옥이다"라고 왕의 비서인 래설스(Lascelles)에게 말했다. 12월 3일 그리스에서 전반적 규모의 공산주의 폭동이 발생했다. 아테네의 거리는 사실상 전투장이 되었다. 영국은 그리스의 공산주의 정치운동 단체와 이것의 준군사부대들에 대항하여 그리스 임시정부를 방어했다. 군주주의자들은 게오르기(George) 왕이 망명중인 런던에서 돌아오기를 원했다. 그러나 많은 그리스인들은 그리스 정교의 주교인 다마오키노스(Damaokinos)가 적어도 당분간 섭정이 되길 원했다. 처칠과 그리스 주둔 영국의 스코비(Scobie) 장군의 조치들은 영국에서 좌파에게 인기가 없었다. 왜냐하면 그리스 공산주의 파르티잔들이 독일인들에게 용감히 저항했기 때문이다. 처칠의 부인 클레멘타인 여사 조차도 그들이 보인 용기를 고려하여 그리스 공산주의자들을 비난하지 않도록 남편인 처칠에게 촉구했다. 루즈벨트 행정부는 공화주의의 원칙에 입각해서 이탈리아와 그리스 모두에서 군주주의자 파벌들에게 반대했다. 그리고 이들 양국 중 어느 국가도 동맹국의 직접 개입을 지지하지 않았다.[24]

그러나 처칠은 그리스에서 보다 큰 목적, 즉 민주주의적 그리스의 목표를 보았다. 그리하여 스코비 장군에게 보낸 한 전문에서 처칠은 "아테네는 정복된 도시처럼 대하라, 즉 당신은 일시적으로 영국의 통치를 강화해야 한다"고 썼다. 처칠은 그들을 위해 1939년 전쟁에 돌입했던 폴란드인들을 도울 수 없었다. 그러나 처칠은 1941년에 성공적으로 보호하지 못했던 그리스인들을 구원할 결심이었다. 그리하여 자신의 회고록에서 처칠은 12월 5일 스코비 장군에게 추가적 명령을 보냈고 전문에서 그곳에 밑줄을 긋고 이태릭체로 썼다: "우리는 아테네를 지키고 또 지배해야 한다. 당신은 그곳에서 가능하면 유혈 없이, 그러나 필요하다면 유혈이 있더라도 성공하면 대단한 일이 될 것이다."[25] 스코비 장군은 거의 내전으로 전환된 곳에서 결정적으로 개입하여 공산주의자들의 권력장악을 막는 데 도움을 주었다. 그럼에도 불구하고 처칠은 결과에 관해서 낙관하지 않았다. '만일 그리스에서 악의 세력들이 지배한다면 우리는 준 -볼세비키화된 러시아 주도의 발칸반도를 내다보게 될 것이며 또한 이것은 헝가리와 이탈리아로 확산될 것'이라고 처칠은 말했다. 그러므로 이 지역에서 세계의 거대한 위험을 보고 있지만 그러나 영국정부내에서 커다란 스트레스를 야기하지 않고 또 미국과 언쟁도 하지 않고서 효과적인 어떤 일을 할 힘을 갖고 있지 않다고 처칠은 말했다.

12월 15일 왕은 처칠에게 가터 작위(the Order of Garter)를 제안했지

---

24) *Ibid.*, p. 850.
25) *Ibid.*

만 처칠은 유럽에서 아직 승리하지 않았기 때문에 그 명예를 거절했다. 이 사실은 12월 16일 독일의 아르덴스(the Ardennes) 공세의 시작으로 충분히 과시되었다. 그것은 소위 벌지 전투(the Battle of the Bulge)를 촉발시킨 히틀러의 39개 사단 병력의 반격이었다.[26] 처칠은 거의 뮤즈 강(River Meuse)에 도달한 독일의 아르덴스 반격에 관해서 그는 비록 '그것이 그를 물을 것처럼 보인다고 해도 머리를 내민 거북이를 선호한다'고 말했다. 1945년 1월 몽고메리 장군이 북방 반격을 시작했다. 그것은 미국인들에 의한 바스토뉴(Bastogne)의 영웅적 방어, 그리고 패튼(Patton) 장군의 또 하나의 진격과 함께 이루어진 것으로 이것은 월말까지 독일인들을 그들의 국경선 너머로 후퇴시켰다. 이 전투는 높은 대가를 치렀다. 6만 명 이상의 미국인들이 죽거나 부상당했다. 그 달에 러시아인들은 바르샤바를 장악했고 동 프러시아를 거의 완전히 수중에 넣었다. 태평양에서 맥아더(MacArthur) 장군은 필리핀의 루존(Luzon)을 침공했고, 윌리엄 슬림(William Slim) 장군은 버마에서 이라와디(Irrawaddy)를 통과해서 아키아브(Akyab)를 해방시켰다. 이 모든 것들은 또 하나의 3자 거두회의(Big Three Conference)가, 1943년 테헤란 회담 이후 첫 회담이 이제 필요하다는 것을 설득시켰다.[27]

루즈벨트 대통령이 두 번째 3자 거두회담에서 5~6일만 보낼 수 있다고 말했을 때 처칠은 루즈벨트에게 "5~6일 만에 세계기구(World Organization)에 관한 우리의 희망을 실현할 어떤 방법도 보이지 않는다. 전능하신 하느님조차도 7일 걸렸다"고 썼다.[28] 이틀 전에 처칠은 "이것은 동

---

26) *Ibid.*, p. 851.
27) *Ibid.*, p. 854.
28) *Ibid.*, p. 854.

맹국들이 분열되고 또 전쟁의 그림자가 우리 앞에 길게 늘어지는 순간에 열리는 당연히 운명적 회담이 될 것이다. 현재로서 내겐 이 전쟁의 끝이 지난 전쟁보다 더 실망스러울 것으로 판명될 것이다"고 말했다. 루즈벨트는 주 소련 미국대사인 조셉 데이비스(Joseph E. Davies)에게 처칠이 점점 빅토리아 시대 중반기 사람이 되어가고 있으며 또한 지난 세기의 사유방식으로 점점 더 빠져 들고 있다고 언급했다. 1월 18일 의회에서 2시간에 걸친 연설로 처칠은 의원들을 감화시켜 그의 모든 비판자들을 참패시켰다. 그 연설은 1만 2천 단어가 넘는 것으로 전쟁 전체에 관한 그의 가장 긴 연설들 중의 하나였다.

"군사적 승리는 아직 멀리 있을지 모른다. 그것은 분명히 비싼 것이지만 그것은 더 이상 의심스럽지 않다. 우리의 적들이 전쟁 초기에 우리에게 퍼부은 물리적, 과학적 힘은 편을 바꾸었다. 그리고 영국연방과, 미국 그리고 소련은 의심할 여지없이 우리를 공격한 전쟁 제조 국가들과 음모들의 거대한 힘을 먼지와 잿더미로 박살낼 힘을 갖고 있다. 우리는 이 전쟁에서 모든 것을 희생했다. 우리는 당분간 전쟁으로부터 모든 다른 승전국가보다 더 얻어맞고 피폐해진 국가로 등장할 것이다. 영국과 영연방만이 자신의 자유로운 의지로 독일에게 전쟁을 선포한 부러지지 않은 유일한 세력이었다."[29]

처칠은 미국의 지지를 염두에 두고 미국의 에이브러햄 링컨 대통령의 게티스버그 연설로부터 빌려서, 그가 그리스를 위해 계획한 것은 투표의 비밀과 두려움 없이 자유롭고 보편적 투표권 선거 위에 세워진 인민의, 인민에 의한, 인민을 위한 정부(Government of the people, by the people,

---

29) *Ibid.,* p. 855.

for the people)라고 말했다. 만일 미국무성이 그것을 지지하지 않는다면 그러면 그것은 미국의 원칙에 진실하지 않다"는 것을 시사했다.[30]

벌지 전투가 승리로 끝난 일주일 후인 1945년 1월 29일 월요일, 처칠은 영국공군의 노솔트(Northolt) 비행장에서 이륙했다. 그는 3자 거두회담을 위해 크리미아에 있는 얄타(Yalta)로 가기 전에 몰타(Malta)에서 루즈벨트와 함께 짧은 회동을 기대했다. 루즈벨트는 2월 2일 미해군의 퀸시(Quincy) 순양함을 타고 발레타 항구(Valletta Harbor)에 도착했다. 그러나 루즈벨트의 무너져가는 건강이 회담의 흐름에 영향을 주지 않을 수 없었다. 처칠은 홉킨스(Hopkins)에게 그와 루즈벨트 사이에 실질적인 아무것도 논의되지 않았다고 불평했다. 그들이 얄타로 출발하기 바로 전날에 몰타에 도착했을 뿐만 아니라 스탈린과의 다가올 회담에 대한 영−미 합동 접근법을 수립하는 데 루즈벨트가 별로 관심을 보이지 않았다. 몰타에서 얄타로의 여행은 사람의 진을 다 빼는 그런 힘든 것이었다. 그것은 비행기로 7시간 비행 후 또 산길로 7시간이나 자동차를 타고 가야했기 때문이다.

1945년 2월 3일 새벽 3시 30분 처칠의 비행기가 몰타의 루카(Luqa) 비행장을 떠나 크리미아를 향해 동쪽으로 7시간을 날아 현지시간으로 정오 직후에 사키(Saki)에 착륙했다. 비행장에 루즈벨트 대통령이 그에 조금 앞서 도착했다. 몰로토프 외상과 비신스키가 처칠을 영접했으며 루즈벨트의 비행기가 서 있는 곳으로 갔다. 처칠과 루즈벨트는 또 그 공항 다른 쪽으로 가서 경호단을 사열했다. 사키 비행장에서 처칠은 얄타를 향해 자동차로 출발했다. 2월 4일, 처칠은 전날 14시간의 비행 후에 놀

---

30) *Ibid.*

랍게도 늦은 아침에 깨어나 오찬 때까지 침대에서 일했다. 처칠은 만일 동맹국들이 10년 동안 찾았다고 해도 그들은 얄타보다도 더 나쁜 회담 장소를 찾지 못했을 것이다. 그리고 위스키의 적절한 공급만이 그곳에 머무는 것을 견디게 할 것이라고 말했다. 왜 죽어가는 루즈벨트 대통령 과 그때 막 70세를 넘긴 처칠 수상이 스탈린을 만나기 위해 지구의 반 바퀴를 돌아서 그런 사실 같지 않은 장소로 여행을 하는지는 관심을 자 아내는 문제이다. 얄타에서 회동하는 데 대한 합의는 루즈벨트, 처칠 그 리고 스탈린의 측 사이에서 벌어진 6개월 간의 언쟁 이후에 이루어졌다. 그것은 서방 측 두 지도자들에 비해 스탈린은 회담에 대해 결정적으로 덜 열성적이었기 때문이었다.[31]

그리스 신화에서 가져온 "용사들"(Argonaut)이라는 암호명[32]의 얄타 회담은 공인된 750명이 참가한 전시 회담 중 가장 큰 것이었다. 그것은 미국인들이 머무는 리바디아 궁전(Livadia Palace)의 무도실에서 개최될 것이다. 그곳은 1918년 볼셰비키들이 살해한 로마노프(Romanov) 왕가를 위해 1911년 건축되었다. 본회의 장소는 과거 무도실로서 커다란, 하얀 둥근 테이블에서 개최될 것이다. 논의할 당면 의제들이 많았다. 그것들 은 나치즘의 최종적 파괴, 대일본 전쟁에서 러시아의 역할, 다음의 평화 를 유지하는 데 도울 새로운 세계기구, 유고슬라비아의 미래, 그리스에 대한 영국의 책임, 베를린의 점령지대들, 비독일인 전쟁포로의 운명, 폴 란드와 기타 동유럽 국가들의 순결과 독립, 피난민 문제, 그리고 전후 재정구조들의 윤곽 등의 의제들이 기다리고 있었다. 이 회담에서 모든

31) Russell D. Buhite, *Decisions at Yalta: An Appraisal of Summit Diplomacy*, Wilmington, Delaware: Scholarly Resources Inc., 1986, p. 1.
32) Louis L. Snyder, *Louis L. Snyder's Historical Guide to World War II*, Westport, Connecticut: Greenwood Press, 1982, p. 771.

것의 뒤에 놓여있는 당시 폴란드의 모든 지역을 포함하여 중심적이고 상존하는 사실은 스탈린이 동유럽에서 6백만 명 이상의 병력을 갖고 있다는 것이었다. 서방동맹국들은 그들이 개발 중인 원자탄이 실제로 효과가 있을지 확신할 수 없었기 때문에 일단 독일과의 전쟁이 끝난 뒤 대일본 전쟁에 러시아가 선전포고할 필요가 있다고 생각하고 있었다. 처칠과 루즈벨트는 국제연합의 일에 러시아인들이 의미 있게 관여하기를 원했다. 국제연합은 광범위하고 항구적인 일반적 안전제도의 수립이라는 대서양 헌장의 약속을 실현하는 범세계적 국제기구로 미국과 영국에 의해 계획되었다.

얄타에 도착한 바로 다음 날인 12월 4일 오후 3시에 처칠은 스탈린의 첫 방문을 받았다. 스탈린이 처칠에게 러시아의 계속되는 진격에 관해서 말하자 처칠은 스탈린에게 서방에서 공세를 위한 영-미의 계획들에 관해서 말했다. 제21 집단군과 미 제9군을 지휘하고 있는 몽고메리 장군이 뒤셀도르프(Duesseldorf)의 방향으로 진격을 준비하고 있었는데 4일 후에 시작하는 것으로 예정되어 있었다. 스탈린은 동서 양쪽으로부터 합동 공격이 지금 빵과 석탄이 부족한 독일의 내부적 몰락을 재촉할 것이라고 느꼈다. 만일 히틀러가 남쪽으로, 가령 드레스덴(Dresden)으로 이동하면 스탈린은 무엇을 하겠느냐고 처칠이 물었을 때 스탈린은 붉은 군대가 그를 추적할 것이고 그래서 독일에게 쉴 틈을 주지 않을 것이라고 대답했다. 처칠이 스탈린을 지도실로 안내해서 지도 위에서 서부전선의 군사적 상황을 설명한 뒤 알렉산더 장군이 이탈리아의 상황을 설명했다. 그러자, 스탈린은 이탈리아에서 독일의 공세가 있을 것 같지 않기 때문에 영국 군사력의 주력은 이탈리아로부터 비엔나의 방향에 있는 유고슬라비아와 헝가리로 전환되어야 하며 그곳에서 그들은 붉은 군대와 합류할 수 있을 것이며 그리하면 알프스 남쪽에 있는 독일의 진지들을 협공할 수 있을 것이라고 제안했다. 그런 이동은 상당한 군사력을 필요로 할 것이라고 스탈린이 인정했고 그에 대해 처칠은 '붉은 군대가 우리에게 그것을 완수할 시간을 줄 수 있을 것'이라고 코멘트했다. 스탈린이 약 45분간 머물다가 떠난 지 한 시간 후에 처칠은 자동차로 루즈벨트가 머물고 있는 리바디아 궁으로 가서 첫 번째 본회의에 참석했다.

첫 번째 본회의가 5시에 시작했다. '세계는 우리의 발 아래에 있었다. 2천 5백만 병사들이 육지와 바다에서 우리의 명령에 따라 행군하고 있었다. 우리는 동지들처럼 보였다'고 처칠은 나중에 반성했다. 스탈린에게서 회의진행을 시작하라고 초대 받은 루즈벨트는 공동 적에 대항하여 러시아 군대들의 위대한 업적에 대한 그의 가장 따뜻한 칭송을 표했다. 처칠은 군사참모들이 이탈리아에 있는 동맹 군사력이 아드리아(the Adriatic) 연안지대의 머리를 가격할 시도를 하여 러시아의 왼쪽 부대와 합류하기 위해 류블랴나 협곡(Ljubljana Gap)을 통과해야 할지 여부를 조사하자고 제안했다. 2월 8일 뒤셀도르프와 라인 강을 향해 진격할 몽고메리 장군의 계획에 관해 말하면서 처칠은 도강에 대한 어떤 러시아의 권고도, 특히 얼음에 의해 방해될 때, 아주 고맙게 받아들일 것이라고 말했다. 스탈린은 동부전선에서 80개 독일 사단에 대항하여 러시아가 2대 1의 비율이 넘는 180개 사단을 배치했다고 지적하고는 서방에서는 우리가 병력의 비율에서 어떻게 되느냐고 물었다. 답변으로, 처칠은 프랑스와 이탈리아에서 어느 곳에서도 영-미 군사력이 보병에서 어떤 큰 비율을 갖고 있지 않음에도 불구하고 공군에서 압도적인 비율과 우리가 병력을 집중하기로 결정한 지점에서 압도적인 탱크의 비율을 갖고 있다고 설명했다. 마샬 장군이 서부전선에서 독일은 78개 동맹 사단에 대항하여 79개 사단을 보유하고 있다고 지적했다.[33]

스탈린은 붉은 군대와 관련하여 처칠과 루즈벨트가 바라는 것이 무엇인가를 물었다. 처칠은 아주 간단히 말해서 '우리는 러시아 공세의 계속을 좋아한다'고 답했다. 그는 1월달 공세의 시작을 도덕적 의무로 간주한다. 테헤란 결정의 어떤 것도 러시아가 겨울공세를 해야 한다고 하지 않았다. 그것은 동맹에 대한 그들의 의무였다. 만일 날씨가 허락한다면 공군 참모 테더(Tedder) 장군이 모스크바에서 요구한 대로 3월 말까지 그 공세는 계속될 것이라고 스탈린이 코멘트했다. 처칠은 '할 수 있는 모든 것을 할 것이라고 우리는 확신한다'고 처칠이 말했다. 3인 군사 참모들은 이제 동맹의 군사 계획들의 조정을 검토해야 할 것이다. 만일 그런 협의가 없으면, 만일 동과 서에서 공세가 연계되지 않은 것으로 보인다면 역사는 비판적일 것이라고 처칠은 경고했다. 동, 서로부터 내려친 타격은 조정된 타격이어야 하고 또 가능하다면 그것들이 동시에 타격되어야 이상적이라고 처칠은 말했다.

얄타에서 3자 거두의 첫 모임이 끝이 나자 처칠은 '어떤 기술적인 면에서 우리를 앞선 새로운 형태의 독일 유보트가 영국의 작은 섬들에 가까운 바다에서 12척의 선박을 침몰시켰다'고 지적했다. 이 유보트들은 브레멘(Bremen), 함브루크(Hambrug) 그리고 단치히(Danzig)에서 구축되고 있다. 그는 30척의 새 유보트가 이 지역에서 구축되고 있으니 러시아인들이 단치히를 취하라고 요청했다. 그러자 러시아의 군사력은 아직 조

---

33) Martin Gilbert, *Winston S. Churchill,* Vol. VII, *Road to Victory, 1941 – 1945,* Hillsdale, Michigan: Hillsdale College Press, 1986, p. 1174.

립공장들을 포격할 만큼 가까이 있지 않지만 멀지 않아 그들이 그 마을에 접근하길 희망한다고 설명되었다.[34]

세 거두가 얄타에서 회담을 시작하자 그들의 공군과 정보참모들은 긴급상황의 공군정책을 조정하기 위해 함께 일하고 있었다. 2월 1일 서부전선으로부터 3개의 독일 보병사단들이 동부전선의 중앙부에서 포착되었다. 보고서에 의하면 제6 판저군(Six Panzer Army)의 기갑사단을 포함하여 더 많은 사단들이 오고 있다고 영국 참모총장들이 들었다. 다음 날 런던에서 참모차장들이 만나 현 러시아의 공세와 관련하여 전략폭격공세를 조사했다. 그들은 베를린의 남쪽과 동쪽에서 병참선 목표물을 위한 새 우선순위를 정하기로 합의했다. 첫 우선순위는 철도 집결지역과 동쪽으로 이동을 위한 병목들을 폭격하는 것, 두번째는 서부전선에서 다가오는 영-미 작전과 관련된 목표물을 폭격하는 것, 그리고 셋째는 베를린과 드레스덴 등과 같은 도시들에서 병참선들이 목표물이었다. 이 세 가지 제안들은 그날 밤 전문으로 얄타에 보내졌다. 그 전문은 긴급한 문제로서 병참선 목표물에 대한 공격은 동쪽으로 가는 독일병력들의 집결과 승차에 영향을 주는 특히 취약한 병목들을 포함하여 여러 치명적 지역에 보다 정밀하게 집중되어야 한다고 제안했다. 동부전선 뒤에 있는 소개 지역들, 즉 베를린, 라이프치히, 드레스덴, 그리고 켐니츠(Chemnitz)나 비슷한 도시들에서 핵심 지점들도 우선 목표물로 정해졌다.[35]

이 전문의 권고는 2월 3일 붉은 군대의 참모총장인 안토노프(Antonov) 장군이 소련이 바라는 것은 적이 그의 군대를 노르웨이, 이탈리아 그리고 서부전선에서 동부전선으로 전환하는 것을 병참선에 대한 항공공격

---

34) *Ibid.*, p. 1175.
35) *Ibid.*, pp. 1176-1177.

으로 막는 것이라고 설명함으로써 그 위급성이 강화되었다. 영－미의 공군 지원에 대한 안토노프 장군의 요청은 2월 4일 오후 그들의 모임에서 세 거두에게 제시되었다. 다음 날 영국, 미국 그리고 러시아의 참모총장들의 합동 모임에서 안토노프는 만일 동맹국들이 그들의 항공 우월성을 충분히 이용할 수 없다면 그들은 적의 저항을 극복할 지상에서 충분한 우월성을 갖고 있지 않다고 경고하기에 이르렀다. 영국과 미국의 참모장들은 즉시 현재의 우선순위인 독일의 석유저장과 공급에 대한 공격으로부터 그들의 상당한 폭격기들을 편향시켜 베를린－드레스덴－라이프치히에 있는 독일군의 병참선들을 공격하기로 동의했다. 그들은 또한 안토노프의 제안으로 이 세 도시들은 동맹의 공군력에 할당되어 러시아 폭격기들이 더 동쪽에 있는 목표물들을 공격하기로 동의했다. 이 군사적 만남 동안에 마샬 장군이 말했듯이 동부전선에서뿐만 아니라 서부전선에서 동맹국들은 지상에서 수적으로 우월성을 갖지 못해 그들에게 필요한 지배력을 주기 위해서는 공군에 의존하고 있다는 사실이 분명해졌다.36) 모임의 끝에 독일과의 전쟁이 끝나는 날짜에 대한 약간의 논의가 있었다. 안토노프는 '우리의 모든 노력이 이 목적에 적용된다면 7월 1일이 합리적으로 확실한 날짜가 될 것'이라고 선언했다.

2월 5일 오후 4시 직전에 처칠은 리바디아 궁으로 다시 가서 첫 정치적 본회의에 참석했다. 루즈벨트의 제안으로 주제는 독일의 미래였다. 테헤란 회담에서 독일을 5개 부분으로 분할하자는 루즈벨트의 제안을 상기시키면서 스탈린은 이 견해에 공감한다고 말했다. 모스크바 회담에서 루즈벨트의 부재로 아무런 결정도 취해지지 않았다며 이제 분명한

---

36) *Ibid.,* p. 1178.

결정을 할 때가 왔다고 덧붙였다. 처칠은 원칙적으로 세 사람 모두가 독일의 분할에 동의했다고 말하면서도 신중을 기했다. 그는 '실제 방법은 여기서 5~6일 동안에 타결하기엔 너무 복잡하다.' 역사적, 인종지정학적 그리고 경제적 사실들에 대한 탐구적 조사가 필요하며 또한 제안된 다른 제안들과 그것들에 대한 권고를 조사할 특별위원회에 의한 장기적 고려가 필요할 것이라고 처칠이 말했다. 스탈린은 독일의 분할에 대한 즉각적인 결정에 처칠이 반대할 것을 기대하지 않았다.[37]

스탈린에 의해 제기된 다음 문제는 만일 독일에서 어떤 집단이 그들이 히틀러를 타도했다고 선언하면 우리가 그런 정부와 협상할 준비를 해야 할지의 여부였다. 이에 처칠이 답했다: '히틀러나 히믈러(Himmler)가 앞으로 나에게 무조건 항복을 제안한다고 해도 우리는 전쟁 범죄자들의 어느 누구와도 협상하지 않을 것이라는 우리의 답변이 분명해야 한다. 만일 이들이 독일이 내세울 유일한 사람들이라면 우리는 전쟁을 계속해야 할 것이다. 히틀러와 그의 일당들이 죽임을 당하거나 사라지고 다른 일단의 사람들이 무조건 항복을 제안할 가능성이 더 높다. 그 경우에 3대 강대국들은 그런 사람들과 거래할 가치가 있는지의 여부에 대해 즉각적으로 협의하고 또 결정해야 한다. 만일 그렇게 결정된다면 마련된 항복의 조건들이 그들 앞에 제시될 것이다. 그렇지 않다면 전쟁은 계속될 것이고 전 독일이 군사정부에 의해서 점령될 것이다.' 그러자 스탈린은 분할의 문제로 돌아가서 독일에서 등장하고 평화를 요청하는 어떤 새 집단에 대해 언급할지의 여부를 물었다. 처칠은 분할에 반대하는 목소리를 다시 냈다. '독일의 어떤 집단도 무조건 항복할 것이다. 그러므로

---

37) *Ibid.*, p. 1178.

그들과 독일의 미래를 연계할 필요는 없다. 무조건 항복은 동맹국들에게 그런 문제들을 그들의 여가 시간에 논의할 기회를 줄 것이다. 항복의 조건으로 그들은 독일의 토지, 자유, 그리고 심지어 생명에 대한 그들의 모든 권리를 유보할 것이다'라고 처칠이 말했다.

이제 루즈벨트가 논의에 들어왔다. 만일 분할이 공개적 논의의 문제가 된다면 수백 개의 상이한 계획들이 있을 것이라고 그는 말했다. 그러므로 세 외무상들이 30일 내에 분명한 분할 계획을 산출해야 한다고 촉구했다. 처칠이 루즈벨트의 요청에 찬성했고 그것은 5개의 별개 국가들로 독일을 분할하는 결정은 얄타에서 이루어지지 않는다는 것을 확실히 했다. 그는 그 문제를 연구하는 최선의 방법에 관한 가능한 한 가장 신속한 조사에 동의하지만 그러나 이 회담에서 분할을 실천에 옮기는 실제적 방법을 논하는 것이 가능하다고 믿지 않는다고 처칠은 말했다.[38]

다음 논의의 주제는 프랑스 정부가 독일의 점령지역을 소유해야 하는지의 여부에 관한 것이었다. 처칠은 개인적으로 찬성했다. 그리고 그는 기꺼이 그들에게 영국 지대의 일부를 줄 것이라고 말했다. 영국정부는 대규모 지역을 오랫동안 점령하는 것을 큰 부담으로 알 것이며 따라서 만일 프랑스인들이 그 부담의 일부를 진다면 아주 기뻐할 것이다. 다른 어떤 강대국도 그 자신의 지대를 소유하지 않을 것이지만 그러나 만일 네덜란드나 벨기에인들이 우리 지대에서 우리의 부담의 일부를 완화해 준다면 편리할 것이라고 처칠은 지적했다. 만일 프랑스가 자신의 지대를 갖는다면 지금까지 3대 강대국의 기구로 생각된 독일을 위해 설립될 통제위원회에서 4번째 강대국으로 인정될지의 여부에 관해서 물었다. 프랑

---

38) *Ibid.*, p. 1179.

스는 통제위원회의 일원이 되어야 하고 또 프랑스 군대가 성장함에 따라 프랑스는 보다 많은 책임을 맡을 수 있을 것이라고 처칠이 답했다. 그때 루즈벨트가 미국은 평화를 보존하기 위해서 모든 합리적 조치들을 취할 것이지만 그러나 본국에서 3천 마일이나 떨어진 유럽에 대규모 군대를 무한정 유지하는 비용으로는 아니다. 이것이 미국의 점령을 2년으로 제한하는 이유라고 말했다.[39]

처칠은 독일인들이 다시 일어서면 무엇이 일어날지에 대해서 염려된다고 말했다. 프랑스의 도움이 없다면 영국은 어려움에 처할 것이다. 그러나 루즈벨트와 스탈린은 독일에서 프랑스 점령지대에 동의하지만 통제위원회에 프랑스의 참여를 반대했다. 그들에 대항하여 처칠은 강력하게 주장했다. 영국은 독일을 억제하기 위해서 서부에서 강력한 프랑스의 군대가 필요로 할 것이라며 회담에서 경고까지 했다. 프랑스의 참여 없이 독일의 장기적 통제는 아주 어려울 것이다. 미국인들은 자유롭게 멀리 가겠지만 그러나 프랑스는 언제나 독일의 이웃으로 남을 것이다. 그래서 영국의 안전은 프랑스가 강력한 군대를 갖고 또 프랑스 해안에 건설되고 있는 로켓 기지 등을 방지할 지위에 있어야 한다는 것을 요구한다고 처칠은 경고했다. 그리고 나서 처칠은 프랑스가 지금 독일에서 지대를 제안받지만 그러나 프랑스의 지위는 별도의 논의 주제가 될 것이라는 것을 타협안으로 제안했다. 루즈벨트가 지대는 좋지만 더 이상은 당분간 연기되어야 한다고 답변했고 이에 스탈린이 동의했다.

다음 의제는 배상금(Reparation) 문제였다. 여기서 소련의 마이스키 대사가 독일에서 상당한 산업공장을 러시아로 옮기는 것에 관해서 말했

---

39) *Ibid.*, p. 1180.

다. 독일은 자국 중공업의 오직 20%만 남겨져야 한다. 그것이면 독일의 실제 경제적 필요를 처리하기 충분할 것이라고 말했다. 그러자 처칠은 복구에 관련하여 그것의 경험이 아주 실망스러웠던 제1차 세계대전 후에 무엇이 발생했는지에 관해서 말했다. 모든 승전국가들에게 합쳐서 받아낸 총액은 약 10억 파운드 — 당시 50억 달러에 해당 — 에 달했지만 이 액수 마저도 미국이, 그리고 적은 정도지만 영국이 독일에게 더 많은 액수를 빌려주지 않았더라면 받지 못했을 것이다. 만일 그가 독일의 배상금으로 상당히 이득을 볼 수 있는 방법을 안다면 그는 아주 기꺼이 따를 작정이었다. 그러나 일단 그는 이 문제에 중대한 의문을 남겼다. 처칠은 질문형식으로, '만일 독일이 기아의 위치로 떨어진다면 무슨 일이 발생할까? 우리는 구경만 하고 아무것도 하지 않고 그것이 독일의 권리에 봉사한다고 말할 것인가? 아니면 우리가 독일인들이 살아 있도록 하기 위해서 충분한 식량을 제공할 것인가'하고 말했다. 처칠은 "당신의 말이 마차를 끌기를 원한다면 그 말에게 어느 정도의 건초를 주어야 한다"고 말을 끝맺었다.[40]

처칠의 요지에 답변한 것은 마이스키였다: '독일은 전후 중유럽의 생활수준보다 더 높은 수준으로 살 자격이 없다.' 이 문제는 비밀로 많이 알려지지 않은 채 한달 후에 배상위원회에 의해서 조사되어야 한다고 처칠이 제안했다. 그러자 스탈린이 합의될 수 있는 어떤 배상금에 대한 상대적 국가의 주장들에 관해서 말했다. 전쟁의 짐을 공유한 3대 강대국들은 어느 국가나 받을 수 있는 최고액을 받을 자격이 있다. 그는 프랑스를 3대 강대국들에 포함하지 않았다. 왜냐하면 프랑스는 훨씬 적게 손

---

40) *Ibid.*, p. 1181.

상을 입었기 때문이다. 실제로 프랑스는 유고슬라비아와 네덜란드보다도 덜 고통받았다. 프랑스를 존중하지만 프랑스인들은 3대 강대국들의 희생이나 업적에 비교할 만한 희생이나 행동의 방법으로 아무 것도 하지 않았다. 당시 전쟁에서 프랑스는 8개 사단과 또 약간의 해군을 갖고 있었다. 유고슬라비아는 전쟁에 12개 사단을 갖고 있었으며 루블린 폴란드인들은 10개 사단을 갖고 있었다고 스탈린은 말했다. 이것에 대한 처칠의 코멘트는 강대국들은 그들이 오직 자기 자신의 이익만을 챙긴다고 생각되게 해서는 안 되며 다른 모든 국가들을 추위에 떨게 남겨 두어서는 안 된다는 것이었다.[41] 그러자 루즈벨트는 배상위원회가 모스크바에서 만나야 한다는 스탈린의 제안을 수락했고 이에 처칠도 동의해 주었다. 처칠은 그날 밤 8시 30분에 숙소에 돌아왔다.

2월 6일 처칠은 루즈벨트와 오찬을 했다. 그 후 두 번째 정치적 본회의가 시작했다. 독일에서 프랑스 점령지대에 대한 논의로 돌아가면서 처칠은 어제 전쟁 종결 2년 후에 유럽에서 미 군사력을 철수하겠다는 루즈벨트의 언명의 관점에서 프랑스의 지위는 대단히 중요하게 된다고 했다. 영국은 강력한 프랑스의 군대가 있지 않는 한 서부에서 독일에 대항하여 자신의 역할을 하기엔 충분히 강하지 않다고 처칠은 강조했다. 그리고 다음 의제는 미래의 세계기구와 안전보장이사회의 투표권에 관한 것이었다. 항구적 토대 위에서 세계평화의 달성은 마지막 수단으로 3대 강대국들의 우정과 협력에 달려있다고 처칠은 말했다. 3대 강대국들은 세계를 지배하려 하지 않는다. 그들의 염원은 세계에 봉사하고 대규모 주민들에게 떨어진 무서운 공포의 재개로부터 세계를 보전하는 것이다.

---

41) *Ibid.*, p. 1182.

그러므로 강대국들은 세계기구 내에서 세계의 일반 공동체에 자부심 어린 복종을 하여야 할 것이다. 그리하여 미국인들이 제안한 대로 갈등에 관련된 국가는 누구든 만일 그 국가가 동시에 안보리의 일원이라면 자국의 입장을 제시할 수는 있지만 거기에 대해 투표를 하지는 않는 것이 허용되어야 할 것이다. 자신과 관련된 문제에서 강대국의 거부권은 없어야 한다.

그리고 얄타에서 처음으로 폴란드가 의제로 올랐는데 이 문제는 3대 강대국 논의에서 그 어떤 문제 보다도 많은 시간을 소요했다. 루즈벨트는 미국에서 오면서 폴란드 문제에 대해 거리를 두는 견해를 취했다고 말했다. 미국에 있는 5~6백만의 폴란드인들은 대부분이 제2세대들이다. 그의 입장은 그리고 미국에 있는 대부분의 폴란드인들의 입장은 그가 테헤란에서 이미 말했던 것처럼 일반적으로 커즌 라인을 찬성한다. 그러나 만일 소련정부가 쾨니히스베르크(Koenigsberg)의 상실에 대한 균형을 맞추기 위해 폴란드에 르보프(Lvov)와 석유매장 지역들 중 몇 개를 폴란드에 남겨주어 커즌 라인을 그것의 남부 끝에서 변경한다면 그 문제가 그에게 더 쉽게 될 것이다. 동 프러시아의 주요 항구인 쾨니히스베르크는 동 프러시아의 나머지 많은 지역과 함께 폴란드가 아니라 러시아로 가야할 것이다. 다음에 발언한 처칠은 르보프를 포함하여 커즌 라인에 대한 러시아의 권리주장은 무력이 아니라 권리에 근거하는 것으로 믿는다고 말했다. 그럼에도 불구하고 만일 러시아가 루즈벨트의 제안대로 영토적 양보를 한다면 우리 두 사람이 소련의 조치를 얼마나 많이 찬양하고 또 환호할지는 말할 필요가 없다고 했다. 그는 개별 국경선보다는 강력하고, 자유롭고, 독립적인 폴란드에 더 관심이 있다고 말했다. 그는 폴란드인들이 자유롭게 살아가고 또 그들 자신의 방식대로 자신들의 삶을 살아가길 원했다. 그는 국경선 문제를 가장 중요한 문제들 중 하나로 간주하지 않는다고 말했다. 영국이 전쟁을 한 것은 폴란드가 자유롭고 주권적일 수 있게 만드는 것이었다. 비록 아주 잘못 무장했지만 1939년 우리가 전쟁에 들어갔을 때 얼마나 무서운 모험을 했는지는 모두가 알고 있다. 이 행동으로 영국이 제국으로서뿐만 아니라 하나의 국가로서 생명을 거의 잃을 뻔했다고 처칠은 말했다. 폴란드를 위한 자유는 폴란드 전체나 어떤 폴란드 집단에 의해서도 독일과 음모하여 러시아에 대항하는 어떤 적대적 계획도 감추도록 만들어 질 수는 없다. 이 유보에 복종한다면 폴란드가 '자신의 집에서 안주인이 되고, 자기 영혼의 선장이 되어야 한다는 것이 영국의 진지한 염원'이라고 처칠은 덧붙였다.[42]

처칠은 3대 강대국이 완전하고 자유로운 선거를 계속하고 또 3대 강국 모두와 폴란드의 런던정부의 승인을 철회한 타국가들에 의해서 승인될 수 있는 정부나 정부기구를 수립하자고 얄타에서 제안했다. 이 새 정부는 폴란드인들의 미래 헌법과 행정부에 대한 폴란드 인민들의 자유로운 투표를 위한 준비를 책임질 것이다. 10분간의 정회 후 다시 모인 회의에서 스탈린은 서부 국경선으로서 커즌 라인의 필요에 대해 강경한 어조로 말했다. 그것은 러시아인들에 의해서가 아니라 과거에 영국의 커즌(Curzon)과 프랑스의 클레망소(Clemenceau)에 의해서 고안되었다. '우크라이나인들이 모스크바에 올 때 그들은 스탈린과 몰로토프가 커즌이나 클레망소보다도 덜 믿을 만한 러시아 이익의 옹호자라고 말할 것이다. 스탈린은 그런 입장을 취할 수 없으며 얼굴을 들고 모스크바로 돌아

---

42) *Ibid.*, p. 1184.

갈 수 없다'고 스탈린은 덧붙였다. 그러나 폴란드의 보상은 브레슬라우(Breslau) 근처 나이세(Neisse) 강을 넘어 훨씬 서쪽에 있는 같은 이름의 강까지 갈 수 있다. 그것은 이 두 강들 중에서 자기는 서쪽에 있는 것을 마음에 두고 있다고 말하면서 자신의 제안을 지지해줄 것을 회담에 요청했다.

폴란드정부의 창설에 관해서 스탈린은 폴린드인들의 참여와 동의 없이 그것은 행해질 수 없다고 말했다. 루블린정부의 일원들은 아니 이제 그것은 바르샤바 정부라고 불려야 하지만 런던에 있는 폴란드정부와는 아무런 관계를 원치 않는다고 스탈린은 말했다. 그들은 자신들의 정부에 젤리고브스키(Zeligowski) 장군과 그라브스키(Grabski) 교수는 참여시킬 준비가 되어 있었다. 그러나 그들은 미콜라치크가 수상이 되는 것에 찬성하지 않을 것이었다. 그러나 스탈린은 그 시도가 어떤 성공의 가능성이 있다면 통일을 이루는 시도를 지지할 준비가 되어 있다고 말했다. 만일 처칠과 루즈벨트가 루블린정부의 구성원들이 와서 말하기를 요청하고자 한다면 그것은 마련될 수 있었다. 그러나 어쨌든 바르샤바 정부는 프랑스에서 드골 장군만큼의 많은 민주적 토대를 갖고 있다는 것을 솔직하게 말할 필요가 있다고 생각한다고 스탈린은 말했다.[43] 스탈린은 지금까지 런던정부의 첩자들이 212명의 러시아 병사들을 죽였다. 그리고 그들은 또한 무기를 얻기 위해 공급창고를 기습했다고 회의에서 말하면서 런던의 폴란드 첩자들에 관해 화를 내면서 말했다.

루즈벨트가 회의를 다음 날까지 정회하자고 제안했지만 처칠은 영국과 소련정부가 폴란드에서 상이한 정보의 원천을 갖고 있으며 무엇이

---

43) *Ibid.*, p. 1185.

발생했는가에 대한 상이한 설명을 받고 있다는 것을 우선 기록할 것을 요청했다. 영국의 손에 들어오는 정보에 따르면 루블린정부는 '폴란드인들이 자유롭게 자신의 견해를 밝힐 수 있다면 폴란드 인민의 1/3 이상을 대표하는 것으로 간주될 수 없을 것'이라고 처칠은 회의에서 말했다. 물론 '이것은 우리가 얻을 수 있는 최선의 정보에 근거하고 있으며 우리가 어떤 개별적인 것에서 착각할 수도 있을 것이다. 그러나 스탈린은 폴란드 지하군대(the Polish Underground Army)가 루블린정부의 대표들과 충돌할지도 모르는 두려움에 크게 방해받고 있음을 알고 있다'고 처칠은 계속했다. '우리는 이 모든 것이 이미 충분히 어려운 폴란드 문제에 갖는 효과를 크게 두려워한다. 붉은 군대를 공격하는 자는 누구든 처벌되어야 한다'는 걸 인정했다. 그러나 루블린정부가 폴란드 국민을 대변한다고 말할 권리가 있다고 그는 느낄 수 없다고 처칠이 말했다. 스탈린은 아무런 말이 없었다. 루즈벨트는 폴란드가 500년 이상 동안 말썽이었다고 다소 몰인정하게 말했다. 처칠은 이 말썽을 종식시키기 위해 할 수 있는 일을 해야 한다고 말했다.[44] 그리고 두 번째 정치본회의가 끝났다.

세 번째 정치 본회의는 그날 오전 세 외무상들의 모임에 대한 몰로토프의 보고로 시작했다. 처칠은 프랑스가 점령지대뿐만 아니라 독일 통제 위원회에 자리를 잡아야 한다고 여전히 주장하면서 오직 한 가지 이견을 제기했다. 4대 강대국들에 의한 독일의 처우에 있어서 가능한 한 획일성이 있어야 한다. 그렇지 않으면 끝없는 사소한 분쟁들이 있을 것이며 독일인들은 한 지대에서 다른 지대로 가기를 원할 것이고, 한 지대는 다른 지대들에 대한 모델로 간주될 것이라고 처칠은 말했다. 그리고 처

---

44) *Ibid.*, p. 1186.

칠은 물었다. '그러므로 헤어지기 전에 여기서 그 문제를 타결하는 것이 좋지 않겠는가?' 루즈벨트는 그 문제를 수 주간 미루어야 한다고 말했다. 처칠은 일단 그들이 헤어지면 이같은 문제에 대한 서신교환은 수개월을 끌게 될 것이기에 무슨 일이 일어날지 알지 못한다고 대답했다. 스탈린은 루즈벨트를 지지했다. 그들은 서신교환으로 많은 문제들을 타결했다고 스탈린은 말했다. 지금까지 소련은 세계기구와 그것의 안전보장이사회에 대한 미국의 제안들을 거부했었다. 그들은 또한 러시아의 모든 16개 공화국들을 위해 총회에서 16개국 회원 투표권을 요구했었다. 이제3차 정치문제 본회의에서 몰로토프는 미국의 조직상의 제안을 수락하고 또 16개 투표권을 러시아 공화국에 더하여 우크라이나, 백러시아 그리고 리투아니아의 3개 아니면 어찌됐던 4개로 줄이는 것을 제안함으로써 처칠과 루즈벨트를 놀라게 했다. 처칠은 몰로토프의 제안을 지지했다. 영국은 국제연합 총회에서 4개나 5개, 사실상 5개, 즉 캐나다, 호주, 남아프리카, 뉴질랜드, 그리고 만일 인도가 포함되면 6개가 되는 '거대한 거래'를 요구하고 있다고 그날 밤에 애틀리 부수상과 전시내각에 전보를 쳤다.[45]

세계기구의 총회에서 러시아의 3개 혹은 4개의 투표권에 대한 처칠의 주장은 그 회의에서 강력한 인상을 주었다. 처칠이 발언한 뒤, 루즈벨트는 국제 연합의 실제 기구를 설립하기 위해 세계의 국가들을 초청하기 위해 가능하면 빨리, 그러니까 3월 말에 모임을 갖자고 제안했다. 처칠은 루즈벨트가 제안한 대로 3월에 조직회의를 개최하는 어려움을 알았다. 그래서 처칠은 이 날짜에는 독일에 대한 치명적 전투가 절정에

---

45) *Ibid.*, p. 1188.

달할 것이라고 말했다. 그러나 처칠의 코멘트에 미국인들이 자연히 저항했다. 왜냐하면 3국의 외무상들이 이미 그런 모임에 오래 전에 동의했기 때문이다. 결국 외무상들이 조직회의가 개최될 시간과 장소를 추천하기로 합의하였다.

이 본회의는 이제 폴란드로 관심을 돌렸다. 논의를 시작한 루즈벨트가 자기는 폴란드정부 문제에 부여한 아주 거대한 중요성을 강조하고 싶다고 말했다. 폴란드인들이 자신들의 정부를 수립할 기회를 가질 때까지 폴란드를 위해 임시정부를 설치하는 것이 3대 강대국들의 영역 내에 속한다고 말했다. 그런 어떤 일을 하는 것이 현재 폴란드 문제에 존재하는 암울한 분위기 속에 신선한 공기를 불어넣는 것처럼 다가올 것이다. 스탈린은 답변으로 한 시간 반 전에 루즈벨트의 편지를 받았다고 말했다. 몰로토프가 새로운 소련의 제안을 읽었다: '커즌 라인은 폴란드의 동부 국경선으로, 오데르(Oder) 강과 서부 나이세(Western Neisse)를 폴란드의 서부 국경선으로, 그리고 폴란드 임시정부에 소련 문건들이 폴란드의 에미그레(émigré) 서클들 출신의 약간의 민주적 지도자들을 추가하는 것이 바람직스럽다고 생각된다. 이렇게 확대된 폴란드정부는 동맹국 정부들에 의해서 승인되어야 한다.'

루즈벨트가 제안했던 대로 확대된 이 정부는 가능한 한 빨리 폴란드정부의 항구적 기관들의 일반 투표에 의한 수립을 위해 폴란드 주민들을 투표하게 해야 한다. 루즈벨트가 이 제안은 그들이 분명히 진전하고 있다는 것을 보여준다고 말했다. 그러나 그는 에미그레라는 단어를 좋아하지 않았다. 처칠도 그랬다. 그래서 처칠은 에미그레라는 단어에 대한 루즈벨트의 혐오를 공유한다고 회의에서 말했다. 그 단어는 프랑스혁명

후 쫓겨난 프랑스인들에게서 기원했으며 자국에서 자국의 인민들에 의해서 쫓겨난 사람들에게만 적용되었다. 그러나 해외에 있는 폴란드인들은 독일인들에 의해서 자신의 조국에서 쫓겨났다. 따라서 그는 "해외 폴란드인들"이란 단어들이 에미그레라는 단어를 대치해야 한다고 제안한다고 처칠이 말했다. 스탈린이 동의했다. 그러자 처칠은 몰로토프가 그리고 일찍이 스탈린이 폴란드의 서부 국경선이 될 수 있다고 말했던 서쪽 나이세 강(Neisse river)의 문제를 제기했다.

처칠은 지난 번 회담에서 폴란드인들이 서쪽에서 자유롭게 영토를 취할 수는 있지만 그러나 그들이 적절히 관리하길 원하고 또 할 수 있는 것 이상이 되어서는 안 된다고 말함으로써 폴란드 국경선이 서쪽으로 이동한 것을 언제나 한정했다고 말했다. 처칠은 솔직히 수백만의 인민들을 강제로 이주시키는 아이디어에 충격을 받을 영국에서 대규모의 여론을 의식했다. 만일 폴란드가 동 프러시아와 실레지아를 오데르 강까지 차지한다면 그것은 6백만 명의 독일인들을 독일로 돌려보내는 것을 의미한다고 말했다. 이 문제는 자기가 자신의 국민들과 타결해야만 하는 도덕적 문제에 직면하여 관리될 수 있을 것이라고 말했다.[46] 이에 대해 스탈린은 그들은 모두가 도망쳐 이 지역들에서는 독일인들이 발견되지 않는다고 말했다. 처칠은 폴란인들이 관리할 수 있고 또 독일에 투입할 수 있는 것에 비율이 맞는 한 주민들의 이전 문제를 두려워하지 않는다고 말했다. 3번째 본회의가 이렇게 끝났다.

2월 8일 아침에 처칠은 얄타에서 자기의 습관이 되어버린 것처럼 점심 이후까지 침대에 머물렀다. 처칠이 그날 아침에 보낸 전보들 가운데

---

46) *Ibid.*, p. 1189.

에는 몽고메리 장군에게 보낸 것이 있는데 여기서 처칠은 랑니 강의 서쪽 모든 지상의 소유를 확보하는 것을 목표로 하는 새로운 공세 작전인 "참된 작전"(Operation Veritable)을 그 날에 시작했다. "우리의 모든 생각은 당신과 그리고 당신의 당당한 군대와 같이 있다. 서쪽에서 승리를 위해 강력하게 공격하라"고 처칠은 썼다.[47]

그날 오후 4시 30분 리바디아 궁에서 제4차 정치적 본회의가 시작됐다. 국제연합 회의를 위해 국가들이 초대되는 것에 관한 논의 중에 그 날짜는 이제 4월 25일로 정해졌다. 스탈린은 독일에 이미 전쟁을 선포한 국가들만 초대되어야 한다고 강조했다.[48] 만일 터키가 지금 일종의 참회를 하고 전쟁을 선포한다면 터키는 초대를 받아야 한다고 처칠은 말했고 스탈린은 동의했다. 폴란드 문제로 돌아가서 루즈벨트는 주민들의 대규모 이전이 관련되기 때문에 서쪽 나이세까지 가는 국경선의 정당성을 별로 보지 못했다. 그러자 몰로토프가 제안된 국가통합의 폴란드정부에 관해서 일단 그것이 형성된다면 런던에 있는 폴란드정부는 승인이 중단될 것이냐고 물었다. 처칠과 루즈벨트는 모두가 그렇게 될 것이라고 동의했다. 만일 그리고 그 단계에 도달하면, 영국이 폴란드 국가통합정부를 승인할 수 있을 때 뒤따라 영국은 폴란드의 런던정부의 승인을 철회할 것이고 또 새 정부에 대사를 파견하게 될 것이라고 처칠은 스탈린에게 말했다.[49] 그러자 여기서 회의가 정회되었다.

제4차 정치적 본회의가 재개되었을 때 몰로토프가 폴란드 임시정부는 존재하고 있고 또 지금 바르샤바에 있다고 강조했다. 그러면서 그는

---

47) *Ibid.*, p. 1190.
48) *Ibid.*, p. 1191.
49) *Ibid.*, p. 1191.

임시정부는 어떤 사람들과는, 예를 들어, 미콜라치크와는 대화를 거절할 것이라고 말했다. 처칠은 자신의 경력 중에서 가장 어려운 연설들과 주장들 가운데 하나를 이제 착수했다. "처칠은 그들이 이 회의의 중차대한 지점에 있다"고 경고했다.

> "이것은 전 세계가 기다리고 있는 타결의 문제이다. 만일 그들이 상이한 폴란드정부들을 여전히 승인한 채 얄타를 떠나게 되면 전 세계에 걸쳐 러시아와 영─미 동맹국들 사이에 근본적인 차이가 존재하는 것으로 수용될 것이다. 이것의 결과는 가장 개탄스러울 것이다. 폴란드정부에 대한 합의의 실패는 이 회의에 실패의 도장을 찍게 될 것이다. 몰로토프는 루블린정부가 폴란드 인민의 다수에 의해 열정적으로 지지를 받고 있다고 말했다. 그러나 영국정부의 정보에 의하면 루블린정부는 폴란드 인민의 대다수에 호의적이지 않다. 만일 얄타회의가 기존의 런던정부를 완전히 무시하고 모든 무게를 루블린정부에 보낸다면 세계적 분통이 터질 것이다. 내다볼 수 있는 한 폴란드 밖의 폴란드인들은 실제로 통일된 항의를 할 것이다. 폴란드 밖에서 올 수 있었던 사람들 가운데에서 모인 15만 명의 폴란드 군대가 영국정부의 지휘하에 있다. 이 군대는 아주 용감하게 싸웠고 또 여전히 싸우고 있다."[50]

그는 이 군대가 루블린정부와 조금도 화해할 것으로 믿지 않는다고 덧붙였다. 그리고 런던정부에 관해서 말하면서 회의에서 계속 말했다.

> "스탈린 원수와 몰로토프 외상도 잘 알고 있듯이, 그 자신은 모든 단계에서 어리석었던 런던정부의 조치들에 동의하지 않았다. 그러나

---

50) *Ibid.*, pp. 1191–1192.

지금까지 그들이 이 새 정부에서 인정했던 사람들로부터 승인을 이전하는 공식적 행위는 가장 중대한 비판을 야기할 것이다. 영국정부가 동부 국경선에서 완전히 양보하고 소련의 입장을 지지했다고 할 것이다. 또한 지난 5년이 전쟁기간 동안 그들이 승인했던 합법적 폴란드 정부와 결별하고도 그들은 폴란드에서 실제로 무엇이 진행되고 있는지도 모른다고 할 것이다. 그들은 조국에 들어갈 수 없었다. 그들은 여론이 무엇인지 보거나 들을 수 없었다. 그들은 루블린정부가 폴란드 인민들의 의견에 관해 천명하는 것을 수용할 수밖에 없다고 말할 것이다. 그리고 영국정부는 의회에서 폴란드의 대의를 완전히 저버렸다고 비난 받을 것이다. 뒤따라 올 논쟁들은 동맹국들의 단결에 가장 고통스럽고 당혹스러울 것이다."[51]

만일 자유롭고 속박되지 않은 총선이 투표에 의해 그리고 보통선거권과 자유로운 입후보로 폴란드에서 실시된다면 루블린정부가 얼마나 진정으로 대표적인가에 관한 영국정부의 모든 염려들이 제거될 수 있을 것이라고 처칠은 말했다. 그런 선거가 실시된다면 영국정부는 런던에 있는 폴란드정부와 관계없이 출현하는 정부를 지지할 것이다. 그들에게 그렇게 많은 염려를 야기하고 있는 것은 선거가 있기 전까지의 시간이다. 루즈벨트는 다른 반구(sphere)의 주민들 가운데 한 사람으로 말한다며 미국인들의 거대한 목적으로 폴란드에 이른 선거가 있어야 한다고 촉구했다. 스탈린은 처칠의 언급으로 돌아가서 루블린정부와 그것의 지도자들, 즉 비에루트(Bierut), 오수브카-모라프스키(Osobka-Morawski) 그리고 치미에르스키(Zymierski)의 인기를 내세웠다. 스탈린은 그들이 천재들이라고 믿지 않는다고 인정했다. 런던정부가 더 영리한 사람들을 포함하

---

51) *Ibid.*, p. 1192.

고 있을지 모르지만 그러나 그들은 주민들이 히틀러의 점령하에서 고통받을 때 그곳에 있지 않았기 때문에 폴란드에서 그들을 좋아하지 않는다. 그 감정은 아마도 원시적이지만 그러나 그것은 분명히 존재한다고 스탈린은 말했다.

선거문제에 관련하여 스탈린은 D-Day 전 수개월간의 영-미의 딜레마들 가운데 하나였던 드골정부의 승인 문제를 언급하면서 회의에서 말했다: "자유선거에 근거한 정부를 갖는 것이 당연히 더 나을 것이다. 그러나 전쟁이 지금까지 그것을 막았다. 그러나 선거가 실시될 수 있는 그 날은 가깝다. 그때까지 그들은 예를 들어, 프랑스에서 역시 선출되지 않은 드골의 정부를 그들이 다룬 것처럼 임시정부를 다루어야 한다. 그는 비에루트나 드골 중 누가 더 큰 권위를 향유하는지 모르지만 그러나 드골과 조약을 체결하는 것이 가능했다. 그러므로 드골의 정부보다 적지 않게 민주적일 확대된 폴란드정부를 이해하는 것이 가능하지 않을 이유가 없다. 프랑스보다 폴란드로부터 더 많은 요구를 하는 것은 합리적이지 않다. 상황은 처칠 수상이 생각하는 것처럼 비극적이지 않다. 그리고 지나치게 많은 중요성이 2차적인 문제에 부여되지 않는다면 또 그들이 본질적인 것들에 집중한다면 문제는 타결될 수 있을 것이다."[52]

루즈벨트가 얼마나 빨리 선거의 실시가 가능하냐고 묻자 처칠은 있을 것 같지 않다고 그가 생각하는 전선에서 어떤 재앙이 없는 한 1개월 내에 선거의 실시가 가능할 것이라고 스탈린이 답했다. 자유선거는 영국정부의 마음을 안심시킬 것이라고 처칠이 코멘트했다. 모든 것을 대치할 자유로이 선출된 정부를 전폭적으로 그들이 지지할 수 있을 것이라고

---

52) *Ibid.*, p. 1193.

그들은 느낄 것이다. 만일 그렇게 짧은 시간에 아니 심지어 2개월 안에 폴란드 인민들의 의지를 확인하는 것이 가능하다면 그것은 영국정부에게 전적으로 다른 상황을 창조할 것이며 아무도 그것을 반대하지 않을 것이라고 처칠은 말했다. 폴란드의 논의가 잠시 중단되었다. 간단히 회의는 유고슬라비아로 돌았다. 그곳에서는 왕이 티토-수바식(Tito-Subasic) 합의에 관해 어려움을 만든 순간부터 만일 왕이 자신의 동의를 보류하면 그가 무시될 것이라고 공개적으로 분명히 했다고 처칠이 말했다.

논의가 다음의 예언적 말의 교환으로 끝났다: 티토는 지금 인기가 있어서 누가 그에게 충고하면 그는 때때로 발길질을 할 것이라고 스탈린이 말했다. 그러자 처칠은 스탈린 원수가 시험해보라고 제안했다. 잠시 그리스 문제로 돌면서 스탈린은 많은 루머를 들었다고 말했다. 곧바로 비판할 의도가 아니라고 급히 덧붙이면서 그러나 무슨 일이 일어나고 있는지 알고 싶다고 스탈린이 말했다. 전쟁의 법에 위반되는 행위를 제외하고 정치적 사면의 토대 위에서 평화가 곧 올 것으로 희망한다고 처칠이 답했다. 그리고 처칠은 회의에서 영국은 그리스에서 다소 거친 시간을 갖고 있다고 말했다. 그는 이 문제에 대한 그의 태도에 대해 스탈린에게 많이 감사하고 있다고 말했다. 그러자 스탈린은 자기가 원하는 모든 것은 정보일 뿐 간섭하고 싶지 않다고 스탈린은 반복했다.[53] 제4차 정치적 본회의가 끝났다. 폴란드에서는 이른 선거가 있을 것 같았고 그리고 그리스에선 소련의 간섭이 없을 것 같았다. 모임의 분위기가 좋았고 그 어느때 보다도 정중했다.

그날 밤 스탈린은 유수포프 궁(Yusupov Palace)에서 처칠과 루즈벨트

---

53) *Ibid.*, p. 1194.

를 명예 손님으로 하는 30명 이상의 손님을 위한 주빈 노릇을 했다. 이 진행의 단계에서 자신의 차례에 처칠이 다음과 같은 연설을 했다:

"우리가 스탈린 원수의 삶을 우리 모두의 희망과 가슴에 가장 소중하다고 내가 말할 때 그것은 과장이나 천박한 종류의 칭송이 아니다. 역사에는 많은 정복자들이 있었다. 그러나 그들 가운데 정치가는 별로 없었다. 그들 대부분은 그들의 전쟁에 뒤따른 곤경속에서 승리의 결실을 던져버렸다. 나는 스탈린 원수가 소련의 인민들에게 인정을 배풀고 우리가 최근에 격은 것보다 덜 불행한 시대를 향해 우리 모두가 전진하는데 돕기를 진정으로 희망한다. 나는 명성이 전 러시아에서뿐만 아니라 전 세계에 떨친 이 위대한 사람과의 우정과 친밀의 관계속에서 나 자신을 발견할 때 보다 큰 용기와 희망을 가지고 이 세상을 걸어간다. 이 전쟁에서 결코 이 회담에서만큼 가장 어두운 시간에서 조차 나에게 책임이 그렇게 무거운 짐을 지우는 것을 내가 느낀 적이 없다고 말해야만 하겠다. 이 어려움들을 과소평가하지 말자. 국가들, 전우들이 과거에 전쟁의 5년이나 10년 내에 떨어져 나갔다. 그리하여 노고하는 수백만이 사악한 서클을 따라서 함정에 빠지고 그리고 나서 자신들의 희생으로 다시 일어섰다. 이제 우리는 지난 세대들의 실수를 피하고 확실한 평화를 만들 기회를 갖고 있다. 인민들은 평화와 기쁨을 위해 아우성을 치고 있다. 가족들이 재결합될 것인가? 전사들이 집으로 돌아올까? 부서진 거주지가 재건될 것인가? 수고한 사람이 자기 집을 볼 수 있을까?

자신의 조국을 방어하는 것은 영광스럽지만 우리 앞에는 보다 더 큰 정복들이 있다. 가난한 자들의 꿈의 실현이 우리 앞에 놓여있다. … 즉 그들은 우리의 무적의 힘에 의해 침략과 악으로부터 보호받고 평화롭게 될 것이다. 나의 희망은 빛나는 미국 대통령과 스탈린 원수에게 있다. 그들 속에서 우리는 평화의 옹호자들을 발견할 것이고 그들은 적을 패배시킨 뒤에 빈곤, 혼란, 혼돈, 그리고 박해에 대항하는 과업을 우리가 수행하도록 이끌어갈 것이다. 그것이 나의 희망이다. 영국을 대신해서 말한다면, 우리는 우리의 노력에 뒤처지지 않을 것이다. 우리는 당신들의 노력을 지지하는 데 약해지지 않을 것이다. 스탈린 원수가 미래에 관해서 말했다. 이것이 무엇보다도 중요하다. 그렇지 않으면 피의 대양들이 소용 없고 또 통탄스럽게 될 것이다. 나는 승리한 평화의 넓은 태양 빛을 위해 건배를 제안한다.”[54]

이 연설은 현실주의와 불길한 예감을 함께 포함하고 있었다. 그들의 대화 중에 스탈린은 처칠에게 1939년 8월의 나치-소비에트 조약(the Nazi-Soviet Pact)을 가져온 협상에 관해서 말해주었다. “리벤트로프(Ribbentrop) 독일 외상이 러시아인들에게 영국과 미국인들은 오직 장사꾼일 뿐이라서 그들은 결코 싸우지 않을 것이라”고 말했다고 스탈린은 회상했다.

그날 저녁 마지막 건배는 스탈린이 제안했고 그것은 통역관들을 위한 것이었다. 처칠은 “세계의 통역관들이여 단결하라! 당신들은 당신들의 청중 외에 잃을 것은 아무 것도 없다”라는 말로 그 건배를 뒷받침했다. 이 말은 칼 마르크스의 풍자로 폭소가 터졌다. 그날 밤 처칠은 애틀리와 전시내각에 주요 논의들과 함께 얄타에서 계속되고 있는 여러 가지 영-미간 논의의 설명을 보냈다. 회의를 위한 모든 준비에서 러시아인들의 예의와 배려는 동맹국들의 상이한 기분과 의도들을 감출 수 없었다.

2월 8일 처칠이 이든 외상에게 독일의 제안된 분할과 연계하여 “승자들의 유일한 유대는 그들의 공동 증오심이다”는 메모를 보냈고 또 영국을 안전하게 하기 위해서 영국은 일단의 연약한 국가들의 안전에 책임을 져야 한다고 덧붙였다.[55] 2월 9일 정오에 처칠은 통합참모총장들이

---

54) *Ibid.*, pp. 1194-1195.
55) *Ibid.*, pp. 1195-1196.

몰타 이래 자신들의 논의 결과를 발표하는 본회의에 참석했다. 그 모임은 모든 본회의들처럼 루즈벨트가 어려움 없이 참석할 수 있도록 리바디아 궁에서 개최되었다. 이날 논의 중에 처칠은 중국을 4번째 강대국으로 하는 4대 강대국이 일본에게 무조건 항복을 요구하고 그렇지 않으면 4대 강대국들의 모든 군사력의 압도적 무게에 직면하게 될 것이라는 최후통첩을 제안했다. 무슨 결정이 나든 영국은 그 문제가 끝까지 가는 걸보고 싶다고 덧붙였다. 그러나 루즈벨트는 그들의 모든 섬들이 항공 공격의 충분한 무게를 느낄 때까지 사태의 진정한 상태를 깨달을 것 같지않다고 느꼈다.

처칠은 루즈벨트와 오찬을 하고 오후 4시에 시작하는 제5차 정치적본회의에 갔다. 폴란드 문제가 의제의 첫 번째 항목이었다. 몰로토프가폴란드에 임시 국가통일정부를 수립하기 위해 그날 아침 외상들의 모임에서 스테티니어스(Stettinius) 미 국무장관에 의해 제출된 미국 포뮬라(an America formula)에 대한 수정안들을 제안했다. 미국 제안의 토대와 러시아 수정안들은 러시아인들이 수용할 준비가 되어 있는 것으로, 폴란드자체는 물론이고 해외에 살고 있는 사람들로부터 민주적 지도자들을 포함하는 보다 넓은 민주적 토대위에서 재승인된 정부의 수립이었다. 그러자 처칠이 폴란드 문제의 토론에 잠시중단을 요청했다. 처칠은 박차를가하고 달려나갈 욕망을 느낀다고 회의에 말했다. 그리고 처칠은 '우리는 이 중대한 문제들이 서두른 타결을 허용할 수 없고 또 회의의 결실을추가적 24시간이 부족하다고 날려버릴 수 없다'고 덧붙였다. '거대한 상이 눈 앞에 있는 상황에서 취해지는 결정을 서둘러서는 안 된다. 이런날들은 참석한 사람들의 삶에 있어서 당연히 가장 중요한 날들이 될 것이다.' 이것은 깊게 감동되는 장엄한 말이었다.

폴란드의 미래는 강대국들 간 미래 관계의 시험적 경우, 어떤 의미에서 하나뿐인 시험적 경우였다. 그리하여 미국의 포뮬라와 소련의 수정안들에 대해 생각할 시간적 여유를 주기 위해 다른 문제들로 옮겨 가기로 합의되었다. 배상 문제에 대해 소련이 합의하고 배상위원회가 논의할 합의 포뮬라를 스테티니어스 국무장관이 발표했다. 그것은 총 200억 달러가 요구될 것이고 그 가운데 50%는 소련으로 가게 될 것이다.[56] 이에 대해 이든 외상이 자기는 본국정부의 훈령을 기다릴 것이라고 말했다. 처칠은 아무 말도 하지 않았다.

세계기구의 문제로 넘어가서 스테티니어스 국무장관은 안전보장 이사회에서 항구적인 자리를 차지할 5개 정부들이 국제연합 회의에 앞서 영토적 신탁과 종속적 지역의 주제들에 대해 상호간에 협의해야 한다는 외상들의 합의를 읽어주었다. 이 주제들은 이제 4월의 마지막 주로 정해진 국제연합 회의 그 자체에서 논의될 것으로 합의되었다. 처칠은 하나의 단서를 달면서 논의에 들어갔다. 만일 스테티니어스가 방금 설명한대로 영토적 신탁통치를 다루기 위해서 제안된 영토의 신탁통치제도는 어떤 방식으로 든 영국의 공동체와 제국의 순결에 영향을 주지 않을 것이라는 것이 분명하다면 자신의 반대는 충족될 것이라고 말했다. 유고슬라비아에 관해서 미국무장관은 이 크리미아 회의가 종결되기 전에 티토−수바식(Tito−Subasic) 합의의 실행에 관해서 합의할 필요성을 강조했다. 그 합의는 1월 11일에 서명되었다. 그리고 지금은 2월 9일이었다. 그럼에도 불구하고 합의가 실행되지 않았으며 영국 대표들은 두 개의 수정

---

56) *Ibid.*, p. 1198

안을 제안했다. 이든 외상이 '그것은 수정안의 문제가 아니라 수바식이 티토에게 물을 보증에 관한 것이다. 만일 티토가 보증을 한다면 그 합의는 즉각 효력이 있을 것'이라고 이든 외상은 말했다. 이 두 가지 보증은 반-파시스트 민족해방의회(the Anti-Fascist Assembly of National Liberation)에 타협했던 자들이 아닌 전쟁 이전 의회의 모든 구성원들을 포함하는 것과, 또 하나는 민족해방의회의 입법은 제헌의회(the Constituent Assembly)에 의해서 궁극적으로 확인되어야 한다는 것이었다. 스탈린이 이것을 수락하자 그에 대해 처칠은 티토에게 이 두 가지 추가적인 보증을 하도록 요구하는데 스탈린 원수의 선의에 의존할 수 있음을 알고 있다고 코멘트했다. 스탈린은 자기가 말하면 그것을 시행할 것이라고 대답했다.[57]

잠시 휴식 후 폴란드에 대한 논의가 재개되었다. 몰로토프가 미국의 제안으로부터 바르샤바에 있는 3대 강대국들의 대사들이 자유롭고 속박되지 않은 선거에 관하여 약속을 이행하는데 대해 각자의 정부에 감시와 보고의 책임이 있어야 한다는 제안을 삭제해 달라고 회의에 요청했다. 미국에서 이민자들과 그들의 자식들과 손자들인 약 6백만의 폴란드인들을 대변한다면서 루즈벨트는 선거가 진정으로 정직하고 자유로울 어떤 보장을 요구했다. 처칠도 역시 외교적 감시자들을 위한 미국 측 제안에 찬성했다. 그리고 처칠은 티토 원수가 유고슬라비아에서 선거가 실시될 때 그것이 공정하게 시행되었다는 것을 세계에 공정하게 보고하기 위해 러시아, 영국 그리고 미국의 감시자들이 현지에 있는 것에 반대하지 않을 것이라고 말했다는 것을 지적하기도 했다. 그리스에 관해서 말한다면 영국정부는 선거가 가능한 한 빨리 실시될 때 만일 미국, 러시아

---

57) *Ibid.*, p. 1199.

그리고 영국의 감시자들이 인민들이 바라는 대로 일이 수행된다고 거기에서 확실히 한다면 그것을 크게 환영할 것이다. 동일한 문제가 이탈리아에서도 일어날 것이다. 그곳에서 북부 이탈리아가 해방된다면 제헌의회나 의회를 형성하기 전에 선거가 있어야 할 것이다. 이탈리아에서 영국의 포뮬라는 동일하다고 처칠은 선언했다. '러시아, 미국 그리고 영국의 감시자들이 모든 것이 공정한 방식으로 수행되었다고 세계에 확실히 하기 위해 현지에 있어야 한다. 이집트에서 조차 나하스 파샤(Nahas Pasha)가 왕과 싸울 때 선거가 있었다. 그리고 나하스 파샤는 추방되었다'고 처칠이 말했다.[58]

스탈린은 이집트에 굉장한 부패가 있기에 이집트의 선거를 별로 믿지 않는다고 말했다. 그는 또한 이집트에서 문자 해독률이 얼마나 되는지 의아해했다. 즉각적으로 처칠은 폴란드와 이집트를 비교하려는 것이 아니라 단지 선거를 공정하게 시행하는 것의 중요성을 지적하려는 것이라고 대답했다. 예를 들어, 미콜라치크가 폴란드로 돌아가서 선거를 위해 자신의 정당을 조직할 수 있을까? 처칠 자신은 폴란드에서 선거가 자유로울 것이고 또 그것들이 자유롭고 공정하게 실행되었다는 효과적인 보장이 있을 것이라고 영국의회에 말할 수 있어야 한다고 처칠은 말했다. 처칠의 끈질긴 질문 하에서 결국 스탈린은 미콜라치크는 그의 농민당(Peasant Party)의 다른 후보자들과 함께 선거에 참여할 수 있을 뿐만 아니라 기존의 폴란드정부가 한 사람의 농민당 대표를 포함할 것이라고 동의했다.[59] 그들은 그 문제를 그 정도에 남겨둘 것이다. 그리고 그는 그가 말한 어느 것도 공격한 것이 아니길 희망한다고 덧붙였다. 그리고

---

58) *Ibid.*, p. 1200.
59) *Ibid.*, p. 1201.

처칠은 커즌 라인에 관해서 말했다. 그는 스탈린에게 자기는 동부 국경선 문제를 의회에서 통과시킬 수 있기를 바란다면서 폴란드인들이 스스로 그들이 진실로 원하는 것을 결정할 수 있었다고 의회가 만족한다면 이것이 가능하다고 말했다. 스탈린은 폴란드인들 중에는 상당히 좋은 사람들이 있다. 그들은 좋은 투사들이었다. 그리고 그들 가운데에는 좋은 과학자들, 음악가들 등이 있다. 그러나 그들은 아주 싸우길 좋아한다고 스탈린이 코멘트했다. 그에 대해 처칠이 그가 원하는 모든 것은 모든 측이 공정히 청취하는 것을 확실히 하자는 것이라고 대답했다.

폴란드에서 선거는 시저의 부인(Caesar's wife) 처럼 비판의 여지가 없어야 한다고 루즈벨트가 언급했다. 그는 '어느 누구든 선거의 순수성을 의심하는 위치에 있기를 원하지 않는다. 그것은 원칙의 문제라기보다 좋은 정치의 문제이다.' 몰로토프는 감시자들의 문제는 폴란드인들과 논의하는 것이 더 좋겠다고 선언했다. 그렇지 않으면 그들은 자기들을 믿지 않는다고 느낄 것이다. 다른 문제들에 관해 논의할 시간을 남기면서 폴란드에 대한 논의가 중지되었다. 그리스에 관해서 말하면서 스탈린이 자기는 그곳에서 영국의 정책에 완전한 신임을 갖고 있다고 언급했다. 전쟁 범죄자들의 문제로 돌아서 처칠은 그 목록에 추가할 권한을 가지고 일급 범죄자들의 목록을 만들어야 한다고 말했다. 그런 목록은 범죄자들을 그들의 인민들로부터 분리시킬 것이다. 그는 개인적으로 그들이 붙들리고 정체가 밝혀지자마자 총살되어야 한다는 쪽이라고 처칠은 말했다. 스탈린이 헤스(Hess)에 관해서 묻자 그도 다른 자들과 함께 체포될 것이라고 대답했다. 일급 전범들이 총살되기 전에 재판을 받아야 한다는 것이, 환언하면, 그것이 정치적 조치라기보다 사법적 조치여야 한다는 것이 스탈린의 견해인지를 처칠이 물었다. 스탈린은 그것은 그렇다고 대답했다. 그러나 루즈벨트는 그것이 지나치게 사법적이어서는 안 된다고 코멘트했다. 그는 전범자들이 죽을 때까지 신문들이나 사진사들을 출입금지 시키길 원했다.[60]

제5차 정치적 본회의가 거의 끝났다. 서부 전선에서 공세가 시작했는지의 여부를 스탈린이 묻자 처칠은 전날 아침에 시작한 몽고메리 장군의 작전에 관해서 상세하게 말해주었다. 그때 본회의가 끝이 났다. 보론트소프 빌라(Vorontsov Villa)로 돌아온 처칠은 몽고메리의 전투에 관한 런던으로부터 온 가장 최신의 소식과 그리스에서 가장 최근의 입장을 제시하는 메모랜덤을 스탈린에게 보냈다. 그리고 처칠은 '이 노트들이 당신에게 흥미로울 것'이라고 덧붙였다. 그날 밤 처칠은 마샬, 부룩 그리고 알렉산더 장군들과 자신의 빌라에서 만찬을 했다. 12시 30분에야 그들은 일어나 30분 동안 지도실(the Map Room)에 머물렀다.

2월 10일 처칠은 오후 3시까지 침대에 머물다가 스탈린과의 사적 만남을 위해 유수포프 빌라(Yusupov Villa)로 갔다. 떠나기 전 그는 전시내각을 위해 애틀리에게 전보를 보내서 폴란드에 관해 유일하게 남아있는 사항은 선거감시를 위한 조정이며 또한 폴란드에서 무슨 일이 진행되고 있는지에 관하여 우리 자신들에게 적절히 알리는 것이라고 말했다. 폴란드 일에서 모든 현실은 오늘 끝장이 날 이 사항에 달려있다고 처칠은 덧붙였다. 2월 10일 스탈린과의 만남에서 폴란드가 논의할 첫 항목이었다. 폴란드에 무슨 일이 진행되고 있는지 우리에게 계속 알려줄 영국의 대표들을 가지고 있지 않은 불리함을 처칠이 강조한 후에 스탈린은 새 정

---

60) *Ibid.*, p. 1202.

부의 승인 뒤에 영국이 바르샤바에 대사를 보내도록 영국에 개방하겠다고 대답했다. 처칠은 대사가 폴란드 내에서 이동의 자유를 가질 수 있느냐고 물었다. 스탈린은 붉은 군대에 관한 한 대사의 이동에 관해서 간섭은 있을 수 없다며 필요한 지시를 내리겠다고 약속했다.[61] 그러나 폴란드정부가 있다. 그들과 영국은 자신의 조정을 해야 할 것이라고 스탈린은 덧붙였다.

그리고 나서 논의는 독일군대의 병사로 싸우다가 잡힌 러시아인들의 인도 문제로 돌았다. 영국과 미국의 전쟁 포로들은 영국과 미국으로 인도되었다. 독일 병사로 붙잡힌 소련 시민들은 러시아로 인도되어야 할 것이라고 처칠이 말했다. 스탈린은 이에 동의한다고 말했다. 처칠과 스탈린의 대화는 배상금 문제로 돌아갔다. 처칠은 스탈린에게 독일로부터 러시아가 제안한 높은 액수의 배상금을 받아내는 건 불가능할 것으로 생각한다고 말했다. '우리는 독일의 노동력을 원치 않는다. 우리는 독일의 무역의 일부와 칼륨, 목재 등과 같은 어떤 원자재를 인수할 것이다. 그러나 우리에게 실업만을 의미할 제조상품들을 원하지 않는다'고 처칠은 말했다. 그러자 스탈린은 영국은 독일의 모든 기업의 주식들을 인수해야 한다고 말했는데 이에 대해 처칠은 답변하지 않았다.

처칠은 스탈린에게 극동에 관련하여 러시아의 염원이 무엇이냐고 물었다. 이에 대해 스탈린이 러시아인들은 뤼순 항(Port Arthur) 같은 해군기지를 원한다고 대답했다. 미국인들은 이미 항구들이 국제화되기를 선호할 것이라고 말했다. 그러나 러시아인들은 자신들의 이익이 보호되길 원한다고 스탈린이 말했다.[62] 처칠은 러시아의 욕망에 아무런 비판도 하

61) *Ibid.*, p. 1203.
62) *Ibid.*, p. 1205.

지 않고 영국은 태평양에 러시아의 선박들이 출현하는 것을 환영할 것이라고 스탈린에게 보장하면서 그는 러시아의 30년이나 40년 전 러시아의 손실이 복구되기를 찬성한다고 덧붙였다. 그러사 스탈린은 몽트뢰 협약(Montreux Convention)의 문제를 제기했다. 그것은 1936년에 체결된 것으로 터키에게 흑해(the Black Sea)와 에게 해(Aegean) 사이에 전함들의 통과에 대한 통제권을 부여했던 것이다. 그는 처칠에게 전시에 뿐만 아니라 평화시에도 러시아가 터키인들의 자비하에 있어야 한다는 것과 또 러시아의 선박들이 해협을 통과하기 위해 러시아인들이 터키인들에게 애걸해야만 한다는 것은 용인될 수 없다고 말했다. 처칠은 몽트뢰 협약의 개정을 위한 러시아의 요구를 지지할 것이라고 말했다.

유수포프 빌라에서 처칠과 스탈린은 4시 45분에 시작한 3대 강대국들의 마지막 실무모임을 위해서 리바디아 궁으로 갔다. 처칠과 루즈벨트가 일찍이 고집했던 것을 언급하면서 폴란드 국가통일 임시정부가 일단 조직되면 영국과 미국이 폴란드 임시정부와 외교관계를 수립할 것이고 영국과 미국이 각각 폴란드의 상황에 대해 계속 알려줄 대사들을 교환할 것이라고 제안한 것은 몰로토프였다. 이 제안은 즉시 동의되었다. 폴란드의 서부전선에 관해서 말하면서 처칠은 영국 대표단이 본국의 전시내각으로부터 주민들의 이동문제가 관리할 수 있는 이상으로 크기 때문에, 서쪽 나이세(Western Neisse)까지 서쪽으로 먼 국경선에 대한 어떤 언급도 강력하게 반대한다는 전문을 받았다고 말했다.

동부 전선에 관해서는 그들이 모두 동의했다고 처칠은 덧붙였다. 그러나 루즈벨트는 미국에선 진실로 상원이 다루는 그런 종류의 문제들에 대해 그는 동의할 권한이 없기 때문에 어느 국경선도 언급되지 않으면 자기에게 더 용이할 것이라고 회의에 말했다. 그러나 몰로토프는 커즌 라인이 언급될 수 있으면 더 유용할 것이라고 느꼈다. 그래서 이것이 최종적으로 합의되었다. 서부 국경선은 처칠이 제안한 용어에 맞게 정의될 것이다. 즉, 폴란드는 북, 서쪽에서 영토의 상당한 양보를 받을 것이지만 최종 국경선은 평화회의를 기다려야 한다. 마침내 3대 강대국간의 최대의 뜨거운 감자인 폴란드 논의가 끝이 났다: 영국과 미국의 외교관들이 감시할 자유선거, 그리고 서쪽에서 상당한 영토적 보상과 함께 동부에선 폴란드의 국경선이 될 커즌 라인. 이제 그런 것이 영국과 미국 그리고 소련의 선언된 정책이 되었다.[63]

이 최종적 정치 본회의에서 다음 문제는 배상금이었다. 처칠이 영국 대표단은 본국정부로부터 액수를 언급하지 말라는 지시를 받았다고 말했다. 루즈벨트는 돈에 관해서는 언급하지 말아야 한다고 덧붙였다. 그러자 스탈린이 빈정대며 회의가 "아마도 러시아인들이 아무런 배상금도 받지 않기를 선호할 것이다. 그렇다면 그렇게 말하는 것이 차라리 낫겠다"고 말했다. 스탈린으로부터 계속된 날카로운 질문하에서 처칠이 배상의 원칙은 수락되었다고 말하자 스탈린은 현금이든 아니든 지불될 실제 액수는 모스크바에서 열릴 배상위원회에 의해서 결정하는 것으로 동의했고, 루즈벨트가 즉각 동의함에 따라, 200억 달러를 독일로부터 받아낼 배상금 액수의 논의를 위한 토대가 될 것이라고 동의했다. 처칠이 이탈하면서 영국정부는 문제가 조사될 때까지 200억 달러나 다른 어떤 액수에도 공약할 수 없다고 말했다. 그러면서 처칠은 런던에 있는 전시내각으로부터 온 전보를 읽어주었다. 그 전문에서 '영국은 200억 달러(1년에

---

63) *Ibid.*, p. 1206.

5억 파운드에 해당)는 너무 높다고 생각한다. 그것은 대충 독일의 전쟁 전 1년 평균 총 수출액에 맞먹는다. 타국들이 배상금을 획득하는 반면에 우리는 독일의 생존을 유지하기 위해 필요한 수입을 위해 지불하는 자신을 발견하게 될 것이다.'[64] 이것은 아주 심각한 전보라고 처칠이 코멘트했다. 결국 스탈린이 액수는 배상위원회에서 결정하도록 제안했고 이에 처칠과 루즈벨트가 동의했다.

또한 스탈린의 강력하게 표현된 견해에 동조하여 처음에 루즈벨트가 그리고 나서 스탈린이 프랑스는 독일에서 점령지대를 가져야 할 뿐만 아니라 독일에 대한 동맹국 통제위원회의 일원이 되어야 한다는 데 동의했다. 그러자 스탈린이 '이제는 낡은' 몽트뢰 협약의 문제를 제기했다. 터키 같은 작은 국가가 러시아 같은 큰 국가의 목구멍에 계속 손을 대고 있는 상황을 견디는 것은 불가능하다고 스탈린은 말했다. 그날 오후 일찍 스탈린과 자신의 만남을 언급하지 않고 처칠은 스탈린의 제안을 동정심을 가지고 본다고 말했다. 협약을 변경할 때가 오면 터키와 그리고 다른 모든 국가들에게 더 용이하게 할 모종의 이해가 터키에게 주어질 수 있다고 덧붙였다.[65] 스탈린은 터키에게 그런 종류의 보장을 주는 것이 가능할 것이라고 즉각적으로 말했다. 터키가 마지막 실질적 논의였다. 세 거두들은 그들이 이미 합의한 것에 대한 공식적 천명에 자신들의 승인을 하는 것 외에는 다시 만나지 않을 것이다. 그날 소련군은 베를린으로부터 오직 38마일 떨어진 오데르(Oder) 강에 와 있었으며 영국과 캐나다인들은 라인강의 뚝을 향해 폭풍처럼 진격했다. 루존(Luzon)에서 미국 병사들은 놀라울 정도의 신속한 작전으로 마닐라(Manila)를 장악했다.

64) *Ibid.*, p. 1207.
65) *Ibid.*, p. 1207.

처칠, 루즈벨트 그리고 스탈린이 서명하려는 문서들 가운데에는 "해방된 유럽에 대한 선언"(Declaration on Liberated Europe)이라는 제목을 가진 것이 있었다. 이것은 3대 강대국들이 일시적 불안정의 시기라고 부르는 기간 중에 해방된 유럽의 인민들에게 민주적 수단으로 그들의 시급한 정치적 그리고 경제적 문제들을 해결하기 위해 그들이 줄 수 있는 도움을 주겠다고 약속했다. 3대 강대국들은 이 선언에서 이렇게 말했다:

> "유럽에서 질서의 확립과 경제적 삶의 재건은 해방된 인민들이 나치즘과 파시즘의 마지막 잔재들을 파괴하고 그들 자신들의 선택인 민주적 제도들을 창조할 수 있게 할 수 있는 과정에 의해서 달성되어야 한다. 이것은 대서양 헌장의 원칙이다. … 그들이 살아갈 정부형태를 선택할 모든 인민들의 권리 … 즉, 침략 국가들에 의해서 강제로 박탈당한 인민들에게 주권적 권리들과 자치정부의 부활이다."[66]

이 선언은 3대 강대국들이 어떤 유럽에 있는 인민들이 주민의 모든 민주적인 요소들을 대표하는 임시정부 당국들을 형성하는 데 공동으로 도울 것이라고 이어서 천명하였으며 또한 인민들의 의지에 반응하는 정부의 자유로운 선거를 통해 가능한 한 빨리 수립할 것이며 필요한 곳에서는 그런 선거의 실시를 촉진할 것임을 약속했다. 이 선언의 텍스트는 다음날인 2월 11일 오후 얄타에서 논의의 공식적 요약의 일부로서 런던에 있는 내각에 전문으로 보내졌다. 2월 10일 오후 모임 동안에 루즈벨트가 갑자기 자기는 다음날 떠날 것이라고 발표했다. 루즈벨트 대통령은 실제로 많이 아팠다. 2월 11일 정오에 세 거두는 제8차 그리고 마지막

---

66) *Ibid.*, p. 1209.

정치적 본회의를 위해 만나서 그들의 각 민간 공무원들이 밤새도록 준비한 코뮤니케(Communique)를 승인했다. 루즈벨트는 분명히 서두르면서 외상들이 남아서 코뮤니케를 최종형태로 다듬고 결론의 의정서(the Protocol of Conclusions)를 작성하도록 제안했다. 잠깐 동안 처칠과 스탈린은 영국이 폴란드 결정을 수락하느냐고 스탈린이 물었을 때 폴란드에 대해 다시 충돌했다. 처칠은 '우리가 러시아의 견해에 완전히 굴복했다는 근거 위에서 자기가 본국에서 강력히 비판을 받게 될 것임에도 불구하고 그는 이 절(this section)에 만족한다'고 말했다. 스탈린은 이 절에 수상이 동의하는지를 물었다. 처칠 수상은 그가 동의하지만 그는 분명히 강력히 비판을 받게 될 것이라고 말했다.[67] 이것이 얄타에서 교환된 마지막 심각한 말들이었다.

비밀 협상들도 끝이 났다. 그것들에 곧 이어 세 지도자들은 결정된 것에 관한 성명을 발표했다. 그 성명은 8개 절(sections)로 구성되었다. 첫째, 독일의 패배에 대해 새롭고 보다 강력한 타격들이 독일의 심장부에 행해질 것이고 독일인들은 희망이 없는 저항을 계속 시도함으로써 그들의 패배의 비용을 더 무겁게 만들 것이라고 선언했다. 둘째 절은 3대 강대국들에 의한 독일의 전후 점령과 통제를 위한 조절을 마련했다. 독일 인민들의 파괴가 우리의 목적이 아니며 나치즘과 군국주의가 박멸될 때에만 독일인들에게 품위 있는 삶의 희망과 국가들의 예의 속에 그들을 위한 자리가 있을 것이라고 이 절은 끝맺었다. 제3절은 배상금에 관한 것이었다. 독일은 독일이 야기한 피해에 대해 같은 종류로 가능한 한 최대한으로 배상할 의무를 지는 것이 정당하다. 제4절은 국제연합의

---

67) *Ibid.*, p. 1210.

헌장을 마련하기 위해 4월 25일에 샌프란시스코에서 소집될 다가오는 국제연합회의에 관한 것이었다. 중국과 프랑스는 미국, 영국 그리고 소련과 공동으로 그 회의의 후원자 초대(sponsor invitations)로 초대될 것이다. 제5절은 해방된 유럽의 선언이다. 제6절은 얄타합의의 가장 시험적 측면인 폴란드에 관한 것이었다. 제7절은 유고슬라비아에 관한 것으로 티토와 수바식에게 그들 간의 합의가 즉각 효력이 있어야 한다고 권고했다. 제8절은 매 3 혹은 4개월마다 정규협의를 위한 상설기구를 설치한다는 외상들의 결정을 제시했다. '전쟁을 위해서처럼 평화를 위한 단결"(Unity for Peace as for War)이라는 제목을 가진 제9절인 마지막 절은 우리 3개국 사이에 그리고 모든 평화 애호국들 사이에 지속적이고 점증하는 협력과 이해만이 인류의 최고 염원이, 즉 대서양 헌장의 용어로, 모든 땅의 모든 인간들이 공포와 결핍으로부터의 자유 속에서 자신들의 삶을 살아갈 보장을 제공할 안전하고 항구적인 평화가 실현될 것이라고 선언했다.[68] 2월 11일의 이 성명은 처칠, 루즈벨트 그리고 스탈린에 의해서 서명되었다. 그날 오후 4시 30분 처칠은 보론트소프 빌라로 가기 위해 리바디아 궁을 떠났다. 그는 다음날 오전에 쉽게, 질서 있게 그리고 조용히 얄타를 떠나려고 했다.

런던에선 그날 저녁 전시내각이 얄타의 결정을 논의하기 위해 소집되었고 애틀리 부수상은 동료들에게 엄청난 어려움을 직면한 속에서 수상과 외상에 의해 성취된 결과가 아주 만족스럽다고 말했다. 애틀리의 제안으로 처칠과 이든에게 축하의 전문을 보내기로 합의되었다: "전시내각은 당신이 크리미아 회의에서 논의를 수행하면서 보인 기술과 성공에

---

68) *Ibid.*, p. 1212.

대해 그리고 당신이 성취한 가장 만족스러운 결과에 대해 당신과 외상에게 가장 뜨거운 축하를 보내고 당신의 안전한 귀국을 기원한다."[69] 얄타의 업적은 많이 논의되었다.[70] 그러나 당시에 그리고 처칠의 많은 친구들과 관계자들에게 그 업적은 주목할 만한 것이었다.

세 거두는 8일 간에 세계를 재창조했지만 그러나 2월 11일 오후 4시 30분 처칠은 아무런 이유도 말하지 않고 원래 다음날 떠나기로 예정되었음에도 불구하고 갑자기 세바스토폴(Sevastopol)로 떠나기로 결정했다. 처칠은 세바스토폴에서 3일 밤을 일하면서 보냈다. 2월 14일 처칠은 그곳을 떠나 3시간 30분을 자동차로 이동하여 사키(Saki) 공항으로 갔으며 그곳으로부터 아테네로 비행했다. 처칠 일행은 착륙할 때 아크로폴리스(Acropolis)를 보았다. 처칠은 알렉산드리아로 비행했고 그곳에서 미군해군의 퀸시(Quincy) 호에 승선하여 루즈벨트 대통령과 오찬을 했다. 루즈벨트는 차분하고 연약해 보였다. 그들은 애정 어린 작별인사를 했다. 처칠은 그가 루즈벨트를 마지막으로 보는 것일거라고 정확하게 예측했다. 처칠은 카이로로 계속 비행했다. 다음 이틀 간을 처칠은 피라미드들 가까이에서 보내고 그때 파요음 오아시스(Fayoum Oasis)에서 에디오피아의 하일레 셀라시에(Haile Selassie), 이집트의 왕 파루크 I세(Farouk I), 시리아의 슈크리 알-쿠와틀리(Shukri al-Quwatli) 대통령, 그리고 사우디아라비아의 이븐 사우드(Ibn Saud)를 만났다.

1945년 2월 19일 처칠은 14시간을 비행하여 윌트셔(Wiltshire)의 리네햄(Lyneham) 공군비행장에 착륙했다. 전시내각이 수상관저 복도에서 그

---

69) *Ibid.,* p. 1215.

70) Russell D. Buhite, *Decisions at Yalta: An Appraisal of Summit Diplomacy,* Wilmington, Delaware: Scholarly Resources Inc., 1986; Lisle A. Rose, *After Yalta: America and the Origins of the Cold War,* New York: Charles Scribner's Sons, 1973.

의 귀국을 환영하기 위해 기다렸고 그의 여행에 관한 설명을 듣기 위해 각의실로 그를 따라 들어갔다. 다음 날 의회에서 처칠은 환호성으로 영접받았다. 소규모 보수당 집단이 폴란드 독립과 순결을 보장하지 못한 데 대해 얄타합의를 반대했다. 그러나 그들은 어떻게 그것이 실제로 성취될 수 있을지를 설명하지 않았다. 처칠은 러시아가 어느 날 서방 측으로부터 돌아설 가능성을 생각하면서 우울했다. 처칠의 긴 반공주의의 과거가 스탈린을 믿지만 그래도 입증해야 할 필요성을 경고했다. 스탈린이 얄타에서 폴란드의 독립, 동유럽에서 자유선거 그리고 전후 그가 행사할 영향력에 대해서 스탈린이 거짓말을 했던 것이 사실이었다. 그러나 그 당시 그들이 아무리 많은 의심을 했다고 할지라도 처칠이나 루즈벨트가 달리 할 수 있는 일이 별로 없었다. 그러나 처칠은 스탈린이 자기에게 거짓말을 했다는 것을 분명히 알게 되어 다음해에 소련인들을 비난하게 되었을 때 처칠의 분노를 더했을 뿐이었다. 그러나 처칠은 공개적으로는 러시아인들을 믿는다고 말했다.

1945년 2월 27일 가득 찬 의회에서 처칠은 크리미아에서 그가 가져온 인상은 스탈린 원수와 소련 지도자들이 서방 민주주의와 명예로운 우정과 평등하게 살기를 원한다는 것이라고 말했다. '나는 또한 그들의 말을 그들의 뼈라고 느낀다. 나는 러시아의 소련정부보다도 더 굳건하게 자신의 의무감에 충실한 어느 정부도 알지 못한다. 나는 여기에서 러시아의 선한 신념에 관해서 논의를 시작하는 것을 절대적으로 사양한다. 이 문제들은 세계의 모든 미래를 다루는 것이 아주 분명하다'고 처칠은 말했다. 그럼에도 불구하고 처칠은 귀국하기를 원하지 않는 모든 폴란드인들에게 영국의 시민권을 별도로 제안했다. 그는 또한 스탈린이 그리스 반란세력을 지지하지 않았기 때문에 그의 말은 폴란드에 대해서도 믿을 수 있을 것이라고 생각했다. 다음 날 25명의 대부분 보수당 의원들이 얄타합의문에 관한 토론에서 정부에 반대하는 투표를 하고 1명이 기권을 했지만 396명의 의원들이 찬성했다.[71]

3월 2일부터 6일 사이에 처칠은 서부전선을 시찰하면서 독일 땅에 들어섰고 또 몽고메리 장군의 사령부를 방문했다. 그가 서부 장벽(West Wall)이라고 알려진 독일 방어 요새인 지그프리드 라인(Siegfried Line)에 도착했을 때 처칠은 20여 대의 자동차와 지프들로 구성된 자신의 이동부대를 중지시키고 차에서 내려 사진기자들에게 '이것은 생생하게 재생산되어서는 안 될 이 거대한 전쟁과 연계된 작전들 가운데 하나이다'라고 말했다. 그리고 나서 그는 등을 돌리고 히틀러의 방어선에 소변을 보았다. 랭스(Rheims)에 있는 아이젠하워 사령부로부터 런던으로 처칠이 귀국한 다음 날 미국인들이 레마겐(Remagen) 철교의 방어를 뚫고 라인 강을 통과했다. 3월 23일~26일 사이에 처칠은 또 다시 전선을 방문했는데 이번에는 베젤(Wesel) 근처에서 라인 강을 몽고메리 장군이 통과하는 "강탈 작전"(Operation Plunder)을 참관하기 위한 것이었다. 동맹국들의 군대가 통과한 이틀 후인 3월 25일 처칠은 강폭이 약 400야드인 라인베르크(Rheinberg)에 있는 아이젠하워 사령부로부터 6마일 떨어진 뷔더리히(Buederich)에서 상륙선으로 라인 강을 건넜다. 작전 개시에 처칠은 몽고메리에게 갔다.

브룩 장군은 처칠을 안전하게 귀국시켜야 마음이 놓였다. "나는 처칠이 가능한 한 가장 노출된 위치에 들어가고 싶어하는 것을 알고 있었다.

---

71) Andrew Roberts, *Churchill: Walking with Destiny*, New York: Viking, 2018, p. 866.

솔직히 나는 그가 진심으로 성공의 바로 그 순간에 전선에서 죽임을 당하고 싶어한다고 믿었다. 그는 종종 나에게 죽는 방법은 피가 차올라 아무 것도 느끼지 않을 때 싸우면서 정신을 잃는 것"이라고 종종 말했다. 넬슨(Nelson) 제독에 대한 처칠의 찬양의 일부는 승리의 순간에 그의 영광스러운 죽음에 대한 것이었다.72) 그의 사촌 에니타 레슬리(Anita Leslie)가 보다 잘 보이는 강둑의 가장 많은 포격이 퍼붓는 지역에 서 있으려는 그의 고집 때문에 그의 막료들은 그에게 무슨 일이 일어나지 않을까 하는 두려움에 제정신이 아니었다고 처칠에게 말했을 때 처칠은 단지 방긋 웃으며 이렇게 답했다. "음, 나는 늙은이야. 그리고 나는 열심히 일했다. 왜 내가 약간의 재미를 보면 안되는 거야?"73)

처칠은 만일 러시아가 유럽에서 헤게모니를 노린다면 탈(脫)나치독일이 가능한 빨리 수립될 필요가 있고 또 독일을 순전히 농업국가로 만드는 것은 물론이고 독일이 분할되어서도 안 된다고 생각했다. 승리에서 아량이 그에게는 언제나 인도주의적 의미뿐만 아니라 좋은 전략적 의미가 있었다. 단순히 공포심을 증가시키기 위해서 시행된 독일 도시들의 폭격문제가 재검토되어야 할 때가 왔다고 처칠은 말했다. 3월 말에 처칠은 '과거 의회와 진보적 언론에서 드레스덴 공습(Dresden Raid)에 관한 항의들이 있었다. 그렇지 않으면 우리는 전적으로 파멸된 땅을 통제하게 될 것이다. 드레스덴의 파괴는 동맹국 폭격행위에 대한 심각한 의문을 남긴다'고 말했다. 그 폭격은 영국 교회와 상원에서 정부의 폭격정책에 대한 비판을 유발했고 처칠의 발언 기록이 공군부에서 너무 논란이 되어 그것은 드레스덴에 대한 모든 언급이 제거된 채 철회되거나 완화되었다.

---

72) *Ibid.*, p. 867.
73) *Ibid.*

1945년 3월 27일 독일의 마지막 V-2 로켓이 떨어진 날에 처칠은 지금 러시아 기금을 위한 적십자 원조단(the Red Cross Aid to Russia Fund) 의장의 사격으로 소련으로 긴 여행을 가는 부인 클레멘타인(Clementine)을 환송했다. 같은 날 그는 폴란드의 조국수호군대(Home Army)의 전 사령관들 중 한 사람인 영웅적 인물인 오쿨리츠키(Okulicki) 장군을 포함하여 비공산 정당들을 대변하는 14명의 폴란드 지도자들이 안전행동에 대한 서면 보장에도 불구하고 바르샤바 근처에서 붉은 군대에 의해 체포되었다는 것을 알았다. 스탈린이 얄타에서 그에게 간단히 거짓말을 하고 있었다는 것과 그리고 독일 항복 후 러시아와의 균열이 있을 것이라는 것을 어쩔 수 없이 인정하게 된 어떤 순간이 있었다면 그것은 바로 그때였다. 미국인들은 그들 중 11명이 4개월에서 10년에 걸친 감옥형을 선고받은 14명의 폴란드인들에 대해 강력한 입장을 취하는 처칠과 함께 하려고 하지 않았다. 미국인들이 그와 보조를 맞추게 할 수 없고 또 미국의 지원 없이 폴란드에게 어떤 것도 약속할 수 없었기에 처칠은 폴란드에 대해 천천히 갈 수밖에 없다고 영국왕에게 보고했다.[74]

처칠은 루즈벨트 대통령이 죽어가고 있는 상황에서 국제연합 기구의 성공 가능성은 아주 낮다고 느꼈다. 왜냐하면 러시아인들이 폴란드에 관해서 전적으로 너무나 비협조적이었기 때문이었다. 처칠은 유럽자문단(European Advisory Commission)의 점령 지대에 관해서 알고 있었지만 그럼에도 불구하고 아이젠하워 사령관에게 우리는 가능한 한 멀리 동쪽에서 러시아인들과 악수를 해야 하는 것이 대단히 중요하다고 생각한다고 말했다. 붉은 군대는 베를린을 장악하는 데에만 20만 명의 사상자를

---

74) *Ibid.*, p. 868.

냈다. 아이젠하워는 얄타와 그 이전 소련과 이루어진 합의를 깨려고 하지 않았다. 4월 초에 미국에 대한 새로운 분노가 분명했는데 그때 미국 무성이 그리스의 재무장에 대해 소련과 협의할 것을 제안했다. 처칠이 이것은 결과에 대해 최소한의 책임감도 없이 국무성이 완전히 초연한 정신으로 전반적으로 도움이 안 될 성격의 언급을 하는 일반적 방식이라고 지적했다.

영국과 미국이 스위스의 베른에서 독일인들과 비밀협상을 벌이고 있다고 스탈린이 비난했을 때 러시아와의 외교 관계는 한층 더 악화되었다. 그 때 알렉산더 장군이 한 일이란 독일의 케셀링 장군에게 무조건 항복을 하는 방법을 알려준 것뿐이었다. 스탈린의 불신과 편집증은 확실했다. 4월 4일 스탈린에 대한 루즈벨트의 단순한 반응은 그의 생애의 마지막 수개월 동안 소련에 대해 그가 위약했다는 신화를 폭발시켰다. 처칠은 기쁘지만 그러나 역시 세계문제에서 미국의 압도적 지배를 예리하게 의식하고 있었다. 처칠은 부인 클레멘타인에게 말했다: "의심할 여지없이 우리의 군대들이 미국인들 것보다도 너무 작은 걸 볼 때 나는 큰 고통을 느낀다. 미국과 평등을 유지하는 것이 항상 나의 염원이었지만 그러나 그렇게 막강한 국가와 당신 자신의 것보다 거의 3배의 인구를 가진 국가에 대항하여 그걸 어떻게 유지할 수 있겠는가?" 그 주말에 관저 별관에서 호주의 스머츠(Smuts) 장군에게 왼손으로 아르덴스의 전투를 수행하고 오른손으로는 일본을 향해서 섬에서 섬으로 진격하는 미국의 힘보다도 역사상 더 큰 힘의 과시는 없었다고 말하면서 그는 경외심을 갖고 서 있었다.[75]

---

75) *Ibid.*, p. 870.

1945년 4월 초, 처칠은 "이제 히틀러의 최선의 길은 무엇인가?"라고 오찬 파티에서 묻기도 했다. 이탈리아와 그리스에서 현 조치에 대한 지침으로 역사를 이용하려는 시도에서 처칠이 합스부르크와 호헨졸레른 왕가들은 미국의 그리고 근대화의 압력 하에서 그들이 왕좌에서 쫓겨나는 일이 없었다면 전쟁은 일어나지 않았을 것이라고 외무성에 말했다. "우리는 어떤 힘의 진공상태를 만들어서 히틀러 같은 괴물이 하수구에서 기어나와 빈 왕좌로 기어가게 했다. 이런 견해는 인기가 없다는 것을 의심하지 않는다. 그러나 그들은 정말 그랬다. 그러나 그것이 반드시 틀렸다고 말하지는 못했다."76)

처칠은 자신의 연립정부가 일본에 대한 전쟁에서 승리가 쟁취될 때까지 계속되길 희망했고 선거를 피하겠다고 약속했지만, 4월 9일 노동당이 더 이상 연립정부를 함께 하기를 원치 않으면서, 독일의 항복 후 총선이 있어야 한다는 것을 수용해야 했다. 정당정치로의 복귀는 그에게 매력이 없었고 부인 클레멘타인은 그가 선거전을 하지 말도록 촉구했다. 하지만 처칠의 투쟁 성격은 그렇게 두지 않았다. 뿐만 아니라 그는 모든 권한을 행사할 수 있음에도 불구하고 총선에서 수상직에 대한 그 자신의 개인적 위임을 받지 않았었다.

1945년 4월 12일 목요일 미국 조지아 주 웜 스프링스(Warm Springs)에서 루즈벨트 대통령이 사망했다. 처칠은 대단히 비탄해 했다. 그것은 미국의 위대한 국제적 인물이 사라진 순간이었다. 처칠은 루즈벨트의 상실로 모든 면에서 많이 약화되었다고 말했다. 그가 수년에 걸쳐서 대통령과 했던 모든 합의들은 정책과 전략에 대해 정당했지만 그들의 개인적 우정이

---

76) *Ibid.*

더 높은 단계에 있었다. 그리고 그들은 전쟁의 현실적 순간에 있었다. 1940년 26만 정에 달하는 소총들, 대서양 중부의 정찰, 50척의 구축함, 무기대여법, 토브룩(Tobruk) 후 셔먼 탱크들, 소탕작전(Operation Round-up)의 연기, 그리고 무엇보다도 지중해 전략인 횃불작전(Operation Torch)을 지지해준 것 등에서 루즈벨트는 영국을 엄청나게 도왔다. 처칠은 '우리가 가장 그것을 필요로 할 때 루즈벨트는 한량없는 도움을 우리에게 주었다'고 말했다.

처칠은 루즈벨트의 계승자인 미국의 제33대 대통령인 해리 트루먼(Harry S. Truman)을 그때까지 만난 적이 없었다. 유럽의 전쟁이 결말에 접근함에 따라 수많은 주요 결정들이 신속하게 이루어질 필요가 있었다. 또한 여러 주요 각료들이 외국에 나가 있는 상황에서 영국의 왕과 왕의 비서 래설스(Lascelles)는 트루먼 대통령과 개인적 접촉을 맺는 것이 아무리 유용하다고 할지라도 루즈벨트의 장례식에 참석하기 위해 처칠이 뉴욕으로 비행하지 않도록 설득했다. 그리하여 처칠은 자신의 예정된 출발 45분 전에 자기 대신 이든 외상을 워싱턴에 보내는 결정을 했다.[77] 그는 해리 홉킨스(Harry Hopkins)에게 루즈벨트의 장례식에 참석하는 것이 자신에게 큰 위안이 되었을 것이지만 런던의 모두가 다음 주 자기의 임무는 본국에 있다고 생각한다고 편지를 썼다.

4월 17일 세인트 폴 성당(St. Paul Cathedral)에서 있었던 루즈벨트의 기념예배에서 처칠은 울고 있었다. 그리고 그 뒤 의회에서 행한 그의 감정적 칭송에서 처칠은 시인 롱펠로우(Longfellow)의 "항해를 계속하라, 오, 국가라는 배여"의 시구를 인용했다. 처칠은 루즈벨트를 정치가요 전

---

77) *Ibid.,* p. 871.

쟁지도자로서 찬양하면서 그의 죽음을 인류에 대한 상실로 기술했다. 또한 루즈벨트의 무기대여법은 모든 역사상 모든 국가들 가운데 '가장 비이기적이고 비탐욕적인 재정적 조치'라고 서술했다. "그의 죽음은 얼마나 부러운 죽음인가? 그는 자기 조국의 최악의 위기와 가장 무서운 고난을 극복했다. 승리가 착실하고 꾸준한 빛을 그에게 비추었다. 평화의 시기에 그는 미국인들의 역사상 어느 국가에 의해서도 결코 성취된 적이 없는 수준으로 힘을 길렀고 위대한 공화국의 힘과 영광을 드높였다. 우리는 프랭클린 루즈벨트에 대해 우리가 가진 가장 위대한 미국인 친구와, 그리고 신세계로부터 구세계로 도움과 안락을 가져다 준 자유의 가장 위대한 옹호자가 서거했다고 말할 수 있을 뿐이다."[78]

4월 25일 엘베(Elbe) 강변에 있는 토르가우(Torgau)에서 미국과 러시아의 군대들이 상봉했을 때 베를린은 이미 붉은 군대에 의해서 포위되었다. 그리고 부헨발트(Buchenwald)와 벨젠(Belsen)의 강제수용소에 관한 보고들과 사진들이 세계를 소름끼치게 했다. 그날 스웨덴 왕의 사촌인 베르나도트(Bernadotte) 백작을 통해 하인리히 히믈러(Heinrich Himmler)로부터 무조건 항복에 미치지 못하는 조건으로 북부 독일에 있는 모든 병사들이 서방 동맹국들에게 항복을 제안하는 메시지가 도착했다. 처칠은 즉시 내각과 참모총장들을 소집했고, 그 제안을 거부했으며 스탈린에게 통보했다. 그럼에도 불구하고 '이것은 그들이 끝났다'는 것을 보여준다고 처칠은 말했다.

1945년 4월 28일 무솔리니(Mussolini)가 유격대원들에게 잡혀서 코모

---

78) Martin Gilbert, ed., *Churchill: The Power of Words,* Boston, MA: Da Capo Press, 2012, pp. 345-346; Andrew Roberts, *Churchill: Walking with Destiny,* New York: Viking, 2018, p. 872.

호수(Lake Como) 강변에서 총살되었다. 그리고 이틀 후인 4월 30일 아돌프 히틀러(Adolf Hitler)가 자살했고 그의 시체는 독일제국 수상관저의 앞뜰에서 불태워졌다. 독일 라디오가 히틀러는 그의 마지막 숨결까지 볼셰비즘과 싸우다가 죽었다고 발표했을 때 처칠은 "그래, 그렇게 죽는 것이 완전히 옳다고 나는 말할 수밖에 없다"고 말했다. 5월 1일 오후 처칠 수상으로부터 승리의 발표를 기대하면서 의사당이 가득 찼지만 그 단계에서 그가 했던 모든 일은 "5년 전 이맘 때보다도 상황이 명백하게 보다 더 만족스럽다는 것 외에 유럽의 전쟁상태에 관해 특별한 성명을 갖고 있지 않다"는 것이었다. 5월 2일 처칠은 마침내 이탈리아에서 독일군이 알렉산더 원수에게 무조건 항복했다고 발표할 수 있었지만 다른 사태발전은 불길해 보였다. 소련인들은 일방적으로 비엔나에서 괴뢰정부를 수립했고 터키에게도 압력이 가해질 것으로 예상되었다. 유고슬라비아의 라디오는 티토가 러시아의 지원을 받아 이탈리아인들로부터 트리에스테(Trieste)를 장악했다고 발표했다. 미국인들은 사실상 독일의 대규모 지역을 점령했고 또 몽고메리는 함부르크와 뤼베크를 점령했다. 처칠은 당시 모스크바에 머물고 있는 부인 클레멘타인에게 영어권의 세계와 러시아 사이에 완전한 이해가 성취될 것이고 이것이 세계의 유일한 희망이기 때문에 수년 동안 유지될 것이라는 처칠의 정중한 감정과 결의 그리고 신뢰를 스탈린에게 개인적으로 전달해 줄 것을 요구했다.

클레멘타인이 스탈린에게 처칠이 보낸 금으로 된 만년필을 선물했을 때 스탈린은 "나는 연필로만 글을 쓴다'고 불친절하게 대답했다. 이제 좋은 소식들이 쇄도했다. 네덜란드에서 모든 독일병력이 5월 4일 몽고메리 장군에게 항복했고, 미국인들은 5월 5일 린츠(Linz)에 도달했다. 아이젠하워 사령관은 모든 독일군대들이 이제 항복하는 중이라고 보고했다. 그러나 그날 클레멘타인에게 말하기를 이 승리의 밑에는 독이든 정치와 치명적인 국제적 경합들이 놓여 있다는 것을 그녀에게 군이 말할 필요가 있겠느냐고 말하면서 처칠은 유럽에서 영국과 미국의 승리를 위해 이제 예정된 5월 8일을 넘기지 말고 귀국하라고 말했다. 그러나 러시아인들은 클레멘타인 일행을 그 다음날까지 붙잡아 두었다. 러시아인들의 공수부대가 몽고메리 장군에 앞서 덴마크를 해방시키기 위해 공격할 것이고 발트해의 핵심인 카테가트(Kattegat)를 장악할 것이라는 소문이 돌았다. 이것은 거짓말이었지만 그러나 그것은 얼마나 빨리 믿음이 사라지고 있는가를 가르치는 것이었다. 5월 7일 처칠은 아이젠하워 사령부로부터 그날 새벽 2시 41분에 독일의 전체적 공식 항복이 독일의 알프레드 요들(Alfred Jodl) 장군에 의해 서명되었다는 소식을 받았다.[79] 유럽의 전쟁은 5월 8일 화요일 자정에 공식적으로 종결되었다.

1945년 5월 8일 화요일은 V-E Day(Victory in Europe)로 명명되고 또 공식 휴일로 선포되었다. 처칠은 그날 아침 내내 침대에서 일했다. 그가 버킹엄 궁으로 가기 위해 수상관저를 떠나려 할 때 승전 축하행사를 보기 위해 부엌에서 나온 자기의 요리사인 조르지나 랜디메어(Georgina Landemare)가 그의 눈에 들어왔다. 그는 일행에서 벗어나 그녀에게 다가가 그녀와 악수하며 5년 동안 그를 아주 잘 보살펴준 데 대해 감사했다. 그는 버킹엄 궁에서 왕과 오찬 후 수상관저로 돌아왔다. 오후 3시에 처칠은 각의실에서 승리의 연설을 하게 되어 있었기에 그는 코를 크게 풀었다.

---

79) Andrew Roberts, *Churchill: Walking with Destiny*, p. 874.

처칠은 영국인들에게 독일의 요들(Alfred Josef Ferdinand Jodl) 장군이 무조건 항복문서에 서명했고 또 그러므로, "독일 전쟁은 끝이 났다"고 말하면서 방송을 시작했다. 당시 트라팔가 광장과 의회 광장에서 울려 퍼지는 환호성은 각의실에서도 들을 수 있었다. 처칠은 어떻게 러시아와 미국이 1941년에 참전했는지에 관해서 말했고 "마침내 거의 전 세계가 이제 우리 앞에 엎드린 악행자들에 대항하여 결합되었다고 말했다. 처칠은 계속해서 짧은 기간 동안 기쁨을 누리게 될 것이지만 그러나 수고와 노력이 남아 있는 순간을 잊지 말자"고 말했다. "모든 속임수와 탐욕으로 가득한 일본이 아직 굴복하지 않았다. 대영제국, 미국 그리고 타국들에게 일본이 가한 상처와 증오스러운 잔혹성은 정의와 보복을 부르고 있다. 이제 우리의 과업을 완성하기 위해 우리의 힘과 자원을 국내외에서 헌신해야만 한다. 전진하라. 브리타니아! 자유의 대의 만세, 하나님, 왕을 보호하소서!"라고 기원하면서 연설을 맺었다.[80]

처칠은 대규모 군중들이 떼를 지어 몰려들었기 때문에 오픈 카(open car)로 다우닝 거리의 뒷문으로 나와 의사당으로 겨우 돌아올 수 있었다. 의사당의 의원들도 밖의 군중들 못지 않게 흥분해 있었다. 모두가 일어나서 환호했고 손수건과 의사일정표를 흔들었다. 처칠은 그들에게 방송에서 했던 것과 같은 연설을 했다. 그리하여 대부분의 의원들은 의회 광장에서 자동차에 실은 확성기를 통해 이미 들었던 내용이었다. 처칠에 대한 의회의 지지가 그동안에 실제로는 종종 인색하고 미온적이며 고도로 조건부였음에도 불구하고 처칠은 지난 5년 동안 그에 대한 "고결한 지지'(noble support)에 대해 감사를 표했다. 제1차 세계대전 후에 그랬던

---

80) Martin Gilbert, *Churchill: The Power of Words*, pp. 347-348; Andrew Roberts, *Churchill: Walking with Destiny*, p. 875.

것처럼 그는 하원의 길 건너편에 있는 세인트 마가렛 교회(St. Margaret Church)에 가서 승리에 감사드리자고 제안했다. 그곳에서 하원의장은 처칠의 친구 로날드 카트랜드(Ronald Cartland)와 빅터 카잘렛(Victor Cazalet)을 포함하여 전쟁 중에 사망한 21명의 의원들의 이름을 읽었다. 의사당으로 돌아오자 중앙로비에서 환호하는 군중들 사이에서 한 작은 소년이 튀어나와 "제발, 당신의 자필서명을 받을 수 있을까요?"라고 물었다. 처칠은 천천히 안경을 꺼내고 그것을 닦은 다음에 그 소년의 앨범에 서명하고 소년의 머리를 쓰다듬어 주면서 "이것이 영광스러운 날을 상기시켜 줄 것이다"라고 말했다. 오후 4시 30분에 처칠은 버킹엄 궁에서 참모총장들 및 전시내각의 각료들과 합류했다. 그는 왕과 여왕, 그리고 두 명의 공주들과 같이 발코니로 나아가 광장을 가득 채운 거대한 군중들의 환호를 받았는데 그것은 군중들의 요구에 부응해 왕실이 그날 행했던 8번의 등장들 가운데 하나였다. 처칠은 내무성 관사로 가서 그곳에서 참모총장들 및 전시 각료들과 함께 또 다른 발코니에 나아가 전쟁국 건물로부터 의회 광장에까지 가득 펼쳐진 거대한 군중들에게서 환호를 받았다. 그날 저녁에 처칠은 의회 거리와 런던의 관청가를 내다보는 보건성의 발코니에서 짧은 연설을 했다.

처칠이 "이것은 여러분의 승리"하고 말문을 열자 군중들이 "아니요, 이것은 당신의 승리요"라고 군중의 함성이 되받았다.[81] 처칠은 말했다:

> "그것은 지상에서 자유라는 대의의 승리이다. 우리의 모든 기나긴 역사에서 우리는 이보다 더 위대한 날을 결코 본 적이 없다. 남녀 모두가 최선을 다했다. 모두가 노력했다. 기나긴 수년이나 위험들이나

---

81) Andrew Roberts, *Churchill: Walking with Destiny*, p. 875.

적의 치열한 공격 그 어느 것도, 어떤 방식으로도 영국 국민의 독립적 결의를 약화시키지 못했다. 여러분 모두에 신의 가호가 있기를![82]

처칠이 별관에서 가족들과 식사 후 의회거리와 관청가에 있는 군중들이 또 하나의 연설을 요구하고 있었다. 그래서 밤 10시 30분에 처칠은 보건성 발코니로 돌아와 그들에게 1940년 덩케르크와 1941년 히틀러의 러시아 침공 사이의 길고도 위험스러웠던 해를 상기시켰다. 거기서 우리는 홀로 섰다. "누가 굴복하기를 원했던가?"라고 처칠은 물었다. 군중들은 "아니오'라고 함성을 질렀다. 처칠이 "우리가 기가 죽었던가?"라고 또 물었다. 군중들은 대답으로 "아니오"라고 외쳤다. "이제 우리는 치명적 투쟁으로부터 빠져나왔다. 무서운 적은 바닥에 던져 져서 우리의 심판과 우리의 자비를 기다리고 있다"고 처칠은 말했다.

다음 날 5월 9일도 공식 휴일이었다. 아직 러시아에 머물고 있던 부인 클레멘타인이 처칠에게 대중들의 기쁨이 러시아의 승전일(V-E Day in Russia)까지 계속되도록 하라고 촉구했다. 미국, 소련 그리고 프랑스 대사관들을 방문한 뒤 처칠은 보건성의 발코니로 다시 돌아와서 "지배하라, 브리타니아"라는 영국공동체의 노래를 부르도록 이끌었다. 그는 군중에게 말했다:

"런던은 고통받고 있다고 해서 아무도 평화를 요구하지 않았다. 런던은 거대한 코뿔소처럼, 거대한 하마처럼, 그들에게 그들의 최악질을 하게 하라. 런던은 그것을 감당할 수 있었으며 런던은 무엇이든 감내할 수 있었다. 나의 마음은 런던 시민들에게 가닿는다. 오늘날 우

---

82) *Ibid.,* pp. 875–876.

리는 어떤 방문자도 맞을 수 있을 것이다. 그리고 많은 위대한 국민들이 투쟁에서 우리와 함께 무기를 든 모든 사람들에 의해서 대변되고 있다. 그들은 내가 '좋던 옛 런던'이라고 말할 때 내가 말하는 것을 따라한다. 기나긴 단조로운 낮과 지옥같이 검은 기나긴 밤에도 결코 실패하지 않는 데 대해 나는 여러분에게 나의 뜨거운 감사를 드린다. 신이여, 여러분 모두를 축복하소서. 여러분들이 대영제국의 심장으로 오래 남기를!"[83]

승리의 절정 순간에도, 그리고 가장 위대한 날에도, 그의 생각은, 윈스턴 처칠의 생각은 그가 헌신했고 또 자신의 정치 경력에서 가장 강력하고 변함없는 사랑을 바친 영국과 대영제국에 관한 것이었다.

유럽에서 전쟁의 종결로 처칠은 탈진상태가 되었다. 그가 수행한 책임의 짐과 그가 아무리 많이 그것을 공유하고 또 위임했다고 할지라도 궁극적인 결정들은 그의 것이라는 지식을 가진 윈스턴 처칠의 지위에 있는 누군가의 고독을 서술하거나 상상하기는 어렵다. 1945년 5월에 비록 그가 여전히 공적으로 활력을 유지했음에도 불구하고 책임의 그 무게는 눈에 띄게 그를 지배하고 있었으며 탈진의 표시들이 그의 주변 사람들에게 분명해 보였다. 수상은 지쳐 보였고 그가 직면하는 문제들을 처리하는 에너지를 위해 몸부림을 쳐야만 한다. 그의 주의를 요구하는 대규모 편지의 양은 전시 때보다 거의 더 많았는데 그가 계속해 나갈 힘이 있는지 의심스러웠다고 처칠의 비서 콜빌(Colvill)은 기록했다.[84]

처칠은 이제 7월에 포츠담(Potsdam)으로 예정된 또 다른 세 거두의 회담 전망에 특히 압도당하는 것으로 느꼈으며 책임감과 불확실성에 의

---

83) Martin Gilbert, ed, *Churchill: The Power of Words*, pp. 349 – 350; Andrew Roberts, *Churchill: Walking with Destiny*, p. 876.
84) Andrew Roberts, *op. cit.,* p. 877.

해 기분이 가라앉았다. 그는 정당 지도자들에게 일본이 패배한 후에까지 그들이 연립정부에 머물기를 원한다고 말했지만 그러나 만일 그렇지 않다면 조만간 총선을 실시해야만 할 것이라고 말했다. 왜냐하면 정부는 파벌과 준 선거공약의 분위기 속에서 계속 갈 수가 없기 때문이었다.[85]

---

85) Andrew Roberts, *op. cit.,* p. 878.

VII

다시 반-공산주의의 선구자로

Back to an Anti-Communist Precursor

유화론자는 자기를 맨 나중에 먹어 주기를 바라면서
악어에 먹이를 주는 자이다.
– 윈스턴 처칠

1945년 5월 12일, 처칠은 미국의 트루먼 대통령에게 소련에 관해서 "'철의 장막'(an iron curtain)의 전선이 드리워졌다. 우리는 그 뒤에서 무슨 일이 진행되는지 알지 못한다"고 편지를 썼다.[1] 만일 미국이 유럽에서 철수한다면 러시아가 점령한 수백만 마일의 넓은 폴란드로부터 우리를 고립시킬 것이라고 처칠은 경고했다. 그것은 아주 짧은 시간 내에 러시아인들이 원하면 북해와 대서양으로 진격하는 길을 열어줄 것이다.

1945년 5월 20일 처칠은 전시내각의 합동계획 참모로부터 붉고 밑줄친 글자로 1급 비밀로 표시된 메모랜덤을 받았다. 그것들은 만일 미국이

---

[1] 처칠이 '철의 장막'이라는 용어를 발명하지는 않았다. 이 용어는 1918년 이래 그리고 Philip Snowden의 부인 Dame Ethel Snowden이 1920년에 발행한 책 < *Through Bolshevik Russia* > 에서 쓴 이래 주변에 있었지만 그러나 처칠은 4반세기 동안 그의 탁월한 기억속에 그 환기시키는 용어를 저장해 두었다가 1946년 최대의 효과를 내면서 그 용어를 전개했다. 이 용어에 관해 보다 상세한 족보는, Martin Gilbert, *Winston S. Churchill*, Vol. VIII, *Never Despair 1945–1965*, Hillsdale, Michigan: Hillsdale College Press, 1988, p. 7, n. 1을 참조.

태평양 전쟁에만 전적으로 집중한다면 소련인들이 서유럽을 쉽게 장악하여 영국에 위협을 제기할 수 있다고 결론지었다. 그런 결과를 막기 위해서 처칠은 그 정책보고서의 저자들에게 폴란드를 위한 "공정한 거래"를 부과하기 위해서 대영제국과 미국 그리고 폴란드와 독일군대들이 1945년 7월에 러 - 일 동맹에 대항하는 전쟁을 해야만 한다면 무슨 일이 발생할지에 대한 메모랜덤을 작성하라는 명령을 내렸다. "생각할 수 없는 작전"(Operation Unthinkable)으로 적절한 암호명의 전 시나리오는 8월 6일 상세한 보고서에서 분석되었다. 그것은 러시아인들이 유럽에서 3대 1로 서방동맹국들을 수적으로 압도할 것이라고 지적하고 그러고 나서 유럽과 중동, 인도와 극동에서 전쟁의 효과에 관해 조사했다. 그 연구보고서는 우리가 제한적이고 신속한 성공을 성취할 수 있는 지의 여부가 대단히 의심스러운 '길고도 비싼' 전쟁이 될 것이라고 결론지었다. "생각할 수 없는 작전" 문건은 처칠이 고질적인 반공주의 전쟁광이라는 것을 의미하는 것이 아니라 처칠은 제아무리 있을 것 같지 않거나 환영할 수 없는 일이라 할지라도 모든 우발성을 대비하고 있었음을 보여주었다.[2] 그것은 원자탄이 실제로 성공해야 한다는 것이 얼마나 중요한지도 강조하고 있었다.

5월 23일 정오에 처칠은 연립정부 수상으로서 사임했다. 그러고 나서 4시간 후에 버킹엄 궁으로 돌아가서 왕으로부터 보수당 과도정부를 수립하라고 요구받았다. 왕은 처칠의 두 번째 방문을 이용하여 처칠에게 가터 훈위(the Order of Garter)를 제안했지만 처칠은 또 다시 이번에는 총선거가 임박해 있다는 이유에서 사양했다. 연립내각의 모든 각료들을

---

2) Andrew Roberts, *Churchill: Walking with Destiny*, p. 879.

위한 승리 파티에서 "역사의 빛이 그들 모두의 헬멧을 비출 것이다"라고 처칠이 그들에게 말할 때 그의 뺨에는 눈물이 쏟아졌다.

5월 28일 미국 트루먼 대통령의 특별보좌관인 조셉 데이비스(Joseph Davies)가 런던을 방문하여 이든 외상에게 트루먼이 다가오는 포츠담 회담에 앞서 스탈린을 만나기를 원한다고 제안했다. 이에 대해 처칠은 미국의 전시 동맹국들 사이의 핵심적 차이들을 간결하게 제시하고 트루먼과 스탈린의 첫 회동에서 영국이 배제된다면 그것은 영국에 상처를 입히는 일이 될 것이라고 말했다. 소련정부는 공산주의라는 다른 철학을 갖고 있고 또 그들의 해방군에 희생자로 전락한 모든 국가에서 그들이 적용하는 경찰정부의 방법을 최대한으로 사용하고 있다고 처칠은 썼다. 그리고 처칠 수상은 덧붙였다.

> "미국의 입장이라는 것이 영국과 소련은 최근 전쟁의 곤란이 조정되어야 할 10개 동맹국들 중 단지 2개의 해외 강대국들이라고 보는 미국의 아이디어를 쉽게 수락할 수 없다. 무력에 관한 것을 제외하고서 옳고 그름 사이에는 평등이 없다. 영국과 미국이 그것을 위해 고통받고 승리한 위대한 대의들과 원칙들은 단지 힘의 균형의 문제만은 아니다. 그것들은 실제로 세계의 구원과 관련된다."[3]

비록 소련이 3대 강대국들의 사상자의 90%를 감당했다고 할지라도 처칠은 소련의 전체주의 독재체제가 서방민주주의와 모종의 도덕적 등가를 갖는 것처럼 미국인들이 행동하는 걸 원치 않았다. 그럼에도 불구하고 트루먼은 나아가서 사적으로 스탈린과 회동했다.

---

3) *Ibid.*, p. 880.

7월 5일 총선이 실시되고 전 세계에 걸친 영국의 병사들의 투표용지를 수집하는 3주간의 과정이 시작되자 처칠은 엉데(Hendaye) 근처의 피레네(Pyrenees)에서 그림을 그리며 휴일을 보내기 위해 떠났다. 출발 전에 처칠은 트루먼에게 뉴멕시코의 앨라모고도(Alamogordo)에서 플루토늄 원자실험의 결과를 자기에게 전문으로 알려 달라고 요청했다. 처칠은 그 실험이 성공한다면 일본을 상대로 미국이 원자탄을 사용하는 데 대한 자신의 동의를 미리 해주었다. 그 후 5월에 처칠은 캐나다의 윌리엄 맥켄지 킹(William Mackenzie King) 총독과 그 결정의 도덕성에 관해서 논의했었다. 처칠은 여자와 어린 아이들을 그렇게 많이 죽이는 것과 관련된 결정을 자신의 양심에 따라 했기에 자신은 신에게 책임을 질 것이라고 말했다. 그리하여 훨씬 더 많은 수가 죽었을 것이고 문명이 조금씩 파괴되었을 것이다. 그가 말한 정의와 옳음의 도덕률에 의해서 지배되는 우주라는 곳에서 그는 옳은 일을 했다고 믿었다.[4]

1945년 7월 15일 처칠은 종착(Terminal)이라는 암호명의 포츠담 회담을 위해 보르도(Bordeaux)에서 베를린으로 비행했다. 그날 저녁 베를린에서 처칠은 이든 외상과 저녁을 함께 했다. 저녁 후에 처칠은 트루먼을 만나고 싶었지만 트루먼이 너무 바빴다. 다음 날 7월 16일 처칠과 트루먼이 베를린의 트루먼의 거처에서 처음으로 만났다. 그들은 거의 2시간 동안 함께 있었다. 처칠은 트루먼을 아주 좋아했다. 그들은 같은 언어를 말했던 것이다. 처칠은 그날 오후에 히틀러의 제3제국 관저의 파괴를 둘러보는데 독일군중들이 그를 알아보았다. 자기 머리를 불만스럽게 흔드는 한 노인을 제외하고는 나머지 모두가 처칠에 환호했다. "나의 증오심

---

4) *Ibid.*, p. 883.

은 그들의 행복으로 죽었다. 그리고 나는 그들의 환호로 많이 감동을 받았다"고 처칠은 나중에 썼다. 처칠은 관저 본관 건물에 있는 히틀러의 집무실과 히틀러가 아래층 벙커에서 자살한 방을 방문했다. 자신의 전쟁 회고록에서 처칠은 그가 바닥에 내려가서 히틀러와 그의 정부(mistress)가 자살한 방을 보았으며 밖으로 다시 나왔을 때 그들은 히틀러의 시신이 불탄 장소를 우리에게 보여주었다고 썼다.[5] 처칠은 마침내 그 짐승의 묘지까지 추적했던 것이다. 처칠은 만일 그들이 전쟁을 이겼다면 우리가 벙커에 있었을 것이라고 지도실(Map Room)의 실장인 리처드 핌(Richard Pim)에게 말했다. 그날 밤 처칠은 마샬 장군과 단 둘이서 식사를 했다. 7월 17일 처칠은 뉴멕시코의 앨라모고도 원자탄 실험이 성공했다는 것을 알았다. 한달 뒤 그는 의원들에게 '애타게 기다리던 소식은 통보된 아주 소수의 마음속에 아무런 의심을 남길수 없었다. 우리가 인간사에서 새로운 요인을 맞이했고 저항할 수 없는 힘을 소유하고 있다는 것'을 이라고 말했다.

포츠담 회담은 공식적으로 7월 17일부터 8월 2일까지 계속되었다. 오직 고등학교의 졸업장만 있고 외교관계의 경험이 전무한 트루먼 대통령은 실패한 사업가로부터 미국의 대통령으로 부상했다. 그리하여 미국의 정치사에서 가장 낯선 경력의 궤도를 이룬 인물이었다. 그러나 1945년 7월 그가 베를린의 교외 포츠담에서 처음으로 처칠과 스탈린을 만났을 때 그가 스스로 "대치가 불가능한" 것으로 기술한 인물을 대신해야만 한다는 것을 알았다. 그는 또 프랭클린 루즈벨트 대통령이 전시에 가장 심각한 문제들에 관해서 자기를 거의 완전한 어둠속에 두었다는 것도

---

5) *Ibid.*

알았다. 트루먼은 자기 앞에 기념비적 과업을 위해 비통하고 또 놀랍게도 준비가 안 된 자신의 경력에서 가장 중대한 순간에 도달했다.[6]

비록 이든 외상이 포츠담에서 처칠이 보다 적극적으로 관여하지 않는다고 그를 비판하기는 했지만 처칠은 7월 25일 선거 결과를 맞기 위해 귀국해야 한다는 것과 이 회담의 후반에는 수상이 아닐지도 모른다는 것을 알고 있었다. 그런 이유에서 그는 노동당 당수인 애틀리(Attlee)를 데려갔는데 그는 노동당이 총선에서 승리할 경우 세 거두 회담에서 처칠을 대체할 것이었다. 7월 17일 점심 후에 세실리엔호프 궁전(Cecilienhof Palace)에서 제1차 본회의가 시작되었다. 스탈린의 제안으로 트루먼이 좌장을 맡았다. 처칠은 트루먼을 기쁘게 환영하고 또 3대 강대국들이 유럽에서 수년간의 쓰라린 전쟁 기간을 통해 성취하려고 했던 높은 목표들을 계속 함께 추구하는 것이 그들의 진지한 염원이라고 말했다. 그들의 상호 이해와 우정이 그들의 고려를 기다리는 어려운 문제들을 함께 연구해 나감에 따라 더 긴밀해지고 더욱 견고해질 것으로 자신 있게 믿는다고 처칠은 덧붙였다. 이에 대해 스탈린이 그런 감정은 자신과 러시아 대표단의 모든 일원들에 의해 완전히 공유되고 있다고 코멘트했다.

그리고 나서 트루먼이 두 가지 제안을 했다. 첫째는 이탈리아가 국제연합에 가입해야 하고, 둘째는 영국, 러시아 그리고 미국의 외상들뿐만 아니라 중국과 프랑스의 외상들도 평화조약과 유럽의 국경선 타결의 초안을 작성해야 한다는 것이었다. 처칠은 이 두 개의 제안에 관해서 의구심을 가졌다. 영국이 지중해에서 막대한 해군력의 상실을 당했음에도 불구하고 영국은 이탈리아에 많은 선의를 배풀었고 러시아가 이탈리아의

---

6) Michael Neiberg, *Potsdam: The End of World War Two and the Remaking of Europe*, New York: Basic Books, 2015, p. xiii.

함대에서 요구한 14척의 배들을 제공했다고 처칠은 말했다. 그러나 영국 국민들은 프랑스의 저항이 몰락하려 할 때 영국 공동체에 선전포고한 이탈리아의 행위를 쉽게 잊을 수 없을 것이다. 또한 그들은 미국이 참전하기 전 시기에 북아프리카에서 이탈리아에 대항하여 수행한 긴 투쟁을 잊지 않을 것이라고 처칠은 말했다. 스탈린은 중국이 외상회의에 참가하는 것에 대해 의구심을 표했다. '주로 유럽의 문제들인 의제를 중국이 왜 다루어야 하는가? 이 새로운 기관이 도대체 왜 필요한가? 우리는 유럽 자문단을 갖고 있다. 그리고 우리는 얄타에서 세 외상들의 정규적 모임에 동의했다. 또 하나의 조직은 문제를 복잡하게 할 뿐이다. 그리고 평화회의는 언제 열린 것인가?' 트루먼은 중국이 세계안보이사회의 일원이기 때문에 유럽의 타결에 발언권을 가져야 한다고 말했다. 그는 새 국제연합 기구는 3대 강대국의 외상들의 모임을 위한 여지를 별로 남기지 않을 것이라고 말했다.

처칠에겐 이 모든 것이 시기상조로 보였다. 그리고 그는 대동맹의 붕괴를 두려워했다. 모두에게 그리고 모든 용서에 열려 있는 세계기구는 산만하고 무기력할 것이다. 폴란드에서 자유선거들이 보다 더 핵심에 가깝다. 그것은 여전히 그들 앞에 놓인 실질적 문제였다. 처칠은 스탈린과 트루먼에게 폴란드 국민들의 염원을 진실로 반영하는 폴란드에서의 자유선거를 조기에 실시하는 데 대해 대단한 중요성을 부여하고 있다고 말했다. 폴란드에서의 자유선거에 대한 처칠의 언급은 포츠담에서 회담의 주된 목적들 가운데 하나이고 얄타의 미해결된 유산에 대한 첫 언급이었다. 그 시점에서 더 이상의 논의는 없었다. 제1차 본회의가 끝이 났다.

세실리엔호프 궁전에 남아서 처칠은 스탈린과 사적인 대화를 가졌다.

공식기록은 없다. 그러나 그날 저녁에 처칠의 통역자인 버즈 소령(Major Birse)이 그 대화를 기억나는 대로 적어 두었다.[7] 첫 화제는 일본이었다. 처칠이 모스크바를 떠날 때 스탈린은 그에게 일본대사를 통해 주소 없는 메시지가 그에게 전달되었다고 말했다. 메시지는 스탈린이나 칼리닌(Kalinin) 의장이나 아니면 소련정부의 다른 일원에게 보내진 것으로 추측되었다. 그것은 일본의 천황으로부터 온 것으로 그는 "무조건 항복"은 일본에 의해서 수락될 수 없지만 만일 그것이 고집되지 않는다면 일본은 다른 조건들과 관련하여 타협할 준비가 되어 있다고 말했다. 이 메시지에 의하면 천황은 관련된 모든 인민들의 이익을 위해서 이런 제안을 하고 있었다. 스탈린은 수상을 제외하고는 어느 누구에게도 이 메시지에 관해서 말하지 않았지만 그러나 그는 회담의 다음 회의에서 그것을 제기하고 싶다고 처칠에게 말했다.[8] 처칠이 스탈린은 다음 회의 전에 그에게 경고하기 위해서 그 주제에 관한 노트를 트루먼에게 보내야 한다고 제안했을 때 스탈린은 대통령이 소련정부가 중재자로 행동하길 원하지 않았으면 좋겠지만 그렇다 하더라도 반대하지는 않는다고 말했다. 처칠도 그렇게 하기로 동의하면서 일본에 대한 완전한 승리를 달성하는 목표에 있어서 우리가 미국과 하나가 아니라고 대통령이 그렇게 느끼길 바라지 않는다고 지적했다.

미국은 독일에 대항하는 전쟁에서 영국을 엄청나게 도왔다. 그리고 영국은 이제 최대한으로 미국을 돕고자 한다. 동시에 미국에 있는 사람들은 "무조건 항복"의 필요성에 대하여 의심하기 시작하고 있다고 처칠

---

7) Martin Gilbert, *Winston S. Churchill,* Vol. VIII, *Never Despair 1945–1965,* Hillsdale, Michigan: Hillsdale College Press, 1988, p. 63.
8) *Ibid.*

은 스탈린에게 말했다. '그들은 1백만 명의 미국인들과 영국인의 비용으로 1천만 명의 일본인들을 죽이는 즐거움이 가치가 있느냐고 묻고 있다.' 스탈린은 동맹국들의 힘을 깨닫고 아주 놀라고 있다고 언급했다. 실제로 무조건 항복은 여기 베를린과 나머지 독일에서 볼 수 있다고 그는 말했다. 처칠은 스탈린에게 독일이 어디 있느냐고 물었고 이에 대해 스탈린은 아무 데도 없고 어느 곳에나 있다고 대답했다. 그런 다음 스탈린은 처칠에게 '그는 독일인의 훈육을 이해할 수 없다고 말했다. 독일인들은 양과 같다. 그래서 언제나 그들에게 명령을 내릴 수 있는 사람을 필요로 했다. 그들은 결코 스스로 생각하지 않는다.'고 말했다. 처칠은 동의하면서 스탈린에게 '독일인들은 항상 상징을 믿었다고 말했다. 만일 호헨졸레른(Hohenzollern) 왕가가 지난 전쟁 후 군림하도록 허용되었다면 히틀러는 없었을 것이다. 그들은 분명히 양과 같았다'고 말했다. 상징의 필요성은 오직 독일인들에게만 적용된다고 스탈린은 말했다. 그리고 스탈린은 시가를 피우게 되었다고 처칠에게 말했다. 만일 시가를 피우는 스탈린의 사진이 전 세계로 내보인다면 그것은 하나의 굉장한 센세이션을 야기할 것이라고 처칠은 대답했다.[9]

그리고 나서 처칠이 영국은 러시아를 강대국, 특히 해군력의 강대국으로 환영한다고 말했다. '바다를 항해하는 선박들이 많으면 많을수록 보다 나은 관계들을 위한 기회는 그만큼 더 커진다'고 스탈린이 대답했다. 러시아의 함대에 관해서 그것은 여전히 소규모이지만 그러나 크든 작든 그것은 영국에 이득이 될 수 있을 것이라고 스탈린은 말했다. 그들의 논의가 끝나자 처칠은 스탈린에게 앞으로 그를 수상, 원수, 아니면

---

9) *Ibid.*, p. 64.

총통 중 어느 것으로 호칭해야 하느냐고 스탈린에게 물었다. 스탈린은 수상이 과거에 항상 했던 것처럼 그를 원수라고 부르길 희망한다고 대답했다.[10] 그리고 스탈린은 그가 처칠 수상과 논의하고 싶은 여러 가지 문제들이 있다고 말했고 그들은 다음날 저녁에 스탈린의 숙소에서 다시 만나기로 동의했다.

7월 18일 오후 1시에 트루먼 대통령이 오찬을 위해 처칠의 빌라로 왔다. 오찬이 끝나자마자 처칠은 논의의 노트를 준비했다.

그들의 첫 화제는 원자탄이었다. 트루먼이 최근 실험에 관한 전보를 처칠에게 보여주며 러시아인들에게 그것을 말하는 것에 관해서 처칠이 어떻게 생각하는지를 물었다. 그는 그렇게 하기로 결심한 것으로 보였지만 그것에 관한 타이밍을 물었다. 그러면서 그는 회담의 끝을 최선으로 생각한다고 말했다. 처칠은 만일 그가 말할 결심이라면 실험에만 국한하는 것이 낫겠다고 대답했다. 처칠은 영국정부를 대신해서 우리가 이 무기를 갖고 있다는 단순한 사실에 대해 공개하자는 그의 제안에 반대하지 않는다고 트루먼에게 말했다. 트루먼은 어떤 일이 있어도 특수한 것들에 관해서는 말하지 않을 결심을 재천명했다.[11]

그러자 트루먼은 처칠에게 독일 함대의 분할 요구를 영국과 미국이 어떻게 다루어야 하느냐고 물었다. 처칠은 '우리는 넓은 바다에서 러시아인들을 환영해야 하고 따뜻하고 우아한 방법으로 그것을 해야 한다'고 말했다. '이것은 다다넬스, 키엘 운하, 발트해의 입구와 뤼순 항에 대해 우리가 갖고 있는 견해에 영향을 줄 것이다. 나는 러시아인들에게 그들이 필요로 한다면 그들 함대의 1/3을 바다에 띄울 권리를 거부하기 어

---

10) *Ibid.*, p. 65.
11) *Ibid.*, p. 67.

렵다고 알고 있다'고 처칠이 지적했다. 이것은 트루먼의 견해이기도 했다. 그는 미국인들이 그들의 몫을 차지하겠지만 그러나 그것은 그들에게 아무런 쓸모가 없다고 트루먼은 말했다.

처칠은 그것들이 대규모로 박살낸 고약한 것들이기 때문에 유보트들의 경우는 별도로 고려되어야 한다고 처칠은 분명히 했다. 트루먼도 동의하는 것처럼 보였다. 처칠의 견해로는 독일 함대에 대한 러시아 몫의 문제는 중유럽에서 일반적 배치와 연계하여 다루어져야만 했다. '이 모든 국가들이 러시아의 통제하에 들어간다면 그들이 자유롭고 독립적인 것이 아니지 않은가?' 물론 그들은 러시아에 적대적인 정책을 추구할 수 없었다. 이 점에 대해 트루먼은 거대한 중요성을 부여했다. 트루먼은 분명히 자유롭고, 완전하고 또 구속 받지 않는 선거에 따라 그들의 진정한 독립을 단호하게 밀고 나가려 의도했다고 처칠은 지적했다. 트루먼은 또한 모든 것이 따로따로가 아니라 총체적으로 타결되어야 한다는 처칠의 입장에 동의하는 것처럼 보였다. 처칠이 이 맥락에서 페르시아, 터키 그리고 그리스를 언급했을 때 트루먼은 완전히 일치하는 것처럼 보였다.[12]

오찬을 하면서 논의한 다음 의제는 재정이었고 또 영국의 채무였다. 처칠은 영국의 우울한 지위에 관해서 말하면서 우리 공동의 대의를 위해 완전히 홀로일 때 영국이 외국 투자의 반 이상을 소비했고 그래서 이제 전쟁으로부터 30억 파운드의 대외 빚을 진 유일한 국가로 등장했음을 지적했다. 그리고 처칠은 트루먼에게 이 빚이 무기대여법의 조정이 없이 인도, 이집트 등으로부터 공급의 구매를 통해 전쟁 목적을 위해 늘어난 방법에 관해 설명했다. 그리고 그것은 우리에게 임금펀드를 강화하

---

12) *Ibid.*, p. 67.

기 위한 어떤 보상적 수입도 없이 연간 수출을 부과할 것이라고 말했다. 트루먼은 이것을 주의 깊게 들었다. 그리고 동정심에서 처칠에게 초기에 방어하기 위해 미국이 영국에게 진 '꿍장한 빚'에 관해서 말했다. 처칠이 기록한 트루먼의 말에 의하면, '만일 당신이 프랑스처럼 몰락했다면 우리는 현재 미국의 해안에서 독일인들과 싸우고 있을지도 모른다.' 미국이 이 문제들을 순전히 재정적 수준을 넘어서는 것으로 간주하는 데 있어서 미국을 정당화하는 것은 바로 이것이다. 처칠은 영국이 도움을 요청해야만 하여 다시 점증하는 걱정거리가 되는 것은 분명하다. '우리가 다시 한 번 적합하게 방향을 바꿀 때까지 우리는 세계의 안전이나 샌프란시스코의 어떤 고결한 목적에도 별로 유용할 수 없다'고 트루먼에게 말했다.13) 트루먼은 그의 최선을 다할 것이라고 대답했지만 처칠은 물론 그가 자신의 국가에서 갖게 될 모든 어려움들을 알고 있었다. 처칠은 이 문제에 있어서 트루먼의 태도가 아주 따뜻하고 안심을 주는 것이었다고 코멘트했다.

이제 처칠은 일본에 대한 전쟁 문제와 전날 저녁 스탈린이 그에게 언급한 문제를 제기했다. 처칠은 일본과의 전쟁이 기대했던 것보다도 훨씬 더 빨리 끝날지도 모르겠다고 말했다. 트루먼은 전쟁이 신속한 결말에 도달할 것이라고 처칠에게 말했다. 그때 처칠은 전날 저녁에 스탈린이 그에게 알려준 일본으로부터 온 제안에 관해 대통령에게 알려주었다. 그리고 처칠은 그것에 관해서 마샬과 자유롭게 말할 수 있다고 트루먼에게 말했다. 그리고 처칠은 러시아인들이 평화로 가는 길에 영향을 미치려 한다고 트루먼이 생각할까봐 스탈린은 그 정보를 트루먼에게 직접

---

13) *Ibid.*, p. 68.

전달하고 싶어하지 않았다고 설명했다. 같은 방식으로 처칠은 미국이 적합하다고 생각하는 한 일본과의 전쟁을 꺼린다고 시사하는 어떤 것도 말하지 않을 것이다. 그러나 처칠은 일본인들에게 무조건 항복을 강요하는 데 관련될 미국인들의 생명에 끼칠 엄청난 비용과 정도는 낮아도 영국인들의 비용에 대해 자세히 설명했다. 무조건 항복이 어떤 다른 방식으로 표현되지 않을지 그리하여 우리 모두가 미래의 평화와 안전을 위한 모든 본질적인 것들을 갖게 될지의 여부를 고려하는 것은 트루먼이었다. 처칠은 일본인들이 대규모로 분명한 죽음을 직면할 준비가 되어 있는 어떤 것을 갖고 있다고 말했고 트루먼은 미국인들의 무제한 유혈과 관련하여 그에게 부여된 무서운 책임을 의식했다.[14]

다음 주제는 트루먼이 제기했는데 그는 처칠에게 미국이 엄청난 비용으로 건설한 영국의 비행장들 특히 아프리카에 있는 비행장들에 관련하여 그가 직면해야 하는 큰 어려움들에 관해서 말했다. 트루먼이 원하는 것은 이 점에서 영국이 미국을 충족시키고 공동사용을 위한 공정한 계획을 마련하는 것이었다. 처칠은 만일 그가 계속해서 책임 있는 자리에 있다면 그와 개인적인 커뮤니케이션에 관해서라면 공군 문제를 재개하고 싶다고 말하면서 트루먼의 제안을 즉시 수락했다. 트루먼이 이것을 환영했고 그에 대해 처칠은 공동이익을 위해 최선의 조정이 이르러야 한다고 코멘트했다. 트루먼은 처칠의 말이 자기 뜻에 아주 가깝다고 대답했다. 처칠은 거대한 폭풍 후에 조용해지고 우리가 안전하게 신뢰할 그런 힘과 능력의 세계구조가 있을 때까지 연합참모총장들의 조직을 그대로 유지하는 자신의 오랜 숙원의 아이디어로 계속해 나갔다. 트루먼이

---

14) *Ibid.*, p. 69.

고무적인 방식으로 대답하고 있는 중에 스탈린 원수를 만나러 출발해야 한다고 상기시키는 부하 장교들에 의해 대화는 중단되었다. 그가 떠날 때 트루먼은 수년 만에 그가 가진 가장 즐거운 오찬이었으며 처칠의 루즈벨트와의 관계가 그와 자기 사이에도 계속되기를 아주 진지하게 희망한다고 처칠에게 말했다. 처칠은 '이 회담과 그 후의 이어진 발전이 이런 희망찬 노트들을 정당화시켜 주길 희망한다'라고 덧붙였다.

그러나 처칠의 희망은 전적으로 이루어지지 않았다. 그날 오후 연합참모총장들의 모임에서 특히 앨런 브룩(Alan Brooke) 장군에 의해 태평양 전쟁에 관한 전략적 논의에서 영국이 배제된 데 대하여 약간의 쓴 소리가 나왔다. 마샬 장군이 미국의 참모총장들은 영국의 참모총장들에게 미국의 계획과 의도에 관한 정보를 기꺼이 줄 것이고 그들의 코멘트를 들을 것이라고 말했다. 그러나 마샬은 미국인들은 궁극적으로 무엇을 할 것인가를 결정하는 자유를 갖는 것으로 느낀다고 덧붙였다. 논의 끝에 연합참모총장들은 일본에 대한 전쟁의 전략적 통제에 관련하여 합의가 이루어지지 않을 경우 취할 조치에 관한 최종적 결정은 미국의 참모총장들에게 있다는 이해를 전제로 하고 미국의 참모장들은 일반전략의 문제에 관하여 영국의 참모총장들과 협의할 것이라고 동의했다.[15]

그날 오후 4시에 처칠은 제2차 본회의를 위해 자신의 빌라를 떠났다. 거의 2시간 30분 동안 계속된 이 회의에서 처칠이 의제에 없는 언론의 문제를 제기하면서 시작했다. 테헤란 회담에서 언론은 회의장소에 접근하는 것이 매우 어려웠고 얄타에서는 불가능했다. 그러나 이제 대표단의 영역 바로 밖에는 180명의 언론인들이 있다고 지적하면서 그들은 아주

---

15) *Ibid.*, p. 70.

강력한 무기를 갖고 있으며 그들에게 주어진 시설의 부족에 관해서 세계언론에서 큰 규탄을 하고 있다고 처칠은 말했다. 스탈린은 누가 언론인들을 들여 보냈느냐고 물었다. 처칠이 그들은 대표단 지역에 있지 않고 대부분이 베를린에 있다고 설명했다. 회담은 조용하고 비밀로 해야 잘할 수 있으며 따라서 이것은 어떤 일이 있어도 보호되어야 한다고 그는 말했다. 그리고 처칠은 언론인들을 자기가 만나서 왜 그들이 배제되어야만 하고 또 회담이 끝날 때까지 아무것도 누설될 수 없는지를 설명하겠다고 제안했다. 그는 트루먼도 역시 그들을 만나보기를 희망했다. '언론이라는 깃털은 잘 쓰다듬어야 한다'고 처칠은 코멘트했다. 회담에 임하는 사람들에게 비밀과 정숙의 중요성이 그들에게 설명된다면 그들은 자기들의 배제를 우아하게 받아들일 것이라고 처칠은 덧붙였다. 스탈린은 언론인들이 무엇을 원하느냐고 물었다. 트루먼은 세 지도자들 각자가 자기와 언론 사이에 자신의 대표를 세우려 했다고 설명했다. 그들을 배제하는 문제는 그대로 두기로 동의했다. 처칠은 다수 의견에 따랐지만 그러나 공개적 설명이 더 좋았을 것이라고 생각했다.

그 후 이든, 몰로토프 그리고 번스(Byrnes)의 세 외상들이 유럽의 평화조약을 작성할 계획을 내놓았다. 위원회(Council)는 여전히 트루먼 대통령이 제안한 5대 강대국들의 외상들로 구성될 것이지만 그러나 관련된 적국에게 부과될 무조건 항복조항들에 서명한 외상들만이 타결의 조건들을 작성할 것이다.[16] 이것은 스탈린, 트루먼 그리고 처칠에 의해서 수락되었다. 그러나 처칠은 만일 이것이 국제연합의 모든 회원국들과의 협의를 의미한다면 그것은 길고도 힘든 과정이 될 것이라고 지적하면서

---

16) *Ibid.*, p. 71.

그 조건들을 국제연합에 제출하자는 미국의 제안을 염려했다. 번스 미국 무장관이 동맹국들은 국제연합선언에 구속을 받지만 그러나 그와 스탈린은 모두 국제연합에게 위탁은 5대 강대국들이 그들 사이에 합의한 후에야 이루어질 수 있다고 대답했다. 자신도 그렇게 느꼈다고 처칠은 회상했다.

의제의 다음 문제는 독일이었다. 그러나 통제위원회의 정확한 권한, 경제문제 그리고 나치 함대의 처리 등 결정해야 할 문제들의 어느 것도 논의할 준비가 안 되었다. 처칠이 독일이란 무엇을 의미하는가?라고 물었다. 스탈린이 전후에 이루어진 독일이라고 말했다. 트루먼은 1937년의 독일이라고 말했다. 전쟁으로부터 벗어나기는 불가능하다고 말했다. 그 나라는 더 이상 존재하지 않는다고 스탈린이 말했다. 분명한 국경선들이 없고, 국경 경비원들도 없다. 군대도 없고 오직 점령된 지대들이 있을 뿐이다. 마침내 트루먼이 바라는 대로 1937년의 독일을 출발점으로 삼는 것으로 합의되었다. 그리고 논의는 폴란드로 돌았다. 이 재산이 어떤 형태로 있든, 그리고 이 재산이 어디에, 그리고 현재 누구의 처분 하에 있든지 간에 여전히 런던의 폴란드정부의 처리에 속하는 모든 주식과 자산 그리고 모든 다른 재산들이 루블린 폴란드인들에게 즉각 전환할 것을 스탈린이 제안했다. 그는 또한 해군과 상선들을 포함하여 폴란드의 병력들은 루블린 폴란드인들에게 복종하길 원했다. 처칠은 그 제안을 수용할 수 없었다. 그들의 짐은 영국의 어깨 위에 있었다. 그들의 본국이 전복되고 또 그들이 프랑스로부터 쫓겨났을 때 많은 폴란드인들이 영국에서 피난처를 발견했다. 런던에 있는 폴란드정부에 속하는 가치 있는 재산은 없지만 그러나 런던과 캐나다에 폴란드 금으로 약 2천만 파운드가 있다. 이것은 동결되었다. 왜냐하면 그것은 폴란드 중앙은행의 자산이기 때문이다.[17] 그것은 런던에 있는 폴란드정부의 재산이 아니다. 그리고 그들은 그것에 의지할 권한이 없다. 물론 런던에는 폴란드 대사관이 있다. 그래서 새 폴란드정부가 파견하자마자 폴란드 대사에게 열려 있고 가용이 가능하다. 그리고 그것은 빠를수록 좋다고 처칠이 설명했다.

폴란드정부는 5년 반 동안 영국에서 영국정부에 의해 재정이 충당되었다고 처칠은 설명했다. '우리는 군대와 외교 업무를 위해서 또 그들이 독일의 참화로부터 우리의 해안으로 피난했던 폴란드인들을 보살피도록 하기 위해서 약 1억 2천만 파운드를 썼다.' 영국이 런던에 있는 폴란드 정부를 부인하고 바르샤바에 있는 새 임시 폴란드정부를 승인할 때 3개월의 급료가 모든 고용인들에게 지불되어야만 한다. 그리고 나서 그들이 해고되도록 조정되었다. 그들을 이 급료도 없이 해고하는 것은 부적절할 것이었다. 그리고 그 비용은 영국에게 떨어졌다. 그리고 처칠은 그것에 관한 영국의 입장이 독특하기 때문에 전시에 영국과 함께 싸운 폴란드 병사들을 동원해제하거나 그들을 본국으로 전환하는 중대한 문제에 관해서 발언할 수 있기를 요청했다.

프랑스가 몰락했을 때 오고자 하는 모든 폴란드인들 약 4만 5천 명을 철수시켰다. 그리고 이 남자들 중에서 그리고 스위스와 다른 곳을 통해서 온 사람들로부터 최종적으로 약 5개 사단의 병력에 달하는 폴란드 군대를 구축했다. 이제 독일에 약 3만 명의 폴란드 장병들이 있었고 또 이탈리아에 3개 사단의 폴란드 군단들이 고도로 흥분된 마음과 중대한 도덕적 고민에 빠져 있었다. 그리하여 여기에 영국의 명예가 걸려 있었

---

17) *Ibid.*, p. 72.

다. 이 폴란드 군대들은 훈련된 군대들이 드물 때 영국과 함께 나란히 용감하게 싸웠다. 많은 이들이 죽었다. 따라서 설사 처칠이 의회에서 약속을 하지 않았다고 할지라도 영국은 그들을 명예롭게 대우하길 원할 것이라고 처칠은 덧붙였다.[18]

스탈린은 이 점에 동의한다고 말했고 처칠은 계속해서 영국의 정책은 병사들뿐만 아니라 폴란드정부의 민간고용인들 중 가능한 한 많은 사람들이 자신들의 조국으로 돌아가도록 설득하는 것이라고 했다. 그러나 이 난제들을 극복할 시간적 여유를 좀 가져야 한다고 처칠은 말했다. 처칠은 그가 스탈린에게 설명한 대로 이 사람들 중 대부분이 상황이 나아지고 러시아 군대의 용감성에 의해서 해방된 그들의 조국의 땅으로 돌아가 좋은 시민들이 되기를 희망했다. 이에 스탈린은 영국의 문제들을 자기가 이해한다고 답하며 말했다. "영국은 폴란드의 전 통치자들을 보호했다. 그리고 영국의 호의적 대우에도 불구하고 그들은 많은 어려움들을 야기했다. 그러나 런던의 폴란드 정부는 여전히 존재한다. 그들은 언론과 다른 곳에서 그들의 활동을 계속하는 수단을 갖고 있고 그들의 에이전트들을 갖고 있다. 그리고 이것은 동맹국들에게 나쁜 인상을 주었다." 처칠은 우리가 사실을 직시해야 한다며 대답했다. "런던정부가 공식적 및 외교적 의미에서는 제거되었지만 언론인들과 동조자들을 포함하여 개인적 일원들이 살아서 사람들에게 말하는 것을 막는 것은 불가능했다. 더구나 런던정부는 폴란드 군대에 대해 조심해야만 한다. 왜냐하면 상황이 잘못 다루어지면 반란이 있을 수 있기 때문이다."[19]

그러고 나서 처칠은 스탈린에게 영국정부에게 신임과 믿음을 주고 또

18) *Ibid.*, p. 73.
19) *Ibid.*, p. 74.

합리적인 시간을 주라고 요청했다. 스탈린은 폴란드로 돌아갈 폴란드인들을 위해 고무적 장소로 만들도록 가능한 모든 것이 행해질 것이라고 대답했다. 트루먼에 의하면 처칠과 스탈린 사이에는 아무런 근본적 차이가 없었다. 처칠은 합리적인 시간을 요구했고 스탈린은 그 문제를 복잡하게 할 그의 제안들 중 어느 것도 덜어내려고 하지 않았다. 트루먼의 견해에 의하면 최선의 일은 외상들이 이런 점들을 협의하는 것이지만 그러나 그는 얄타의 합의가 가능한 빨리 수행되길 희망했다. 그때 스탈린이 모든 문제를 외상들에게 넘길 것을 제안했고 처칠은 선거를 포함하라고 말했다. 스탈린은 임시정부가 자유선거를 결코 거부한 적이 없다고 대답했다. 포츠담에서 제2차 본회의가 끝났다.

자신의 빌라로 돌아온 처칠은 저녁 8시 20분에 스탈린과의 만찬을 위해 떠났다. 스탈린 원수를 위해 그가 가져간 선물은 한 통의 시가였다. 그들의 통역자를 제외하면 단독 회동이었다. 거의 5시간 동안 계속된 논의는 버즈(Birse) 통역관에 의해 기록되었다. 일본에 관해 말하면서 스탈린은 처칠에게 천황의 메시지는 일반적인 조건이며 구체적인 제안을 담고 있지 않아서 소련정부는 조치를 취할 수 없다는 답변을 보여주었다. 스탈린의 추가적 언급으로 볼 때 러시아는 8월 8일 직후에 일본을 공격하려고 한다고 처칠이 덧붙였다. 스탈린은 처칠에게 그것은 2주 후가 될 것이라고 말했다. 그리고 대화는 바다로 넘어갔다. 처칠은 바다에서 강대국으로 러시아를 환영하는 것이 자기의 정책이라고 말했다. 그는 러시아의 배들이 세계의 대양들을 항해하는 걸 보고 싶어했다. '러시아는 일그러진 콧구멍을 가진 것 같다.'[20] 이것은 발트해와 흑해로부터 나

---

20) *Ibid.*, p. 75.

오는 좁은 출구를 말하는 것이었다. 그리고 처칠은 터키와 다다넬스의 문제를 제기했다. 터키가 대단히 겁을 먹고 있다고 그가 말했다.

스탈린은 터키가 동맹조약과 관련하여 러시아인들에게 접근했다고 설명했다. 그리고 러시아인들은 어느 쪽도 아무런 요구가 없다면 조약이 가능하다고 답변했다고 했다. 그러나 러시아인들이 제1차 세계대전 말에 러시아로부터 취한 동터키에 있는 카르스(Kars)와 아르다한(Ardahan)을 요구했고, 터키인들은 그 요구를 논할 수 없다고 말했다. 또 러시아가 몽트뢰 협약(Montreux Convention)의 문제를 제기했는데, 터키는 그것도 논의할 수 없다고 말했다. 그래서 러시아는 터키와 동맹조약을 논할 수 없었다고 했다.21) 이에 대한 답변으로 처칠은 개인적으로 몽트뢰 협약의 개정을 지지할 것이고 일본을 몰아내고 러시아에 지중해 접근을 지지할 것이라고 말했다. 그는 러시아가 대양에서 등장하는 것을 환영한다고 되풀이했다. 이것은 다다넬스를 의미할 뿐만 아니라 수에즈 운하처럼 하나의 레짐(regime)을 가져야 하는 키엘 운하(Kiel Canal)을 의미하며 또한 태평양에서 따뜻한 바다를 의미했다. '이것은 러시아가 한 모든 일에 대한 보답에서가 아니라 자신의 타결된 정책이라'고 처칠은 설명했다.

그때 스탈린이 독일 함대의 문제를 제기했다. 그것의 공유는 바다에서 심한 피해를 본 러시아에게 아주 유용할 것이라고 말했다. 그는 이탈리아 해군의 항복과 관련하여 러시아에 수송된 배들에 대해 처칠에게 고마웠다. 그러나 스탈린은 독일 배들 중 자기의 몫을 더 좋아할 것이었다. 만찬 중에 처칠은 불가리아와 알바니아 국경선에서 그리스의 침공에 관해서 말했다. 그리스에는 말썽을 일으키는 요소들이 있다고 스탈린은

---

21) *Ibid.*, p. 75.

말했다. 그리고 이에 대해 처칠은 그리스에서의 어떤 싸움도 막으라고 명령을 내릴 것이라고 즉각 대답했다. 처칠이 알고 싶은 것은 헝가리에서 무슨 일이 일어날 것인가였다. 지난 2월에 얄타에서 그와 스탈린이 만났을 때 그는 러시아인들이 부다페스트에 도달하는 것을 기대했었다. 이제 그들은 그 단계를 훨씬 넘었다. 붉은 군대에 의해 해방된 모든 나라에서 러시아의 정책이 강하게 추진되고, 독립적인 주권국가를 보는 것이라고 스탈린이 대답했다. 처칠은 그 국가들 중 어느 국가의 소비에트화도 반대한다. 그들은 자유선거를 갖게 될 것이고 파시스트를 제외한 모두가 참여할 것이라고 덧붙였다.

처칠은 유고슬라비아 문제로 돌아서 영국이 아무런 물질적 야심을 갖고 있지 않지만 그러나 50대 50의 조정이 있었던 곳에서 영국의 어려움들에 관해 말했다.[22] 그것은 이제 99대 1로 영국에 불리하다고 말하자 스탈린이 즉각 그것은 90%가 영국이고, 10%가 유고슬라비아이고, 0%가 러시아 이익이라고 항의했다. 처칠의 언급에 대한 답변으로 스탈린은 티토 원수(Marshall Tito)가 유격대 의식구조를 갖고 있고 또 그가 해서는 안 될 여러 가지 일들을 했다고 선언했다. '소련정부는 티토 원수가 무엇을 하려고 하는지 알지 못한다.'고 했다. 그러자 루마니아와 불가리아가 논의되었다. 스탈린은 루마니아와 불가리아에서 정부의 교체를 요구하는 미국에 의해 상처받았다고 말했다. 그는 그리스 문제에 개입하지 않았다. 그래서 미국이 그런 요구를 하는 것은 부당하다고 생각했다. 처칠은 미국의 제안을 아직 보지 못했다고 대답했다. 에미그레 정부가 있었던 나라의 경우에 본국 정부의 수립을 돕는 것이 필요했다고 스탈린

---

22) *Ibid.*, p. 76.

은 설명했다. 이것은 물론 루마니아와 불가리아의 경우에 적용되지 않았다. 이 두 나라에선 모든 것들이 평화로웠다. 처칠은 왜 소련정부가 루마니아의 미카엘 왕(King Michael)에게 상을 주었냐고 물었다. 스탈린은 그 왕이 쿠데타 때 용감하고 현명하게 행동했기 때문이라고 대답했다.

처칠이 러시아의 의도에 관련하여 상당한 사람들이 느끼는 불안감에 관해서 스탈린에게 말했다. 그는 노스 케이프(North Cape)에서 알바니아까지 줄을 긋고 러시아의 수중에 있는 그 선의 동쪽에 있는 수도들의 이름을 불렀다. 러시아가 서쪽으로 굴러가는 것처럼 보였다. 스탈린은 그럴 의도가 없다고 대답했다. 오히려 서쪽으로부터 병력을 철수하고 있으며 2백만 명이 동원해제되고 다음 4개월 내에 집에 보내질 것이다. 더 이상의 동원해제는 적절한 철도 수송의 문제일 뿐이라고 스탈린이 설명했다. 스탈린은 처칠에게 전쟁 중에 러시아의 손실이 5백만 명의 죽음과 부상에 달한다고 말했다. 독일인들은 산업을 위한 동원은 별개로 1천 8백만 명을 동원했고 러시아는 1천 2백만 명을 동원했다.[23] 처칠은 회담이 끝나기 전에 독일 함대의 분할을 포함해서 바다에 대한 러시아의 접근뿐만 아니라 모든 유럽 국가들의 국경선과 관련된 문제들에 관련하여 합의가 이루어지길 희망한다고 스탈린에게 말했다. 협상 테이블에 모인 3대 강대국들은 세계가 본 최강들이다. 그러므로 세계의 평화를 유지하는 것은 그들의 과제라고 처칠은 덧붙였다.

처칠은 우리에겐 만족스럽지만 독일의 패배는 커다란 비극이라는 데 합의했다고 말했다. 그러나 독일인들은 양과 같았다. 스탈린은 전쟁 동안에 전쟁물자 공급의 방식으로 도움을 준 영국에 대해 공식적으로 감

---

23) *Ibid.*, p. 77.

사하지 않은 데 대해 사과했다.[24] 만찬 중 한순간에 스탈린이 처칠의 질문에 대한 답변으로 집단 및 국가 농장들의 작동에 관해서 설명했다. 러시아와 영국에선 실업의 두려움이 없다는 데 두 사람은 동의했다. 스탈린이 러시아가 영-러 무역에 관해서 얘기할 준비가 되어 있다고 처칠에게 말했다. 처칠은 소비에트 러시아를 위한 최선의 선전은 러시아 인민의 행복과 안녕이 될 것이라고 말했고 그러자 스탈린이 소련정책의 지속성에 관해서 말했다. 만일 무슨 일이 그에게 발생한다면 그의 자리를 채울 좋은 사람들이 있을 것이다.[25] 그는 30년 앞을 생각하고 있었다.

7월 19일 오후 4시 제3차 본회의가 시작하자 처칠은 그리스 북부 국경선에서 그리스인들에 의한 도발적 행동에 관한 스탈린의 정보를 반박했다. 그리고 논의는 독일 해군의 1/3에 대한 소련의 요구를 다루었다. 논의의 다음 주제인 스페인에 관해서 소련대표단은 국제연합이 프랑코와 단절하도록 권고되어야 하고 또 스페인에서 민주세력들을 지원하여 스페인인들이 자기들의 의지에 부응하는 그런 정권을 수립할 수 있도록 해야 한다고 제안했다. 이에 대한 대응으로 처칠은 자기와 영국인들이 프랑코에 대한 애정이 없고 그를 위해 손가락 하나 까딱하지 않을 것이지만 프랑코의 지위가 이미 빠르게 강화되고 있기 때문에 모든 수반하는 난제들을 고려할 때 관계를 단절하는 것에 대해서 반대할 것이라고 말했다. 자기가 보기에 그런 조치를 취하는 것은 오히려 현 체제의 주변에 스페인인들이 더 굳건하게 모여들게 하는 것이었다. 더구나 원칙적인 문제로, 처칠은 '우리와 전쟁을 하지 않았고 또 우리에 의해서 해방되지도 않은 나라의 내정에 간섭하는 것을 반대한다'고 했다. 그때 트루먼이

---

24) *Ibid.*, p. 77.
25) *Ibid.*, pp. 77-78.

본회의에 비록 그는 프랑코에 호감을 갖고 있지 않지만 자신의 문제들을 처리하는 것은 스페인에 달렸다고 말했다. 그러나 스탈린은 프랑코 정권은 히틀러와 무솔리니에 의해 스페인인들에게 강요된 것이며 그래서 유럽에 중대한 위험이라고 주장했다. 그러나 관계단절은 너무 심한 조치이므로 회담의 끝에 일반적 선언의 일부로 세 국가들의 수뇌들이 프랑코 정권에 반대한다는 것을 스페인인들과 세계에 보여주는 발표문을 제안했다. 상당한 논의 후에 합의의 가능성이 없어 보였고 회담은 다음 항목으로 진행했다.

다음 항목은 유고슬라비아에 관한 것이었다. 영국 대표단은 티토-수바식(Tito-Subasic) 합의가 충분히 수행되지 않고 있기 때문에 3대 강대국들이 얄타선언의 관점에서 합의에 내포된 업무들이 가까운 장래에 집행되기를 기대한다는 성명을 발표하자고 제안했다. 그러나 스탈린은 유고슬라비아에 대한 불평은 유고슬라비아의 대표들의 참여 없이 논의될 수 없다고 주장했다. 그리하여 티토와 수바식이 초청되어야 한다는 제안이 논의되었지만 그러나 트루먼이 본회담에선 세 수뇌들 사이에 타결될 수 있는 세계의 문제들만 논의하는 것이 그의 염원이라고 말한 뒤 거부되었다.[26] 따라서 처칠은 유고슬라비아 문제가 포기될 수는 없지만 당장은 그 문제를 압박하지 않을 것이라고 동의했다. 그날 저녁 트루먼은 처칠과 스탈린을 위해 만찬을 냈다. 애틀리도 손님이었다. 처칠은 '그가 누구이든 영국 야당의 지도자를 위해 건배'를 제안했다.

7월 20일 오후 제4차 본회담에서 트루먼은 이탈리아의 우호적 처리를 주장하는 문서를 제출했다. 그는 처칠과 스탈린의 저항을 받았다. 처

---

26) *Ibid.*, p. 79.

칠은 이탈리아가 전쟁 중 추악하게 행동했고 그래서 불필요하게 관대하게 처리하기에 너무 이르다고 생각했고, 스탈린은 자기의 위성국가들이 역시 잘 처리되지 않는 한 이탈리아에 대한 거래를 하지 않을 것이었다. 이 4차 본회담에서 처칠은 말했다.

"이탈리아의 스토리에서 우리의 입장은 그의 두 동료의 어느 것 과도 아주 판이하게 다르다. 우리는 1940년 6월에 이탈리아에 의해서 공격을 받았다. 우리는 지중해 전투에서 아주 심각한 고통을 받았다. 이탈리아가 독일군을 데려온 북아프리카 해안과 이집트에서 특히 아주 큰 고통을 받았다. 우리는 지중해에서 선박과 상선에서 엄청난 손실을 입었다. 누구의 도움도 없이 우리는 아비시니아 작전(Abyssinian campaign)을 수행했고 또 권좌에 황제를 다시 앉혔다. 이탈리아 항공기의 특별 부대들이 런던을 폭격하도록 파견되었다. 그리고 또 이탈리아는 가장 비열하고 또 전적으로 도발되지 않은 그리스에 대한 공격을 감행했다는 것도 역시 기억되어야 한다. 더구나 전쟁이 시작하기 직전에 이탈리아는 가장 무법적 행동으로 알바니아를 장악했다. 이 모든 것들은 우리가 홀로일 때 일어났다. 그러므로 이탈리아의 국가의 손에 우리가 비통하게 고통받았다는 사실은 부인될 수 없다. 또한 우리는 독일 인민들이 히틀러의 굴레하에서 그들이 취한 행동들을 사면할 수 없는 것과 꼭 마찬가지로 이탈리아인들에게 이런 행동에 대한 그들의 책임을 전적으로 사면할 수 없을 것이다. 그럼에도 불구하고, 우리는 유럽과 지중해에서 중요한 강대국들 중의 하나로 이탈리아 부활의 아이디어를 살려 두기 위해 노력했다."[27]

처칠은 한편으로는 우리가 이탈리아인들의 손에 의해 받았던 상처들

---

27) *Ibid.*, p. 80.

을 보여주고 또 다른 한편으로는 우리가 이탈리아의 미래를 열어주는 넓은 태도를 보여주고, 또 우리가 이탈리아 인민들에게 적대적이지 않다는 것을 보여주기 위해 이것을 말했을 뿐이라고 설명했다. 그는 무섭게 고통 받고 또 독일인들을 그들의 땅에서 추방했던 이탈리아 인민들에게 우정과 위로의 제스처를 취하는 데 트루먼과 스탈린에 원칙적으로 합류하려고 애를 썼다. 오스트리아에 관해서 처칠은 우리들이 지대를 점령하고 비엔나로 들어가도록 허용될 적기라고 스탈린에게 말했다. 독일에서 영국과 미국인들은 멀리 할당된 지대로 후퇴했지만 우리는 여전히 오스트리아에서 우리의 지대로 들어가지 못하게 되어 있다고 지적했다. 스탈린은 처칠의 호소를 수용했다. 이제는 비엔나와 오스트리아에서 그들에게 할당된 지역들을 점령하는 데 동맹국들 군대에 대한 반대가 없다고 말했다.[28]

7월 21일 영국의 두 지도자들인 처칠과 애틀리가 각자 지프 차로 이동하여 베를린에서 개최된 승리 퍼레이드(Victory Parade)에 참가했다. 처칠은 경례를 받은 다음에 영국장병들을 위한 "윈스턴 클럽"(Winston Club)을 열었다. 포츠담으로 돌아와 처칠은 미국의 제2기갑 사단을 사열했다. 그리고 알렉산더, 몽고메리 장군들 그리고 킹 제독과 오찬을 했다. 오후에 제5차 본회담이 열렸다. 처칠은 스탈린에게 비엔나와 오스트리아의 상황이 만족스럽지 않다고 말했다. 영국은 그곳에서 영국의 지대를 취하는 것이 지금도 허용되지 않고 있었다. 답변으로 스탈린은 길이 이제는 자유로워 영국과 미국인들의 군대들이 자기들의 지대로 들어갈 날짜를 정할 수 있다면서 그가 아는 한 이것은 즉각 시작할 수 있다고 말했다.

---

28) *Ibid.*, p. 81.

논의는 다시 폴란드 문제로 돌아왔다. 회담에 제출한 메모랜덤에서 소련 대표단은 폴란드의 서부 국경선이 스뷔네뮌데(Swinemuende)의 서쪽까지 나아가 오데르 강까지 가서 슈테틴(Stettin) 시를 폴란드 측에 남겨야 하고 그리고 오데르 강 위로 서부 나이세 강과 합류하고 그곳에서 체코슬로바키아까지 쭉 이어져야 한다고 주장했다. 너무 지나치게 서쪽으로 폴란드 국경선이 이동하면 독일에서 폴란드에게 점령지역을 제공하는 것이나 마찬가지라고 항의한 것은 트루먼이었다. 그러나 독일을 영국, 미국, 프랑스 그리고 소련의 4개 점령지대로 분할하는 동의는 1937년 국경선에 입각했다. 폴란드를 위해 지금 제안된 국경선은 너무 서쪽으로 나갔다. 독일은 얄타에서 합의된 지대에 따라 점령되어야 한다는 것이 분명하게 이해되길 바란다고 선언했다. 그러나 스탈린은 독일인들이 지금 폴란드가 점령하려는 지역에서 모두 도주했다고 대답했다. 그러자 처칠이 '만일 그런 경우라면 도주한 독일인들을 그들이 간 지역에서 어떻게 먹이는 것이 가능하겠는가? 왜냐하면 스탈린 수상의 견해에 따르면 그들이 떠난 지역의 농산물은 독일 전체를 먹이는데 가용하지 않을 것이기 때문'이라고 대답했다. 처칠은 자기의 정보에 의하면 모든 독일인들이 떠나지 않았다. 약 250만 정도가 남아있다고 처칠이 덧붙였다. 스탈린은 이 독일인들은 대부분은 전투 중에 독일 전선의 서쪽으로 도주했고 그들 중 상당 수는 쾨니히스베르크(Koenigsberg) 지역으로 도주했다고 동료들에게 말하면서 처칠을 반박했다. 그러나 처칠은 폴란드로 그렇게 과감한 영토의 이전에 반대했다. 만일 서쪽으로 이동한 독일인들을 먹일 충분한 식량이 발견되지 않는다면 독일 집단 수용에서 존재했던, 아니 1천배는 더 큰 규모로, 그런 조건들이 우리의 점령 지대에서 직면할 것이라고 경고했다. 영국정부는 어느 경우에도 전쟁 중 전복된 독일의 동부 영토가 이제는 폴란드 영토가 된 것으로 간주될 수 있다는 것을 인정할 수 없다고 경고했다.[29] 스탈린은 이 영토에서 지금 폴란드인들이 살고 있다고 말했다. 트루먼이 개입해 처칠을 지지했다. 그는 독일의 동부지역이 폴란드에 제공되는 것은 기정사실로 보이지만 그러나 배상과 공급에 관한 한 별도로 취급될 수 없다고 말했다. 그는 오직 평화회의에서만 타결될 수 있는 것임에도 불구하고 폴란드의 서부 국경선을 논할 준비가 되어 있지만 독일의 지역들이 한 조각씩 떨어져 나가는 것을 볼 준비는 되지 않을 것이라고 말했다.

스탈린은 오직 폴란드인들만이 이 지역들을 경작할 수 있다고 고집했다. 러시아는 인력이 부족하고 독일인이 없다. 우리는 모든 생산을 멈추거나 폴란드인들이 생산을 하도록 해야 한다. 스탈린은 폴란드정부의 제안이 독일에게 난제들을 만들 것이라고 동의했다. 그러나 스탈린은 독일인들에게 추가적 난제들을 만드는 데 주저하지 않을 것이며 실제로 그들에게 난제들을 만들어 그들이 다시 침략하는 것을 불가능하게 만드는 것이 우리의 정책이라고 말했다. 처칠은 독일에서 대규모의 아사에 직면하길 원하지 않는다고 대답했다. 포츠담에서 처음으로 애틀리가 개입하여 처칠의 주장을 지원했다. 만일 독일의 일부가 임의로 폴란드에 병합된다면 그 결과는 독일의 서부와 남부 지대를 점령하는 국가들에게 아주 심한 부담이 될 것이다. 동부 지역의 자원들이 서부에 있는 주민들에게 가용하게 만들어야 한다고 애틀리가 말했다. 그러자 트루먼이 애틀리를 지원했다. 서방 동맹국가들의 만장일치가 완전했다. 그날 밤 처칠은

---

29) *Ibid.*, p. 83.

스탈린 그리고 트루먼과 만찬을 했다.

7월 22일 일요일 아침, 처칠은 놀라운 정보를 가져온 방문객을 맞았다. 스팀슨(Stimson) 미 전쟁장관이 방문자였다. 그리고 그 정보는 뉴멕시코에서의 첫 원자탄 실험에 관한 자세한 설명이었다. 1마일 서클 내 파괴는 절대적이었다고 스팀슨 장관이 그에게 말했다. 그래서 처칠은 트루먼을 보러 갔다. 그들은 거의 1시간 동안 함께 얘기했다. 트루먼은 마샬 장군과 레이히(Leahy) 제독과 함께 있었다. "이 순간까지 일본의 본토에 무서운 항공 폭격과 아주 대규모 군대의 침공으로 공격을 향한 우리들의 아이디어들을 형성했다"고 처칠은 나중에 회고했다.[30] 그리고 처칠은 덧붙였다.

"접전에서뿐만 아니라 모든 동굴과 참호에서 사무라이 정신으로 죽을 때까지 싸우는 일본인들의 결사적 저항을 생각했다. 나는 오키나와 섬의 장관을 염두에 두고 있었다. 그곳에서 수천 명의 일본인들이 항복하기 보다는 차라리 그들의 지도자가 장엄하게 할복자살의 의식을 행한 후에 줄지어서 수류탄으로 자폭했다. 백병전으로 일본인들의 저항을 진압하고 1야드씩 그 나라를 정복한다는 것은 100만 미국인들과 그 반수의 영국인들의 손실이 당연히 필요로 할 것이다. 아니면 우리가 거기에 도달할 수 있다면 더 많은 손실을 필요로 할 것이다. 왜냐하면 우리는 그 고통을 함께할 결심이기 때문이다. 이제 이 모든 악몽 같은 그림이 사라졌다. 그 자리에는 한두 번의 충격으로 전쟁 전체의 종식의 비전, 참으로 공정하고 눈부셔 보였던 비전이 있었다. 나는 즉각적으로 그들이 용기를 내가 항상 칭송했던 일본인들이 자신들의 명예를 구하고 마지막 전투병까지 죽임을 당하는 그들의 의무로부터 벗어날 변명으로 이 거의 초자연적 무기의 이해에서 어떻

---

30) *Ibid.*, p. 86.

게 발견할지를 스스로 생각해 보았다. 더 나아가 우리는 러시아인들이 필요하지 않을 것이다. 일본 전쟁의 종식은 더 이상 마지막 그리고 어쩌면 소모적인 학살을 위한 그들의 군대들을 쏟아 붓는 데 달려 있지 않았다. 우리는 그들의 호의를 요청할 필요가 없었다."[31]

트루먼, 마샬 그리고 레이히와 대화 후에 처칠은 오찬을 위해 자신의 빌라로 돌아왔다. 그리고 그날 오후에 제6차 본회의가 개최되었다. 다시 한 번 폴란드의 미래가 논의를 지배했다. 이제 처칠은 왜 영국이 폴란드의 영토적 요구를 수락할 수 없는지에 대한 주요 이유들을 반복하고 강조했다. 스탈린은 처칠의 주장을 수용하려 들지 않았다. 독일은 루르와 라인란트에서 충분한 연료를 얻을 수 있다고 그는 고집했다. 폴란드인들이 점령한 영토에 남아있는 독일인은 없다는 것이다. 트루먼은 이 문제의 긴급성을 이해할 수 없다고 말했다. 그것은 더 논의를 위해 외상들에게 위임되어야 하고 그것이 무엇이든 최종적 타결은 평화회담에 위임되어야 한다고 트루먼이 말했다.

그러나 처칠은 폴란드의 서부 국경문제는 진실로 위급한 문제라며 그 이유를 설명했다. 그리고 처칠, 스탈린 그리고 트루먼은 새 폴란드가 소위 오데르의 선이라고 불리우는 데까지 그것의 서부 국경선을 전진시킬 수 있다고 동의했다. 스탈린과 처칠의 차이는 이 연장이 얼마나 멀리 나갈 것인가였다. "오데르의 선"이란 말은 테헤란에서 사용되었지만 그는 이 말을 일반적 표현으로만 사용했으며 이 선이 지도 없이는 적절히 설명될 수 없다고 처칠은 지적했다. 만일 외상들이 9월에 만나서 폴란드를

31) Winston S. Churchill, *The Second World War*, Vol. VI, *Triumph and Tragedy*, New York: Houghton Mifflin Company, 1953, pp. 552–553.

논의하고 겨울이 우리에게 덮쳐오는 바로 그 때에 교착상태에 이르면 무슨 일이 일어나겠느냐고 처칠은 물었다. 예를 들어, 베를린을 위한 석탄은 실레지아로부터 그것의 상당한 연료를 얻어왔다. 스탈린은 석탄은 젝소니에서 온다고 말하기 위해 끼어들었다. 그러자 처칠은 베를린을 위한 석탄의 약 40%가 실레지아에서 왔다고 대답했다. 이 시점에서 트루먼은 얄타선언의 중대한 단원을 읽고 이것이 루즈벨트 대통령, 스탈린 그리고 처칠이 결정한 것이며 자기는 그것에 완전히 동의한다고 말했다. 4개 대신 5개 국가들이 지금 독일을 점령하고 있었다. 폴란드를 위한 지대에 합의하기가 충분히 쉬웠겠지만 그러나 그는 폴란드인들이 3대 강대국들과 협의 없이 이 지역을 점령하는 방식을 좋아하지 않았다. 그는 스탈린의 어려움을 이해했고 처칠의 어려움도 이해했다. 문제가 되는 것은 이 조치가 취해진 방식이었다.

이제 폴란드인들을 포츠담에 초대하자고 제안한 것은 처칠이었다. 이 것은 스탈린과 트루먼에 의해 수락되었고 그날 오후 초대장들이 바르샤바로 보내졌다. 그 후 논의는 이탈리아의 전 식민지들 즉, 이탈리아의 소말릴란드, 에리트레아, 시레네이카 그리고 트리폴리타니아의 운명에 관한 것이었다. 누가 그들을 발견했느냐고 스탈린이 묻자 영국 군대가 막대한 손실과 논란의 여지가 없는 승리를 통해 그것들을 정복했다고 처칠이 스탈린에게 말했다. 현재 이 식민지들을 영국이 장악하고 있었다. 만일 회담 테이블에서 그것들을 원한다고 주장하는 국가가 있다면 앞으로 나서라고 처칠은 덧붙였다. 미국은 이미 미국에 충분히 가난한 이탈리아인들을 갖고 있기에 그들을 원하지 않는다고 트루먼이 대답했다. 영국은 이 국가들 가운데 어떤 국가가 유태인들을 위해 행동할지 모르지만 유태인들은 이런 제안에 많이 매료되지 않을 것으로 보인다고 처칠이 언급했다. 논의 후반에 처칠은 다다넬스에 러시아의 군사기지를 위한 소련의 제안에 대해 스탈린과 충돌했다.[32] 그것은 러시아와 터키를 제외하곤 해협의 선박 통과에 아무도 관련할 수 없도록 제안되었다고 처칠은 항의했다. 그는 터키가 그런 조건에 결코 동의하지 않을 것이라고 확신했다. 그리하여 러시아의 제안들의 고려는 나중에 있을 모임으로 연기하는 데 동의했다.

7월 23일 월요일 오후에 제7차 본회의에서 논의될 첫 주제는 터키였다. 맨 먼저 입을 연 처칠은 러시아 기지에 의해 해협의 요새화를 지지할 수 없다고 재천명하면서 터키가 여기에 동의하라고 압박할 수 없다고 말했다. 스탈린은 전날 처칠 수상이 러시아가 터키를 겁준다고, 또 주된 이유들 중 하나가 불가리아에 너무 많은 러시아 병력의 집중이라고 말했는데 처칠이 인용한 정보는 낡은 것이고 자기는 어떻게 터키인들에 의해 그가 정보를 얻었는지를 모르지만 러시아는 영국이 그리스에서 갖고 있는 병력보다도 훨씬 적은 병력을 불가리아에 갖고 있다고 말할 수밖에 없다고 답변했다. 처칠이 그리스에 영국이 얼마나 많은 병력을 갖고 있다고 스탈린 수상은 생각하느냐고 물었고 스탈린은 5개 사단이라고 답했다. 처칠은 오직 2개 사단만 갖고 있다고 말했다. 스탈린이 기갑사단이 있느냐고 물었고 처칠은 전혀 없다고 답했다. 스탈린 수상은 처칠의 수치를 전적으로 수용한다고 말하면서 러시아는 불가리아에서 3만 명의 병력을 갖고 있다고 말했다. 만일 필요하다면 러시아의 총참모총장이 이것에 관해서 보고할 것이라고 말했다. 그러므로 특히 터키인들

---

32) Martin Gilbert, *Winston S. Churchill*, Vol. VIII, *Never Despair 945-1965*, p. 89.

은 전선에 20~30개 사단들을 갖고 있기 때문에 터키인들이 두려워할 것은 아무것도 없다고 스탈린이 말했다. 처칠은 스탈린에게 콘스탄티노플 근처에 러시아 기지를 압박하기보다는 대안을 고려하길 희망했다. 그러자 스탈린은 쾨니히스베르크까지, 그리고 이곳을 포함하여 동프러시아에서 소련의 영토 요구로 논의가 넘어갔다.

처음으로 입을 연 트루먼이 러시아가 독일 땅의 일부를 획득하는 데 반대하지 않을 것이라고 말했다. 그러자 처칠이 영국정부는 러시아의 이런 염원에 공감한다고 말했다. 제7차 본회의가 끝날 때 처칠은 자기와 애틀리는 총선의 결과가 7월 26일에 발표될 때 런던에 있을 수 있도록 7월 25일에 런던으로 돌아갈 필요가 있다고 설명했다. 그러므로 처칠은 그들이 7월 25일 정오 직후에 떠나서 7월 27일 오전 중에 돌아올 것이라고 제안했다. 그러므로 7월 25일 오전 중에 본회의를 개최하는 것이 가능할 것이고 또 영국정부의 대표들은 7월 27일 늦은 오후에 본회의에 참석하기 위해 시간에 늦지 않게 돌아올 것이라고 처칠이 말했다. 그날 밤 처칠이 다른 두 지도자들을 위해 연회를 열 차례였다. 건배를 하는 가운데 스탈린은 대(對)일본 전쟁에서 러시아가 미국과 영국에 합류하는 것이 얼마나 필요한지에 관해서 말하고 '서울이나 도쿄에서 우리의 다음 모임을 위해'라고 건배사를 했다.[33] 그날 스탈린은 편안해 했고 또 소련의 국가이익을 유지하기 위한 기회를 결코 놓치지 않았다고 처칠이 후에 말했다.

7월 24일 오전에 처칠은 그들의 최종적 보고서를 제출하는 합동참모총장들의 모임을 위해 베를린 "백악관"에서 트루먼 대통령과 합류했다.

---

33) *Ibid.*, p. 92.

처칠은 트루먼에게 무기대여(Lend – Lease)의 미래 문제를 제기했다. 전쟁이 초기에 이루어진 합의의 결과로 많은 영국의 부대들이 미국의 장비로 무장했고 그래서 영국의 자원으로 이 장비를 대체할 어떤 비축도 이루어지지 않았다. 그런 비축을 한다는 것은 시간이 걸리고 또 그는 대통령이 미국에 대한 이 의존의 지위에서 영국의 군사력이 독립적인 지위로 무리 없이 이동이 가능하게 해 주길 대단히 희망했다. 처칠은 계속해서 일본에 대한 전쟁의 수행에 관련해서만 영국의 전쟁수행 능력을 유지하는 사업의 엄격한 해석이 자기를 크나큰 어려움에 빠뜨릴 자기의 두려움을 트루먼에게 설명해 나갔다. 그는 또한 무기대여 장비의 공급에 적용되는 규칙들이 영국의 장비에 대한 영국의 주권적 권한들을 제한하는 것으로 간주되지 않기를 희망했다. 예를 들어서 만일 영국정부가 이것이 바람직스럽다고 느낀다면 그는 영국의 장비를 벨기에인들에게 자유롭게 제공해야 했다. 그리고 이것은 미국으로부터 상응하는 공급을 말리는 결과가 되지 않기를 처칠은 희망했다.

트루먼은 무기대여법에 가능한 한 가장 광범위한 해석을 하려고 애를 쓰고 있다고 대답했다. 그러나 트루먼은 자기가 무기대여법의 해석에 대하여 의회와의 거북함을 피하고 싶고 또 그 문제를 깔끔하게 하기 위해서 추가적인 입법을 요청하는 것이 필요할지도 모르기 때문에 처칠에게 인내하기를 요청해야 했다.[34] 트루먼과의 짧은 회담 후에 처칠은 혼자서 점심을 먹기위해 자신의 빌라로 걸어서 돌아왔다.

본회의에 앞서 예비적 합의를 이루려는 시도로 처칠은 비에루트(Bierut)와 모라브스키(Morawski)가 이끄는 새 폴란드정부의 8인을 맞이

---

34) *Ibid.*, p. 94.

했다. 처칠은 폴란드인들에게 1939년 폴란드가 침공을 당하면서 영국이 전쟁에 돌입했다는 사실을 상기시키면서 논의를 시작했다. '우리는 항상 폴란드에 지대한 관심을 가지고 있었으며 폴란드가 전쟁으로부터 살아갈 가치가 있는 영토를 가진 강력하고 독립적인 국가로 등장하지 않는한 만족하지 않을 것이다. 폴란드가 그런 지위를 향유하도록 확실하게 하기 위해 지난 해 동안 대단한 노력을 경주했다.' 영국은 언제나 강력하고 독립적인 폴란드의 옹호자였다고 처칠은 재천명했다.

그러나 영국은 폴란드가 지금 제안 받고 그래서 분명히 취하길 갈망하는 국경선들의 지지자는 아니라고 말했다. 어떤 나라가 '씹을 수 있는이상을 무는 것은 위험하다'. 오데르-나이세 라인을 반대하는데 있어서 영국은 폴란드에 대한 어떤 식으로든 악의에 의해 움직이지 않는다고 처칠은 말했다. 그러나 영국은 폴란드인들이 한때 동쪽으로 지나치게 나갔던 것과 꼭 마찬가지로 지금은 서쪽으로 지나치게 밀고 나가는 위험이 있음을 확신한다고 처칠이 덧붙였다. 처칠은 비에루트에게 우리를 괴롭히는 것은 영토적 문제뿐만 아니라 동시에 정치적 문제라면서 진정으로 민주적 폴란드를 위한 하나의 모든 정상 정부, 즉 거국정부를 호소했다. 그러나 비에루트는 정치적 민주주의에 대한 처칠의 호소에 답변하지 않았다. 비에루트는 다음날 오전에 처칠을 다시 보기로 동의했다.

처칠은 제8차 본회의를 위해 세실리엔호프 궁전으로 갔다. 처칠은 이탈리아에서 정치적 과정의 옵저버로서 러시아의 제약 없는 접근과 루마니아와 불가리아에서 영국의 군사 및 외교적 대표들이 직면하고 있는 상황을 비교했다. 그리고 스탈린은 부쿠레슈티와 소피아에서 우리의 사절단이 발생하는 사건들의 목록을 읽는다면 경악할 것이라고 강력하게 덧붙였다. 그런 것들은 동화 이야기라고 스탈린이 말했지만 처칠은 그에게 그것들이 그렇지 않다고 확언했다. 그는 수년 동안 자기가 개인적으로 잘 아는 부쿠레슈티에 있는 우리의 외교적 및 군사적 대표들로부터 그것들을 확인했다고 말했다. 우리 사절단의 조건은 가장 고통스럽고 또 큰 고난을 야기했다. 미국 대표들의 경험이 어떠했는지에 관해서는 그가 말할 입장이 아니었다. 그러나 우리의 대표들이 자동차로 외출할 때 그들이 어디를 가던 그들은 밀접하게 추적당하고 모든 순간 그들은 감시받고 있다. 더 나아가 우리 사절단을 위해 사용되는 비행기에는 많은 지연이 부과되었다고 처칠은 말했다. 그러자 스탈린이 처칠과 트루먼에 의해 동의 받길 원하는 4개 위성국들에 대한 하나의 포뮬라를 제안했다. 그것은 이랬다: "세 정부는 핀란드, 루마니아, 불가리아 그리고 헝가리와 외교관계의 수립 문제를 가까운 미래에 각자가 별도로 고려하기로 합의했다." 트루먼이 이것에 반대할 이유가 없다고 말한 뒤에 논의는 계속되었다. 처칠 수상이 2일 동안 영국으로 가야했기 때문에 지금까지 이루어진 결정에 대해 코뮤니케가 작성되어야 한다는 트루먼의 제안에 대해 '물고기는 잡히는 대로 망에 집어넣는 것이 현명하다'고 코멘트하면서[35] 처칠이 동의했다.

일본에게 전쟁을 끝낼 기회를 제공하면서 일본에 보낼 메시지도 있었다. 그 메시지는 이랬다:

"독일에게 일어난 일은 일본의 인민들에게 아주 명확하게 하나의 본보기가 된다. 우리의 결의에 찬 동맹국들의 군사력의 완전한 적용은 일본 군사력의 필연적이고 완전한 파괴를 의미할 것이다. 그리고

---

35) *Ibid.*, p. 97.

마찬가지로 어쩔 수 없이 일본 본토의 철저한 파괴를 의미할 것이다. 지금은 일본이 일본을 괴멸의 문턱으로 가져간 사람들에 의해서 계속 통제될 것인가 아니면 이성의 길을 따를 것인가를 결정할 때이다. 이제 3대 강대국들은 다른 대안이 없다는 것을 덧붙이면서 그들의 조건을 제시한다. 그리고 우리는 어떤 지연도 참지 않을 것이다. 일본의 인민들을 속이고 오도했던 사람들의 영향력과 권위는 영원히 제거되어야만 할 것이다. 일본의 군사력은 완전히 해체되어야만 할 것이다. 일본의 주권은 일본의 4개 주요 섬들에 그리고 우리가 결정하는 그런 작은 섬들에 국한될 것이다. 근본적인 인권에 대한 존중뿐만 아니라 언론, 종교 그리고 사상의 자유가 수립될 것이다. 그 대신에 일본은 일본이 경제를 지탱할 그런 산업들의 유지가 허용될 것이며 또한 세계 무역관계에 종국적 참여가 허락될 것이다. 우리는 일본정부에게 모든 일본의 군사력의 무조건 항복을 천명하고 그런 조치에 있어서 그들의 신임의 적당하고 적합한 보장들을 제공하도록 촉구한다."[36]

제8차 본회의가 끝이 났다. 처칠은 트루먼이 스탈린에게 다가 가서 두 사람의 통역관들만을 옆에 두고 단독으로 서로 말하는 것을 보았다. 처칠은 대통령이 말하려는 것을 알고 있었다. 가늠할 중대한 것은 스탈린에 대한 그것의 효과였다. 처칠은 그것이 마치 어제 일처럼 그 모든 것이 눈에 선하다며 다음과 같이 회고했다:

"스탈린은 기뻐하는 것처럼 보였다. 새로운 폭탄! 비상한 힘! 아마도 전 대일 전쟁에 결정적이겠군. 이런 행운이! 이것이 당시에 나의 인상이었다. 나는 그가 들은 것의 중요성에 대해 이해하지 못했다고 확신한다. 그의 강렬한 수고와 압박 속에서 분명히 원자폭탄은 아

---

36) *Ibid.*, p. 99.

무런 역할도 하지 않았다. 만일 그가 세계에서 진행 중인 혁명에 관해서 조금이라고 알았더라면 그의 반응은 명확했을 것이다. 그 무엇도 그가 '당신의 신 무기에 관해서 나에게 말해준 데 대해 감사합니다. 물론 나는 기술적인 지식이 없다. 이 원자과학의 내 전문가를 당신의 전문가를 만나 보도록 내일 오전에 보내도 될까요?'라고 말하기보다 더 쉬운 일은 없었을 것이다. 그러나 그의 얼굴은 즐겁고 부드러웠다. 그리고 이 두 권력자들 사이의 대화는 곧 끝이 났다. 우리가 우리의 자동차를 기다리는 동안 내가 트루먼 가까이에 있음을 알았다. '어떠했어요?'라고 내가 물었다. '그가 아무것도 묻지 않았다'고 그는 대답했다. 그러므로 그날 스탈린은 미국과 영국이 그렇게 오랫동안 수행한 거대한 연구과정과 미국이 이 영웅적 도박에 4억 파운드 이상을 소비한 생산에 관해서 아무런 특별한 지식을 갖고 있지 않았다고 나는 확신한다."[37]

그날 밤 처칠은 불쾌한 꿈을 꾸었다고 아침에 주치의인 모란(Moran) 경에게 말했다. '나는 인생이 끝나는 꿈을 꾸었다. 나는 아주 생생하게 빈 방에서 테이블 위에 하얀 시트 아래 나의 시체를 보았다. 나는 시트 밑으로부터 삐져나온 나의 맨발을 보았다. 그것은 아주 현실 같았다. 어쩌면 이것이 끝이다'라고 덧붙였다.[38]

7월 25일 수요일 오전 10시에 처칠은 비에루트를 다시 만나 폴란드 문제의 교착을 타개하려고 노력하였다. 지금까지 그와 비에루트는 서로 반대편에 있었지만 이제 조정이 이루어져 기쁘다고 처칠이 말했다. 폴란드의 미래 발전에 관해 말하면서 비에루트는 전쟁이 새로운 사회발전을 위한 기회를 제공한다고 처칠에게 말했다. 이것은 전쟁으로 야기된 혼란

37) Winston S. Churchill, *The Second World War,* Vol. VI, *Triumph and Tragedy*, pp. 579－580.
38) Martin Gilbert, *Winston S. Churchill,* Vol. VIII, *Never Despair 945－1965*, pp. 100－101.

속에서 폴란드가 공산주의로 뛰어든다는 것을 의미하는 것이냐고 처칠이 물었다. 그는 공산주의에 반대하지만 그것은 순전히 폴란드의 문제이다. 그의 생각에 의하면 폴란드는 공산주의와는 거리가 멀고 소련과 우호적인 조건으로 살아갈 것이며 소련의 경험에서 이득을 얻길 원하지만 소련체제를 답습하지는 않을 것이라고 비에루트가 대답했다. 폴란드는 자신의 노선을 갈 것이라고 비에루트는 주장했다.

처칠은 비에루트에게 전쟁 전 체코슬로바키아의 민주적 발전이 건전한 노선이라고 말했다. 폴란드의 내부적 발전은 폴란드인들이 결정할 것이지만 그러나 우리 두 나라의 관계에 영향을 미칠 것이라고 처칠은 강조했다. 그러나 그는 폴란드에는 개혁을 위한 공간, 특히 거대한 토지재산의 문제가 있을 것이라고 동의했다. 답변으로 비에루트가 폴란드의 발전은 서방 민주주의의 원칙들에 토대를 둘 것이라고 말하면서 영국 모델을 언급하기까지 했다. 이에 대해 처칠은 자유선거에 특별한 중요성을 부여한다고 처칠이 답했다. 해외에서 돌아오는 폴란드인들에 대해서 그들이 귀국하도록 자기의 모든 힘을 다하겠지만 그러나 그들이 동포들과 명예로운 조건 위에서 그들이 삶을 다시 시작할 수 있어야만 한다고 처칠은 말했다. 그러면서 발칸에서 가장 최근의 발전 단계는 소비에트화라기 보다는 경찰국가의 방향이었다고 처칠이 경고했다. 그는 폴란드에서 그런 문제에서 발전이 있기를 희망했다.

폴란드의 서부 국경선 문제로 돌아서 처칠은 비에루트에게 그는 어느 땐가 오데르 강까지 요구하는 폴란드의 요구를 지지할 준비가 되어 있었지만 서부 국경선 전체는 아니라고 말했다. 지금 폴란드인들은 너무 많은 걸 요구하고 있다. 그 결과로 합의에 이르지 못하고 있다. 우리와 미국인들은 우리 측의 정책을 추구하고 있고 러시아들인들은 다른 정책을 추구하고 있다. 그것은 심각한 결과를 초래할 것이라고 처칠은 경고했다. 회담이 거의 끝이 났다. 그때 처칠이 비에루트가 미콜라치크와 잘 지내길 바란다고 말했다. 그는 미콜라치크가 폴란드로 돌아가도록 항상 압력을 가했다. 우리는 모든 폴란드인들이 돌아오길 원한다고 비에루트가 답변했다. 처칠은 비에루트가 해외의 폴란드인들이 돌아가서 우리가 보길 염원하는 자유롭고, 행복하고 번영하는 폴란드를 건설하도록 해외 폴란드인들을 격려하는 그의 현 기회를 최대한 활용하기를 기대했다. 처칠과 비에루트간의 논의는 50분간 계속되었다. 그러나 두 사람 사이와 그들이 대변하는 정치체제 간의 간격은 분명히 메울 수 없었다.[39]

7월 25일 오전 11시에 처칠은 제9차 본회의를 위해 시실리엔호프 궁으로 돌아왔다. 처칠은 다시 한 번 폴란드의 서부 국경선은 폴란드인들이 요구하는 지역에서 여전히 살고 있는 150만 독일인들을 고려하지 않고는 타결될 수 없다고 주장했다. 트루먼이 동의하면서 스탈린에게 전시 대통령 권한을 남용할 준비가 되어 있지 않다고 경고했다. 트루먼 다음으로 발언하면서 처칠은 회담의 성공을 위해 폴란드 문제와 배상과 독일의 감정과 같은 거기에 연결된 다른 문제들의 타결이 얼마나 중요한지를 강조했다. "만일 폴란드인들이 독일에서 생산되는 식량을 전 독일 주민들에게 균등하게 배포하기 위해 만들어진 조정 없이 그리고 배상 계획에 대해 이루어진 합의나 전쟁 전리품의 정의 없이 제5의 점령국가의 지위를 차지하도록 허용된다면 회담이 실패했다고 인정되어야만 한다. 폭넓은 합의가 그들의 일의 바로 심장부에 놓여있는 이 문제들의 망

39) *Ibid.*, p. 103.

에서 이루어지는 것이 그의 정직한 희망이다. 그러나 지금까지 그런 합의를 향해 아무런 진전도 이루어지지 않았다."[40]

이에 대한 답변으로 스탈린이 '보다 중요한 문제는 독일의 나머지 지역을 위해 루르 지역으로부터 석탄과 물질의 공급을 얻는 문제'라고 말했다. 이것은 길고 엄한 언쟁을 가져왔는데 여기에서 처칠은 독일의 러시아 점령지대를 위해서나 루르를 위한 식량과 같은 아무런 상호 호혜적 조정도 없이 폴란드를 위해 루르의 석탄 사용에 단호히 반대했다. 만일 루르의 광부들이 식량을 얻지 못한다면 그들은 석탄을 생산할 수 없다고 처칠은 주장했다. 아직도 독일에는 상당히 많은 지방(fat)이 남아 있다는 것이 스탈린의 답변이었다. 스탈린에게 만일 그들이 석탄을 생산하는 독일 광부들을 위해 식량을 교환으로 받는다면 영국정부는 기꺼이 폴란드에게 루르의 석탄을 보내 줄 것이라고 말하면서 스탈린의 주장을 수락하지 않았다. 합의가 이루어지지 않았다. 이 문제의 고려를 후에 있을 모임까지 연기하는 결정만 있었다. 오후 12시 16분에 포츠담 회담의 제9차 본회의가 끝났다. 작별인사를 할 필요는 없었다. 트루먼과 스탈린은 48시간 내에 포츠담에서 처칠을 다시 볼 것으로 기대했다. 처칠은 서둘러 자기 빌라로 돌아갔고 몇 분 후에 자동차로 가토우(Gatow) 비행장으로 갔다. 오후 1시 23분 그의 비행기는 영국을 향해 이륙했다.

9일간의 격렬한 협상 동안에 처칠은 3가지 명확한 승리를 거두었다. 그것들은 터키의 동부 전선의 순결을 존중한다는 합의, 영국과 미국의 군대들뿐만 아니라 모든 소련 군대들도 페르시아에서 철수한다는 합의, 그리고 비엔나 점령에서 영국과 미국에게 일부를 허용한다는 합의였다.

---

40) *Ibid.*, p. 103.

폴란드의 정치적 미래와 그것의 국경선들에 대한, 즉 폴란드에 대해서만 처음 1943년 테헤란에서 그리고 나서 1945년 얄타에서 그가 그렇게 열심히 투쟁한 스탈린으로부터 양보를 얻어내는 데는 실패했다.[41]

1945년 7월 25일 수요일 오후에 처칠의 비행기는 베를린으로부터 영국의 노솔트 비행장에 착륙했다. 그날 저녁 처칠은 왕을 알현하고 왕에게 그때까지 포츠담 논의에 관해서 보고했다. 그는 또한 트루먼 대통령의 제안된 영국방문과 왕과 트루먼의 회동을 위한 조정을 왕과 함께 논의했다. 7월 26일 목요일 오전 10시 총선결과가 도착하기 시작할 때 처칠은 그의 공습경비복을 입고 별관에 있는 지도실에 있었다. 정오까지 노동당의 압도적 승리가 분명했다. 그의 부인 클레멘타인이 오찬을 함께하면서 선거의 패배가 그에게는 '위장된 축복'(blessing in disguise)이 될 수 있다고 말했을 때 처칠은 이 순간에 그것은 아주 효과적으로 위장된 것처럼 보인다고 대답했다. 단 한마디의 비난도 처칠의 입에서 나오지 않았다.

처칠의 가까운 사람들에게 유권자들의 결정은 타격이었다. 때때로 그들을 위로하려고 하는 것은 오히려 처칠이었다. 레슬리 로원(Leslie Rowan) 경의 부인 주디(Judy)는 후에 그의 남편이 언제, 어떻게 처칠에게 말했는지를 회상했다: "국민이 얼마나 배은망덕한지 절대적으로 어처구니가 없다." 처칠은 로원 경에게 "그게 정치야, 그게 정치라고" 말하면서 그것을 간단히 무시했다.[42] 주치의인 모란 경이 후에 국민들의 배은망덕에 관해서 말했을 때 '오. 아니야. 나는 그것을 그렇게 부르고 싶지 않다. 그들은 아주 어려운 시기를 살았다'고 대답했다. 그러나 그의 우드포드

---

41) *Ibid.,* p. 104.
42) Martin Gilbert, *Winston S, Churchill,* Vol. VIII, *Never Despair, 1945-1965,* p. 119.

(Woodford) 선거구에서 비록 자신이 27, 688표를 받았지만 그에 맞선 독립적 후보가 10,488표를 받았다는 데 충격을 받았다.[43]

다음 날 그가 수상관저에서 이사 나올 준비를 할 때 그는 각의 실에서 앤서니 이든(Anthony Eden)에게 "나의 30년 인생이 이 방에서 지났다. 나는 거기에 다시 앉지 않을 것이다. 당신은 그러겠지만 나는 아니야"라고 말했다. 선거 결과는 다른 사람들에게게도 역시, 특히 외국인들에게도 커다란 충격으로 다가왔다. 미국의 제8군 사령관인 프레드릭 루이스 앤더슨(Frederick Lewis Anderson) 중장은 "나는 처칠의 패배 소식에 너무 충격을 받았다. 나의 심장이 뒤집어졌다. 그리고 나는 나의 아주 개인적인 친구에게 커다란 부정의가 행해졌다고 느낀다"고 썼다. 애버렐 해리먼(Averell Harriman)이 비례대표제라면 그가 여전히 보수당－자유당 연립의 수상일 것이라고 말하면서 처칠을 위로하려고 시도했을 때 그는 격분하여 그런 생각을 거부하면서 "난 비례대표제의 해악들에 대항하여 나의 모든 힘을 다해 싸울 것이라'고 말했다. 그리고 그는 민주주의란 국민들이 어느 정당이 정부에서 취한 결정들에 대해 책임이 있고 또 책임져야 할지를 알 경우에만 성공할 수 있을 것이라고 설명했다. 수상 별관의 방문록에 1945년 7월 30일자 페이지의 밑에 "클레멘타인 처칠"과 "윈스턴 S. 처칠"이라는 서명이 있다. 그 아래에 처칠의 손 글씨로 "끝"(Finis)이라는 단어가 있다.[44]

43) Andrew Roberts, *Churchill: Walking with Destiny.*, p. 885.
44) *Ibid.*, p. 886.

VIII

위장된 축복 속에서

Under the Blessing in Disguise

> "역사는 나에게 친절할 것이다.
> 왜냐하면 내가 그것을 쓰려고 하니까."
>
> — 윈스턴 처칠

1891년 7월 어느 일요일 저녁에 교회당에서 저녁 예배 후 웰던(Welldon) 박사의 집 지하방에서 17세의 처칠이 자신의 삶의 계획들을 논하고 있었다. 이때 처칠은 친구인 멀렌드 에번스(Murland Evans)에게 이렇게 말했다.[1]

"나는 지금 평화로운 세계에 거대한 변화들이 오고 있음을 알 수 있다. 거대한 격변들, 무서운 투쟁들, 우리가 상상할 수 없는 전쟁들, 그리고 나는 런던이 위험에 처할 것이라고 말하겠다. 런던이 공격을 받고 나는 런던의 방어에 아주 탁월할 것이다. 나는 당신들이 보는 것에 더 나아간 앞을 볼 수 있다. 나에겐 미래가 보인다. 이 나라는 어떤 식으로든 굉장한 침공에 직면할 것이다. 어떤 수단으로 할지 나

---

1) 에번스는 후에 전쟁국(War Office)에 근무한 사람으로 그의 회고 능력은 믿을 만하다.

는 모른다. 그러나 나는 런던의 방어를 지휘할 것이고 또 런던과 영국을 재앙으로부터 구할 것이라고 말하겠다. 미래의 꿈들은 흐릿하지만 주된 목표는 분명하다. 나는 반복한다. 런던은 위험에 처할 것이고 나는 고위직을 차지할 것이다. 수도를 구하고 제국을 구하는 일이 나에게 주어질 것이다."[2]

1945년까지 처칠은 런던을 구하는 미래의 자신을 내다보았던 바로 그 과업을 성취했다. 그러나 그의 나이는 이제 70세가 되었고 정부의 관직에서 나왔지만 그는 정치에서 스스로 은퇴할 수 없었다. 정치는 그에게 생명의 피였다. 그러나 여러 가지 면에서 1945년 총선의 패배는 그의 부인이 처칠에게 위로의 말로 했던 것처럼 처칠에게는 참으로 "위장된 축복"(blessing in disguise)이었다.[3] 그 축복의 내용은 다음과 같이 최소한 4가지로 집약될 수 있을 것이다.

우선 첫째로, 이제 정부가 직면하고 있는 인도의 독립과 제국으로부터의 후퇴, 동원해제, 재건과 재정적 긴축, 주택, 스털링 지역(Sterling Area)의 해제와 같은 문제들은 그를 힘 솟게 하거나 그의 힘에 어울리는 것들이 아니었다. 이제 그는 이런 어려운 국정 문제들을 다룰 필요가 없게 되었다.

둘째로, 또 다른 이점이 있었다. 만일 그가 매일 매일 소련을 외교적으로 다루어야만 했다면 처칠은 소련 공산주의의 위협에 대해 경고할 수 없었을 것이다.

셋째로, 수상관저를 떠남으로써 처칠은 자신의 생애에서 처음으로 돈 걱정을 떨쳐낼 수 있었다. 그는 4,200쪽이 넘는 그의 6권으로 구성된 회

2) Andrew Roberts, *Churchill: Walking with Destiny,*, pp. 22–23.
3) Paul Johnson, *Churchill,* New York: Viking, 2009, p. 147.

고록인 <제2차 세계대전>(*The Second World War*)을 엄청난 액수의 선금을 받고 집필할 수 있었다. 그가 총선에서 패배하지 않았더라면 수상으로서 그가 결코 그렇게 할 시간을 낼 수 없었을 것이다. 그는 회고록으로 노벨 문학상을 받기도 했다. 그는 스스로 역사를 씀으로써 역사를 지배할 수 있었다.[4]

넷째로, 비록 처칠이 공개적으로 그것을 인정할 수 없었다고 할지라도 처칠은 5년간의 전쟁지도자로서 긴장과 스트레스로 인해 완전히 지쳐 있었다. 그 자신이 쉬면서 자신의 힘과 에너지를 재충전할 시간이 필사적으로 필요하다는 것을 알고 있었다. 수상 겸 국방장관으로서 처칠은 1천 9백일 동안에 배와 기차 그리고 비행기로 해외로 11만 마일을 여행하면서 카이로 4번, 워싱턴과 모스크바에 12번, 퀘벡에 2번, 그리고 버뮤다, 테헤란, 카사블랑카, 이탈리아, 노르망디, 파리, 몰타, 얄타, 아테네, 벨기에 그리고 베를린에 갔었다. 처칠은 1945년 11월에 가서 만일 그가 지난 7월의 총선에서 이겼더라면 지금쯤 자신은 죽은 사람이 되었을 가능성이 높다고 인정했다.[5]

처칠은 신체적으로 살아 남았을 뿐만 아니라 선거의 패배에도 불구하고 정신적으로 망가지지 않았던 하나의 이유는 분명히 그 자신이 역사가로서 많은 역사적 전례들을 잘 알고 있었기 때문이었다. 그의 영웅인 말보러(Marlborough)도 앤 여왕(Queen Anne)이 당시 토리파(Tories)로 돌아섰을 때 제1공작(the First Duke)인 존 스펜서 처칠(John Spencer Churchill)이 그를 '내 동포들의 야비한 배은망덕'이라고 불렀던 것에 직면했었다.

4) David Reynolds, *In Command of History: Churchill Fighting and Writing the Second World War,* New York: Basic Books, 2005, p. 531.
5) Andrew Roberts, *Churchill: Walking with Destiny,* p. 889.

또 다른 처칠의 영웅인 클레망소(Clemenceau)는 제1차 세계대전에서 승리했음에도 불구하고 1920년에 프랑스에서 대통령으로 선택되지 않았다. "승리를 쟁취했을 때 외국인들의 눈에 프랑스는 배은망덕했다. 프랑스의 클레망소는 위대한 정치가였다"고 처칠은 썼다.[6] 처칠은 배은망덕이라고 할 만한 참으로 경악스런 결과에도 불구하고 그것을 담담하게 받아들임으로써 오히려 그가 얼마나 대범하고 장엄한 인물인가를 입증해 주었다.

보수당 패배의 충격은 세계 무대의 극적인 사건들에 의해서 빠르게 추월되었다. 전날의 포츠담 메시지를 일본인들이 거부함에 따라 7월 27일 그들이 극심한 항공폭격에 직면할 것이라는 공중에서 살포된 전단지들에 의해 11개의 일본 도시들이 경고를 받았다. 추가적 경고가 7월 31일과 8월 5일에도 주어졌다. 마침내 1945년 8월 6일 일본의 히로시마에 원자탄이 투하되었다. 10만 명 이상의 일본인들이 죽었다. 처칠은 그날 공개된 메시지에서 '일본을 강타한 첫 원자탄의 섬광 속에서 이 세계에서 법의 지배를 유지하는 무서운 수준의 무한한 지속에 관해 어떤 결과들이 있을지 일본이 깨달을 때이다'라고 썼다. 히로시마 원폭 이틀 후인 8월 8일 소련이 일본에게 전쟁을 선포했다. 그리고 소련 군대들은 이미 만주 국경선으로 밀려들었고 일련의 치열한 유혈의 전투 속에서 남쪽으로 전진했다. 8월 9일 두 번째 원자탄이 나가사키에 투하되었다. 즉시 4만 명 이상의 일본인들이 죽었으며 두 도시가 거의 말살되었다. 8월 14일 일본정부가 동맹국들의 무조건 항복조건을 수락했다. 제2차 세계대전이 비로소 끝이 났다.

---

6) Winston Churchill, *Great Contemporaries*, London: Butterworth, 1937, p. 310.

8월 16일 의회에서 처칠은 유일한 대안은 1백만 명의 미국인들과 25만 명의 영국인들의 생명을 희생시키는 것이라고 말했다. '원자탄을 사용하는 결정은 포츠담에서 트루먼 대통령과 나에 의해서 이루어졌다'고 말했고 '우리는 그 무섭고 억제된 힘을 풀어 놓을 군사적 계획을 승인했다'고 말했다. 그는 1924년 이래 핵분열의 힘을 이해했었다. 그리고 폭탄을 제조하는 데 들어간 비용, 시간, 전문성과 노력의 양, 그리고 이후 그것을 사용하는 데 있어서 정치인들의 양심을 살리기 위해 그들의 장병 수십만 명을 죽게 둔다는 것은 군인들에게 결코 수락되지 않았을 것이다. 그것은 당시에 대중에 의해 압도적으로 승인되었고, 또 특히 당시의 군대에 의해 압도적으로 승인되었다.[7]

1945년 8월 중순 처칠은 커즌 라인에 이르기까지 러시아에 폴란드 영토를 할애한데 대한 보상으로 너무나 많은 독일의 슐레지엔을 폴란드에 포기했다고 애틀리 정부를 비판했다. 물론 포츠담에서 보인 스탈린의 완강한 고집을 고려할 때 처칠 자신이 포츠담에서 폴란드를 위해 애틀리가 최종적으로 했던 것보다도 더 나은 협상을 했을 것 같지는 않지만 이제 처칠은 야당 지도자였기에 정당의 정치적 자본을 만드는 것이 그에겐 의무였다. 그는 또한 새로운 폴란드로부터 수백만 명의 독일인들을 추방하는 것에 대해서 "철의 장막"(Iron Curtain)이라는 용어를 공개적으로는 처음 사용했다. 즉, 그는 거대한 규모의 비극이 이 순간 유럽을 둘로 분할하는 철의 장막 뒤에서 전개되고 있는 것이 불가능하지 않다고 말했다.[8] 그들이 운반하고 그들의 손수레에 실을 수 있는 것만 가지고 자신들의 집에서 추방되고 있는 수백만 독일인들의 복지에 대한 관심을

---

7) Andrew Roberts, *op. cit.,* p. 890.
8) *Ibid.,* p. 891.

표현했던 것은 '승리 후엔 아량'이라는 처칠의 신념과 그의 지도자적 장엄함(magnanimity)의 덕목에 일치하는 것이었다. 처칠은 폴란드, 헝가리, 유고슬라비아, 루마니아, 그리고 불가리아의 공산주의 정부들의 폭군적 행위, 시민들이 사라지기에 앞서 이 나라들의 비밀경찰로부터 밤시간에 '문을 두드리는' 행위도 이미 비난하고 있었다.9)

1945년 9월 2일, 일본이 공식적으로 항복문서에 서명한 날에 처칠은 이탈리아의 레이크 코모(Lake Como)로 비행하여 그림을 그리면서 휴가를 보냈고 부인 클레멘타인은 그 사이에 런던의 새 거주지인 하이드 파크 게이트 28번지(Hyde Park Gate 28)의 주택 구매를 마무리하고 있었다. 처칠은 이탈리아에서 아주 잘 쉬어서 오후 낮잠마저 포기했다. 이때부터 낮잠을 영원히 포기하게 되었는데 그래도 처칠은 정치를 포기하는 것을 고려하지 않았다. 처칠은 사회주의나 노동당에 반대하는 꾸준한 공세를 유지했다. 그는 10월 토론에서 "자본주의의 고유한 악은 축복의 불평등한 공유이며 사회주의 고유의 덕목은 비참함의 평등한 공유"라고 말했다.10)

1946년 2월에는 보수당을 이든에게 맡기고 쿠바를 방문하여 하바나의 나시오날 호텔(Hotel Nacional)에서 묵었다. 기자회견에서 처칠은 "나의 조국에서 사람들은 자기들이 좋아하는 대로 할 수 있다. 비록 그들은 자기들이 했던 것을 좋아하지 않는 일이 종종 발생하지만"이라고 말했다.11) 그 후 처칠은 워싱턴으로 가서 아이젠하워 장군을 방문했고 영국 대사관저에 머물렀다. 2월 26일에 마이애미 대학교(the University of Miami)

---

9) *Ibid.*, p. 891.
10) *Ibid.*, p. 892.
11) *Ibid.*, p. 893.

에서 명예 법학박사학위를 수여 받았는데 이것은 1926년과 1954년 사이에 전 세계의 대학들로부터 그에게 수여한 16개의 학술적 명예들 가운데 하나였다. 마이애미 대학교에서 그는 '나는 학생 때 시험을 통과하는 데 좋지 않았는데 생애에서 늦게 학위를 받는 아주 많은 경험을 하여 놀랐다'고 말했다. 그의 수락연설의 중심적 메시지는 '소년이나 소녀는 젊을 때 성공의 부족으로 절망해서는 안 되지만 그러나 부지런히 그리고 충실하게 계속 참고 잃어버린 시간을 보충해야 한다'고 말했다.[12] 또한 전문 지식은 아무리 필요 불가결한 것이라 해도 모든 슬픔과 모든 억누를 수 없는 희망을 가지고 인간의 역사를 바라보는 관대하고 이해하는 전망의 대치가 아니라'고 덧붙였다.[13]

1946년 3월 5일 트루먼 대통령의 고향인 미주리(Missouri) 주의 풀턴(Fulton)에 있는 웨스트민스터 대학으로부터 명예학위를 제안 받았기 때문에 미국으로 여행했었다. 초청장에 트루먼 대통령의 손으로 쓴 승인과 자기 일행의 확장된 여행의 전망이 처칠로 하여금 수락하게 만들었다. 그의 수락연설은 영국 대사관에서 완성되었다. 트루먼이 그것을 미리 읽었지만 비판이나 수정할 것이 없다고 말했다. 풀턴에서 행한 연설은 공식적으로 "평화의 군자금"(Sinews of Peace)이라는 제목을 갖고 있었지만 곧바로 "철의 장막 연설"(The Iron Curtain Speech)로 불리웠다. 웨스트민스터 대학의 커다란 체육관에서 처칠은 "미국은 지금 세계 강대국의 절정에 서 있다"는 말로 그의 연설을 시작했다.

---

12) Martin Gilbert, ed., *Churchill: The Power of Words*, p. 369.
13) Andrew Roberts, *Churchill: Walking with Destiny*, p. 893.

"지금은 미국의 민주주의를 위한 장엄한 순간이다. 왜냐하면 최고
의 힘이 또한 미래에 대한 경외심을 진작시키는 책임도 함께 하고 있
기 때문이다. 만일 여러분들이 주변을 둘러보면 행해진 의무감을 느
낄 뿐만 아니라 역시 여러분들이 성취의 수준 아래로 떨어지지 않으
려면 불안감을 느낄 것이다. 유엔에 관해서 말한다면, 우리는 유엔의
하는 일이 결실 있고, 또 그것이 속임수가 아니라 현실이 되고, 또 그
것이 단순히 빈말이 아니라 행동을 위한 힘이 되고, 그것이 바벨탑의
단지 조종석이 아니라 많은 국가들의 방패들을 걸어 놓고 진정한 평화
의 사원이라는 것을 확실히 해야만 한다. 전쟁의 확실한 예방이나 세
계기구의 지속적 부상은 영어권 인민들의 우애의 연합이라고 내가 불
렀던 것이 없이는 얻어질 수 없을 것이다. 이것은 영국연방과 제국 그
리고 미국 사이에 '특별한 관계'(Special Relationship)를 의미한다."[14]

처칠은 이것이 전 세계에 걸쳐 영국이나 미국이 보유하고 있는 해군
력과 공군력의 합동사용을 포함하는 데까지 나아가길 원했다. 그리고 그
는 1930년대 유화정책 시기 동안에 나치스에 관해서 그가 했던 것만큼
이나 중대하고 또 선견지명의 경고를 발했다. 전 지구에 신속하게 알려
진 언어로 그는 영어권 인민들에 관해서 보다는 러시아에 관해서 그가
말하러 왔던 진정한 핵심에 이르렀다.

"슈테틴(Stettin)으로부터 아드리아에 있는 트리에스테(Trieste)에
이르기까지 철의 장막이 대륙에 걸쳐 드리워졌다. 이 라인 뒤에서는
중부 및 동유럽의 옛 국가들의 모든 수도들이 놓여 있다. 바르샤바,
베를린, 프라하, 비엔나, 부다페스트, 베오그라드, 부쿠레슈티 그리고
소피아, 이 모든 유명 도시들과 그것들 주변의 주민들이 내가 소련권

---

14) *Ibid.*, p. 894; Martin Gilbert, *Winston S. Churchill, Vol. VIII, Never Despair 1945–1965*,
pp. 198–199

이라고 부를 수밖에 없는 것에 놓여 있다. 그리고 그 모든 것들은 소련의 영향뿐만 아니라 아주 고도로 그리고 많은 경우에 모스크바로부터 점증하는 통제수단에 이런 저런 형태로 복종하고 있다. 오직 그의 불멸의 영광을 가진 그리스 만이 영국, 미국 그리고 프랑스의 감시하에 선거에서 자기의 미래를 결정할 것이다. 이들 동부 유럽 국가들에서 아주 작았던 공산당들이 그들의 수를 훨씬 넘는 우위와 권력으로 부상했으며 모든 곳에서 전체주의적 통제를 확보하려고 하고 있다. 경찰정부가 거의 모든 경우에 지배하고 있고 또 지금까지 체코슬로바키아를 제외하고는 진정한 민주주의가 없다. 1933년 아니, 1935년까지만 해도 독일은 그것을 장악한 무서운 운명으로부터 구원될 수 있었으며 우리들 또한 모두가 히틀러가 인류에게 저지른 참혹함을 면할 수 있었을 것이다. 지구의 그렇게 거대한 지역을 파괴해버린 전쟁 보다도 적시의 조치로 예방하기 쉬운 전쟁은 전 역사를 통해 없었다. 단 한발의 총도 쏘지 않고 그것은 예방될 수 있었다는 것이 나의 믿음이다. 그리고 독일은 오늘날 강력하고 번영하며 명예로운 국가일 것이다. 그러나 아무도 귀를 기울이지 않았다. 하나씩, 하나씩 우리 모두는 무서운 소용돌이 속으로 빠져들었다. 우리는 확실히 그런 일이 다시는 일어나지 않도록 해야만 한다. 이것은 유엔기구의 보편적 권위 하에서 러시아와 모든 점에 대해 이제 바른 이해의 도달에 의해서, 그리고 영어를 사용하는 세계와 모든 그것의 연계의 전체 힘에 의해서, 즉 세계적 수단으로 평화로운 수년간을 통해 그 바른 이해의 유지에 의해서만 성취될 수 있을 것이다. 이것이 바로 '평화의 군자금'이라고 내가 제목을 붙인 이 연설에서 여러분에게 존경의 마음으로 제시하는 해결책이다."[15]

---

15) Andrew Roberts, *Churchill: Walking with Destiny*, p. 895; Martin Gilbert, ed., *Churchill: The Power of Words*, p. 370–374; Martin Gilbert, *Winston S. Churchill, Vol. VIII, Never Despair 1945–1965*, pp. 200–201; Martin Gilbert, *Churchill: A Life*, New York: Henry Holt and Company, 1991, pp. 865–867.

처칠은 전쟁이 임박하지는 않으며 또 소련인들이 전쟁을 원하지 않고 있지만 그들이 갈망하는 것은 전쟁의 결실들이며, 그들이 힘과 교리들의 무한한 확장이라고 말했다. 위험은 러시아에 대한 유화정책으로 제거되지 않을 것이다. 전쟁 중 그가 러시아 친구들과 동맹국들에게서 보았던 것으로 볼 때 강력한 힘만큼 그들이 찬양하는 것이 없으며 위약함, 특히 군사적 위약함 보다 그들이 덜 존중하는 것은 아무것도 없다고 처칠은 확신했다. 그러므로 힘의 균형이라는 옛 교리는 이제는 불건전하다. 그 대신에 미국과 영국은 우리들뿐만 아니라 모두를 위해서, 우리 시대를 위해서뿐만 아니라 다가올 세기를 위해서 형제애적 연합으로 합동하는 것이 필요하다고 처칠은 촉구했다.16)

이 연설에 대한 반응은 즉각적이고 거의 비판적 논평 일색이었다. 좌파 언론뿐만 아니라 영국과 미국에서 압도적으로 부정적이었다. 엘리너 루즈벨트(Eleanor Roosevelt)는 자신이 분노했다고 발표했고 트리그브 리(Trygve Lie) 유엔 사무총장은 그 연설이 모스크바에서 반(反)서방주의자들에 의해 이용될 수 있다고 말했다. 처칠이 일반적으로 전쟁에서 러시아의 희생을 감사하지 못하고 또 본질적으로 조 아저씨(Uncle Joe, 스탈린의 별칭)의 자애로운 성격을 무시하는 반동적 전쟁광이라고 비난 받았다. 이 연설로 인해서 처칠은 냉전 전사의 원형으로서, 즉 스탈린주의의 결연한 반대자요 서방의 군사적 확장의 주창자가 되었다.17) 심지어 오늘날 수정주의 역사학자들은 여전히 때때로 이미 우리가 전쟁을 수행하고 있고 서방이 지고 있다는 것을 지적하기 보다는 철의 장막 연설이 냉전

---

16) Andrew Roberts, *Churchill: Walking with Destiny*, p. 896; Martin Gilbert, *Winston S. Churchill, Vol. VIII, Never Despair 1945–1965*, pp. 202–203.
17) John Young, *Winston Churchill's Last Campaign: Britain and the Cold War 1951–1955*, Oxford: Clarendon Press, 1996, p.vi.

을 시작했다고 처칠을 책망한다.

당시 영국의 어니스트 베빈(Ernest Bevin) 외상과 미국의 공화당 대통령 후보가 될 토마스 듀이(Thomas Dewey)만이 처칠을 부인하지 않은 극소수의 인사들 중 두 사람이었다. 왜냐하면 그들도 스스로 스탈린의 동기에 관해서 처칠과 거의 같은 결론에 도달했기 때문이다. 처칠은 자신에 대한 공격에 신경 쓰지 않았다. 이미 1930년대에 그랬던 것처럼 비난과 규탄의 순진한 수준은 소련의 조치들이 얼마가지 않아 그가 옳았다는 것으로 판명되고 또 일군의 비판자들이 완전히 틀렸음이 입증되었을 때 정당성에 대한 처칠의 감각에 추가되었을 뿐이었다.

1946년 3월 12일 뉴욕 하이드 파크에서 프랭클린 루즈벨트 대통령의 묘소를 방문하면서 그가 얼굴을 돌렸을 때 그의 눈은 눈물로 가득했고 그리고 묘소에서 걸어 나올 때 '주여, 내가 그 사람을 사랑했는데'라는 그의 말소리가 들렸다. 전시의 전우였던 루즈벨트와 지금 트루먼 대통령 간의 차이는 8월 1일 "맨해튼 계획"(Manhattan Project)에 참여했던 영국과 캐나다까지도 포함하여 어느 나라든 미국의 핵정보에 접근을 종식시키는 맥마흔 법안(McMahon Act)에 트루먼 대통령이 서명했을 때 분명하게 되었다. 미국과 영국 간의 핵의 동반자 관계는 끝이 났고 그 법은 1958년까지 수정되지 않았다. 이것은 자신의 폭탄을 구축해야 하는 영국에 대규모 비용을 가져왔다.

1946년 5월 처칠은 '웨스트민스터 자유의 상'(the Freedom of West-minster)의 수상연설에서 1930년대 자신의 견해를 반복했다. 그는 '인도는 유럽만큼이나 크고 또 인구는 더 많은 대륙이다. 인도는 영국의 지배와 지도에 의해 지난 150년간 창조된 피상적 통일 외에 유럽보다도 통일되지 않았다'고 말했다. 8월 1일 그는 노동당이 약속한 인도의 독립은 커다란 인명의 손실, 특히 인도의 준 대륙의 북서지방에서 가장 확실하게 대규모 인명의 손실을 가져올 것이라고 공개적으로 경고했다. 처칠은 1942년 자기는 대영제국의 처분을 주재하기 위해 영국 왕의 수상이 되지 않았다고 단호하게 천명했는데 지금은 비켜서서 비판할 수 있었다. 정부는 분명히 4백만 인도인들이 공포스런 내전에 빠지게 내버려둘 준비를 하고 있다. 여기에 비교하면 팔레스타인에서 발생할 수 있는 것은 미세한 것이다. 쥐들이 전쟁에 비교되는 코끼리들의 전쟁이 될 것이다. 역사가들은 아직도 얼마나 많은 사람들이 1947년 말에 영국의 인도가 인도와 파키스탄으로 분할되는 동안에 사라졌는지에 대해 논란을 벌이고 있다. 대부분은 50만 이상이라고 말하지만 어떤 사람들은 그것의 배가 된다고 생각하지만 적어도 1천 6백만이 추방되었다. 처칠이 생명력 있는 대안을 제시하지 않았지만 그는 광범위한 참화와 유혈사태에 관해서 옳았다.[18]

1946년 야당의 지도자로 있으면서 행한 또 하나의 중대한 연설은 9월 19일에 있었다. 이번 연설은 스위스의 취리히 대학교(Zurich University)의 대강당에서 멋진 자줏빛 대리석 연단에서 행했다. 그것은 그가 미래 유럽의 합중국(the United States of Europe)을 언급했던 1944년 4월에 행했던 연설문으로부터 한 구절을 집어낸 것이다. 처칠은 자기 생애에 2개의 가장 큰 비극은 둘 다 프랑스와 독일간 전쟁에서 기인했다는 것을 인정하고 또 유럽의 통합으로 가는 길에서 본질적 첫 발이 될 것이며 동시에 소련 공산주의에 대한 대항 세력이 되길 그가 희망하는 새로운 프랑스

---

18) Andrew Roberts, *Churchill: Walking with Destiny*, p. 899.

와 독일간의 우호관계를 구축할 것을 스스로 다짐했다. 이 연설에서 처칠은 "유럽이 일어 서게 하자"(Let Europe Arise)라는 용어를 사용했다. 이것은 풀턴에서 행한 철의 장막 연설에 대한 그의 서유럽판으로서 유럽통합을 지지하는 열정적 천명이었다. 그의 열변을 통해 처칠은 영국이 통합된 유럽 그 자체에 합류하지 않는다는 것을 이 주제에 관해 공적으로나 사적으로 말할 때는 언제나 그랬던 것처럼 아주 분명히 했다.[19] '이 모든 급한 작업은 프랑스와 독일이 함께 주도해야만 한다. 대영제국, 영국연방과 강력한 미국 그리고 소련은 모두가 새 유럽의 우방과 스폰서가 되어야만 하고 또 유럽이 살고 또 빛날 권리를 옹호해야만 한다'고 말했다.[20]

1947년 5월 14일 처칠은 엘버트 홀(Albert Hall)에서 개최된 유럽통합 기구의 중요한 모임에서 통합된 대륙을 위한 또 하나의 감동적 호소를 했다. 그는 프랑스와 독일이 새로운 전후 세계에서 하나의 주요 지역적 실체를 이룰 것이라고 말했다. 모든 의존적 국가들을 가진 미국이 있고, 소련이 있고, 대영제국과 연방이 있고, 영국이 깊이 섞인 영국을 가진 유럽이 있다. 여기에 세계평화 사원의 4개 주요 기둥들이 있다. 그는 영국이 비록 유럽의 내부적 일부는 아니지만 통합된 유럽의 우방이 되고 스폰서가 되고 또 깊숙이 섞이게 되길 희망했다. 그는 1848년 5월 헤이그에서 유럽의 의회(the Congress of Europe)가 열릴 때 또 다시 동일한 메시지를 진작시켰다. 처칠은 새로운 민주주의의 독일과 우호관계를 끊임없이 주장하였다. 소련의 위성국가들에서 스탈린의 사법적 처형들, 민주정당의 잔혹한 탄압, 선거의 전복과 계속적 침략은 처칠이 옳았음을

---

19) *Ibid.*, p. 899.
20) Martin Gilbert, ed., *Churchill: The Power of Words*, p. 379−381.

입증해주고 있었다.

또한 그의 연설은 미국의 여론이 단호한 친(親)민주주의 트루먼 독트린(Truman Doctrine)을 포용하도록 전환하는 데 중대한 순간으로 드러났다. 그 후 트루먼 독트린은 마샬플랜(the Marshall Plan), 베를린 공수(Berlin Airlift), 그리고 나토(NATO)의 창설에 의해 뒷받침되었다. 1948년 소련이 체코슬로바키아를 소련의 영향권 내로 전복시킨 것은 처칠이 줄곧 옳았음을 인정하는 데 추가되었을 뿐이다. 전후 공산주의에 대한 처칠의 선견지명은 그가 나치즘에 관해서 말했던 것을 반영했지만 그러나 이번에 그는 그렇지 않았더라면 다시 한번 서방의 잘못된 메카니즘이 되었을지도 모를 대공산주의 유화를 중지시킬 수 있었다.21) 비록 무관의 제왕처럼, 처칠은 영국의 야당지도자에 지나지 않았지만 그가 세계적 반공주의의 각성과 서방 세계의 반공정책 실현에 미친 영향력은 참으로 지대한 것이었다.

1948년 6월에 미국에서 그리고 영국에선 10월에 처칠의 전쟁 회고록 제1권인 <몰려오는 폭풍(*The Gathering Storm*)>이 출간되었다. 이것은 제1차 대전의 종결과 1940년 5월의 시기를 다루었다. 영국판은 저작권과 관련된 이유로 몇 개월 뒤에 나왔다. 1919년 처칠은 프랑스의 전쟁기념관에 새길 말을 달라고 요청받았다. 그때 처칠은 "전쟁 땐 분노; 패배 시, 도전; 승전 시, 아량, 그리고 평화 시, 선의"를 제공했지만 거절당했었다. 이제 그는 자기 작품의 도덕(morals of the work)으로 그것을 사용했다. 여기서 분노(fury)를 결의(resolution)로 대치했다.

처칠의 회고록이 출간된 바로 그 달에 스탈린은 서베를린을 봉쇄하여

---

21) Andrew Roberts, *Churchill: Walking with Destiny,* p. 902.

그의 책 "몰려오는 폭풍"도 시시각각 다가오는 전체주의를 비난하는 데 시의적절한 것이었다. 1949년 3월 25일 뉴욕에서 <타임-라이프 지>(Time-Life)의 설립자인 헨리 루스(Henry Luce)가 베푼 만찬에서 처칠은 소련의 정치국이 히틀러만큼이나 아주 사악하지만 훨씬 더 견고하다고 말했다. 크렘린의 지배층 14명은 그들 자신의 계층구조를 갖고 있으며 공산주의자의 교회는 그것의 전도사들을 모든 나라에서 오열로 갖고 있다. 그는 자신의 풀턴에서 연설이 야기한 걱정을 회고했다. 그리고 처칠은 풀턴 이후 3년 동안 변화된 세계를 창조한 사람이 누구인가 하고 물으면서 스탈린을 제외하고는 아무도 그렇게 할 수 없다고 말했다. 그러면서 처칠은 덧붙였다:

> "공산주의자들과 논쟁하는 것은 소용없는 일이라고 말하겠다. 공산주의자를 전향시키려고 하거나 설득하려고 노력하는 것은 아무 소용이 없다. 그 대신에 할 수 있는 유일한 일은 소련정부에 당신이 우월한 무력을 갖고 있을 뿐만 아니라 경우가 발생하면 그 무력을 완전히 실질적으로 무자비하게 사용하는 데 어떤 도덕적 고려에 의해서도 억제되지 않는다는 것을 확신시키는 것이다. 그리고 이것이 평화의 가장 큰 기회이고 평화로 가는 가장 확실한 길이다."[22]

1949년 8월 24일 프랑스 남부에서 휴가 중 처칠은 작은 심장마비를 겪었다. 그 사실은 비밀에 부쳤지만 되돌아볼 때 그때가 처칠에겐 의회를 떠나고 보수당의 지도자 자리를 다음 세대에게 넘길 좋은 시간이었을 것이다. 그러나 5일 후에 소련이 원자폭탄 실험에 성공했고 이것은

---

22) *Ibid.*, p. 912.

처칠로 하여금 정치일선에 남는 것이 자기에겐 일종의 지상명령이라고 느끼게 만들었다. 1949년 초부터 긴축재정이 계속 사로잡고 배급제도가 폐지될 징표를 보이지 않자 노동당의 인기가 하락하고 있었다. 11월 말 하이드 파크 게이트에서 그의 75세 생일 파티가 있었다. 그가 죽음을 두려워하는지의 여부를 묻는 질문에 "나는 창조주를 만날 준비가 되어 있다. 나의 창조주가 나를 만나는 큰 시련에 준비가 되어 있는지는 다른 문제이다"라고[23] 답했다. 1950년 1월 11일 애틀리 수상은 갑자기 의회를 해산하고 2월 23일 총선거 실시를 발표했다. 선거결과는 에틀리의 노동당이 5석 차이의 효과적 다수의석을 차지하는 승리를 거두었다.

1950년 6월 25일, 북한군이 여러 곳에서 38선을 넘어 남한을 침략하는 과정에 있다는 보도들이 런던에서 입수되었다. 다음 날 처칠의 질문에 대한 답변으로 애틀리는 미국의 요청으로 소집된 유엔 안보리의 비상회의에서 북한의 행동이 평화를 깨뜨렸다는 결의안이 통과되었다고 말했다. 영국정부는 북한 당국에 원조를 주지 말라고 모든 국가들에게 촉구한 이 결의안을 환영했다. 이제 한국전쟁은 서방 언론의 헤드라인들을 지배하기 시작했다. 처칠은 "외부적이든 혹은 내부적이든 폭정은 그것이 어떤 치장이나 위장을 해도, 어떤 언어를 사용하고 왜곡해도 우리의 적이다. 공산주의자들이 한국에서 시작한 것이 그들의 승리로 끝나지 않아야 하는 것이 평화의 희망과 민주국가들의 단결에 치명적으로 중요하다. 이런 일이 발생한다면 제3차 세계대전이 지금 존재하는 것보다도 훨씬 더 치명적인 조건에서 멀지 않아 확실히 우리들에게 강요하거나 우리를 엄습할 것이다"[24]라며 의회에서 남한에 대한 도발되지 않은 침

23) *Ibid.*, p. 914.
24) Martin Gilbert, *Winston S. Churchill, Vol. VIII, Never Despair 1945–1965*, p. 537.

략에 저항을 약속하는 정부의 제안을 지지하는 발언을 했다. 그는 이 문제에 관해서 보수당이 완전한 지지를 한다고 말했다. 7월 27일 국방토론에서 연설하면서 그는 압도적 소련 군사력에 관해서 말했다. 소련은 4만 대의 탱크, 6천 대의 미국 탱크 그리고 6천 대의 영국 탱크를 보유하고 있다. 한국에서 우리는 수십 대의 탱크가 얼마나 무섭고 또 러시아의 탱크가 얼마나 강인한지를 보았다고 지적했다.

7월 29일 처칠의 장남이자 외아들인 랜돌프 처칠(Randolph Churchill)이 <데일리 텔레그래프>(*Daily Telegraph*)의 특파원으로 남한으로 가기 위해 런던을 떠났다. 8월 23일 저녁에 랜돌프가 한국에서 부상당했다는 소식이 도착했다. 그러나 다음 날 그의 부상은 심각하지 않다고 알려졌다. 8월 27일 처칠이 이제 공산주의자들은 평화의 이름으로 원자탄을 금지하길 원한다고 말했다. 그들의 진정한 목표는 유럽을 발가벗기고 자기들의 지배하에 두는 것이라고 말했다. 그는 한국전쟁의 발발 이전에 소련정부의 지도자들과 고위급에서 개인적 대화를 위한 노력이 이루어지지 않아서 유감이라고 말했다. 공산주의 러시아를 다루는 유일한 방법은 이런 저런 형태로 우월한 힘을 갖는 것으로 그리고 이성과 공정하게 행동하는 것이다. 이것이 평화의 투쟁을 위한 계획이고 또 성공의 기회를 가진 유일한 계획이라고 처칠은 설명했다.[25]

1950년 12월 14일 처칠은 의회에서 미국의 트루먼 대통령과 회담하기 위한 애틀리의 최근 워싱턴 방문을 치하하면서 국제적 상황에 대해 다시 연설을 했다. 영－미의 단결에 관한 애틀리의 천명을 환영한 뒤에 처칠은 유럽의 방어군으로부터 계속된 독일의 배제에 따른 유럽에 대한

---

25) *Ibid.*, p. 553.

위험을 경고했다.

"소련에 사주 받은 북한정부에 의한 침략이 38선을 넘어 발생했을 때, 그리고 미국이 유엔의 승인을 받아 힘차고 적극적으로 개입했을 때, 그리고 우리가 6월 말에 그들과 합류했을 때 그것은 분명히 수상이 우리의 위대한 동맹이요 친구와 협의할 것을 고려했을 경우이다. 다시 한국에서 서울을 회복하고 그때까지의 전투의 전 양상을 변경하는 맥아더 장군의 탁월한 반격 후에 다음 조치에 대해 논의할 좋은 순간이었을 것으로 보인다. 그 순간에 많은 문제들이 열려 있고 그것은 그들의 군사 보좌관들에 의해 도움을 받는 정부의 수뇌들 사이에 얼굴을 맞대고 직접 논의함으로써 얻어졌을 것이다. 사건 후에 현명하기는 쉽다. 그러나 이 나라에는 사건 전에 현명한 많은 사람들이 있다. 나는 영국정부와 그들의 전문 보좌관들이 그런 많은 사람들로부터 배제된다고 결코 확신하지 않는다. 이런 견해를 가진 사람들은 38선은 아니라 할지라도 중간 허리부분이나 그 앞의 최선의 군사적 위치에서 전선을 요새화하는 것이 더 현명할 것이라고 느꼈다. … 유럽 방어 문제에서 진전이 계속해서 개탄스럽게 느리다. 독일의 무장된 힘이 없이는 유럽의 효과적인 방어가 가능하지 않다고 내가 지적한 이래 9개월 이상이 지났다. … 수주 전에 내가 중국에서 우리가 말려들지 않기를 희망한다고 말했던 것은 내가 유럽의 위험을 염두에 두고 있었기 때문이다. 그러나 그때 이래 한국과 유엔총회에서 일어난 것을 고려할 때 나는 보다 정확하고 세련되게 표현하는 것이 필요하다고 느낀다. 미국이나 유엔에 불명예나 굴욕을 가져다 줄 정책에 어느 때에도 말려들어서는 안 된다. 그런 길은 우리에게 열려 있는 다른 길만큼이나 적어도 위험으로 가득차 있을 것이다. … 유화는 없을 것이라는 수상의 선언도 역시 거의 우주적 지지를 받을 만하다. 그것은 이 나라를 위해 좋은 슬로건이다. 그러나 이 의회에서 그것은 보다 정확하게 정의될 것이 요구되는 것처럼 보인다. 우리가 진실로 의미하는 것은 약세나 두려움을 통한 유화는 없다는 것이라고 나는 생각한다. 유화 그 자체는 환경에 따라서 좋을 수도 있고 나쁠 수도 있다. 약세와 두려움에서 유화는 똑같이 소용없고 치명적이다. 힘으로부터 유화는 장엄하고 또 고결하며, 그리고 세계평화로 가는 가장 확실한 그래서 어쩌면 유일한 길일지도 모른다. 국가나 개인들은 강해질 때 그들은 종종 사납고 으스댄다. 그러나 그들이 약하면 태도가 좋아진다. 그러나 이것은 건전하고 현명한 것의 정반대이다. 나는 두 전쟁의 결말을 보았기에 사람들로 하여금 로마의 지혜, 즉 '피정복자를 살려라 그리고 자만한 자를 직면하라'를 이해시키기가 얼마나 어려운 것인가에 항상 경악했다. 불행하게도 원자폭탄에 관한 것을 제외하고 우리는 아주 약한 지위에 있으며 수년 동안 그렇게 남을 것이다. 내가 반복해서 말했듯이 우리에게 생존의 어떤 가능성을 제공하는 것은 이 무서운 무기에서 미국의 거대한 우월성뿐이다. 원자탄이 우리에게 먼저 사용될 때까지 혹은 그렇지 않는 한 우리가 원자탄을 사용해서는 안 된다는 주장이 이제 앞으로 나왔다. 환언하면 당신이 총 맞아 죽을 때까지 당신은 발포해서는 안 된다는 말이다. 그것은 의심할 여지없이 말하기에 어리석고 또 채택하기엔 훨씬 더 경솔한 입장이다. 더구나 그런 결의는 분명히 전쟁을 더 가까이 오게 할 것이다. 원자탄의 억제 효과는 현재 거의 유일한 우리의 방어이다. 그것의 잠재적 사용은 소비에트 러시아와 평화적 타결을 하려는 시도에서 이성적 고려를 얻어내길 희망할 수 있는 유일한 지렛대이다. 그들이 우월성을 갖거나 혹은 미국과 이 무기에서 평등 같은 것을 갖는다면 이 나라에서 빈번히 그렇게 소란스러운 양심의 가책이나 도덕적 금지에 의해서 그들이 억제될 것이라는 어떤 보장도 느낄 수 없다. 그들이 모든 점에서 공격할 준비가 될 때까지 걱정의 모든 원인들로부터 그들을 해방시키는 것은 평화의 대의에 대한 분명히 빈약한 봉사가 될 것이다. 우리 자신들에게 원자탄을 박탈하거나 혹은 스스로 부여한 제약을 이유없이 천명함으로써 그것의 사용을 막기 위해 우리가 지나가는 이런 긴장의 해를 거듭한다면 성공의 어떤 희망으로 소련의 힘을 직면할 수 없거나, 심지어 달랠 수도 없을 것이다."[26]

스탈린이 한국전쟁과 유럽의 재무장에 대해 애틀리를 전쟁광이라고 비난했을 때 처칠은 "노동당이 다음 선거에서 자기를 전쟁광이라고 부르려 한다. 그래서 스탈린은 거짓의 죄가 있을 뿐만 아니라 저작권 침해의 죄가 있다"고 말했다.[27]

1951년 9월 19일, 애틀리 수상은 단지 5석의 다수로부터 의회의 다수를 증가시킬 희망으로 10월 25일 총선을 발표했다. 그러나 이 선거에서 보수당이 17석의 차이를 두는 작지만 일할 수 있는 다수당이 되는 승리를 거두었다. 10월 26일 화요일 처칠이 다시 수상이 되었을 때 그는 77세 생일에서 한달이 모자랐다. 1945년 7월 선거에서 패배한지 6년 만에 처칠은 말보러, 웰링턴, 디즈레일리, 클레망소나 로이드 조지 등 그의 어떤 영웅도 성취하지 못했던 완전한 임기의 직책을 위해 다우닝 10번지 수상관저에 돌아왔다. 지난 전시때처럼 그는 자신이 수상직과 함께 국방장관직도 차지했고 이든은 다시 외상으로 임명되었다.

1951년 12월 말, 새해 전날 처칠은 사우스헴프톤(Southampton)에서 전쟁 중 대서양횡단 여행을 상기시키는 수행원들과 함께 퀸 메어리(Queen Mary) 호에 승선했다. 그는 사업적 거래가 아니라 미국과의 관계를 재수립하기 위해 미국으로 가고 있었다. 실제로는 그 이상의 것이 많이 있었다. 처칠은 수에즈 운하지대(Suez Canal Zone)에서 영국의 기지들을 포기하라는 이집트의 요구에 대항하여 미국의 지지를 원했다. 그리고

---

26) Martin Gilbert, ed., *Churchill: The Power of Words*, pp. 394–400; Martin Gilbert, *Winston S. Churchill, Vol. VIII, Never Despair 1945–1965*, pp. 574–575.

27) Andrew Roberts, *Churchill: Walking with Destiny*, p. 919.

또 멕마흔법으로 단절된 영－미간의 공식적 핵협력의 새 조건들을 수립하고 싶었다. 처칠은 워싱턴에서 영국 대사관에 머물렀고 정상회담은 백악관에서 개최되었다. 트루먼 대통령은 언제나처럼 개인적으로 친근했지만 그러나 그는 수에즈나 핵문제의 논의로 넘어가려 하지 않을 것이다. 1952년 1월 10일 캐나다의 오타와(Ottawa)로 기차여행을 하여 캐나다 상하 양원합동회의에서 연설한 뒤 1월 17일 워싱턴으로 돌아온 처칠은 미국의회의 합동회의에서 그의 세 번째이며 마지막 연설을 했다.

> "침략에 대항하여 모든 종류의 억제력들을 추적함으로써 그것의 공포들이 삶을 어둡게 하고 지구상 모든 인민들의 진전을 막는 무서운 재앙을 우리가 실제로 비켜나갈 것이라는 것이 나의 믿음이다. … 1941년 나의 첫 방문 이래 전세계에 걸쳐 많은 변화가 있었다지만 내가 여기에 마지막으로 있었던 때와 아주 똑같은 것이 하나 있다. 영국과 미국이 함께 일하고 또 동일한 높은 대의를 위해 일한다는 것이다. 언젠가 비스마르크(Bismarck)는 19세기 최고의 사실은 영국과 미국이 동일한 언어를 사용하는 것이라 말했다. 20세기 최고의 사실은 그들이 동일한 길을 가고 있다는 것임을 확실히 합시다."[28]

한국전에 관해서 처칠은 '우리가 추진하는 휴전이 오직 깨어지기 위해서 이루어진다면 우리의 대응은 즉각적이고 결연하며 또 효과적일 것이라고 우리 두 나라는 동의하였다'고 덧붙였다. 이 말이 미국에선 잘 지나 갔지만 영국에선 처칠이 중국에 대항하는 핵전쟁을 주창하는 것으로 보인다고 노동당에 의해 비판 받았다. 처칠은 "즉각적이고 결연하고

---

28) Martin Gilbert, *Winston S. Churchill, Vol. VIII, Never Despair 1945－1965*, pp. 688－690; Martin Gilbert, ed., *Churchill: The Power of Words*, pp. 403－405.

또 효과적"이라는 말에 원자탄의 함의는 없으며 또한 "분명하게 만일 우리가 일반적 용어로 처리하고 있다면 그들이 "더디고, 겁먹고 또 얼빠진 것보다는 낫다"고 지적했다. 수에즈에 대해 처칠은 이집트와 선린관계를 증진시키기 위해 수에즈 운하를 일방적으로 양보해야 한다고 믿는 이든 외무상과는 근본적으로 의견을 달리했다.[29]

1952년 2월 6일 조지 6세가 56세로 서거했다. 2월 11일 처칠은 의회에서 젊은 여왕에 관해서 말했다. "새로운 치세로 우리 모두는 미래와의 접촉을 느낀다. 공주이며, 처이고 또 어머니인 정당하고 젊음에 찬 인물이며 우리의 모든 전통과 그녀 아버지의 시대보다 더 결코 위대하지 않은 영광과 그리고 모든 우리의 곤혹과 지금보다 평화시에 결코 다 크지 않은 위엄의 계승자이다. 그녀는 또한 우리의 통일된 힘과 충성의 계승자이다."[30] 여왕은 25세였지만 처칠은 그녀에게서 이른 미래의 가망을 포착했었다. 1944년 처칠은 그녀가 18살이 되는 그해 4월에 엘리자베스, 웨일즈의 공주(Elizabeth, Princess of Wales)라는 직함이 주어져야 한다고 제안했었다. 왕은 그의 아이디어를 거절했지만 그러나 그것은 처칠이 그녀의 능력에 오랫동안 가진 신임을 표현했다. 처칠은 새 군주와 일찍 그리고 훌륭한 관계를 수립했다.

1952년 6월이 되자 처칠은 11월 미국 대통령 선거에서 드와이트 아이젠하워(Dwight Eisenhower)의 선출 가능성을 자신이 수상직에 머물 추가적 이유로 내다 보았다. 그것은 소련과의 지속적 타결을 그가 중재할 수 있는 또 하나의 세 거두(Big Three) 정상회담을 가져오기 위한 것이었다. 현지시간으로, 1952년 10월 3일 오전 9시 15분 "허리케인 작전"

---

29) Andrew Roberts, *Churchill: Walking with Destiny*, p. 928.
30) *Ibid.*, p. 929.

(Operation Hurricane)으로 영국이 세계의 3번째 핵강국이 되었다. 히로시마와 나가사키를 함께 파괴했던 것보다도 더 큰 힘으로 태평양의 몬테 벨로 군도(Monte Bello Islands)에서 원자탄이 성공적으로 실험되었다. 11월 4일에는 아이젠하워가 미국의 제34대 대통령에 선출되었다. 아이젠하워가 대통령직에 취임하기도 전에 처칠은 전년도의 워싱턴 여행을 반복하기로 결정하였다. 12월 3일 처칠 수상과 수행원들이 또 다시 퀸 메어리 호에 승선하여 뉴욕으로 향했다. 그는 아이젠하워에게 한국에서 키쿠유(Kikuyu), 그리고 거기서 셀레(Celais)에 이르는 영－미 공동전선의 절대적 중요성을 설교하고자 한다고 말했다. 그러나 대통령 당선자가 처칠의 설교를 계속 들어줄 기분일지는 별개의 문제였다. 1953년 1월 5일 아침에 퀸 메어리 호는 뉴욕항에 정박했다.

처칠은 뉴욕의 5번가에 있는 버나드 바루크(Bernard Baruch)의 아파트먼트에 가서 머물렀으며 아이젠하워는 대통령으로 취임하기 15일 전 오후 5시에 그곳을 방문했다. 처칠이 모든 해답을 영국과 미국의 동반자 관계에서 발견되게 되어 있다고 거의 어린애 같은 신념을 개발했다고 아이젠하워는 기록했다. 처칠은 제2차 세계대전 시기를 부활시키려고 노력 중이었다. 실질적 회담에서 두 사람은 인도차이나, 이란, 수에즈 운하 지대 철수, 제안된 유럽육군에 영국의 합류, 그리고 특히 소련과의 핵 비확산거래 등에 대해서도 의견을 달리했다. 처칠이 아이젠하워에게 약속했던 설교는 비록 옛 전시의 향수가 있었지만 실제로는 수용되지 않았다.[31] 이제 세 거두 시대는 사라지고 오직 미국과 소련의 두 거두 시대가 되었던 것이다.

---

31) Ibid., p. 935.

1953년 1월 7일 아이젠하워 대통령 당선자의 제의에 따라 아이젠하워 대통령직을 막 시작하는 2월 초에 처칠이 차기 행정부의 국무장관이 될 존 포스터 덜레스(John Foster Dulles)를 방문했을 때 덜레스는 처칠에게 그것이 가장 불행을 초래하는 생각이라고 했다. 왜냐하면 이미 처칠이 미국의 외교정책에 너무나 많은 영향력을 가지고 있다고 미국인들이 생각하기 때문이라고 덜레스는 처칠에게 대담하게 말했다. 그 말에 처칠은 밤 늦도록 자지 않고 불평했다고 그의 비서인 콜빌(Colville)은 기록했다.[32] 오직 며칠 후에 처칠은 아이젠하워를 진정으로 제한된 재능의 인간이라고 서술했다. 1월 8일 처칠은 워싱턴의 영국 대사관에서 임기가 채 2주도 남지 않은 트루먼 대통령과 만찬을 가졌다.

1953년 3월 5일, 이오시프 스탈린이 모스크바에서 사망했다. 처칠의 전시 동료였고, 또 얄타의 배신으로 처칠의 세계관에서 전후 파트너십의 전망을 말살하고 그리고 무정하게 동서 간 철의 장막의 창조를 가져온 적이었다. 그러나 처칠은 모스크바에 "유감과 애도"의 메시지를 보냈다. 처칠은 스탈린의 죽음이 긴장 완화로 나갈 수 있다고 느꼈다.[33] 이제 처칠은 세 거두들 중 마지막 인물이며 또한 그가 최고의 연장자였다. 처칠은 이른바 냉전이 계속되고 있다. 우리는 침략에 대항하는 억제력으로 진정한 역할을 수행할 수 있고 또 전쟁이 오면 어느 정도의 방어를 제공할 수 있는 무력을 구축해야만 한다고 말했다. 다음 날 스탈린의 사망이 공식적으로 발표되었을 때 처칠은 아이젠하워에게 전보문을 보내 그가 모스크바의 새로운 상황을 잘 이용하도록 촉구했고 또 자기 자신이 서방과 러시아 간 역사의 새 페이지를 쓸 수 있을지를 알아보기 위해 그가

---

32) *Ibid.*, p. 935.
33) Martin Gilbert, *Winston S. Churchill, Vol. VIII, Never Despair 1945-1965*, p. 805.

그곳에서 "외로운 순례"(solitary pilgrimage)라고 부르는 것을 기꺼이 할 용의가 있다는 것을 제안했다. 1953년 4월 처칠이 가터 훈위(the Order of the Garter)를 최종적으로 수락하였고, 2개월 후 여왕 즉위식에 장대한 작위망토를 입고 참석하였다.

1953년 6월 2일, 엘리자베스 2세 여왕의 즉위식은 지난번 즉위식 후에 볼드윈(Baldwin)이 했던 것과 같이 처칠이 은퇴하기에 또 하나의 좋은 시간이었다. 그러나 이든 외상이 병환으로 부재했기에 그럴 수 없었고 또 그는 냉전을 종식시키려는 자신의 꿈을 여전히 실현하길 원했다. 8월 18일 처칠은 각료회의를 주재했다. 다음 날 그는 자신의 6권의 회고록 <제2차 세계대전>의 마지막 권이 11월에 출간 예정이니 이제 1939년에 집필 중에 중단했던 <영어를 말하는 인민들의 역사>(History of the English–Speaking Peoples)의 출판을 위한 일을 시작할 것이라고 결정했다. '나는 일년에 달걀 하나씩을 낳을 것이다. 매 12개월 마다 한 권의 책은 많은 작업을 의미하지 않는다'고 말했다. 8월 19일 이란에서 CIA와 MI6가 지원하는 쿠데타가 이란의 모사데(Mossaddegh) 정부를 전복시키고 샤(Shah)를 위한 길을 놓았다. 이것은 심지어 오늘날까지도 심오한 국제적 결과를 갖게 되었다.

1953년 10월 15일 처칠은 자신이 노벨상을 수여 받는다는 사실을 알았다. 그것은 노벨 문학상이었다. 처칠은 37권의 책들을 집필했으며 그들 가운데 7권이 노벨상 기념식 행사 주도자에 의해 구체적으로 인용되었다.[34] 불행하게도 노벨 문학상 수상식이 12월에 있을 재조정된 버뮤다 회담(Bermuda Conference)과 겹치는 바람에 처칠의 부인 클레멘타인

---

34) 7권은 처칠의 저서 중에서 *The River War, Lord Randolph Churchill. The Word Crisis, Marlborough, Thought and Adventure, My Early Life,* 그리고 *Great Contemporaries*를 말한다.

여사가 오슬로에 가서 남편을 대신하여 수상하였다. 그는 수락연설에서 세계의 조건에 관해서 경종을 타진하기로 했다. 그녀는 그것을 스웨던 아카데미에서 읽었다.

"행동의 분야에서 사건들이 너무 가혹해서 인간 개성들을 결코 압도하는 것 같지 않았다. 역사에서 잔인한 사실들이 생각을 너무 지배하거나 그런 광범위한 개인의 덕목이 집단의 초점을 아주 희미하게 해버린 일은 별로 없다. 무서운 의문이 우리들을 직면하고 있다. 우리의 문제들이 우리의 통제력을 넘어버렸는가? 의심할 여지없이 이것이 그럴지도 모르는 단계를 통과하고 있다."35)

처칠의 처방은 '관용(tolerance), 다양성(variety) 그리고 숙연함(calm)' 이었다.36)

1953년 11월 30일 그의 79번째 생일 날에 <제2차 세계대전>의 마지막 제6권 <승리와 비극>(*Triumph and Tragedy*)이 발간되었다.37) 그는 책 제목이 실린 페이지 뒤에 그 책의 테마를 제시했다: "위대한 민주주의는 어떻게 승리했으며 따라서 거의 그들의 목숨을 앗아갈 뻔한 어리석은 행동들을 어떻게 다시 시작할 수 있었는가." 지난 8월에 처칠과 몽고메리는 그들 생각에 미국인들이 전쟁에서 저질렀던 5개의 중대한 실수들을 나열했는데 그것의 대부분은 아이젠하워의 실수였다.38) 그러

---

35) *Ibid.*, pp. 941－942.
36) *Ibid.*, p. 942.
37) Winston S. Churchill, *The Second World War,* Vol. VI, *Triumph and Tragedy,,* Boston: Houghton Mifflin and Company, 1953.
38) 미국인들이 범한 5개의 중대한 실수들이란 1. 알렉산더가 튜니스에서 처음 진격하는 걸 막은 일, 2. 안지오에서 해변에 매달려 내지에서 지위확보에 실패, 3. 알렉산더가 트리스테와 비엔나를 장악하는 걸 막은 것, 4. 아이젠하워가 대군주 작전에서 왼쪽 측면에서 몽고메리의 집중을 막은 것, 5. 러시아가 베를린, 프라그, 그리고 비엔나를 점령하도록 놓아둔 것 등이다.

나 이 책은 아이젠하워에 대해 비판하지 않았다. 처칠은 다음날 그와 만나러 버뮤다로 비행했다. 그곳에서 처칠은 말렌코프(Malenkov)와 소련의 새 지도자들을 만나는 이점을 아이젠하워와 덜레스 국무장관에게 설득하는 데 완전히 실패했다.

12월 4일 첫 전체회의에서 처칠은 소련과의 "완화"(easement)에 관해서 말했는데 그것은 힘의 지위로부터 발생할 것이기 때문에 유화가 아니었다. 그러나 아이젠하워는 "소련은 거리의 여자이다. 따라서 그녀의 옷이 새 것이거나 아니면 그냥 낡은 누더기이거나 그 밑에는 분명히 동일한 창녀이다"라는 말로서 대응했다.[39] 이 말에 주변의 모두가 곤혹스런 표정이었지만 프랑스가 미국인들을 지지했다. 그 회의가 정회되기 전에 이든 외상이 다음 모임은 언제냐고 물었다. 거기에 대해 아이젠하워는 "나는 모르겠다. 나의 다음 모임은 위스키와 소다이다"라고 대꾸했다. 보다 앞서 처칠과 아이젠하워는 만일 북한이 7월 27일에 평화조약 없이 싸움을 종식시킨 휴전협정에 서명하고 휴전을 깨뜨리면 무슨 일이 일어날 것인가를 논의했다. 만일 중국인들이 북한을 또 다시 지원한다면 미국인들은 원자탄을 사용할 의향을 발표했을 때 처칠과 이든은 이제는 서방 강대국들이 더 이상 원자탄을 독점하고 있지 않다고 강력하게 반대했다.[40]

12월 5일부터 8일 사이엔 미국인들이 무기를 공급하겠다고 위협하는 이집트 문제 그리고 인도차이나와 유럽의 군대창설에 관한 논의들은 핵 문제에 의해서 완전히 압도되었다. 영국이 인도차이나에서 프랑스를 지원하는 병력을 파견해야 한다는 아이젠하워의 호소로부터 처칠은 자기

39) Andrew Roberts, *Churchill: Walking with Destiny*, p. 942.
40) *Ibid.*, p. 943.

가 "캄보디아"라는 단어를 한번도 들어보지 못하고 80세가 되었다면서 그곳에 관해 이제 걱정하기 시작할 의도는 없다고 대답했다. 아이젠하워 대통령은 다음 날 오찬 전에 버뮤다를 떠났는데 독일이 나토에 합류하게 하라는 처칠의 주장에 설득 당하지 않고 떠났다. 아이젠하워도 유럽 군대 창설의 이점에 관해 처칠을 설득하지 못했다. 버뮤다에서 돌아온 직후 처칠은 먼지 속에서 연료는 바닥나고 안전한 착륙지를 찾는 비행기처럼 느낀다고 말했다.[41]

총선이 1956년 10월까지는 실시되어야 하기 때문에 이든은 처칠에게 그의 사임의 확실한 날짜를 정하고 그것을 지키라고 더욱 고집을 부렸다. 그래야 사전에 자기 자신을 내세울 수 있을 만큼 충분히 오랫동안 수상관저에서 보낼 수 있기 때문이었다. 1954년 6월에 처칠은 이든에게 가을에 사임할 것이라고 말했다. 그러나 그때 갑자기 아이젠하워가 소련과의 회담을 여는 데 대한 반대 입장을 변경하자 적어도 처칠의 마음속에 시리아, 베트남, 이란, 태국, 헝가리, 영국령 기니아 그리고 중앙 아시아에서 서방과 소련의 대리인들 사이에 경합의 시기인 냉전에서 자기가 실제로 가교가 될 수 있는 가능성이 출현한 것처럼 보였다.

그리하여 1954년 6월 처칠은 이든을 포함한 다른 수행원들과 함께 워싱턴을 향해 히드로(Heathrow) 공항에서 이륙했다. 이번 여행은 동서 간 정상회담의 아이디어를 진작시키고 또한 분위기를 일소하여 좋은 감정을 창조하기 위한 것이었다. 이번에 처칠은 백악관에 머물도록 초대되었다. 회담 첫날 아이젠하워가 러시아인들과 회담을 열기 전에 공동노선에 합의하기 위한 영, 미, 그리고 독일 간의 런던회담을 약속하는 것처

---

41) *Ibid.*, p. 943.

럼 보였다. 26일 처칠은 '서로 턱을 세우는 모임이 전쟁보다는 낫다'고 미국의회 지도자들에게 말했다. 그러나 처칠이 진정한 진전이 있다고 생각하는 바로 그때 27일 덜레스 국무장관은 런던회담의 아이디어를 영국이 러시아인들과 단지 쌍무적 회담을 열고 여기에 미국이 반대하지 않는 것으로 격하시켰다.[42] 그리하여 영국 일행은 여행에 대해 보여줄 것이 별로 없이 워싱턴으로부터 빈손으로 귀국하였다.

1954년 7월 처칠은 수에즈 운하 기지들로부터 철수를 마지 못해 허용했지만 그러나 이집트는 영국제국의 재산을 직접 지배한 적이 결코 없었다. 그리고 처칠은 케냐(Kenya)의 마우마우(Mau Mau) 반란에 대항하여 결연한 지연조치를 취했으며 말레이의 위기 동안에 공산주의 게릴라에 대항하는 템플러(Templer) 장군의 투쟁을 강력하게 지지했다. 케냐에서 반란은 양측에 가혹행위들이 범해지고 또 약 1만 2천 명이 생명을 잃는 더러운 전쟁으로 타락했다. 처칠에겐 전후 분위기가 식민주의에 반대하는 것으로 돌고 있는 방식이 보였다. 1954년 7월 초에 그의 워싱턴의 동의를 구하는 것이 실패하자 처칠은 자기가 냉전의 일반적 완화를 진작시킬 것으로 계획된 군비축소와 기타 조치들을 제안하기 위해 8월 초에 모스크바를 방문하고 나서 9월 20일에 이든에게 수상직을 넘겨주는 일자로 정했다. 그러나 내각은 처칠이 모스크바에 접근하는 것을 집단적으로 반대했다. 7월 25일 러시아인들이 범유럽 안전계획을 논의하기 위해 유럽 32개국 외무장관회의를 요구함으로써 이 문제를 러시아인들이 해결해버렸다. 이에 처칠은 "세계의 외무장관들이여 단결하라. 당신들이 잃어버릴 것은 당신의 직업뿐이다"라고 빈정거렸다.[43]

---

42) Ibid., p. 944.
43) Ibid., p. 945.

내각에서 수적으로 압도당한 데 대한 처칠의 실망과 짜증의 결과로 8월 초 처칠은 가을에 이든에게 수상직을 넘기는 데 대한 자신의 마음을 바꾸었다. 그는 수상직을 즐겼으며 자기가 스탈린 사후 소련 정치국과 외교적 타개를 이룰 수 있다고 진정으로 생각했으며 이들이 효율적인 후계자가 아닐 것이라고 점점 의심하고 있었다. 차트웰(Chartwell)에서 처칠은 과거에 어느 수상도 단지 수장의 자리를 원하는 제2인자 때문에 끈질기게 괴롭힘을 당한적이 없었다고 불평하였다. 그는 이든에게 1955년 11월까지 수상직에 남기로 결정했다고 편지를 썼다. 그 편지는 새로운 내각을 인수받는 것이 이든에게 얼마나 더 많이 좋을 것이지를 강조했으며 심지어 그가 이든에게 혜택을 베푸는 것처럼 만들기 위해 노력했다. 이든은 낙심했다. 그러나 그가 실제로 그것에 대해 할 수 있는 일은 아무 것도 없었다. 처칠의 지속되는 인기의 척도는 11월 30일 그의 80세 생일 날에 그가 받은 3만 장의 카드와 900개의 선물이었다.[44]

　　1955년 2월 1일 처칠은 그해 4월 5일 화요일에 수상직을 떠날 것이라고 이든에게 말해주었다. 그리고 3월 1일 처칠은 가득찬 의사당에서 그의 마지막 연설을 했다. 그 연설은 의회와 세계가 영국이 수소폭탄(the hydrogen bomb)을 구축할 것이라는 말을 듣게 될 방위백서(the Defense White Paper)에 관한 것이었다. '우리는 전 세계가 공산주의의 규율과 개인의 자유의 신념들 사이에 지적으로 그리고 크게 지리적으로 분할된 때, 그리고 동시에 이 정신적이고 심리적으로 분할된 양측이 핵시대의 말살하는 무기를 소유하고 있는 때인 인류 역사상 행복하게 특이한 시

---

44) *Ibid.*, p. 946.

대에 살고 있다. 1950년대의 적대감은 종교개혁의 적대감만큼 그리고 30년 전쟁을 가져온 것만큼 깊다. 그러나 지금은 유럽의 오직 작은 부분에 걸쳐 있는 대신에 전 세계에 퍼져 있다. 우리는 오직 보다 더 무자비하고, 또 보다 더 철저한 13세기 몽골 침략의 지리적 분할을 어느정도 갖고 있다. 우리는 지금까지 인간의 봉사자인 무력과 과학을 가지고 있는데 지금은 인간의 주인이 되려고 위협하고 있다.'45)

'영국이 애틀리의 리더십 하에서 그리고 극단적인 비밀로 자신의 핵무기를 만들기 시작한 것은 1946년 미국과 정보교환이 중단되었기 때문이다. 애틀리의 주도로 우리는 우리 자신의 원자탄들을 만들었다. 수소폭탄에 직면하여 나는 애틀리 수상의 수준에 맞추려고 노력했다. 우리도 수소폭탄을 만들기 시작했다. 국방백서의 핵심을 형성하고 있는 것은 바로 이 중대한 결정이다. '수소폭탄에 대항하는 절대적 방어는 없다. 어떤 국가나 나라가 그것들의 단지 20개가 넓은 지역에 입히는 참혹한 상처에 대하여 완전히 보장될 수 있는 어떤 수단도 보이지 않는다.' 그렇다면 우리는 무엇을 해야만 하는가? 확실한 방어는 전 세계에 걸쳐 확실한 군비축소일 것이다. 그러나 감정이 우리의 시야를 덮어서는 안 된다. 사실은 고치기 어려운 것이라고 종종 말한다. 지금까지 그렇게 오랫동안 합의를 막은 소련정부와 나토 국가들 사이의 간격을 우리 자신들로부터 숨겨서는 안 된다. 러시아의 긴 역사와 전통은 어떤 국제적 감시체제를 수락하는 것을 소련정부에게 모순되게 만든다. 두 번째 어려움은 환경에 놓여있다. 한편으로 미국이 핵무기에서 압도적 지배력을 갖고 있는 것처럼 소련인들과 그들의 위성국가들은 우리가 재래식 무기라고 부르는 것

---

45) Martin Gilbert, *Winston S. Churchill, Vol. VIII, Never Despair 1945-1965*, p. 1098.

에서 거대한 우월성을 갖고 있다. '전 세계에 걸쳐 미국의 핵 우위가 없었다면 유럽은 이미 위성국가의 지위로 축소되었고 그리하여 철의 장막은 대서양과 영국해협에 도달했을 것이라는 널리 퍼진 믿음이 있다. 다음 수년간 자유세계에는 오직 하나의 정책이 있을 뿐이다. 그것은 억제를 통한 방어라고 부르는 것이다. 이것을 우리는 이미 채택했고 천명했다. 이 억제들은 만일 그것들이 억제한다면 어느 때든 군비축소의 부모가 될 수 있을 것이다. 그 억제에 우리가 기여하기 위해서 우리는 최신 무기와 그것들의 운반수단을 우리 자신이 보유해야만 한다.'[46]

'나는 러시아인민들에 대해 그들의 용맹, 그들의 많은 재능 그리고 그들의 친절한 성품에 대해 강한 찬양을 갖고 있다. 우리가 저항할 수밖에 없는 것은 공산주의의 독재체제와 공산당이 선언한 야망 그리고 그들의 확산시키는 활동들이다. 그리고 그것이 거대한 세계의 균열을 만드는 것이다. 핵공격에 대해 대륙은 섬들만큼이나 취약하다. 따라서 '소비에트 러시아의 거대한 공간과 흩어진 인구는 수소폭탄의 도래와 함께 우리의 작고 높은 인구밀도의 섬과 유럽과 균등하거나 거의 균등한 취약성 위에 있다.' 그것이 거대한 범위의 파괴와 또 훨씬 넓은 오염 지역을 갖는 수소폭탄은 지금까지 그의 인구가 대규모의 지역에 아주 넓게 분산되어서 자신들은 전혀 위험하지 않다고 느끼게 만든 나라들에게도 효과적일 것이다. '억제의 힘과 가치는 사건에 통제력을 가진 양쪽의 모든 사람들에 의해서 잘 이해되고 있다.' 이것이 바로 처칠이 오랫동안 한 우호적 방문자가 다른 방문자에게 솔직하고 또 노골적으로 말할 수 있는 정상회담에서 이 문제들이 다루어지길 희망했던 이유였다. 그리고 처칠은 장

---

46) *Ibid.*, p. 1099.

엄한 아이러니의 과정에 의해서 우리가 '안전이란 테러의 억센 어린아이고 생존은 괴멸의 쌍둥이 형제일[47] 단계에 도달한 것 같다'고 덧붙였다. 처칠은 자비롭게도 만일 우리가 인내와 용기를 결합한다면 시간과 희망이 있다고 믿는다고 의회에 말했다.

> "공정한 플레이, 동포에 대한 사랑, 정의와 자유에 대한 존경이 고통받는 세대들로 하여금 평온하게 행진하여 우리가 살아갈 소름 끼치는 시대로부터 승리하게 할 날이 밝아올 것이다. 그동안에는 결코 겁먹지 마라, 결코 싫증내지 마라, 결코 절망하지 마라."[48]

처칠은 45분간 연설했으며 그의 목소리는 끝에서도 처음처럼 강력했다. 선데이 타임즈(Sunday Times)는 처칠이 눈부신 힘을 발휘했다고 코멘트했다. 상호확증파괴(Mutually Assured Destruction)로 알려진 것의 이런 공개적 인정이야 말로 공적 생활에서 마지막 주요 정치적 개입이었고 또 그것은 하나의 강력하게 냉정한 것이었다. 3월 29일 처칠은 이든 부부와 함께 식사 후 결정하지 않았다. 그러나 다음날 아침 처칠은 4번째로 마음을 바꾸었다. 4월 5일에 수상직을 떠나기로 동의했다. 그가 떠나기 전날 저녁에 여왕과 필립 공이 수상관저에 만찬을 하러 왔는데 이것은 수상에게 전례 없는 명예였다.

1955년 4월 5일 화요일, 처칠은 그의 마지막 각료회의에서 자신의 동료들에게 "인간은 정신이다"라고 철학적 언급을 했다. 그리고 처칠은 그들에게 실질적 권고를 하였다. "결코 미국인들과 결별하지 말라"는 것

---

47) Martin Gilbert, ed., *Churchill: The Power of Words*, p. 416.
48) Martin Gilbert, *Winston S. Churchill, Vol. VIII, Never Despair 1945–1965*, p. 1100; Andrew Roberts, *Churchill: Walking with Destiny*, p. 948.

이었다.[49] 4월 6일 처칠의 두 번째 수상직은 끝이 났다. 그날 오후 처칠은 개인 비서들, 전화 교환수들, 메신저들 그리고 운전 기사들, 모두 약 1백여 명에 달하는 수상관저의 직원들을 위해 티 파티(tea party)를 가졌다. 그리고 그가 떠날 때 각의실에서 정문에 이르는 복도의 양편에 줄을 선 직원들의 환호를 받았다. 그리고 그는 수상으로서는 마지막으로 자동차로 다우닝 거리로부터 사라졌다. 그날 오후 차트웰(Chartwell)에 도착하자마자 그를 맞이하려고 그곳에서 기다리고 있던 작은 군중의 지지자들과 언론인들을 발견했다. 언론인들 중 한 사람이 수상이 아닌 느낌이 어떠하냐고 물었다. 그는 대답했다. "집에 오는 건 항상 즐거운 일이지요."[50]

---

49) Martin Gilbert, *Winston S. Churchill*, Vol. VIII, *Never Despair 1945-1965*, p. 1123; Andrew Roberts, *Churchill: Walking with Destiny*, p. 949. 그러나 처칠의 전임 수상인 체임벌린이 히틀러의 재앙적 위험에 대한 처칠의 경고를 철저히 무시하고 오히려 처칠을 호전주의자로 경멸했다면 그의 후임자인 이든 수상도 처칠의 마지막 당부에 귀를 기울이지 않았다. 1956년 초 마지막 영국 군대가 처칠의 수상직 시기에 이든 외상이 협상했던 합의 하에 수에즈 운하 지대를 떠났다. 그리고 3주 후 압델 나세르(Abdel Nasser) 대령이 이집트의 대통령으로 선출되었다. 그리고 나서 7월 26일 나세르는 갑자기 아무런 사전 경고도 없이 영국과 프랑스 소유의 수에즈 운하를 국유화해버렸다. 그리하여 수에즈 운하의 소유자들과 사용자들을 전면적 위기에 빠뜨렸다. 처음에 처칠은 과감하게 행동하는 것을 원했고 또 필요하다면 무력으로 그 결과를 뒤집고 나세르를 전복시키길 바랐기에 이든에게 그렇게 말했다. 그는 부인 클레멘타인에게도 아이젠하워 대통령이 재선을 위한 선거운동을 하는 중이니 이든 수상은 현장에 아주 늦게 세 번째로 도착한 미국을 기다리는게 좋겠다고 말했다. 돌이켜보면 이든 수상이 그렇게 하는 것이 지각 있는 행동이었을 것이고 또 내각에 대해 미국인들과 결코 결별하지 말라는 자신의 마지막 당부에 합당했을 것이다. 그러나 이든은 그 충고를 무시했고 여름과 가을에 아이젠하워에게 사전 경고함도 없이 이집트에 대항하는 프랑스와 이스라엘과의 연립을 추구했다. 당시 아이젠하워는 처칠이 이해했듯이 재선을 위한 선거운동의 와중에 있었다. 10월 17일 영국과 프랑스 군대들이 무력으로 수에즈 운하를 장악했다. 11월 6일 아이젠하워가 재선되었다. 그러나 영-프의 군사적 조치에 대한 아이젠하워의 입장은 그가 안전하게 백악관에 자리 잡은 후에도 인식할 수 있을 정도로 완화되지 않았다. 수에즈 문제에 대해 이든에 향한 처칠의 태도에서 샤덴프로이데(Schadenfreude)의 느낌을 감지하지 않기는 어려웠다. 중동에서 이 재앙은 1957년 1월 9일 이든 수상의 사임을 초래했고 처칠이 언제나 좋아했고 승진시켰던 단호한 반유화주의인 해롤드 맥밀란(Harold Macmillan)에 의해 계승되었다. 맥밀란 수상은 처칠이 그랬던 것처럼 미국과의 우호적 관계를 최우선시 했으며 그런 전통은 지금까지도 계속되고 있다. 맥밀란 수상시절 영-미의 밀월관계 대해서는, Christopher Sandford, *Harold and Jack: The Remarkable Friendship of Prime Minister Macmillan and President Kennedy*, Amherst, New York: Prometheus Books, 2014. 를 참조.

50) Martin Gilbert, *Winston S. Churchill*, Vol. VIII, *Never Despair 1945-1965*, p. 1125.

IX

처칠의 위대한 리더십의 본질과 덕목들

The Essence and Virtues of Churchill's Great Leadership

"우리는 우리의 반대자들의 비판에 의해서가 아니라
우리 행동의 결과에 의해서 심판될 것이다".
- 윈스턴 처칠

1933년 1월 30일 히틀러가 독일 나치스 당의 당수로서 독일의 수상에 임명되었다. 그해 3월 4일 프랭클린 루즈벨트가 처음으로 미국의 제 32대 대통령으로 취임했다. 3월 23일 히틀러는 독일의회에서 수권법을 통과시켜 독일 국민에 대한 장악을 강화했다. 1936년 3월 7일 독일군대가 라인란트(Rhineland)로 행진했을 때 루즈벨트의 불안감은 분명해졌다. 그러나 당시 미국은 중립국이었다. 미국인들은 유럽의 싸움에 어떤 연관도 원치 않았다. 루즈벨트는 오직 사적으로 자신의 두려움을 표현할 수 있을 뿐이었다. 독일로부터 소식은 나빴다. 그리고 그의 관료들은 실제 전쟁의 위험이 없다고 그에게 말했다. 그러나 루즈벨트는 1914년에도 똑같은 말들이 있었던 것을 항상 기억했다.[1] 그리고 다음 해 1934년 독

---

1) Geoffrey C. Ward. *Closest Companion: The Unknown Story of the Intimate Friendship between Franklin Roosevelt and Margaret Suckley*, New York: simon & Schuster Paperbacks, 1995, p. 69.

일에서 힌덴브르크(Hidenburg) 대통령이 사망하자 히틀러는 국가원수직까지 장악했다. 그리고 자기를 지도자(Fuehrer)로 자칭하며 독일의 절대적 권력자, 즉 독재자가 되었다.

그러나 히틀러의 위험성은 유럽이나 미국의 정치지도자들에 의해서 제대로 정확히 인식되지 않았다. 히틀러는 독일 바이마르 공화국의 전임국가 관리자형의 지도자들과는 판이하게 다른 지도자였다. 그는 과격한 급진적 혁명가였고 카리스마적(Charismatic) 지도자였다.[2] 그는 감동적 웅변으로 독일 대중의 마음속에 복수심의 불을 지피고 무조건 자기를 따르도록 현혹하는 준종교적 지도자임과 동시에 순종하지 않는 사람들에게는 무절제한 공포의 강제력을 함께 구사했다. 독일인들에게 그런 지도자는 처음이었다. 따라서 유태인들을 제외한 독일인들은 히틀러와 나치즘의 위험성을 예감하지 못했다.

윈스턴 처칠은 그 시기에 당시 영국의 정치적 고위 관직에서 배제된 채 1931년 이후 소위 정치적 황야에서 홀로 서있었다. 그러나 윈스턴 처칠이 처음으로 1933년 히틀러의 집권 후 다가오는 위험에 관해 모든 사람들에게 경고했던 유일한 영국의 정치가였다. 처칠은 카리스마적인 히틀러와는 달리 예지적이고 고무적인(inspirational) 지도자였다.[3] 히틀러와는 달리 처칠은 출생이래 리더십을 행사하도록 교육받고 훈련받았으며 스스로 끊임없는 자기학습을 통해 지도자로서 자신의 미래를 준비해나갔다. 그래서 그는 테미스토클레스(Themistocles)[4] 같은 예지력으로 다

2) Laurence Rees, *Hitler's Charisma: Leading Millions into the Abyss,* New York: Vintage Books, 2012; Alan Bullock, *Hitler: A Study in Tyranny,* Abridged edition, New York: Harper Perennial, 1971.
3) Andrew Roberts, *Hitler and Churchill: Secrets of Leadership,* London: Weidenfeld and Nicolson, 2003, p. xxv, and pp. 182–183.
4) Ian Macgregor Morris, *Themistocles: Defender of Greece,* New York: The Rosen

가오는 히틀러의 위험을 정확히 내다보고 경고할 수 있었다. 그러나 그는 단순히 카산드라 같은 예언자로 끝나지 않았다. 그의 운명의 주사위는 묘하게 돌더니 마침내 처칠은 늦게나마 국가의 운명을 구원할 최고 지도자의 지위에 올라 민주정치지도자로서는 물론이고 탁월한 군사전략가로, 그리고 외교협상의 달인으로서 영국은 물론이고 서구문명을 야만적 나치즘으로부터 구원하는 데 역사에 전례 없는 정치적 리더십을 발휘하였다. 보리스 존슨(Boris Johnson)은 이것을 한마디로 "처칠 요인"(Churchill Factor)이라고 불렀다.5) 그는 결코 혁명가가 아니었다. 그는 심지어 비스마르크 같이 백색 혁명가(white revolutionary)도 아니었다.6) 그의 리더십의 본질은 고전적 보수주의자(classical conservative)였다. 그런 점에서 처칠은 근대의 마키아벨리언들과는 근본적으로 다른 정치가였다.

마키아벨리는 누구든 정치가로 성공하기를 원한다면 용맹한 사자(Lion)의 힘과 여우(Fox)의 간지를 동시에 갖추고 그것들을 적절히 사용하도록 권유했었다. 그리하여 사람들이 마키아벨리하면 맨 먼저 떠올리는 말이 바로 사자와 여우였다. 마키아벨리의 "사자와 여우"가 쌍을 이루는 것은 2개의 출처에서 나왔다. 키케로는 그의 저작 <공직>에서 여우와 사자에 의해서 대변되는 사기와 무력을 거부했다. 마키아벨리는 키케로의 입장을 비웃었지만 그의 상징들을 수용했다. 그는 또한 이솝우화(Aesop's fable)의 "여우와 사자"에서 의해서 영향을 받았다.7) 마키아

Publishing Group, Inc., 2013. 2004; Stephen Dando−Collins, *Rise of an Empire: How One Man United Greece to Defeat Xerxes's Persians,* New York: John Wiley & Sons, Inc., 2014.

5) Boris Johnson, *Churchill Factor: How One Man Made History,* New York: Riverhead Books, 2014.

6) Henry A. Kissinger, "White Revolutionary: Reflections on Bismarck," *Daedalus,* Vol. 97. No. 73(Summer 1968), pp. 588−591.

7) Raymond Angelo Belliotti, *Niccolo Machiavelli: The Laughing Lion and the Strutting Fox,* Lanham, MD: Lexington Books, 2009, p. 19.

벨리는 군주의 속임수, 즉 사기술을 갈고 닦아야만 한다고 했다. 그러나 처칠은 그의 전 정치적 생애를 통해서 결코 여우가 되지 않고 언제나 변함없이 포효하는 사자였다.[8] 그럼에도 불구하고 그는 마키아벨리의 정치적 덕목을 한마디로 집약한 비루투(Virutu, 예지의 지혜와 물리적 힘의 결합, 원래 '남성다움'의 뜻에서 기원)의 화신이었다고 해도 결코 과언은 아닐 것이다. 1954년 11월 30일 웨스트민스터 홀에서 자신의 80세 생일 날에 행한 연설에서 처칠은 일찍이 그가 종종 했던 주장을 되풀이했다: "그것은 전 지구에 걸쳐 살고 있는 사자의 심장을 가진 국민과 인종이었다. 나는 포효하도록 소명을 받은 행운을 가졌다."[9]

이런 점에서 제2차 세계대전의 또 하나의 영웅 프랭클린 델라노 루즈벨트 미국 대통령과도 대조된다. 루즈벨트 대통령의 첫 전기를 쓴 리더십연구의 선구자인 제임스 맥그리거 번즈(James MacGregor Burns)는 루즈벨트를 "사자임과 동시에 여우였다"고 묘사했다.[10] 처칠은 참으로 마키아벨리의 정치적 권고를 초월하는 그런 정치지도자였다. 적어도 내가 읽은 여러 권의 어떤 처칠의 전기에서도 처칠이 마키아벨리의 저작들을 읽었다고 주장하거나 처칠을 "간교한 여우"에 비견한 문장을 마주한 적이 없었다. 어쩌면 그것은 매우 당연한 일인지도 모른다. 마키아벨리의 저작을 접한 적이 있는 모두가 알다시피 마키아벨리는 로마의 역사가 리비(Livy)의 "로마사"를 압축하여 그의 정치이론을 제시했다. 처칠은 마키아벨리를 거치지 않고 직접 로마의 역사서에 심취했었다. 그는

---

8) William Manchester, *The Lion: Visions of Glory* (1983); William Manchester, *The Lion: Winston Spencer Churchill Alone* (1988); William Manchester and Paul Reid, *The Last Lion: Winston Spencer Churchill Defender of the Realism* (2012).

9) Andrew Roberts, *Churchill: Walking with Destiny*, p. 980.

10) James MacGregor Burns, *Roosevelt: The Lion and the Fox*, Vol. 1, New York: Harcourt, 1956.

특히 에드워드 기번(Edward Gibbon)의 명저인 ＜로마제국의 쇠망사＞ (*The Decline and Fall of Roman Empire*, 6 Vols)에 천착했었다.[11] 그리하여 처칠은 마키아벨리의 도움 없이 곧바로 독자적으로 정치의 소위 로마식(The Roman Way)[12]을 발견하고 습득했던 것이다. 마키아벨리는 당시에 지배적인 기독교식을 단호히 지양하고 결국 로마인들의 방식을 채택하라고 역설했다. 처칠은 마키아벨리의 로마사의 요약본을 보지 않고 직접 자율학습으로 원전의 로마역사 공부를 통해 스스로 위대한 로마인들의 정치술을 체득했던 것이다.

그렇다면 로마의 수많은 정치가들 중에서 처칠의 영웅과 스승은 누구일까? 그는 바로 로마 공화정 말기의 마르쿠스 툴리우스 키케로(Marcus Tullius Cicero)였을 것이다.[13] 처칠은 무엇보다도 폭정(tyranny)에 대한 철저한 혐오감을 키케로와 공유했다. 마키아벨리는 지도자가 결코 증오의 대상이 되어서는 안 되지만 지속적 사랑을 받기 어려우니 차라리 두려움이 대상이 되라고 주장했지만, 키케로는 마키아벨리와는 정반대로 공포로 나라를 통치하려고 하는 자는 누구나 아주 미친 것이라고 주장했다. 왜냐하면 폭군이 제아무리 법을 뒤집고 자유의 정신을 파괴하려고 할지라도 멀지 않아 국가는 대중적 분노나 투표함에서 다시 봉기할 것이라고 주장하면서 친절이 공포보다도 더 강하다고 말했다.[14] 키케로는

---

11) Edward Gibbon, *The Decline and Fall of the Roman Empire*, New York: Everyman's Library, 1993, 1994.
12) Edith Hamilton, *The Roman Way,* New York: W.W. Norton & Company, 1932.
13) 로마의 정치 철학자이며 정치가였던 키케로에 관해서는, Neal Wood, *Cicero's Social and Political Thought,* Berkeley: University of California Press, 1988; Anthony Everitt, *Cicero: The Life and Times of Rome's Greatest Politician,* New York: Random House 2003; Catherine Steel, ed., *Cicero,* Cambridge: Cambridge University Press, 2013; Marcus Tullius Cicero, *How to Run A Country,* selected, translated, with an introduction by Philip Freeman, Princeton, New Jersey: Princeton University Press, 2013. 등을 참조.
14) Marcus Tullius Cicero, *How to Run A Country,* selected, translated, with an introduction

그러므로 폭군이 지배하는 것은 "나쁜 공화정"이 아니라 그것은 전혀 공화정이 아니다.[15] 키케로에 의하면 정치지도자는 예외적인 인격과 순수성을 가고 있어야 한다. 진정한 지도자는 용기와 능력 그리고 결의를 소유해야 한다. 그리고 진정한 지도자는 자신의 이익보다 국가의 이익을 항상 우선해야 한다. 이러한 덕목들은 바로 처칠의 언어였다. 키케로는 국가를 통치하는 것은 특히 폭풍이 불어오기 시작할 때 배를 조타하는 것과 같은 것이라고 말했다.[16] 처칠의 제2차세계대전의 회고록 제1권의 <몰려오는 폭풍>(*Gathering Storm*)이라는 제목도 키케로의 정치언어를 상기시킨다.

키케로는 정치지도자에게 철저한 지식을 요구했다. 만일 지도자가 자기가 무슨 말을 하고 있는지를 정확히 모른다면 그들의 연설은 공허한 언어의 어리석은 지껄임에 지나지 않을 것이며 그들의 행동들도 위험스럽게 오도될 것이다. 키케로는 위대한 로마의 정치가로서 수사학의 중요성을 강조한 마지막 정치 철학자이기도 했다. 마키아벨리는 무력과 사기를 강조하다 보니 수사학이 불필요했던 것 같다. 그러나 민주주의 국가에서 수사학은 지도자의 필수적 덕목들 가운데 하나이다. 처칠은 로마공화정의 키케로처럼 영국 민주주의 국가에서 역사상 최고의 수사학의 달인이며 언어의 마술사였다. 처칠은 또한 정부의 주된 목적은 각자가 자기 것을 보유하도록 보장하는 것이지 부를 분배하는 것이 아니라는 키케로의 고전적 반사회주의 사상도 공유했다. 또한 아무리 어려운 시련의 앞이라 해도 결코 절망하지 말라는 처칠의 마지막 의회연설의 문구도 결

---

    by Philip Freeman, Princeton, New Jersey: Princeton University Press, 2013, pp. 58 – 59.
15) *Ibid.*, p. 60.
16) *Ibid.*, p. xv.

코 절망하지 말고 낙심하지 말라는 키케로의 언어였다.[17] 키케로를 따르듯 매사에 철저한 지식으로 무장한 처칠은 인간유형을 고슴도치와 여우로 구분하는 현대의 정치 철학자 이사야 벌린(Isaiah Berlin)에 따른다면[18] "고슴도치와 여우"의 혼합체였다고 해도 과언이 아닐 것이다. 왜냐하면 처칠은 고슴도치처럼 하나의 큰 것(승리)만을 아는 것이 아니라 많은 작은 것들(수많은 전략과 외교기술)도 알고 있었기 때문이다.

일찍이 고결한 영어문장을 마스터했고 젊은 장교시절 폭넓은 독서의 덕택으로 처칠은 영국인 모두가 두려움에 떨던 전시에 감동적 연설을 할 수 있었다. 젊은 날 쿠바에서 보낸 시간은 총알의 공격 하에서도 차분할 수 있게 가르쳤고 시에스타(siesta)를 통해 작업시간을 늘리는 법을 배웠다. 보어전쟁(the Boer War)에서 그의 경험은 그가 장군들의 결함에 접근할 수 있게 했다. 파일럿으로서 그리고 공군장관으로서 그의 시간은 그를 "영국의 전투"가 있기 오래 전에 영국공군의 챔피언으로 만들었다. <말보러>의 저술은 동맹국들간 일치된 정책결정을 준비시켰다. 또한 린더만(Lindemann) 교수와의 우정이 불붙인 과학에 대한 매력은 핵분열의 군사적 응용을 파악하는 것을 도왔다. 이슬람 근본주의에 대한 그의 글쓰기는 나치스의 광기에 대해 준비시켰다. 볼세비즘에 대한 그의 선견지명과 정확한 분석은 그의 "철의 장막 연설"을 위한 토대를 놓았다. 그리고 제1차 세계대전 전에 로이드 죠지(Lloyd George)와 함께 국가보험과 노후연금제도의 도입은 제2차 세계대전 후 복지국가를 수용하도록 그를 준비시켰다. 무엇보다도 제1차 세계대전에서 모든 그의 경험, 즉

---

17) *Ibid.*, p. 7.
18) Isaiah Berlin, *The Hedgehog and the Fox: An Essay on Tolstoy's View of History*, London: Weidenfeld & Nicolson, 1953.

영국해군의 준비, 다다넬스의 패퇴, 참호에서 그가 보낸 시간, 그리고 군수품조달 장관으로서 준비했던 것들, 이 모든 것들이 제2차 세계대전에서 그가 활용한 중대한 통찰력을 가져다 주었다.

역사의 추세에 대한 처칠의 판단은 한결같이 지각 있고 또 종종 깊은 조예를 보여주었다. 헨리 키신저(Henry Kissinger)에 의하면, 제1차 세계대전 전에 처칠은 프랑스가 더 이상 혼자서 독일에 맞설 능력이 없고 또 그래서 영국과 프랑스의 동맹을 위해 영국의 역사적 고립을 포기할 필요가 있다고 역설했다. 1920년대 처칠은 베르사유 조약에 대한 독일의 분노를 가라앉힘으로써 세계질서를 건설하는 데 독일이 참여하길 원했다. 1930년대에 처칠은 히틀러의 도전의 지정학적 성격을 인식했다. 1940년에 계속 싸우려는 처칠의 결정은 그가 권력정치의 궁극적 실천가라는 사실을 반영했다.[19] 처칠은 과거 자신의 실수로부터 배웠고 교훈을 잘 활용했다. 아돌프 히틀러가 서방세계에 그의 전격전을 단행했던 단지 몇 시간 후 수상이 되었던 1940년 5월 10일 저녁을 회고하면서 처칠이 "나는 운명과 함께 가고 있다고 느꼈다. 그리고 나의 모든 과거의 삶은 전시 수상직의 시간과 시련을 위한 준비에 지나지 않았다"고[20] 기술했을 때 그는 옳았다.

1940년 처칠의 정치적 신용은 그가 실제로 목격한 대로 인기 없는 진실들을 말했다는 데 있었다. 그는 여론에 전혀 휘둘리지 않았다. 오직 자신의 심장을 따랐고 제국을 대변했으며 무엇보다도 다른 모든 정치가들이 그러는 것처럼 계산하지 않았다. 1940년에 대중들이 처칠을 믿고

19) Henry A. Kissinger, "With Faint Praise," *The New York Times Book Review*, July 16, 1995.
20) Winston Churchill, *The Gathering Storm*, Boston: Houghton Mifflin Company, 1953.

또 곧 그를 사랑하게 된 이유는 그가 과거에 옳았었다고 믿었기 때문이다. 1940년 처칠의 리더십에 관해서 중요한 사항은 그가 독일의 침공을 그 해에 중지시켰다는 것이 아니라 영국정부가 평화를 택하는 것을 중지시켰다는 점이다.[21] 처칠은 히틀러가 러시아를 침공하고 1941년 말에 일본인들이 미국의 진주만을 공격하고 뒤이어 독일이 미국에 선전포고를 할 때까지 승리를 위한 영국의 현실적 계획을 제시할 수 없었다.[22] 역사가들이 처칠에 대한 브룩(Brooke) 장군의 비평에 집중했음에도 불구하고 브룩 장군 자신은 전후에 이렇게 썼다: "내가 그런 분과 함께 일할 기회를 준데 대해, 그리고 때로는 그런 초인이 이 지구상에 존재한다는 사실에 눈을 뜨게 해준 신에게 감사한다."[23]

"철의 장막 연설"을 한 1946년부터 처칠은 전쟁 전 시기의 자기 경험과 전쟁 전 전쟁준비에 소홀함의 결과로 전시에 승리를 확보하기가 얼마나 어려웠던가의 지식을 사용하여 새로운 적인 소련과의 직접회담을 역설했다. 이 논의는 최고위급에서 이루어져야 하고 국제적 긴장의 개선을 확보하기 위해 영-미간의 단합과 힘에 토대를 두어야 한다고 그는 말했다. 전시나 평화시 모두에서 처칠의 리더십은 명확한 비전과 목적의 힘, 그리고 품위와 선의의 궁극적 승리의 각인을 전파했다. 처칠의 일종의 "게티스버그 연설"은 유럽에서 전쟁이 끝난 뒤 3년 후에 나왔다. 1948년 5월 28일 영국의 특공대들에게 기념비를 헌정하는 웨스트민스터 성당에서 연설하면서 자기의 추도사에서 이렇게 말했다.[24]

21) Andrew Roberts, *Churchill: Walking with Destiny*, p. 978.
22) *Ibid.*
23) Alexander Danchev and Daniel Todman, eds., *War Diaries 1939–1945: Field Marshall Lord Alanbrooke*, Berkley: University of California press, 2001, p. 713.
24) Lewis E. Lehrman, *Lincoln & Churchill: Statesmen at War*, Guilford, Connecticut: Stackpole Books, 2018, p. 363.

"오늘 우리는 세계의 미래 세대들이 올바르고 고결한 대의를 말할 수 있도록 하기 위해 자신들의 생명을 바친 용감한 사람들을 위한 기념식을 거행한다. 영국인종과 국민의 생명과 메시지가 기록으로 깊게 새겨진 이 옛 성당에서, 공간의 모든 틈새가 과거의 기념비들과 미래의 영감에 헌정된 이곳에서, 거대한 형태의 폭정에 대항하는 마지막 전쟁이 될 것이라고 희망하며 자신들의 생명을 바친 사람들에게 이제 신성화된 이 회랑이 남을 것이다. 무엇보다도 우리는 우주가 초월자에 의해서 지배되고 또 그것에 따라 우리의 모든 행동이 심판 받는 숭고한 도덕적 목적의 성취에 대한 신념을 갖고 있다. 이 신념은 청동관 속에서 간직될 뿐만 아니라 영국의 명예가 여전히 빛을 발산하고 또 이 곤란한 세상에서 정의와 품위가 인간들 사이에 남아 있도록 하기 위해서 그들 각자가 자기의 모든 것을 희생했을 때 이 젊은이들의 충동속에 영원히 간직될 것이다."

처칠은 링컨의 게티스버그 연설을 잘 알고 있었다. 그것의 메아리들이 웨스트민스터 성당에서 울려 퍼졌다. 민주주의의 보존과 향상이 처칠의 정치 및 전쟁리더십의 내적 일부였고 동맹국들의 승리 후 전후에 대한 그의 비전이었다.[25] 그런 의미에서 처칠은 현대의 가장 위대한 개인주의자들 가운데 한 사람이었다. 왜냐하면 그는 삶의 모든 것들을 집단의 일부가 아니라 완전히 개인으로서 접근했기 때문이다. 처칠은 1930년대에 히틀러와 나치스를 유화하던 영국의 기성사회(the Establishment)의 거의 완전한 만장일치에 겁먹지 않고 총체적 도전을 보여주었다. 1940년대에도 이런 동일한 태도가 전쟁을 수행하는 기성사회의 방식을 넘어서 생각할 수 있도록 허용했다.

1955년 4월 "인간은 정신이다"라고 처칠은 자신의 최종적 수상직의

---

25) Martin Gilbert, *Winston Churchill's War Leadership*, New York: Vintage Books, 2014, p. 90.

사임 직전에 각료들에게 말했다. "충분한 정신으로 우리는 무엇이든 그 이상으로 오를 수 있고 또 우리 삶의 진실로 장엄한 무언가를 창조할 수 있다고 믿었다." 그의 영웅 말보러 공작은 큰 전투들에서 승리하여 블렌하임 궁전(the Blenheim Palace)을 지었다. 그의 다른 영웅 나폴레옹은 훨씬 더 많은 전투들에서 승리하여 제국을 세웠다. 윈스턴 처칠은 그들 중 누구보다도 더 잘했다. 왜냐하면 그가 이긴 전투들은 바로 지금 우리가 누리고 있는 "자유"를 구원했기 때문이다.

역사에 대한 처칠의 이해는 오늘날의 사회과학자들이나 역사학자들과는 달리 위대한 인간들이 위대한 이상들에 대한 위대한 투쟁에서 위대한 행동을 하는 것에 관한 것으로 아주 낭만적이었다.[26] 처칠이 영국의 수상이 되었을 때 런던 주재 소련대사인 이반 마이스키(Ivan Maisky)는 '처칠은 신이 보낸 것으로 보인다'고 썼다. 히틀러의 즉각적인 반응에 대한 기록은 없지만 처칠에 대해 이미 자신의 견해를 형성했다. 그에게 처칠은 낡은 제국주의자이고 뽐내는 자이며 또 노르웨이 작전에서 보여주었듯이 패배자였다. 3천 마일이 떨어진 대서양 건너 워싱턴에서도 처칠은 의심스러운 인물로 간주되었다. 그러나 루즈벨트 대통령은 "그가 자기 시간의 반은 취해 있다 해도 그가 영국이 가진 최선의 인물이라고 생각한다"고 말했다.[27] 처칠이 믿을 수 없는 알코올중독자일지의 여부와 관계없이 이제 그가 히틀러에 대항하는 최전선이라는 사실을 루즈벨트는 알고 있었던 것이다. 1939년 전쟁의 발발과 함께 처칠이 해군성 장관으로 돌아왔을 때 루즈벨트는 그가 히틀러와 나치스에 저항하는 데 중요한

---

26) Brian C. Rathbun, *Reasoning of State*, Cambridge; Cambridge University Press, 2019, p. 187.
27) Simon Berthon and Joanne Potts, *Warlords,* Cambridge, MA: Da Capo Press, 2007, pp. 3-4.

주인공이 될 것이라는 것을 즉각적으로 이해했었다. 바로 그런 예감과 이유에서 루즈벨트는 처칠과 대서양 횡단 전신교환을 시작했던 것이다.

1940년 독일표준시간으로 5월 10일 금요일 새벽 5시 30분 독일의 전진 수비대가 독일의 서부전선들을 통과하고 유럽의 지배를 위한 전투를 개시했다. 이때 전진 수비대의 뒤에는 137개 사단(이 중 8개는 기갑사단)이 진격하고 있었다. 런던에서 독일 공격의 소식은 영국정부를 경악케 했을 뿐만 아니라 주요 정치적 위기 속에 있었다. 5월 7일과 8일 영국의 회에선 현 노르웨이 작전의 재앙적 과정에 대한 논쟁이 있었다. 당시 노르웨이에서 영국과 프랑스 병력이 창피스럽게 그 나라의 중앙부에서 철수할 수밖에 없었다. 그 논쟁은 이제 전장에서 무능한 동맹의 리더십이라는 2차적인 협소한 주제를 초월하여 수상으로서 네빌 체임벌린의 전쟁수행에 관한 심사로 전환했다. 야당인 노동당의 불신임 안에 대한 투표에서 약 240표의 다수가 오직 81표로 침몰한 반면에 41명의 정부 지지자들이 노동당과 함께 투표했으며 약 60명은 기권했다. 이것이 체임벌린의 피할 수 없는 수상직 사임과 그의 정부 대신에 연립정부의 수립을 가져왔다. 그러나 누구의 리더십 하에서 수립될 것인가? 전쟁 전 체임벌린의 유화정책을 확고하게 반대하는 그의 기록 때문에 당시 해군성 장관인 윈스턴 처칠이 노동당과 클레멘트 애틀리 당수에게 수락될 수 있는 유일한 고위급 보수당원이었다. 그래서 처칠 외엔 대안이 없었다.[28]

마침내 수상이 되자 처칠은 히틀러에 가능한 한 최대로 강력한 펀치를 날리고 싶어 안달이 난 권투 선수 같았다. 그래서 영국인들은 그를 신임했고 그의 리더십이 그들을 이끌고 폭풍 속을 안전하게 빠져나갈

---

28) Correlli Barnett, *Leadership in War: From Lincoln To Churchill, re. ed.,* Barnsley, South Yorkshire(UK): The Praetorian Press, 2014, p. 262.

것으로 믿었다.[29] 영국에서 마침내 히틀러의 적수가 전면에 등장한 것이다. 그러나 영국인들은 과거에 일찍이 전쟁을 치룬 처칠의 어떤 전임자들보다 처칠이 훨씬 더 약한 전략적 힘을 발휘하고 있다는 사실을 알지 못했다. 그의 조상인 말보러 공작은 프랑스 루이 14세에 대항하는 동맹을 통제했었다. 왜냐하면 당시 영국은 동맹국들 중에서 가장 부유했고 또 가장 상업적으로 성공한 국가였기 때문이다. 7년 전쟁 때 대(大) 윌리엄 피트(William Pitt, Earl of Chatham)나 프랑스혁명 전쟁 때 소(小) 윌리엄 피트(William Pitt the Younger), 심지어 제1차 대전 때 로이드 조지(Lloyd George) 등 모두가 자신의 자원만으로 아니면 영국의 신용이 대규모로 벌릴 수 있도록 해주었기 때문에 주요 전쟁을 지탱해 나가기에 경제적으로 충분히 강력한 영국의 지도자들이었다. 이런 것들 중 어느 것도 처칠과 그가 이끄는 영국의 경우에 해당되지 않았다.

영국의 전투(the Battle of Britain)가 위기로 다가왔던 1940년 8월 21일 영국의 재무상은 탄약과 원료자원들 그리고 산업용 장비를 북미에서 앞으로 12개월 동안 사들여올 총비용이 32억 달러에 달하지만 영국의 남아있는 총 금과 은과 달러의 보유고는 20억 달러에 미치지 못한다고 내각에 경고했다. 그러므로 영국은 1940년 12월까지는 자국의 보유고를 다 쓰고, 실제로 영국의 국가적 생존 자체가 달려있는 석유, 식량, 원료자원과 기술 같은 달러 상품들을 위해 지불할 능력이 더 이상 없게 될 것이다. 설사 영국이 독일 침공의 즉각적인 위협으로부터 살아남는다고 할지라도 영국이 1941년 새해를 지나 전쟁을 계속 수행할지가 의문시되었다.

---

29) 처칠은 그가 수상이 되는 순간부터 사임할 때까지 5년 동안 전쟁을 수행했다. 따라서 여기서 처칠의 리더십은 정치 리더십과 동시에 전쟁리더십을 의미하기 때문에 아주 현저한 경우를 제외하고는 두 리더십의 차이를 엄격히 구별하지 않았다. 그의 리더십은 국가 최고지도자의 바로 그것이었다.

그런 황량한 상황에서 처칠이 올바로 인식했듯이 영국의 유일한 생존의 희망은 대서양 건너 영어권 민주국가인 미국에 의한 구원의 길뿐이었다. 미국의 국가이익의 관점에서 1940년부터 1941년까지 영국에 대한 미국의 점증하는 지원에도 불구하고 영국은 지원할 만한 가치가 있다고 미국의 루즈벨트 대통령을 확신시킨 것은 처칠이었다. 1940년 5월 그가 영국 수상이 된 순간부터 1941년 12월 일본의 진주만 공격이 마침내 미국을 참전케 할 때까지 처칠은 영국과 미국 간의 성공적 동맹을 향해 한 단계씩 미국을 끌어들였다. 여기에서 처칠은 모든 인내력, 외교적 기술, 타이밍의 감각 그리고 장기적 목표의 완강한 추구의 리더십을 보여주었다. 당시 처칠은 장기적 전쟁에서 더 약한 쪽의 전형적인 처지에 있었다. 그는 마치 미국의 독립혁명 전쟁 기간 동안의 거의 조지 워싱턴(George Washington)과 같았다.[30] 만일 그가 실제로 패배하지 않는다면 그가 종국에는 이길 것이지만 만일 그의 적들이 승리하지 못하면 그들은 결국 패배할 것이다. 간단히 표현해서 그가 할 수 있는 최선은 그가 스스로 표현했듯이 "계속 버티고 있는 것"(Keep Buggering On)이었다.[31] 그러나 불도그(bulldog) 같은 그의 대중적 이미지는 처칠이 동시에 아주 다른 종류의 인간임을 숨겨 주었다. 그는 아주 감정적이고, 쉽게 감동하여 눈물을 흘리고 깊은 우울증의 희생자였다. 국가지도자로서 처칠을 이해하는 열쇠는 그가 철두철미하게 낭만주의자였다는 사실이다.[32]

1941년 미국이 참전하자 처칠의 정책은 그 일차적 목적이 변했다. 이제 그것은 영국의 상대적으로 훨씬 더 작은 규모와 영국의 상대적 의존성

---

30) Richard Holmes, *In the Footstep of Churchill*, New York: Basic Books, 2005, p. 237.
31) *Ibid.*
32) Brian C. Rathbun, *Reasoning of State: Realists, Romantics and Rationality in International Relations*, Cambridge: Cambridge University Press, 2019, pp. 176-206.

보다는 훨씬 더 큰 영향력을 동맹의 대전략에 행사할 수 있게 하는 데 있었다. 여기에서도 역시 처칠은 1941 – 1943년 동맹의 초기에 현저하게 성공적이었다. 그러나 테헤란(Teheran) 회담에서부터 처칠은 영국의 한계를 느끼기 시작했으며 이렇게 뻐딱하게 말했다: "러시아의 곰과 미국의 들소 사이에 영국의 당나귀가 있었다. 그런데 오직 당나귀 만이 집으로 가는 바른 길을 알고 있었다."33) 처칠의 영국은 그동안 일종의 시니어 파트너(senior partner)의 역할을 수행해 왔다면 이제는 어쩔 수 없이 주니어 파트너(junior partner)의 역할을 할 수밖에 없게 되었던 것이다. 다시 말해 그 역할은 주도적 역할이 아니라 지원자의 역할을 수행하게 된 것이다.34) 1945년 전장에서 그리고 고위급 정책에서 동맹의 전략에 개입하려는 시도의 저변에는 미국과 동등한 파트너로서 영국의 지위를 내세우려는 동기가 있었다. 이런 개입의 실패는 현실에서 영국은 이제 강대국으로서 제2급으로 강등되었다는 것을 보여주었다. 그런데 이 현실을 노동당이든 보수당이든 영국정부가 20세기 내내 부인하고 싶어했다.35)

1945년 5월 8일 라인즈(Reims)에 있는 아이젠하워의 사령부에서 독일의 알프레드 요들(Alfred Jodl) 장군이 모든 독일군사력의 무조건 항복에 서명했을 때 그것은 처칠에겐 정확히 5년 전에 수상직을 맡으면서 자신이 세웠던 목적을 달성했다는 것을 의미했다. 그때 처칠은 "승리, 그 길이 제아무리 길고 어렵다고 해도 모든 대가를 지불하는 승리, 모든 테러에도 불구하고 승리, 왜냐하면 승리 없이는 생존이 없기 때문이다"라고 선언했었다. 순전히 결과만 가지고 처칠의 리더십을 평가한다면 그

---

33) Correlli Barnet, *op. cit.*, p. 280.
34) Richard Homes, *op. cit.*, pp. 235 – 270.
35) Correlli Barnet, *op. sit.*, p. 283.

는 1945년에 제2차 세계대전을 이기지 않았다. 그러나 그는 1940년에 패배하지 않았던 영웅이었다. 바로 여기에 그의 역사적 위대함이 있는 것이다. 여기에서 우리는 처칠의 역사적 통찰력과 선견지명이 참으로 대단했다는 것을 추가해야만 한다. 그 누구보다 앞서 처칠은 히틀러가 무엇을 의미하는지를 내다보았다. 그리고 처칠은 히틀러가 자기 자신을 이해하는 것보다도 더 잘 히틀러를 이해했다.[36]

1941년 러시아와는 달리 1940년에 영국은 히틀러의 평화제안을 수락할 수도 있었을 것이다. 당시 히틀러는 영국이 유럽의 독일 지배를 수용하고 독일에 대한 저항을 종식시키고 싶어했다. 그러나 처칠은 그것을 단 일순간도 고려하지 않았다. 그것은 영국이 비록 "노예국가"는 아닐지라도 독일의 동반자가 되는 것을 의미할 것이라는 점을 잘 알고 있었다. 1940년에 그는 전적으로 혼자였다. 그는 히틀러가 제2차 세계대전을 이기는 데 유일한 장애물이었다. 그러나 1941년 스탈린은 결코 혼자가 아니었다. 그는 처칠과 루즈벨트의 파트너가 될 판이었다. 만일 히틀러가 1941년에 자기의 군대를 중지시키기만 했더라면 스탈린은 기꺼이 히틀러의 주니어 파트너가 되었을 것이다. 즉 만일 필요하다면 스탈린은 히틀러에게 소련 제국의 일부를 넘겨주고 나머지 유럽은 지옥에 떨어졌을 것이다. 그리고 히틀러는 이 점을 잘 알고 있었다.

그러나 히틀러는 자기의 군대가 러시아를 정복할 수 있다고 생각했다. 그러나 1940년에 히틀러는 그가 영국을 정복할 수 있을 것인지의 여부를 확신하지 못했다. 스탈린이 아니라 처칠이 자기의 완전한 승리에 장애물이었다. 바로 이 점 때문에 그는 처칠을 증오했고 또 영국인

---

36) John Lukacs, *A Short History of the Twentieth Century,* Cambridge, MA: The Belknap Press of Harvard University Press, 2013, p. 129.

들을 끝까지 격렬히 증오하게 되었다. 그러나 히틀러는 스탈린을 증오하지 않았다. 일단 러시아의 침공이 수렁에 빠지자 히틀러는 그를 존경했다. 아니 심지어 그를 좋아하기까지 했다. 그런 것이 역사의 아이러니이다. 아니 차라리 인간 마음의 연금술이다.[37] 처칠은 스탈린의 참전을 환영하고 루즈벨트의 지원을 동원하여 마침내 제2차 대전을 승리로 이끌었다. 모든 것이 처칠의 위대한 리더십의 결실이었다. 처칠의 리더십은 자신의 빛나는 조국 영국과 대영제국에 대한 그의 깊고 강렬한 사랑과 믿음, 즉 애국주의(patriotism)에서 기원한다. 그의 모든 정치적 및 군사적 리더십은 바로 이 애국심을 실현하는 수단들이었다. 그렇다면 처칠의 위대한 리더십의 덕목들은[38] 자명한 애국주의를 제외하고 어떤 것들이 있었을까?

1. 신념과 비전(Faith and Vision)

윈스턴 처칠은 자신의 능력에 대한 자신감과 자신의 운명에 대한 거의 종교적 신념이 아주 강했다. 국가들 간의 힘의 잔혹한 사실들과 끝없는 경쟁에 오랫동안 친숙한 귀족적 유산에 의해 풍성해진 전통적 서양 보수주의에 처칠이 속한다는 의미에서 그는 고전적 보수주의자였다.[39] 20세기 부르주아적 형태의 감상적 그리고 위선적 보수주의는 적어도 십자군적 자유주의 형태만큼이나 그의 접근법에 낯선 것이다.[40] 더구나 당

---

37) *Ibid.*
38) 이 정치적 덕목들은 서양의 고전적인 철학과 역사에서 강조되었던 것들이다. 이 점에 관해서는, 강성학, <한국의 지정학과 링컨의 리더십>, 서울: 고려대학교 출판문화원, 2017, "제2부 에이브러햄 링컨의 리더십"을 참조.
39) Kenneth W. Thompson, *Winston Churchill's World View: Statesmanship and Power,* Baton Rouge and London, Louisiana State University Press, 1983, p. 20.
40) *Ibid.*

시 히틀러에게 지대한 영향을 끼친 니체의 허무주의도 처칠에겐 전혀 낯선 것이다.[41] 새로운 20세기 슈퍼스타를 지향하는 정치인들과는 판이하게 다른 전통적 보수주의자였기에 오히려 그는 한물간 시대착오적 정치가로 인식되기도 했다. 1932년 유일한 영국의 여성의원인 애스터(Aster) 부인이 러시아의 방문 중에 스탈린에게 처칠은 끝났다고 말했을 때 스탈린은 동의하지 않았다. 스탈린은 만일 영국인들이 난국에 처하면 그들은 옛 군마를 필요로 할지 모른다고 말했다.[42] 그리고 정확히 이런 일이 발생했던 것이다. 그러다 보니 그의 보수주의는 기타 다른 어떤 정치적 이념 보다도 오히려 가장 새로운 것이 되었다.

그가 수상직을 시작한 처음 몇달 동안에 그의 가장 어려운 과업과 최대의 성취는 가장 어두운 시기에서조차 자신감을 투사하고 있었다. 1940년 여름 독일이 벨기에, 네덜란드 그리고 프랑스를 침공 점령하고 그 후 영국에 대한 독일의 항공폭격이 있던 그 위험스러운 긴 낮과 밤에도 처칠은 영국이 어떻게 패배를 피할 수 있을 것인지를 알지 못했다. 이때 그의 전쟁리더십의 비상한 면은 자신의 의심과 공포를 대중들로부터 숨기는 능력이었다. 수상직을 시작할 때부터 처칠은 만일 그가 대중들에게 포기하는 것으로 비친다면 전쟁을 계속하는 데 있어서 대중의 자신감이 유지되지 않을 것이라는 사실을 잘 이해하고 있었다. 처칠이 대중의 자신감을 유지시키는 주된 수단은 연설과 방송을 통해서였다. 그의 웅변의 두 기둥은 비전과 현실주의였다. 그리고 이것들은 서로를 보완했다. 그가 의회와 전국민을 향한 방송에서 말할 때 그는 자신이 예상 못한 방식으

---

41) 현대 정치 리더십에 미친 니체와 허무주의에 관해서는, Robert Eden, *Political Leadership & Nihilism,: A Study of Weber & Nietzsche,* Gainesville, Florida: University Press of Florida, 1983을 참조.
42) AJP Taylor, *The War Lords,* New York: Penguin Books, 1978. P. 72.

로 자신감을 불어넣었다. 처칠의 방송을 처음 들었던 사람들은 시대가 위험하고 미래가 끔찍하다는 말을 들을 것으로 기대했고 실제로 그랬다. 엄한 경고 후에 그들이 들을 것으로 기대하지 않았던 것은 자국의 수상이 포위상태와는 아주 다른 어떤 것을 내다보고 있다는 것이었다.

1940년 5월 13일 의회에서 행한 첫 연설에서 처칠은 영국이 직면하고 있는 위험을 제시하는 것으로 시작했다. 그리고 "피, 노고, 눈물, 그리고 땀" 밖에 제공할 것이 없다고 말하면서 미증유의 괴물 같은 폭정에 대항하는 "전쟁수행의 정책"을 제시했고 "승리라는 목표"를 간단명료하게 제시했다. 제아무리 갈 길이 길고 험해도 승리 없이는 생존이 없다고 명백히 말했던 것이다. 처칠은 전쟁의 목적을 아주 간단하고 명확히 제시함으로써 전시의 정치 및 군사적 리더십의 중대한 덕목을 과시했다. 그는 이미 1939년 1월 7일에 마치 기원전 펠로포네소스 전쟁을 마주한 아테네의 국가지도자 페리클레스(Pericles)처럼 "전쟁은 무섭다. 그러나 노예가 되는 것은 더 나쁘다"는 글을 썼었다.

독일에서 나치가 집권한 첫 수개월부터 처칠은 의회에서 새 정권의 인종주의와 나치의 반 유태주의의 잔혹한 성질에 반대하는 연설을 했다. 1838년에 그는 '독일에 대한 어떤 유화정책도 영국의 군사적 약세뿐만 아니라 도덕적 약세의 징표이고 머지않아 그리고 거의 확실하게 이 약세는 수정되어야 한다. 왜냐하면 히틀러의 영토적 요구에 따라 그를 만족시키는 유화정책은 보다 더 많은 요구를 촉진할 뿐이기 때문'이라고 처칠은 아테네의 페리클레스처럼 주장했었다.[43] 1941년 5월에 미국의 서적판매조합에 보낸 메시지에서 처칠은 국민들의 마음이 한 사람의 의

43) Robert B. Strassler ed., *The Landmark Thucydides: A Comprehensive Guide to the Peloponnesian War*, New York: The Free Press, 1996, pp. 80–85(Book 1, chap. 140).

지에 의해서 위협받을 수 있을 때 그땐 문명이 구제할 수 없이 무너진다고 경고했다: "한 사람의 국가는 국가가 아니다. 그것은 인류의 영혼, 마음, 신체의 노예화이다. 히틀러의 짐승 같은 의지가 독일 글 쓰는 사람들의 최선을 포로로 잡거나 추방했다"고 처칠은 이어서 선언했다. 영국이 새로운 공격과 적들을 직면했음에도 불구하고 처칠은 대의의 정당성이 지배할 것이라고 자신했다. 일본이 극동에서 미국, 영국 그리고 네덜란드의 재산을 공격함으로써 일본이 참전한 뒤 일주일도 안 된 1941년 12월 12일 처칠은 의회에서 "우리가 암울한 세계의 파노라마에 대해 우리의 주변을 둘러볼 때 우리 대의를 의심하거나 우리의 힘과 의지력이 그것을 지탱하는 데 충분할 것이라는 사실을 의심할 이유가 없다"고 말했다. 전쟁지도자로서 5년 동안 처칠은 "우리 대의의 정의, 동맹의 대의를 전달할 수 있었을 뿐만 아니라 그것을 전달하는 데 있어서 그는 영국 대중의 믿음을 반영했다.

처칠은 전쟁의 현실을 누구보다도 잘 이해하고 있는 탁월한 분별력의 소유자였다. 그는 전투병이나 민간인 모두에게 전쟁이 부여하는 위험들에 대해 아무런 환상도 갖지 않았다. 바로 이러한 그의 지식이 그의 전쟁리더십을 보다 더 인간적이고 보다 더 민감하게 만들었다. 처칠은 전쟁의 인명손실에 관해서 깊이 걱정했다. 수상관저 별관에서 독일 도시를 폭격하는 짧은 공군 영화 한 편을 관람한 뒤 그는 그 자리에 있는 사람들에게 말했다. "우리가 동물인가? 우리가 너무 멀리 가고 있는 건 아닌가? 그러나 우리는 싸워야 한다." 그리고 처칠은 이 투쟁에서 한편은 민주주의와 인간의 존엄성의 세력이고 다른 한편은 폭정과 독재라는 사실을 전혀 의심하지 않았다. 그의 신념과 비전은 전쟁을 치르는 5년 동안 조금도 흔들리지 않았다.

2. 공직자의 의무감(the Sense of Duty)

전쟁을 수행하는 과정에서 수많은 정책적 요구와 압력에도 불구하고 처칠은 국가지도자로서 공직자의 의무감에 철두철미했다는 점에서 아주 눈에 띄는 정치지도자였다. 공직자의 철저한 의무감은 처칠의 영웅인 로마의 위대한 정치가요 철학자였던 키케로가 누구보다도 강조한 지도자의 덕목이었다.[44] 대중 앞에서 그의 공개적 얼굴은 그의 전쟁리더십의 아주 강력한 일면이었다. 독일이 고도의 전격전으로 그들의 집들이 파괴된 수 시간 내에 그가 만난 런던 시민들이 그를 저주하기는커녕 그를 열정적으로 맞이했고 적을 패배시키도록 촉구한다는 사실을 발견한 처칠은 크게 놀랐다. 피폭된 도시들을 그가 방문하는 것은 대중의 사기를 엄청나게 올려주는 것으로 입증되었다. 그의 처음 즉흥적인 두 손가락의 V자 표시가 야간 공습폭격의 황폐 속에서 환호와 영광의 원인이 되었다. 가는 곳마다 처칠은 함성과 환호를 받았다. 처칠의 전쟁리더십의 또 하나의 측면은 바로 이런 개인의 직접적인 본보기 행동이었다. 처칠은 전쟁 수행 중에 자기 주변에서 극한적으로 열심히 일하는 본보기를 세웠다. 그의 기준은 높았다. 매일 밤 자러 가기 전에 그는 그날 진실로 효율적인 뭔가를 했는지 알아보기 위해 그 자신을 군법회의로 심사한다고 그의 개인비서들 중 한 사람이 말했다. 그는 자기 자신에게 혹독한 그런 감독이었다.

유능한 사람들을 임명해야 한다는 의무감은 그의 전쟁리더십에서 중

---

44) 강성학, <한국의 지정학과 링컨의 리더십> 서울, 고려대학교 출판문화원, 2017, pp. 279−280.

요한 또 하나의 일면이었다. 전체주의체제를 제외하면 국가 지도자란 그가 책임을 위임하는 사람들의 총합만큼만 강력한 것이다. 처칠은 위임 기술의 달인이었다. 어느 누구도 자기의 부하들이 최고의 자질과 능력이 있다고 신임하지 않는 한 전쟁수행을 제대로 관리할 수 없을 것이다. 1940년과 1945년 사이 전쟁수행기계는 거대했다. 정부의 모든 부서가 이런 저런 방식으로 전쟁에 관련되었고 그것의 에너지를 헌신했다. 공장들과 제조의 대규모 확장은 전쟁물자 생산에 전력을 집중했다. 처칠은 국가적 노력의 모든 수준에서 가능한 최선의 담당자들을 찾고 그들의 노력을 지원했다.

전쟁수행의 총체적 과정에서 무엇이 행해지고 있는가에 대한 처칠의 매일매일의 면밀한 검토보다도 처칠의 전쟁리더십에서 더 가시적인 것은 없었다. 그가 전쟁 업무를 위임했던 사람들을 믿고 의지하는 반면에 처칠은 행해진 모든 것을 꼼꼼한 눈으로 면밀히 검토하는 데에는 여러 가지 목적이 있었다. 첫째로, 그가 신임하고 임무를 맡긴 사람들이 자신들의 의무를 최고의 수준으로 수행하고 있는지를 확실히 한다. 둘째로, 마땅한 곳에서는 칭찬을 하기 위한 것이다. 칭찬과 격려는 처칠의 리더십의 본질적 일부였다. 셋째로, 자기 생각에 잘 진행되고 있지 않은 것은 무엇이든 검토하고 수정하거나 보다 효율적인 전진을 제시하기 위한 것이었다. 처칠의 일상적 메모들은 무엇이 어떻게 행해지고 있는지에 대해 묻는 질문들과 의구심의 쇄도를 이루었다. 모든 것이 고려되고 있다고 말하는 것만으로는 별로 좋지 않았다. 문제의 핵심은 뭔가를 달성했는지의 여부였다. 일이 행해지는 것, 결정된 정책들이 집행되고 있을 뿐만 아니라 신속하고 효율적으로 수행되고 있음을 확실히 하는 것이 처칠의 일상업무의 중심에 있었다. 처칠의 전투정신은 끊임없는 조치들을 요구했다. 즉, 적은 쉼 없이 공격받아야 한다는 것이었다.

처칠은 세부사항에도 집중했다. 광범위한 범주의 복잡한 문제들에 대한 그의 전쟁리더십을 향상시킬 수 있는 것은 그가 세부적인 사항에 대한 장악력을 갖고 있었기 때문이다. 1939년 9월과 1940년 5월 사이 해군성 장관으로 있을 때 처칠은 독일인들을 속이기 위해 가짜 선박들의 사용에 관해서, 그리고 독일 잠수함으로부터 영국의 배를 보호하기 위해서 호위제도를 채용하는 것에 관해서, 그리고 해상 전투의 많은 다른 사항들에 관해 많은 도움이 될 제안을 했었다. 즉 처칠은 필요성이 분명해지면 종종 실질적이고 건설적인 변화를 가져오는 제안을 했었다. 처칠에 가장 가까운 사람들은 세부적 문제들에서 처칠이 보여주는 힘을 목격했다. 수상으로서 처칠은 무기, 장치, 사업과 시도들을 위한 아이디어의 흐름을 탄생시켰다. 그는 영국의 전투(the Battle of Britain) 기간 동안에 폭격 맞은 활주로의 긴급한 보수를 위해 효과적인 제안들을 내놓았다. 대중들의 안전과 복지를 위한 그의 관심은 가스마스크의 가용성과 공습피난처의 건설에 관한 면밀한 의문들을 가져왔다. 그는 독일의 폭격에 의해 자기의 집이 파괴된 사람들에게 적당한 보상이 확실히 주어지도록 하는 데 주도적이었다.

처칠은 군사적 계획들의 비밀과 안전을 치밀한 관심과 개선을 위한 지속적 제안들로 모니터했다. 무기와 장비는 언제나 처칠을 환호하게 했다. 제2차 대전 중 처칠은 모든 무기와 장비의 발전에 엄중한 감시를 유지했다. 2년 후 영국해협도해 상륙작전의 근본적 요소인 인공항구를 위한 계획을 연구한 뒤 1942년 5월 그는 전문가들에게 조류와 함께 뜨고 가라 앉는 부두의 가능성을 조사하도록 요구했다. 정박문제가 해결되어야만 했다. 그는 착륙선들은 측면을 줄이고 부두의 정박지를 넘어설 만큼 큰 가동교를 갖고 있어야만 한다고 부언했다. 이것이 이루어졌다. 하나는 영국인, 그리고 또 하나는 미국인을 위해 건설되는 항구의 내부적 일부가 되었다.

1944년 4월 캐나다와 미국으로부터 철수하는 성인과 어린이들이 개조된 병력선 모리타니아(Mauritania)에 승선하여 귀국을 제안하는 기사를 읽은 처칠은 이 선박에는 보트로 수송될 수 있는 여자와 어린이들보다 많은 사람들이 승선해서는 안 된다고 썼다. 처칠은 작은 사항에까지 세부적인 관심을 보였다. 그리고 이것은 분명한 목적을 가지고 있었다. 자세한 연구와 실질적 조치를 위한 모든 그의 요구에서 처칠은 긍정적이고, 희망적이며, 건설적인 해답을 찾았다. 이런 것이 그의 국가 지도자로서 리더십의 일면이었다. 그것은 언제나 낙관적 모색이었다.

3. 분별력(Prudence): 정성스러운 동맹관리

정치적 분별력(prudence)은 고대의 아리스토텔레스와 근대의 대표적 보수주의 정치가요 철학자였던 에드먼드 버크(Edmund Burke)가 강조했던 정치가의 제1차적 덕목이었다.[45] 처칠은 국제정치와 정의와의 관계에 대해 일찍이 그 본질을 꿰뚫어 보았다. 그에 의하면, "세계의 전 역사는 이런 사실로 집약된다: 국가들이 강할 때에 그들이 항상 정의로운 것이 아니다. 그리고 그들이 정의롭고자 할 때 그들은 흔히 더 이상 강하

---

45) Edmund Burke, *The Correspondence of Edmund Burke*, Vol. II, Edited by T. W. Copeland, Chicago: University of Chicago Press, 1958, p. 282; Ross J. S. Hoffman & Paul Levack, *Burke's Politics: Selected Writings and Speeches of Edmund Burke*, New York: Alfred A. Knopf, 1959.

지 않다." 대영제국은 더 이상 국제정치의 패권이 아니었다. 그래서 처칠은 처음부터 영국이 독자적인 힘으로 히틀러를 이길 수 있다고 생각하지 않았다. 그는 수상으로서 행한 첫 연설에서 분명히 하였 듯이 신세계(the New World)가 구세계(the Old World)를 구하러 올 때까지 우선 버티어 내는 것이 정책적 목적이었다. 즉, 미국이 영국을 구하러 올 때까지 견디어 내는 것이었다. 따라서 처칠 리더십의 어떤 측면도 영국의 미국과의 관계보다도 더 복잡하고 더 어려운 것은 없었다. 그리고 이 무거운 짐을 처칠은 스스로 자신의 어깨 위에 짊어졌다.

처칠이 해군성 장관일 때 루즈벨트 대통령이 그와 비밀의 전신 교환을 개시했고 또 영국의 운명에 대한 진정한 염려를 보였지만 그러나 처칠은 미국의 지속적인 중립법안(Neutrality Acts)의 공식에 간직된 미국의 중립정책과 1933년 대통령에 취임한 이래 루즈벨트를 괴롭힌 고립주의자들의 압력이 영국에 대한 미국으로부터 필요한 규모의 원조에 대한 장애물이라는 것을 잘 알고 있었다. 대규모 장비의 상실이 수반된 영국 원정군의 덩케르크 철수와 함께 영국의 전역에 걸친 공장들과 비행장에 대한 독일공격의 심화가 있던 1940년의 재앙적 여름에 처칠은 땅과, 바다, 그리고 하늘에서 영국의 위약성을 자세하고 정확하게 알고 있었다. 전시생산을 증대하려는 온갖 노력에도 불구하고 영국의 전쟁수행을 위한 무기고의 모든 면에서 미국의 대규모 원조를 통해서만 영국이 효과적으로 전쟁을 계속할 수 있으리라는 점도 처칠은 잘 알고 있었다. 그래서 처칠은 그의 수상직 수행의 첫 날부터 마지막 날까지 미국과의 연계가 그의 전쟁정책의 중심에 있었다. 그래서 그는 다른 어떤 것보다도 미국의 원조를 받는 일에 보다 많은 시간과 에너지를 소비했다.

처칠은 1940년에 미국이 중립으로 남을 것이라는 사실을 어쩔 수 없이 수용했지만 그는 또한 루즈벨트 대통령을 격려해서 영국에 육·해·공군의 공급품을 제공하도록 할 힘을 자기 자신이 갖고 있다고 생각했다. 영국의 대중들은 처칠의 리더십, 특히 전쟁리더십의 바로 이런 측면에 대해 거의 아무것도 몰랐다. 전쟁전략과 계획의 모든 측면을 다루는 루즈벨트에게 보낸 처칠의 전신문건들은 모두 약 1,300통에 달하는 것으로 고도의 비밀 사항이었다. 그것들이 없었더라면 영국이 처한 위험은 훨씬 더 컸을 것이다.

영국의 전쟁 수행능력의 모든 측면은 미국의 기여에 의해서 영향을 받고 또 향상되었다. 1940년 12월 타란토(Taranto) 해전에서 이탈리아인들에 대한 영국의 첫 주요 승리는 미국으로부터 몰타(Malta)에 새로 도착한 글랜 마틴(Glenn Martin) 부대의 정찰항공기가 제공한 사진에 의해서 수행되었다. 1941년 미국이 참전한 뒤에도 미국의 자원이 처칠의 전쟁리더십에서 여전히 중심적이었다. 진주만 피습 4일 후 히틀러는 미국에 선전포고를 하는 장기적으로 그에게 치명적인 실수를 범했다. 미국이 참전한 한 달 이내에 처칠은 루즈벨트를 설득하여 태평양에서 일본을 패배시키기 전에 우선 유럽에서 히틀러를 패배시키는 정책을 채택하게 하였다. 미국의 이런 결정은 북유럽의 동맹국 침공과 해방이 가능한 한 빠른 기회에 일어날 것이라는 것을 확실히 했다.

처칠은 그것이 1942년 말 이전에 수행될 수 있기를 희망했다. 그러나 처칠은 영국에서 미국의 군사력의 증강이 1944년 초까지 완성될 수 없다는 현실을 수용했다. 그는 성급한 열정에 앞서 분별력을 우선시했다.

4. 전략적 안목(the Strategic Mind): 간접 접근법(the Indirect Approach)과 공세의 원칙(the Principle of Offensive)

처칠은 전쟁지도자로서 확고한 전략적 안목을 갖고 있었다. 그리하여 민주주의 국가의 가장 중요한 민－군관계에서 문민통제(the civilian control)의 원칙이 전혀 도전 받지 않고 유지될 수 있었다. 제2차 세계대전 중 처칠의 전략적 안목의 중심은 히틀러와 그의 추축국의 취약성을 먼저 공격하는 전략적으로 간접 접근법, 그리고 일차적 방어와 함께 가능한 곳에서는 언제나 공세를 취하는 것이었다.[46] 그는 심지어 공격을 받고 있을 때 조차도 가능하면 언제나 적을 공격할 필요성을 제시했다. 독일에 대한 전략적 폭격공세가 바로 그런 경우였다.

초기 단계에서 그것은 비교적 비효율적이었다. 그러나 처칠의 안목에서 볼 때 영국이 가만히 앉아서 독일이 영국에 폭탄을 쏟아 붓는 것을 무엇이든 수용하지 않는다는 것을 보여주기 위해서 할 수 있는 것, 그리고 할 수 있어 보이는 어떤 것을 해야만 했다. 1940년 11월 아프리카의 서부사막에서 웨이벌(Wavell) 장군이 그에게 공격계획을 보냈을 때 처칠은 아주 기뻐했다. 마침내 "우리가 견딜 수 없는 방어의 족쇄를 내던지려 한다. 전쟁은 우월한 의지력에 의해서 이기는 것이다. 이제 우리는 적으로부터 선수를 빼앗아 그에게 우리의 의지를 강요할 것이다"라고 처칠은 이즈메이(Ismay) 장군에게 말했다.[47]

군의 사령관들 쪽에서 소극성의 냄새가 나는 것은 어떤 것이든 처칠의 분노를 유발했다. "전쟁에서 우리는 모든 것이 완벽해지기를 기다릴

---

46) 전략적 간접접근법에 관한 보다 상세한 논의를 위해서는, 강성학, <전쟁신과 군사전략: 군사전략의 이론과 실천에 관한 논문 선집>, 서울: 리북, 2012, 제1장을 참조.

47) Martin Gilbert, *Winston Churchill's War Leadership*, New York: Vintage Books, 2004, p. 55.

수 없다. 적의 힘과 지위와 관련하여 싸워야만 한다. 황금빛 기회가 사라질 때까지 수동적인 제안에는 소름이 끼친다"[48]고 말했다.

그러나 처칠의 군사보좌관들은 행동에 대한 그의 예리함을 항상 리더십의 미덕으로 보지는 않았다. 북아프리카의 작전 중이었던 1942년 9월에 앨런 브룩(Alan Brooke) 장군은 "공격을 시작하려는 이 놀라운 초조함은 처칠의 질병이다. 그러나 그것은 그의 전쟁리더십의 본질적 특징이었다. 그리고 그것이 그로 하여금 전쟁수행의 전반적 기계를 전진하게 할 수 있었다"고 지적했다.[49]

정치와 군사 양 분야에서 결정적 행동이 필요하다고 보일 때 얼버무리는 것을 그는 가장 두려워했다. 루마니아와 그리스에서 소련의 역할에 어떻게 합의할 것인가에 대하여 영국과 미국의 분쟁에 직면했던 1944년 5월 처칠은 아니 오직 처칠만이 소련이 영 – 미의 망설임의 수혜자가 될 것임을 두려워했다. 루즈벨트가 서방 동맹국들과 소련 사이에 "협의기구"의 창설을 제안했을 때 처칠은 루즈벨트의 메시지를 받고 크게 걱정했다. 그리하여 "그런 조치가 취해지기 전에 모든 것에 관해서 모두가 협의해야 한다면 행동은 마비된다. 사건들이 발칸지역에서 변화하는 상황을 앞지를 것이다. 누군가가 계획하고 행동하는 힘을 갖고 있어야만 한다"고 루즈벨트에게 답신을 보냈다.[50]

5. 외교술(Diplomatic Skill)
군사적 인간은 승리와 패배의 적대적 관점에서 생각해야만 한다. 그

---

48) *Ibid.*
49) *Ibid.*
50) *Ibid.*, p.56.

러나 외교관은 먼 목적과 목표들에 도달할 가능성에 영향을 미치는 모든 요인들을 무한한 수의 중간지점에서 문제에 접근해야 한다. 그리하여 외교는 개인으로 하여금 모든 각도에서 문제를 바라보게 하는 재능이 요구된다.[51] 처칠은 탁월한 군사적 인간, 즉 군사 전략가였을뿐만 아니라 그것과 전혀 다른 덕목이 기대되는 외교의 달인이기도 했다. 타국의 최고 지도자와 얼굴을 직접 마주하는 국가간 외교협상은 처칠의 전쟁 수행정책의 중대한 특징이었다. 국가의 최고지도자들 간의 회담을 처칠이 역사상 결코 처음으로 시작한 것은 아니지만 5년간의 전쟁 중에 처칠은 국가원수들의 정규적 수뇌 회담이 된 "정상"(Summit)이라는 말을 만들어냈다.

1940년 영국수상으로서 그가 취한 첫 행동들 중에 처칠은 프랑스의 국가 지도자들을 만나 전쟁을 계속할 의지를 강화시키기 위해 프랑스를 거듭 3차례나 방문했다. 이 방문들은 독일육군이 프랑스 영토 속으로 깊숙이 침공해 들어가고 있을 때였다. 이 여행은 당시엔 항공기에 의한 불편하고 위험한 것이었으며 런던에 있는 자신의 지휘소를 떠나는 것을 의미했다. 그러나 처칠은 자신의 개입이 중대한 힘을 가지고 또 자신의 방문과 주장으로 프랑스인들의 결의를 지원하지 않는 것은 잘못일 거라고 믿었다. 그러나 결국 독일육군과 공군의 압도적 군사력을 저지할 수 없었다. 파리의 함락 이전에 미국의 선언을 통해 프랑스 인들의 결의를 강화하도록 루즈벨트를 설득할 수도 없었다. 그러나 그가 프랑스로 건너가기 위해 벌인 노력은 그의 전쟁리더십이 보증되면서 최고위급 협상에 정상이 직접 개입하는 전례를 세웠다.

---

51) Kenneth W. Thompson, *Winston Churchill's World View: Statesmanship and Power*, Baton Rouge and London, Louisiana State University Press, 1983, p. 338.

1941년 8월 미국이 여전히 중립일 때 루즈벨트를 만나기 위해 처칠은 배를 타고 대서양을 건너 뉴펀들랜드(Newfoundland)의 해안까지 갔다. 이것은 두 사람 간의 많은 전시 정상회담의 시작이었다. 루즈벨트는 한번도 영국으로 여행하지 않았다. 전쟁지도자로서 회담과 본질적 논의를 위해 그 어느 지도자보다도 더 많은 긴 여행을 한 것은 처칠이었다. 전쟁의 후반기에 처칠과 루즈벨트는 카사블랑카와 몰타에서 만나 처음으로 공동 전쟁정책과 또 스탈린을 만나기 전에 공동의 평화정책을 마련했다. 처칠은 스탈린과 직접 회담하기 위해 두 번이나 모스크바로 비행했다. 또한 그는 스탈린과 동맹국들간 정책의 모든 면을 논의하기 위해 루즈벨트와 함께 테헤란과 얄타로 여행했다. 이것이 세 거두의 첫 두 번의 회담이었다. 항공기를 이용한 길고도 험난한 이 여행들로 처칠은 신체적으로 아주 힘들었지만 그는 실제로 영국에 대응할 권력자들에게 영국의 입장을 제시하는 중요성을 알고 있었다. 스탈린의 욕구를 지연시키려는 처칠의 상당한 노력에도 불구하고 스탈린과의 회담은 성공적이지 않았다.

　　전후 폴란드에서 민주선거를 실시하도록 스탈린을 설득하는 처칠의 노력은 얄타에서 성공하는 것처럼 보였지만 그 후 스탈린은 자신의 약속을 어겼다. 붉은 군대가 바르샤바를 점령한 뒤 처칠이 할 수 있는 일이란 그 이상 아무 것도 없었다. 그러나 처칠은 전후 독립적 폴란드를 위한 주장을 하며 소련 지도자와 많은 시간을 소비했었다. 또한 그는 런던에 있는 폴란드 망명 정부에게 양보하도록 설득하면서도 노력을 하면서도 많은 시간을 보냈다. 자국의 동부지역을 소련에게 잃지만 그러나 동부 독일의 큰 산업지역과 동프러시아 남부의 반을 얻는 폴란드에게 폴란드의 주권을 보장하는 모종의 합의를 스탈린으로부터 얻어내길 희망했다. 처칠은 영토적 타협을 위해 무한한 인내심을 보여주었다. 그러나 이 인내심은 상당히 짜증스럽게 폴란드 지도자들에게 시행되었다. 폴란드 지도자들은 자국의 독립을 재획득할 전망에도 불구하고 소련에 대한 어떠한 양보에도 단호히 반대했다.

그러나 외국 지도자들과의 직접 대면 회담에서 처칠은 거듭해서 자신의 설득력을 구사하려 했다. 처칠이 실제로 회담을 한 사람들 중에는 폴란드 총사령관 블라디슬로우 앤더스(Wladyslaw Anders) 장군, 중국의 국민당 지도자 장제스 총통, 프랑스 국민운동의 두 지도자인 샤를 드골 장군과 앙리 지로(Henri Giraud) 장군도 있었다. 그가 방문했던 다른 지도자들 중에는 중동에서 영국의 군사적 지위를 위태롭게 할 터키의 대 독일 순응을 막기 위해 처칠이 중립을 강력히 촉구했던 터키의 이스메트 이뇌뉘(Ismet Inoenu) 대통령도 있었다.

공산주의자들에 의해 완전히 지배되지 않는 전후 유고슬라비아를 수립하려는 모색에서 처칠은 이탈리아에서 크로아티아의 전 지배자 이반 수바식(Ivan Subasic) 박사와 유고슬라비아의 공산주의 지도자 티토(Tito)와도 회담을 가졌다. 1944년 크리스마스 때 독일군대가 철수하고 있었기에 그리스에서 발생한 내전의 심각성을 알게 된 처칠은 자기 가족의 기념행사도 포기하고 아테네로 갔다. 그곳에서 총성이 울리는 가운데 처칠은 공산주의자들과 비공산주의 파벌들 간의 합의를 성공적으로 이끌어냈다. 이것은 참으로 비상한 여행이었다. 이 여행은 대사들이나 외교 사절 혹은 먼 곳에서 전신을 통한 촉구보다는 자신의 직접적 개입이 성공의 기회를 가질 것이라는 믿음에서 단행되었다.

처칠의 이러한 불안하고 긴 여행을 수반하는 직접 대면 외교의 수행은 엄청난 스태미나를 필요로 했다. 예를 들어, 처칠의 지칠 줄 모르는 스태미나는 자기보다 젊은 루즈벨트 대통령뿐만 아니라 대서양 양쪽의 많은 관리들을 탈진시켰다. 그리하여 루즈벨트를 비롯해 미국인들은 처칠이 워싱턴을 떠나자 안도의 숨을 내쉬었다. 루즈벨트 대통령은 종종 하이드 파크(Hyde Park)에서 며칠 동안 부족한 잠을 자는 것이 필요했다고 한다.52)

6. 용기(Courage)

처칠은 전 생애에 걸쳐 현저한 신체적 및 도덕적 용기를 보여주었다. 그는 자신이 저서 < 위대한 동시대인들> (*Great Contemporaries*)에서 썼듯이 "사나이들은 자신의 삶에서 시련의 순간에 심판되어야만 하기 때문이다. 서양의 문화에서 용기는 전통적으로 지도자의 덕목 중에서 제1의 것으로 당연하게 여겨진다. 왜냐하면 용기는 다른 모든 덕목들을 보장하는 덕목이기 때문이다." 정치 및 군사지도자에겐 종종 결연한 행동이 요구된다. 이것은 무엇보다도 용기를 필요로 한다. 여기서 용기는 단지 신체적 위험 앞에 무감각한 그런 용기뿐만 아니라 치명적 위험 앞에서 두려움 없이 책임을 수락하는 것을 의미하는53) 지도자의 덕목을 말한다. 이런 용기는 대담성(daring)이나 담대함이라는 말로 표현해도 좋은 것이다. 용기는 지성의 산물임과 동시에 기질의 산물이다.

"역사는 무정함이 결핍된 사람들에게 무정하다." 이것은 현대 터키

---

52) Lewis E. Lehrman, *Churchill, Roosevelt & Company: Studies in Character and Statecraft,* Guilford, Connecticut: Stackpole Books 2017, p. 192.
53) Carl von Clausewitz, *On War,* eds., and trans. By Michael Howard and peter Paret, Princeton: Princeton University Press, 1976, p. 102.

공화국의 아버지 케말 아타튀르크(Kemal Ataturk)의 말이다. 처칠의 전쟁 리더십의 본질적 특징들 가운데 하나는 결정적으로 그리고, 필요하다면, 아주 무정하게 행동하는 능력이었다. 1940년 6월 전시내각은 수만 명의 독일계 "거류 외국인들'을 재판없이 억류하는 것을 승인했다. 왜냐하면 독일이 침공할 경우에 그들이 독일계 제5열로 봉사할지 모른다고 전시내각은 두려워했기 때문이다. 체포된 이들 가운데 많은 사람들은 영국에서 피난처를 발견했던 나치 독일의 반대자들이었다. 다른 사람들은 최근에 나치의 인종적 박해의 피난민들인 독일계 유태인들이었지만 그러나 독일 침공의 전망이 너무도 임박해 보여서 개별적으로 이들을 조사할 시간이 없었다. 이 신속하고 광범위한 억류들은 처칠의 무정함에 대한 하나의 실례로 언급되곤 하였다. 그러나 처칠이 이런 가혹한 조치들을 피하고 싶어했다는 사실은 잘 알려지지 않았다. 전시내각에서 처칠은 "많은 독일계 거류 외국인"은 나치 정권에 대해 심한 증오심을 갖고 있으니 우리의 친구들을 우리의 적으로 취급하는 것은 정당하지 못하다고 말했다. 그리고 그는 모든 반(反)나치 거류민들을 훈련과 그리고 종국에는 영국이 방금 점령한 해외에서 경비대로 사용하기 위해 외국인 군단으로 창설하는 대안을 제시했었다. 그러나 전시내각은 억류를 고집했고 처칠은 그 결정에 거부권을 행사하지 않고 책임 있는 내각의 주장으로 넘겨버렸다.

인명손실의 관점에서 가장 무정한 처칠의 전시조치들 가운데 하나는 1940년 7월 프랑스의 북아프리카 항구인 오랑(Oran)에 정박 중인 프랑스 함대의 군함들에게 발포를 하는 결정이었다. 당시 독일은 프랑스—독일간의 휴전합의의 일환으로 모든 프랑스의 전함들이 독일의 통제하로 전환할 것을 고집했었다. 이 선박들이 독일의 침공함대의 일부가 되는 것을 절망적으로 막기 위해서 처칠은 프랑스 제독에게 그것들을 침몰시키거나 아니면 전쟁기간 중 영국이나 중립국의 항구로 이동할 선택을 제시했다. 만일 프랑스 제독이 거부한다면 처칠은 그 선박들을 침몰시키거나 불능상태로 만들어야 할 것으로 결정했다. 가로챈 프랑스 해군의 신호로부터 프랑스 제독이 영국의 조건을 계속 거부할 것이 분명해지자 오랑 항구 밖의 영국 전함들은 발포했고 그리하여 몇 주 전만해도 영국의 동맹국인 프랑스의 1,250명의 수병들이 죽임을 당했다.

프랑스 국민의 평생 친구인 처칠에게 이 결정과정은 전쟁과 생존의 긴급한 요구에 의해 그렇게 되었지만 그것은 참으로 무시무시하게 어려운 결정이었다. 처칠이 의회에서 영국의 조건들이 유혈사태 없이 수용되길 희망했다고 말하면서 아무리 고통스러워도 영국은 영국인의 의무에서 실패하지 않을 것이라고 말을 끝냈을 때 전 의원들이 모두 일어서서 지지하고 환호했다. 처칠은 울었다. 그리고 의사당을 떠나면서 동료의원에게 그것이 그의 심장을 무너뜨리고 있다고 말했다.

7. 장엄함(magnanimity)

처칠이 영국의 최고 지도자가 되기 오래 전에 거의 모든 영국의 고위 정치인들 중에서 처칠만이 홀로, 심지어 전쟁의 암울한 처음 몇 달 동안에도 나치 독일을 꼼짝 못하게 만들 가능성을 믿었다.[54] 너무 늦지 않았기를 바라면서 수상직을 맡은 처칠의 정치적 및 군사적 리더십의 제1차적 특징은 국민적 단결을 모색하고 그것을 달성한 것이었다. 처칠은 수상이 된 첫 날부터 전쟁 전 수년간에 걸쳐 지속된 정치적 적대감들과 원

---

54) Victor Davis Hanson, *The Second World Wars: How the First Global Conflict Was Fought and Won*, New York: Basic Books, 2017, p. 414.

386 윈스턴 S. 처칠 -전쟁과 평화의 위대한 리더십-

한들을 물리치기로 결심했다. 1930년대 거의 10년 동안 그는 의회에서 국가방어를 게을리한다고 당시 정부를 공격했고 또 유인물을 통해 정부를 누구보다도 가장 노골적으로 비판했었다. 영국은 정치인들처럼 분열되었고 서로간 혹평이 당시의 지배적 분위기요 질서였다. 그러나 영국의 패배를 막고 영국민을 보호하기 위해 처칠의 전쟁정부의 초기부터 그의 가장 신랄한 비판자들과 그가 가장 신랄하게 비판했던 사람들이 그의 요청을 받고 국정을 책임지는 그의 동료가 되었다. 이런 그의 관대하고 국민통합적 행동은 그가 정치지도자의 중요한 덕목으로 고전 철학자들이 칭송한 아량, 즉 "장엄함"(magnanimity)을 실천했던 것이다.[55]

1940년 처칠이 자신의 거국내각을 구성했을 때 그는 그의 가장 가까운 몇몇의 친구들과 동맹세력으로부터 과거의 정적들을 고위직에 임명하는 데 대해 거의 분노에 가까운 반대에 직면했다. 왜냐하면 그의 정적들은 처칠을 오랫동안 관직의 밖에 머물게 했을 뿐만 아니라 그의 정책을 전적으로 무시했기 때문이다. 이에 대해 처칠은 단호하게 답변했다. 처칠은 자기를 의회에서 제거하려고 시도했던 역할에 대해 사과한 전쟁 전 반대자에게 처칠은 이렇게 썼다: "나에게 과거는 죽었다. 만일 우리가 과거와 현재 간의 싸움을 개시한다면 우리의 미래를 상실한다는 것을 발견할 것이다."[56] 그리하여 처칠은 수상이 된 후에 체임벌린과 애틀리 그리고 할리팩스 같은 철저한 유화론자들을 내각에 머물게 하거나

---

55) 장엄함을 처음 정치적 덕목이라고 간단히 가르친 것은 아리스토텔레스가 그의 <니코마코스 윤리학>에서 였다. 그러나 "분노를 우정으로 바꾸는 것보다도 더 영광된 것은 없다"고 주장하면서 무가치한 분노를 삭이고 영혼의 장엄함의 실천을 아주 구체적으로 논설한 것은 로마의 철학자 세네카(Seneca)였다. *Seneca, how to keep your cool*, Selected, translated and introduced by James Romm, Princeton and Oxford: Princeton University Press, 2019. 앞의 인용문은 p. 93; 우리는 처칠에게서 세네카를 쉽게 발견할 수 있다.

56) Martin Gilbert, *Churchill's War Leadership*, New York: Vintage Books, 2004, p. 32.

각료로 임명하고 전쟁 중에 승리를 위해 그들의 재능을 활용하기로 했다. 아니 적어도 그렇게 보였다. 이처럼 처칠은 개인적 반대자들뿐만 아니라 패배한 추축국가들에 대해서도 현저하게 관대했던 정치가였다. 처칠이 이런 장엄한 정치가의 덕목을 실천한 것은 아마도 19세기 중엽 남북전쟁시 미국의 에이브러햄 링컨 대통령 이후 처음이 아닐까 한다.

8, 수사학적 연설(Rhetorical Speeches)

1940년 여름 처칠의 명성은 영국인들에게 그 이전이나 그 이후 아무도 필적할 수 없는 웅변 능력에 토대를 두었다. 당시 처칠의 리더십을 승인하는 85%의 지지율로 동시대인들은 이 말을 입증했다.[57]

수사학은 그것이 연설이든 아니면 글이든 행동을 위한 값싼 대체물이 아니라 행동의 바로 그 영혼이다.[58] 인류의 역사에서 마지막으로 수사학을 정치지도자의 가장 중요한 덕목 중의 하나로서, 그래서 학문의 대상으로 삼은 정치철학자는 바로 다름 아닌 처칠의 영웅 키케로였다.[59] 그 후 수사학은 중요한 철학적 탐구의 대상에서 사라져 버렸다. 그러나 특히 미국의 국부들을 포함하여 미국의 민주주의 정치지도자들은 수사학의 중요성을 의식하고 그것을 실천하려고 노력했다. 미국의 독립 이후 최고의 수사학을 발휘한 지도자는 19세기 중엽 미국의 제16대 대통령 에이브러햄 링컨이었다.[60]

---

57) Bernd Martin, "Churchill and Hitler, 1940: Peace or War?" in RAC Parker, ed., *Winston Churchill: Studies in Statesmanship,* London: Brassey's, 1997, p. 96.

58) Manfred Weidhorn, *Churchill's Rhetoric and Political Discourse,* Lanham, MD: University Press of America, 1987, p. xii; Kenneth W. Thompson, ed., *The Rhetoric of Modern Statesmanship,* Lanham MD: University Press of America, 1992.

59) Cicero, *Rhetorica ad Herennium,* trans. By Harry Caplan, Cambridge, Massachusetts: Harvard University Press, 1954.

60) 강성학, <한국의 지정학과 링컨의 리더십>, *op. cit.,* pp. 312-327.

"영국이 홀로 선 그래서 영국인들 외에 대부분의 사람들이 영국의
　　생존에 절망적인 어두운 낮들과 더 어두운 밤들 속에서 그는 영어를
　　동원하여 그것을 전투장으로 보냈다. 그의 말들의 눈부심은 그의 동
　　포들의 용기를 비추었다."

　이 말은 1963년 4월 9일 미국의 존 F. 케네디 대통령이 백악관에서
윈스턴 처칠에게 미국의 명예시민권을 수여하면서 했던 찬양의 말이다.
1940년 5월 처칠이 영국 국민들에게 "피와 노고와 눈물과 땀"을 약속하
는 연설을 한 이래 그의 수많은 연설들은 영국인들에겐 국민적 단결을
가져온 접착제였으며 적들에겐 두려운 언어의 총알이었다.

　처칠은 키케로가 주장했듯이,[61] 연설뿐만 아니라 활자화된 말, 즉 글
의 위력을 항상 믿었다. 그리하여 처칠은 모두 610만 단어로 구성된 총
37권의 책을 출판했다. 이것은 셰익스피어와 디킨스(Dikens)를 합친 것
보다도 더 많은 것이다. 그리고 엄청난 수의 편지와 메모랜덤 작성을 계
산하지 않고서도 그는 일생 동안 500만 번의 공식 연설을 했다. 그가 너
무 박학다식했고 너무도 많은 글을 썼기에 많은 모순도 보이는 것 같았
다. 1927년 처칠은 "인간이 변화하는 환경 속에서 일관성 있게 남을 수
있는 유일한 방법은 동일한 지배적 목적을 유지하면서 환경과 함께 변
하는 것"이라고 말한 바 있다. 그의 역사적 상상력은 강력했지만 그러나
그것은 동시에 실제적이었다. 그것은 가르치고 알리도록 의도된 것이었
다. 그가 저술한 모든 역사서들이 그렇다. 그리고 이것이 바로 그가 죽
을 때까지 역사상 어떤 다른 역사가들보다도 그의 역사서가 보다 많이
팔렸다. 처칠은 영국을 통치한 마지막 귀족이었다. 그러나 그의 귀족적

---

61) Marcus Tullius Cicero, *How to win An Argument, Selected*, Edited, and Translated by
　　James M. May, Princeton and Oxford: Princeton University Press, 2016, p. 123, 126.

혈통에도 불구하고 그는 결코 속물이 아니었다.[62]

자신의 정치생활을 통해 만일 그가 종이 위에 자신의 주장을 선명하게 제시한다면 가장 완고한 적의 제자들에게 조차도 영향을 미칠 기회를 갖게 될 것이라고 처칠은 확신했다. 그런 호소가 항상 성공적이지는 않았지만 그러나 그는 시도를 해야 하고 모든 노력이 다 경주되었다는 분명한 서면의 증거로 기록되어야 한다고 믿었다. 1940년 5월 16일 처칠은 프랑스를 공격하려는 이탈리아의 무솔리니에게 그리고 1941년 4월 2일 일본외상 요스케 마츠오카(Yosuke Matsuoka)에게 편지를 보내서 양국의 친독일 전쟁참여를 막아보려 시도했지만 모두 실패했다. 그러나 1940년 말에 루즈벨트 대통령에게 쓴 편지는 1941년 미국으로부터 필요한 대규모 전쟁물자의 공급을 획득하는 데 성공적으로 작용했다. 그 호소문은 영국이 유럽에서 독일의 군사적 지배, 공세적 공군력과 잠수함의 우위에 직면하여 홀로 서서 취약할 때 보내졌다.

처칠은 1940년 11월 30일 자신의 66번째 생일이 들어있는 2주간 동안 그 서신을 위해 직접 작업했다. 12월 8일에 보낼 준비가 되었다. 루즈벨트에 보내는 이 편지에서 처칠은 영국의 모든 황량함과 위험 속에서 당시의 상황에 대한 무뚝뚝하고 강력한 평가를 제시했다. 그 편지는 영국의 능력에서 전환점이 되었으며 설득하고 확신시키는 서면의 사용이 처칠의 전쟁리더십의 중추적 요소가 되었다. 몇 개월 내에 그것은 영국을 위한 증가되고 훨씬 더 안전한 미국으로부터의 생명선이 되었다. 즉 그것은 곧 무기대여협약(the Lend–Lease Arrangement)이었는데 그것으로 영국은 미국으로부터 필요한 모든 것을 받았지만 그러나 전쟁이

---

62) Andrew Roberts, *op. cit.,* p. 974.

끝날 때까지 지불할 필요가 없는 그런 것이었다.

윈스턴 처칠은 민주주의에서 정치가에게 수사학이 절대적으로 중요하다는 것을 일찍이 깨달았다. 그는 로마공화정 시대의 최고 연설가(orator)요, 수사학자인 키케로(Cicero)를 스승으로 삼았다. 키케로는 17세의 나이에 '연설의 기원'에 관한 설명문을 작성했고, 47세에 '이상적 연설가'라는 논문을 썼다.[63] 마치 자기가 스승으로 삼은 키케로를 흉내내듯이 1897년 11월 23세의 처칠은 "수사학의 핵심"(The Scaffolding of Rhetoric)이라는 기사를 작성했다. 이것은 출판되지 않았다. 그때까지 처칠은 연설한 경험이 2번에 지나지 않았지만 대중연설의 이론을 완벽하게 통달했음을 보여주었다.

이러한 처칠의 지식은 로마의 역사 속에 등장하는 연설들을 연구한 결실이라고 보여진다.

> "인간들에게 부여된 모든 재능 중에서 웅변의 재능만큼 값진 것은 아무것도 없다. 이 재능을 향유하는 자는 위대한 왕보다도 더 영속성 있는 힘을 발휘한다. 수사학적 힘은 전적으로 타고나거나 전적으로 습득되지는 않는다. 그러나 그것은 배양된다. 웅변가의 특이한 성품과 재능은 타고난 것이 틀림없지만 그것들의 개발은 실천에 의해서 진작된다. 웅변가는 실제 인물들이지만 수사학은 부분적으로 인위적이다. 웅변가는 다수의 열정의 구현체이다. 그들의 눈물을 자아내기 전에 자신이 먼저 눈물을 흘려야 한다. 그들을 확신시키기 위해서 자신이 먼저 믿어야 한다. 그는 종종 일관성이 없을 것이다. 그러나 그는 결코 의식적으로 위선적이어서는 안 된다."[64]

---

63) Marcus Tullius Cicero, *How to Win an Argument: An Ancient Guide to the Art of Persuasion*, Selected, Edited and Translated by James M. May, Princeton & Oxford: Princeton University Press, 2016, pp. 1–7.

64) Andrew Roberts, *op. cit.*, p. 48.

처칠은 때론 가볍고 불쾌하지 않은 말더듬이나 언어 장애가 청중의 관심을 확보하는 데 도움이 되겠지만 그러나 보통은 분명하고 공명하는 음성이 사고를 표현한다고 덧붙였다.[65] 그러면서 처칠은 위대한 연설에는 5가지 요소들이 들어 있다고 주장했다.

첫째는 단어들의 정확한 이해이다. 즉 최선의 가능한 단어를 계속 사용하는 것이다. 단어들은 짧아야 하지만 문장들이 내적 리듬을 갖는다면 그럴 필요가 없다.

둘째, 웅변의 요소는 음성이다. 인간의 뇌에 대한 음성의 영향은 잘 알려져 있다. 웅변가의 문장들은 길고, 기복이 있고 울려 퍼지게 된다. 문구들의 특이한 균형이 산문이라기 보다는 무운시(blank verse)를 닮았다. 무운시에 대한 그의 인용문은 평생에 걸친 셰익스피어의 사랑을 반영하는데 셰익스피어의 작품들은 그의 연설, 글 스타일, 그리고 영국의 예외주의에 깊은 영향을 미쳤고 또 처칠이 나중에 자신의 연설 요약문들을 무운시 형식으로 작성하는 실천에 영향을 주었다.

셋째 요소는 꾸준한 주장의 축적이었다. 일련의 사실들이 모두가 공동의 방향을 가르치도록 제시되었다. 대중은 결론을 예상하고 또 마지막 말들은 천둥 같은 찬동 속으로 쏠렸다.

넷째는 유추(analogy)를 사용하는 것이었는데 그것은 기존의 진실을 간결한 언어로 번역할 수 있고 또 그것들에 관해 실례를 들었다. 처칠은 자신의 연설에서 유추를 끊임없이 자연스럽게 사용했지만 그것은 모두가 고도로 고려된 예술적 수완의 일부였다. "터무니없는" 언어를 구사하는 경향은 대부분 처칠의 열변에서 분명하다.

---

65) *Ibid.*, p. 49.

다섯째, 그리고 마지막 요소로서 말하는 자와 듣는 자들의 감정이 함께 올라가고 감정을 대변할 그런 표현들이 발견되어야만 한다. 이것은 보통 그들이 지지하는 원칙들을 극단적 형식으로 구현하게 한다. 정치투쟁에서 그런 "터무니없는 소리"의 효과는 엄청난 것이다. 그것들이 정당의 슬로건이 되고 국민적 감정의 신조가 된다. 웅변가는 자기의 견해를 극단적 형태로 표현하려는 욕구를 저항할 수 없거나 자신의 주장을 정점으로 몰고간다.[66]

정치적 생애를 통틀어 처칠은 연설에서 과장되고 극단적인 언어를 사용한다고 비판을 받았다. 이것이 전적으로 의도한 것이라는 것, 실제로 웅변적 테크닉의 내적 일부라는 것을 감지하는 사람은 거의 없었다. 처칠이 말한 이러한 화려한 수사(extravagances)들은 유명세와 관심을 그에게 가져다 주고 그를 논쟁의 중심에 서게 했지만 그것들이 그를 논란으로 밀어 넣고 씁쓸한 불신으로 몰고갔다. 제2차 세계대전이 다가올 때 히틀러의 부상으로 인해 십여 년 동안 상이한 그리고 이보다 작은 문제들에 대해서 처칠이 사용했던 과장법이 마침내 완전히 정당화되었다.

뿐만 아니라 처칠은 일부러 구식용어들의 사용을 좋아했다. 옛 용어들이 전시 때 연설에서 아주 효과적으로 사용되었다. 처칠의 이 <수사학의 핵심>이 출판된 적이 없다는 것은 그에게 아주 행운이었다. 왜냐하면 그것이 일찍이 출판되었다면 그가 행할 미래의 웅변을 손상시켰을 것이다. 그러나 그의 수많은 제2차 세계대전 중의 연설에서 40여년 전에 그가 썼던 <수사학의 핵심>에서 제시한 5개 요소들을 따르고 있다는 것은 참으로 대단한 일이다. 잘 선택된 단어들, 조심스럽게 만든 문장들,

---

66) *Ibid.*, p. 50.

주장의 축적, 유추의 사용, 터무니없는 소리의 사용이라는 이 5가지 요
소들은 그의 시대에 가장 위대한 웅변가의 수사학의 핵심들이었다.[67]

　　<펠로포네소스 전쟁사>에서 투키디데스는 페리클레스 사후 그
의 리더십을 최종적으로 평가하면서, "그는 아테네의 군중들이 비이
성적으로 그리고 오만하게 상기되었다고 보았을 때는 언제나 말로서
그들을 경계하게 했다. 반면에 만일 그들이 경악상태에 빠지면 그는
즉시 그들을 자신감으로 부활시켰다."고 칭송했다.[68] 20세기에 특히
제2차 세계대전 중에 영국민들의 나치 독일의 침공에 대한 공포로부
터 그들의 자신감을 불러일으키면서도 동시에 섣부르게 이른 승리를
약속하지 않고 경계심을 갖게 하면서 영국민을 이끈 처칠이야 말로
투키디데스가 묘사한 아테네 최고의 정치지도자 페리클레스와[69] 그
수사학적 능력에서 꼭 닮았다고 해도 결코 과언이 아닐 것이다. 왜냐
하면 처칠은 비록 귀족으로 태어났지만 적어도 아테네의 페리클레스
같이 철저한 민주주의자였기 때문이다.[70] 처칠의 연설문들 중 상당수
는 페리클레스의 추도사(the Funeral Oration)[71]처럼 자유를 사랑하
는 민주주의가 이 세상에 살아 있는 한 그 역사 속에 영원히 간직될
것이다."

---

67) *Ibid.*
68) Robert B. Strassler, ed., *The Landmark Thucydides: A Comprehensive Guide to the Peloponnesian War,* New York: The Free Press, 1996, p. 127(Book 2, Chap, 65, Para. 8).
69) Hamish Aird, *Pericles: The Rise and Fall of Athenian Democracy,* New York: The Rosen Publishing Group, Inc., 2004; Donald Kagan, *Pericles of Athens and the Birth of Democracy,* New York: The Free Press, 1991; Vincent Azoulay, *Pericles of Athens,* Princeton, New Jersey: Princeton University Press, 2014. Loren J. Samons II, *Pericles and the Conquest of History: A political Biography,* Cambridge: Cambridge University Press, 2016; Thomas R. Martin, *Pericles: A Biography in Context,* Cambridge: Cambridge University Press, 2016.
70) Larry P. Arnn, *Churchill's Trial, Nashville,* Tennessee: Nelson Books, 2015, p. xvii.
71) Robert B. Strassler, ed., *The Landmark Thucydides: A Comprehensive Guide to the Peloponnesian War,* New York: The Free Press, 1996, pp. 111−118(Book 2, chaps. 34−46).

X
에필로그

Epilogue

전시엔 결의, 패배 땐 도전, 승리 땐 아량,
평화시엔 선의를!
— 윈스턴 처칠

내가 20세기 최고의 정치지도자이며 나의 영웅인 윈스턴 처칠의 위대한 리더십에 관한 본서를 집필하면서 늘 사랑하고 또 즐거웠던 것은 처칠이 정치지도자로서 결코 마키아벨리언(Machiavellian)이 아니었다는 사실이었다. 물론 처칠도 마키아벨리의 대표적 정치 덕목을 끊임없이 보여주었다. 그러나 처칠은 전쟁수행을 통치의 수행 위에 두는 시저리즘(Caesarism)과 혼자서 모든 것을 다 하려고 한다는 의미에서 보나파티즘(Bonapartism)의 두 유혹에 저항했다.[1] 그는 철저한 민주주의자였다. 환언하면 처칠은 저질의 마키아벨리즘을 극복한 아주 보기 드문 고결한 정치가였다. 그는 1965년 1월 24일 자신의 부친이 사망한지 정확히 70

---

1) John Keegan, "Churchill's Strategy," in Robert Blake and Wm. Roger Louis, eds., *Churchill: A Major New Assessment of His Life in Peace and War,* Oxford: Oxford University Press, 1993, p. 330.

년만인 그날 91세로 천수를 다하였다. 그가 서거하자 영국인들은 물론이고 수많은 세계인들이 그의 명복을 빌었다. 축복받은 죽음이었다. 그래서 지난 4년의 기나긴 본서의 집필과정은 참으로 행복한 시간들이었다. 이것은 내가 19세기 최고의 정치지도자이며 역시 나의 또 다른 영웅인 에이브러햄 링컨(Abraham Lincoln) 대통령에 관해 수 년 전 집필할 때와 크게 대조되었다. 링컨도 처칠처럼 그의 임기내내 전쟁을 치렀다. 그러나 링컨은 1865년 4월 15일 승전의 문턱에서 암살당했다. 나는 그 이야기를 쓰면서 너무도 안타깝고 슬퍼서 여러 차례 나도 모르게 울었다.[2]

링컨의 위대한 정치적 리더십에 관한 책을 마치면서 에필로그에서 시대는 달랐지만 링컨과 처칠의 리더십의 몇 가지 중요한 공통점들을 언급하면서 처칠이야말로 20세기의 진정한 링컨의 후계자라고 서술했었다.[3] 그리고 처칠도 결국 나를 울렸다. 유튜브를 통해 그의 장례식을 보았다. 그런데 처칠의 운구가 테임즈 강을 지나갈 때 부두의 수많은 크레인들이 처칠의 운구를 향하여 하나씩 고개를 숙였다. 수많은 부두 노동자들이 처칠에게 보내는 마지막 존경과 감사의 표현이었다. 그 장면을 보면서 너무도 감동하여 나도 모르게 울었다. 그러나 이 울음은 링컨의 경우와 달리 기쁨의 눈물이었다. 그래서 울면서도 행복했다. 언젠가 저승에서 윈스턴 S. 처칠을 만날 수 있다면 나는 그에게 "당신 덕택에, 당신을 연구하면서, 한때나마 나는 무척 행복했습니다. 고맙습니다."라고 인사를 드리고 싶다.

19세기 독일통일을 이룩한 철혈재상 오토 폰 비스마르크(Otto von

---

2) 강성학, "승전의 문턱에서 아무 말없이 떠난 링컨", 강성학, <한국의 지정학과 링컨의 리더십: 동아시아의 지정학적 변화와 국가통일의 리더십>, 서울: 고려대학교 출판문화원, 2017, 제2부 제7장을 참조.
3) *Ibid.,* pp. 467–468.

Bismarck)에게 한 젊은 귀족청년이 정치를 하고 싶다면서 충고의 한 말씀을 부탁하자 비스마르크는 "정치는 인격을 망친다"며 말렸다고 한다. 비스마르크는 1867년 당시 아무도 상상하지 못한 오스트리아 제국과의 전쟁에 승리했다. 그리고 독일 세계를 재편한 후 "정치란 가능성의 기술이다"(Politics is the art of the possible)라는 유명한 말을 남겼다. 그리하여 그는 성공적인 마키아벨리의 화신으로 묘사되기 시작했다. 그의 말처럼 정치가 가능성의 기술이라면 그 기술을 어떻게 배우고 가르칠 수 있을까? 마키아벨리는 역사적인 본보기를 통해서 우리는 정치의 기술을 배우고 또 가르칠 수 있다고 주장했다. 그것이 유일한 길이라고 했다. 처칠도 정치적 안목을 얻기 위해서는 항상 역사공부를 권유했으며 처칠은 그 자신이 실제로 한 사람의 역사가이기도 했다. 그러나 처칠에게 정치란 단지 마키아벨리의 세계가 아니었다. 그에게는 도덕적 가치를 실현하는 칸트의 세계이기도 했다. 그러나 처칠에게 정치는 무엇보다도 국가와 국민에 봉사하는 고결한 키케로의 세계였다. 그리하여 그는 자유와 민주주의라는 확고한 신념과 원칙을 위해 반세기를 넘어서는 그의 긴 정치 여정에서 꾸준히 그리고 변함없이 투쟁했다. 그의 세계는 기독교 세계를 경멸했던 마키아벨리가 흠모했던 로마의 세계였으며 바로 그 마키아벨리가 비웃은 키케로의 세계였다. 처칠은 마키아벨리가 줄기차게 칭송했던 "사나이다운"[4] 정치지도자였다. 그러나 처칠은 저급한 마키아벨리가 아니라 고결한 키케로의 위대한 정치지도자의 이상을 추구한 그런 지도자였다. 따라서 처칠이야 말로 정치학에서 정치적 기술을 배우고

---

4) Harvey C. Mansfield, *Manliness,* New Haven: Yale University Press, 2006; Waller R. Newell, ed., *What Is a Man?* New York: Regan Books, 2000; Waller R. Newell, *The Code of Man,* New York: Regan Books, 2003.

가르칠 최고의 본보기라고 해도 결코 과언이 아닐 것이다. 저자 서문에서 인용했던 20세기의 저명한 정치철학자 리오 스트라우스(Leo Strauss)가 현대정치학의 문제점을 꼬집은 것도 바로 처칠같은 위대한 정치지도자가 정치학의 중요한 주제가 되지 못하고 있기 때문이었다.

일찍이 정치학의 아버지 아리스토텔레스는 정치지도자를 국가라는 배의 선장에 비유했다. 선장이 제 구실을 못한다면 그 배는 표류하거나 좌초될 수밖에 없다. 민주국가의 정치지도자는 같은 배를 타고 있는 모든 사람들의 공통된 이익을 위해서 존재하지만 그는 무엇보다도 배가 향하고 있는 목적지와 방향을 분명하게 알고 있어야 한다. 우선 배의 안전 항해를 위해 같은 배를 타고 있는 사람들이 같은 방향으로 배를 저어 갈 수 있도록 설득하고 지휘할 수 있어야 한다. 독재자도 목적지와 방향은 분명하게 인식할 수 있다. 그러나 독재자는 처벌과 응징의 위협에 의존할 수밖에 없다. 민주국가의 지도자는 그와 다르게 설득에 의존해야 한다. 물론 이것은 결코 쉬운 일이 아니다. 그렇기 때문에 민주주의는 그만큼 더 어렵고 더 힘든 정치제도이며 민주적 지도자는 그만큼 더 높은 경륜과 강력한 의지 그리고 탁월한 설득력을 겸비해야 한다. 윈스턴 처칠은 보기 드문 바로 그런 지도자였다.

또한 그는 링컨처럼 정치의 세계에서 참으로 발견하기 어려운 무엇보다도 정직한 지도자였다. 그는 결코 거짓말을 하지 않았다. 그는 위선을 떤 적이 전혀 없었다. 그는 18세기 중엽 영국을 구한 말보러(Marlborough) 경의 후손이라는 자부심과 당시 영국의 유명한 정치가였던 아버지 랜돌프 처칠(Randolph Churchill) 경의 아들이라는 자긍심으로 뭉쳐져 거짓말 같은 저질스런 언행은 아예 할 줄 모르는 그런 "신사"이며 동시에 "사나

이"였다. 그는 언제나 당당했기에, 심지어 그가 틀릴 때조차도 너무나 당당했기에, 그의 반세기가 넘는 오랜 정치활동의 세월 동안 그의 정적들 마저도 그가 틀렸다고 비판하고 비난했을 뿐 그가 거짓말을 했다고 비판하거나 위선자였다고 비난한 흔적을 지금까지 그에 관한 수많은 전기들 중 어느 곳에서도 발견할 수가 없었다. 비스마르크에 의하면, 인간들은 선거 전에, 전쟁 중에, 그리고 사냥 후에 거짓말을 많이 한다고 한다. 그러나 처칠은 선거 전이나, 전쟁 중이나, 사냥 후나 한결같이 어떤 경우에도 거짓말을 하지 않았다. 이 사실 하나만으로도 처칠은 링컨과 함께 정치지도자로서 우리 모두의 본보기가 되고 스승이 될 수 있는 정치적 영웅인 것이다.

그래서 나는 이렇게 말하면서 본서를 끝내고 싶다. "정치를 하려거든 윈스턴 처칠을 공부하고 그처럼 말하고 또 그처럼 행동하든가, 아니면 아예 정치의 세계에 발을 들여놓지 말라. 그렇지 않으면, 비스마르크의 경고처럼 당신은 나라 발전에 기여하기는커녕 결국 자신의 인격만 망치고 말 것이다."

부록

1
셋토네 심포지엄 취지문

친애하는 한국지정학연구원 회원 여러분

여러분들의 적극적인 협조와 희망찬 기대 속에서 우리의 한국지정학
연구원이 정식으로 개원하고 마침내 그 여정을 시작합니다. 연구원 사업
중 하나로 "셋토네 심포지엄"(Setone Symposium)을 시작하려고 합니다.
이것은 2017년 1월부터 매달 셋째 주, 토요일 오후 4시부터 6시까지 심
포지엄을 갖고 끝난 뒤에 술을 한잔 함께 나누며 담소하는 프로그램입
니다. 심포지엄의 주제는 위기 속에서 나라를 구한 위대한 정치지도자들
이 될 것입니다.

우선 2017년 심포지엄의 주제는 "윈스턴 처칠(Winston Churchill)의
리더십"이 되겠습니다. 나치의 참혹한 야만으로부터 서구문명을 구원한
윈스턴 처칠은 20세기 최고의 정치지도자로 널리 인정받고 있을 뿐만
아니라 그의 60여 년의 정치생활 속에서 참으로 많은 일화와 교훈을 남

겼습니다. 그리고 2018년에 프랭클린 루즈벨트, 2019년엔 찰스 드골—
이런 순서로 위대한 정치지도자들을 주제로 삼아 나갈 것입니다. 물론 참
석자들의 압도적 다수의 의견이 있을 경우엔 그 순서나 주제가 바뀔 수도
있겠습니다. 그리고 이 심포지엄의 산물이 축적되면 언젠가는 가칭 "위기
에서 나라를 구한 인물들"이라는 단행본으로 묶일 수도 있겠습니다.

우리는 위대한 철학자로부터 많은 것을 배웁니다. 그래서 위대한 철
학자, 즉 생각하는 자의 사상을 지식으로 대학에서 가르치지요. 그러나
대학은 장엄하게 행동하는 자, 즉 위대한 정치가에 대해 별로 가르치지
않습니다. 그러나 우리는 위대한 정치가로부터 많은 것을, 그것도 지식
을 넘어서는 실천적 지혜를 배울 수 있습니다. 우리는 정치적 실현의 가
능성과 한계를 직면하고 투쟁한 정치가, 자타가 공인하는 위대한 정치가
의 구체적 행동을 통해 그의 야망의 성공과 실패의 역사에서 참으로 고
귀한 삶의 지혜를 배울 수 있습니다.

정치가의 실천적 행동은 철학자의 원칙들과 동일시될 수 없습니다.
정치철학의 이상들이 때론 정치에서 근접될 수 있기는 하겠지만 그것들
이 완전히 실현되거나 획득될 수는 없습니다. 철학자의 원칙들과 정치
가의 개념들이 같지 않기 때문입니다. 동시에 철학자 에드먼드 버크
(Edmund Burke)가 지적했듯이 정치가의 과제는 실천적이고 단기적일 수
밖에 없는 것입니다. 정치가는 보편적 정의가 아니라 요구되는 수단이
무엇이든지 간에 특수한 이익, 즉 국가의 이익을 수호해야만 하는 것입
니다. 따라서 정치철학의 공부도 정치가의 공부를 대치할 수 없는 것입
니다. 바로 그런 명백한 이유로 인해 우리에겐 정치가들에 관한 공부가
별도로 필요하다고 하겠습니다.

세계적으로 소위 성공한 CEO들도 대부분 위대한 역사적 영웅들을 본 받았으며 역사적 영웅들이란 거의가 다 위대한 정치가였다는 사실을 기억한다면 인간사회에서 리더십의 본질이 어디에서 가장 잘 발현되는지는 불문가지일 것입니다. 우리는 위대한 지도자를 모방하기 위해서가 아니라 그의 삶의 역사를 통해 자신의 생각과 행동을 가다듬는 성찰의 시간을 갖게 될 것입니다. 그리하여 우리의 상상력은 그만큼 넓어지고 우리의 영혼은 그만큼 더 깊어질 것입니다.

역사에 위대한 정치가들이 많지만 우선 윈스턴 처칠로 시작하고자 합니다. 심포지엄을 보다 유익하게 진행하고 지적 수준을 유지하기 위해 우리는 윈스턴 처칠의 공식 전기작가인 Sir. Martin Gilbert의 < Churchill: A Life>라는 책을 일종의 교재로 삼겠습니다. 우리말로 번역되지 않았기에 영문판으로 할 수밖에 없지만 이 책은 학술 전문서적과는 달리 별로 어렵지 않은 영어책으로 소설처럼 비교적 쉽게 읽어 나갈 수 있는 책입니다. 이것은 원래 8권에 달하는 처칠의 전기로 바로 그 전기작가이며 저명한 영국의 역사가인 마틴 길버트가 직접 하나의 단행본으로 압축한 책으로 1991년에 출간되었습니다. 우리는 이 책 속에서 처칠의 정치적 삶과 투쟁의 역사는 물론 처칠의 유명한 명언들이 언제 어떤 역사적 맥락에서 나왔는지를 직접 만나볼 수 있는 큰 기쁨을 맛보게 될 것입니다.

윈스턴 처칠의 말처럼, 옛 지도자들은 많은 책을 읽지는 않았지만 그것들을 철저히 소화했습니다. 그리하여 그들은 신념과 교리에 관한 보다 큰 문제들에 대해 정착된 입장을 갖고 있었으며 그것들 때문에 종종 죽음이나 고통을 받을 준비가 되어 있었습니다. 어쩌면 우리는 그들보다 더 많이 읽었지만 더 적게 알고 있는지도 모르겠습니다. 따라서 우리도

적은 수의 책에 집중할 것입니다.

셋토네 심포지엄의 보다 구체적인 진행방법에 관해서는 2017년 1월 21일 오후 4시에 있을 첫 모임에서 상세히 말씀 드리겠습니다. 본 심포지엄은 비교적 가벼우면서도 지적 소득이 충만한 그런 시간이 될 것으로 기대하고 있습니다. 이 모임은 대학원의 세미나 수업이 아니라 일종의 간담회처럼 진행되기에 사전에 준비 없이 와서 오랜만에 옛 사람들을 만난다는 목적이 더 큰 것이며 아무런 부담도 드리지 않을 것입니다. 반드시 매달 참석해야 하는 것도 아닙니다. 그저 마음이 내키실 때만 참석하셔도 무방합니다. 참가하실 분들 중에 보다 유익한 참석이 되도록 하고 싶다면 그런 분은 미리 개별적으로 그 책을 서점에서 구입하시기 바랍니다.

끝으로 이렇게 계획한 심포지엄이 가능하기 위해서는 최소한의 참여자들이 필요하기 때문에 과연 몇 명이나 참석할 지를 알기 위하여 회원들의 의향을 먼저 묻고자 합니다. 참여를 원하시는 분은 늦어도 12월 말까지 참석의향을 미리 연구원으로 알려주시기 바랍니다. 본 심포지엄이 계획대로 출범할 경우 첫 모임인 2017년 1월 21일(토) 오후 4시 본 연구원(광화문 오피시아빌딩 2019호)에서 뵙겠습니다.

감사합니다.

2016년 12월 1일
한국지정학연구원
이사장　강성학

2

한국지정학연구원 셋토네 심포지엄 개시 담론

2017년 1월 21일 (토요일 4시-6시)

왜 윈스턴 처칠(Winston Churchill)인가?

(What can we learn from the review of Sir Winston Churchill's long, great life?)

강 성 학(이사장)

고려대학교 명예교수

> "There never was such an animal as WSC."
> — Brendan Bracken, a friend(p. 925)[*]

1. 윈스톤 처칠은 "큰 사람," 그것도 "아주 큰 사람"이었다. 옛말에 따르면, 사람이란 큰 사람의 삶에 대해 알게 됨으로써 자신도 클 수 있다고 한다. 그래서 젊은이에겐 큰 스승이 필요하고 그래서 제도적 교육 기관이 없던 옛날에 야심에 찬 젊은이들이 큰 스승을 찾아 산 넘고 물을 건넜다. 지금은 뜻과 의지만 있으면 언제 어디서나 배울 수 있다. 아메

---

[*] 여기의 모든 페이지 표시는 Martin Gilbert, *Churchill: A Life*에서 나온 것이다.

리카라는 신세계(the New World)의 가장 위대한 인물인 미국의 16대 대통령인 에이브러햄 링컨이 어린 시절에 일종의 "불행아"였다면, 유럽(구라파)이라는 구세계(the Old World)의 가장 위대한 인물인 대영제국의 제61대와 제63대 수상이었던 윈스턴 처칠은 어린 시절에 분명히 "행운아"였다. 링컨이 소위 "흙 수저"였다면 처칠은 분명히 "금 수저"였다. 그러나 처칠은 금 수저도 스스로의 노력으로만 위대해질 수 있다는 것을 입증했다. 처칠은 세계적으로 자타가 공인하는 큰 사람이었다. 그의 위대한 삶의 조명을 통해 우리도 "큰 사람"이 될 수 있을 것이다.

2. 처칠은 젊어서나 늙어서나 그가 91세로 죽을 때까지 일 순간도 낭비하지 않았던 아주 부지런한 "자율 학습자"요 "행동가"였다. 그는 행동가였지만 총 37권의 책을 냈던 작가요 역사가이기도 했다. 처칠은 일생 동안 결코 부화뇌동함이 없이 오로지 자신의 지식과 신념에 따라 말하고 행동했던 그래서 고독한 정치가였지만 세상은 마침내 1940년에 그를 필요로 했고 히틀러의 나치즘으로부터 조국과 서구문명을 구원했다고 인정되는 20세기 최고의 정치가가 된 인물이었다. 그는 단순히 훌륭한 인간을 넘어 위대한 정치가였기에 우리는 그로부터 위대한 정치를 배울 수 있을 것이다.

3. 그는 90년 생애 중 70년을 행동하는 공직자, 정치가로 살았다. 그가 1940년 5월 10일 마침내 수상이 되기 전에 행한 수 많은 말과 연설문과 책들은 사실 국제정치학의 교과서가 되었다. 20세기 제1차 세계대전 후 국제정치학이 독립적 학문으로 탄생하기 이전에는 물론이고 Hans

J Morgenthau가 현대국제정치학의 아버지로 인정되는 계기가 된 그의 유명한 저서 <*Politics Among Nations: the Struggle for Power and Peace*>가 1948년에 출간하기 이전에 처칠은 이미 1920년대와 30년대라는 20여 년 동안 소위 "국제정치의 현실주의"를 분명하고 뚜렷하게 (clear and distinct) 제시했었다. 그래서 모겐소가 그의 저서에서 처칠을 23차례 이상 인용했다는 결코 우연이 아니었다. 처칠은 사실상 모겐소의 중요한 스승들 가운데 한 사람이었던 셈이다.

따라서 모겐소의 수제자이며 모겐소 사후(1980년 7월) <*Politics Among Nations*>를 제6판에서부터 업데이트 출판해온 Kenneth W. Thompson(현재 2005년 7판, 2013년 2월 사망)이 1983년 <*Winston Churchill's World View: Statesmanship and Power*>라는 책을 낸 것도 결코 우연은 아니었다고 말할 수 있을 것이다. 우리는 처칠을 통해 국제정치의 본질에 대한 원론을 배울 수 있다.

4. 그는 귀족출신으로 위대한 정치가였지만 동시에 참으로 겸손한 민주적 지도자였다. 그가 1945년 승전의 축제 속에서도 총선거에서 패한 뒤 그는 오늘날 우리 한국인들이 실감하고 있는 것처럼, "민주주의 국가의 사람들은 자기들 멋대로 할 수 있다. 그리고 종종 자신들이 한 짓을 좋아하지 않는다"고 설명했다. 그가 승리로 이끈 제2차 대전의 종전 시 총선에서 패배했을 때 많은 사람들은 "영국인들이 처칠을 배신했다"고 했지만 그는 조용하고 담담하게 물러나 제2차 대전에 관한 회고록의 집필에 전념했으며 그의 회고록은 1953년 노벨 문학상을 받았다. 그가 노벨 문학상을 받자 처칠에 그 상을 수여함으로써 오히려 노벨 문학상이

위대한 상이 되었다는 평가마저 있었다.

그는 1946년 당시 미국 트루만(Truman) 대통령의 고향인 미주리 주 인디펜던스에서 소련 공산주의의 위험에 경고하는 소위 "철의 장막"의 연설로 전후 자유세계에 경각심을 일깨웠다. 1951년 말에 재집권에 성공하여 이젠 세계평화와 "유럽의 통합"(the United States of Europe)의 결성을 주창하고 나섬으로써 오늘날 EU의 정신적 아버지가 되었다. 그러나 처칠은 영국이 그런 통합된 유럽의 항구적 회원이 되어야 한다고 말한 적은 없었다. 그의 핵심은 프랑스와 독일이 화해해야 한다는 것이었다. 역사는 그가 옳았음을 입증했다.

그리고 처칠은 1955년 80세에 스스로 대영제국의 수상 직을 사임하여 공직생활을 마감하면서 마지막 각료회의에서 각료들에게 "결코 미국인들과 결별하지 말라"(Never be separated from the Americans)고 당부함으로써(p. 939) 영국의 안전과 번영의 장래를 위해서는 미국과의 관계가 최우선적 정책이어야 한다는 것을 충고했다. 그리고 그는 자기 스스로 "역사" 속으로 걸어 들어갔다. 작년 영국인들의 브렉시트(Brexit)의 역사적 결단은 처칠의 생각을 반영했다고 해도 과언이 아닐 것이다. 어쨌든 그는 영국에서 과거 1천 년의 역사상 셰익스피어 다음으로 최고로 위대한 인물로 간주되고 있다.

5. 우리는 그로부터 참담한 좌절을 극복하는 법을 배울 수 있다. 그는 특히 전시 중 영국인들에게 "참고 견디어 냄"(perseverance)의 미덕을 그 무엇보다도 거듭 강조하고 역설했다. 1930년대에 그의 정치적 고립으로 인해 그가 겪는 좌절에서 그리고 종전 직후 총선패배에 따른 실망감을

전화위복으로 만드는데 성공했다. 그의 좌절은 참으로 위장된 축복이었다(Failure as a blessing in disguise).

6. 무엇보다도 우리는 그의 수많은 위대한 "감동적 연설문들"을 접할 수 있다. 처칠의 지대한 영양을 받았던 케네디 대통령은 그가 "말에 날개를 달아 총알"이 되게 했다고 말했었다. 케네디는 미국 하버드 대학교 졸업논문으로 윈스턴 처칠이 1939년에 출간한 <*While England Slept?*>라는 책을 모방하여 "*Why England Slept?*"를 제출했고, 1942년 그의 부자 아버지 죠셉 케네디가 동일한 제목의 책을 출판해 주었다. 처칠도 링컨처럼 "언어의 마법사"였다. 링컨의 경우와는 달리 우리는 지금도 유투브를 통해 그의 거의 모든 역사적 연설들을 직접 생생하게 들을 수 있다. 그의 연설은 소위 영국의 전투(the Battle of Britain)기간 공포의 독일 폭격기들에 의한 런던의 거듭되는 폭격과 역사상 최초의 가공할 미사일 공습 속에서 위안과 희망 그리고 결전의 의지를 다지게 하는 구원의 소리였고 진군의 나팔이었다.

7. 우리는 삶의 Anti-Climax를 관리하는 법을 배운다. 그가 1955년 80세의 나이로 대영제국의 수상 직을 사임한 후 1965년 사망할 때까지도 한동안 의원직을 유지하면서 적극적인 삶을 살았다. 우리는 생의 마지막 순간까지, 스스로 죽음의 그림자를 의식하면서도 어떻게 두려움 없이 자신을 관리해야 하는 지를 배울 수 있을 것이다.

8. 우리는 그의 삶을 성찰하면서 19세기 말 아프리카 대륙의 남단 끝

에서 벌어진 보어 전쟁(the Boer War)으로부터 1965년까지 두 차례의 세계대전을 포함하여 거의 1세기간 격동의 세계사를 실감나게 간접적으로나마 체험할 수 있다.

9. 우리는 우리에게 생소한 성문헌법이 없는 영국식 내각책임제의 운용과정을, 정당정치과정과 국가의 통치방식 등을 준 경험적으로 배울 수 있다. 대통령 책임제와 성문헌법 하의 내각 책임제와는 현저히 다른 영국식의 민주정치를 배우면서 타국이 결코 모방하기 어려운 영국인들만의 독특하고 특수한 정치적 전통을 알 수 있게 될 것이다.

10. 우리는 의회에서 소위 영국신사들의 품위 있는 논쟁 법, 연설하는 법, 공격과 방어하는 법, 말하는 법, 정치적으로 품위 있고 격조 있게 행동하는 법을 배울 수 있다. 그의 촌철살인과 위트와 유머는 추종을 불허하는 최고의 경지를 보여주었다.

11. 지성적 통찰력이 탁월했던 처칠의 삶을 통해 최고 지도자를 꿈꾸는 야심가와 국민을 대표하는 국회의원의 교양 "수준"이 어떠해야 하는지를 배울 수 있다(p. 545). 동시에 우리는 처칠의 지적 자원과 지혜의 자본이 어떻게 습득되고 축적되었는지를 발견할 것이다. 예를 들어 그는 셰익스피어의 작품들에 정통했고 Edward Gibbon의 < *The Decline and Fall of the Roman Empire*(1776) > 는 그의 거듭 읽는 고전적 장서였다. 공직 생활은 너무도 바빠서 일단 시작되면 새로운 지적 자본의 획득이란 거의 불가능하고 오직 젊은 날에 축적된 지적 자본을 소비할 뿐이라는 우

리 시대 최고의 외교전략가로 인정되는 헨리 키신저(Henry Kissinger)의 주장과 비교할 수 있을 것이다.

12. 일반적으로 정치가는 그가 최고의 지위에 올라있는 절정의 기간만 흥미롭고 그래서 역사가의 관심의 대상이 된다. 그러나 처칠은 역사가들에게 그의 전 일생이 흥미로운 정치적 인물이었다. 보통 지도자들도 독자들의 흥미를 끄는 달콤한 로맨스가 전혀 없이도 한 인간의 공적 삶의 역사가 흥미로울 수 있다는 것을 처칠의 경우를 통해 알게 될 것이다. 투키디데스의 <펠로폰네소스의 전쟁사>에 대해 루소가 말했듯이 우리는 그가 살다간 시대의 역사를 다룬 그의 전기에 대한 전기들(biographies)을 "눈으로 보듯이" 읽을 수 있다.

13. 마키아벨리의 유명한 언명처럼 "정치란 가능성의 기술(혹은, 예술)"이다. 그래서 민주정치에서 타협은 불가피하다. 그러나 그 타협은 동시에 위험하다. 그것은 걸핏하면 당사자의 정치적 생명은 물론 인격까지도 매장당할 수 있기 때문이다. 독일의 유명한 철혈재상 비스마르크(Bismarck)는 한 귀족 청년이 정치에 입문하고 싶다며 조언을 구했을 때 "정치란 인격을 망친다"(Politics ruins the character)며 정치에 입문하는 것을 말렸었다. 정치인이 고결한 인격을 유지하기란 그만큼 어려운 것이다. 그럼에도 불구하고 우리는 소위 "신사의 나라"라요 "의회정치의 원조"인 영국인들의 정치를 검토하면서 그래도 비교적 품위 있게 진행된 끊임없는 정치적 타협의 솜씨와 수많은 수상교체의 영국식 기술을 배울 수 있을 것이다(P. 640).

14. 우리는 종종 역사는 물론 현실에서도 전체주의 국가 지도자의 자신감과 가혹함 그리고 민주주의 국가 지도자들의 허약하고 어리석은 행동을 발견할 수 있다(p. 549). 처칠의 정치 여정에서 민주주의의 약점과 그것을 극복하는데 결정적으로 기여하는 정치적 리더의 역할을 목격할 수 있다. 이러한 인간의 역사창조적 역할은 정치학을 포함하여 오늘날의 사회과학 교육에서 전혀 기대할 수 없는 것이다.

15. 평화가 계속되고 매스 미디어가 지나치게 발전하고 보급되다 보니 통제할 수 없는 추악한 편견과 사악한 편협함 마저 여론이라는 이름 하에 정치과정에 아주 깊고 넓게 침투하여 민주정치가 갈수록 포퓰리즘(populism)에 사로잡히게 되었다. 그런 부정적 여파로 인해 오늘날의 정치인들은 정치적 리더십의 본질을 망각하고 진정한 국가 지도자의 올바른 리더십과 군사적 리더십의 긴밀한 관계, 그리고 그것이 결합된 리더십을 배우고 익힐 기회를 갖지 못했다. 그러나 우리는 처칠을 통해 오늘날 아주 오히려 생소하게 된 진정한 지도자, 즉 영웅의 참모습을 역사 속에서 대면하게 될 것이다. 어쩌면 그런 영웅의 덕목과 자질 및 능력이 한국의 민주화 이후 한국의 지도자들에게도 가장 절실히 요구된다는 사실은 아무리 강조해도 결코 지나치지 않을 것이다.

16. 우리는 처칠이 전시에 보인 전쟁지도자의 역량뿐만 아니라 그가 국가 정상으로서 벌린 미래지향적이고 창의적인 눈부신 외교와 협상의 역량도 동시에 목격할 수 있다. 소위 "정상회담"(the summit conference)이라는 용어도 그가 역사상 최초로 사용했던 것이다.

17. 최고의 공직자는 물론이고 일반적으로 "일하는 공직자", 일하는 국회의원, 효율적으로 공무를 수행하는 정치인의 모습이 어떤 것인지를 처칠의 주변에 등장하는 많은 인물들을 동시에 알게 됨으로써 소위 "생산적인 정치"를 목격할 수 있다.

18. 지도자의 신체적 건강과 막중한 책임의식에 대한 지도자의 올바른 자세를 처칠로부터 배울 수 있다. 우리는 죽음에 대한 태도와 위험과 모험에 대한 지도자의 진정한 용기도 그를 통해 배울 수 있다.

19. 역사적 영웅들에게는 배우자의 올바른 역할이 무엇인지를 처칠의 열한 살 연하이며 처칠 사후 12년을 더 살다간 부인 Clementine 여사의 칭송 받는 내조활동을 처칠의 삶의 검토과정에 발견할 수 있다. 역시 배우자의 역할은 누구에게나 중요한 것이다. 1945년 처칠이 총선에서 패배한 직후 그 패배가 처칠에겐 "위장된 축복"(A blessing in disguise)이 될 것이라는 그녀의 위로의 말은 역사에 남는 말이 되었다.(p. 855)

20. 우리는 처칠로부터 여가를 가장 유익하게 사용하는 법을 배울 수 있다. 여가는 빈둥거리거나 감각적 충족을 쫓는 것이 아니라 자기가 늘 좋아하는 활동을 하는 것이다. 그는 극심한 스트레스를 푸는 좋은 방법으로 그림 그리기를 권유했다(Painting as a pastime). 그가 평생 동안 기회가 있을 때마다 세계 도처에서 그린 수백 폭(약 500 점)의 그림들이 있지만 그 많은 그림들 중 아직까지 단 한 점도 미술 시장이나 경매에 나온 적이 없다. 그만큼 그의 그림은 소장자와 그 집안의 소위 "가문의

영광이요 보물"이 되고 있다.

21. 처칠은 또한 지도자의 취미들(hobbies) 중 독서를 강력히 권유했다. 그는 세계 어디를 여행하든 늘 책을 가지고 다녔으며 책에 대한 그의 각별한 사랑은 유별났다. 그의 뛰어난 기억력이 천부적이기는 했지만 그는 사관학교 졸업 후 타의 추종을 불허하는 일종의 헌신적 자율학습자였다. 그런 점에서 처칠은 링컨을 꼭 빼어 닮았다. 그는 사실상 모든 지도자, 아니 모든 사람의 책 사랑이 어떠해야 하는 지를 비교적 상세하게 제시했다. 처칠은 1932년 그가 58세 때 출간한 자신의 수상록 <*Thoughts and Adventures*>(한글 번역판: <폭풍의 한가운데>)에서 다음과 같이 말했었다(좀 길게 인용하겠다):

> "가장 흔한 기분전환 방법은 독서이다. 수많은 사람들이 이 광대하고 다양한 분야에서 수백만 인들이 정신적 위안을 발견한다. 도서관보다 더 삶을 공손하게 만드는 것은 없다. '몇 권의 책'(A few books)이 … 여기서 몇 권이란 말은 5천 권 미만의 책을 말하는 것인데 … 안락한 느낌을 줄 수 있으며 더 나아가 어떤 충족감마저 줄 수 있다. 그러나 도서관에서 하루만 지내보면 그러한 감상적인 환상은 금방 깨져버린다.
>   서가에서 이 책 저 책을 훑어보다 보면 인류가 그동안 축적해온 갖가지 관심분야에 대한 엄청난 규모의 지식과 지혜의 무게에 짓눌려서 너무나 왜소하게 느껴지는 자신에 대한 서글픈 자각과 더불어 그동안 소중하게 간직해온 자존심마저 깡그리 지워버리지 않을 수 없게 된다. 평생을 바치더라도 모두 맛보기는커녕 감탄만 하기에도 벅찰 정도로 방대한 수의 현인과 성자, 역사가, 과학자, 철학자들의 업적 앞에서 인생이 짧다는 자각만이 가슴을 아리게 만든다. …

우리가 꿈도 꾸지 못했던 엄청난 결과를 가져온 사항들에 관해서
얼마나 많은 그리고 집요한 탐구가 이루어졌는가? ― 그토록 엄청난
노력을 기울여 이루어온 보물들을 우리는 얼마나 활용하고 있는 걸
까? ― 이렇게 많은 책들을 어떻게 할 것인가?

"읽어라." … 이 책들을 모두 다 읽을 수는 없다고 할지라도 최소
한 만져보기라도 해라. 쓰다듬고 쳐다보기라도 해라. 아무 페이지나
펼쳐서 아무거나 눈에 띄는 구절부터 읽기 시작하는 거다. 그러다가
또 다음으로 넘어가면 된다. 마치 미지의 바다를 항해하면서 새로운
해도를 작성하는 기분이 되어보라. 반드시 자신의 손으로 책을 서가
에 꽂는 습관을 기르고 자신만의 구상에 따라 서가를 정리해보라. 그
래야만 그 책 속에 무엇이 쓰여 있는지를 모른다 해도 적어도 그 책
이 어디에 있는지는 알 수 있지 않겠는가?

책과 벗이 되지는 못한다고 할지라도 서로 알고 지내는 것은 좋은
일이다. 책이 당신 삶의 내부로 침투해 들어오지는 못한다고 할지라
도 서로 알고 지낸다는 표시의 눈인사(a nod of recognition)마저 거
부하면서 살지는 말아라. …

우리가 독서할 때 자신의 평상의 언어가 아닌 다른 언어로 된 책
을 읽는다면 그 만큼 더 신선한 자극과 변화를 느끼게 된다는 것은
아주 당연한 것이다. 독서를 하면서 즐길 수 있는 만큼의 외국어 실
력을 갖추고 있다는 것은 참으로 대단한 혜택이 아닐 수 없다. …

외국어로 독서를 즐기는 과정 자체는 정신적인 근육의 활동에 의
존하는 것으로 어순의 변화와 뉘앙스의 차이 등이 정신에 새로운 활
력을 가져다 준다. 단순한 대화의 구조적인 차이만으로도 전혀 새로
운 뇌세포의 활동을 부추겨주기 때문에 그 때까지 틀에 박힌 뇌의 활
동으로 쌓였던 피로를 효과적으로 풀어주는 계기가 될 것이다."

책에 대한 이런 처칠의 "사랑의 고백"이 평생 동안 책과 함께 생각하
며 살아가는 학자가 아니라 일생 동안 언제나 바쁘게 행동하는 정치가

로부터 나온 것이었다는 사실을 우리는 새롭게 상기하고 거듭 강조할 필요가 있을 것이다.

22. 끝으로, 처칠의 첫 사랑이었고 어린 시절부터 여자친구였던 Pamela Plowden은 처칠에 관해서 이렇게 말했었다: "당신이 윈스턴을 처음으로 만날 때 당신은 그의 모든 결점을 보게 될 것이다. 그리고 평생 동안 그의 장점들을 발견하면서 살게 될 것이다." ["The first time you meet Winston, you see all his faults, and the rest of your life you spend in discovering his virtues."](p. 174)

이제,
윈스턴 처칠의 전시 모토처럼
처칠과 함께 "우리 다 같이 전진합시다."

3
윈스턴 S. 처칠의 약력

1874년 11월 30일 블렌하임 궁(Blenheim Palace)에서 태어남.

1886년 아버지 랜돌프 경이 재무상에 임명됨. 하지만 바로 사직함.

1888년 해로우(Harrow) 고등학교에 입학.

1892년 고등학교 졸업 후 사관학교 입시학원(army 'crammer')에 입학.

1893년 왕립 육군사관학교(Royal Military College Sandhurst)에 입학.

1894년 샌드허스트 졸업.

1895년 아버지 랜돌프 경 사망. 경기병 제4연대에 배속.

1895년 11 – 12월 스페인 군대 참관 위해 쿠바에 갔고, 모닝포스트 誌에 기사를
    투고.

1896년 유격대 임무를 위해 경기병 제4연대 소속으로 인도 파견.

1897년 9월 인도 북서 변경의 말라칸드 야전군(Malakand Field Force) 장교로
    복무하면서 동시에 기자로 활동.

1898년 키치너(Kitchener) 장군이 지휘하는 수단으로의 원정에 참여해 칼리파
    (Khalifa)를 패퇴시킴.

1898년 9월 제21 창기병대의 기병대 담당으로 옴드루만 전투 참전, <말라칸드
    야전군> 출간.

1899년 전역하고 영국으로 복귀.

1899년 7월 랭커셔(Lancashire)의 올덤(Oldham)을 지역구 하원의원 선거 출마.
    패배.

1899년 10월 신문기자로서 영국과 보어공화국 간 전쟁(보어전쟁)이 발발한 남

아프리카로 떠남.

1899년 11월 수단에서의 경험을 다룬 <강의 전쟁>(*The River War*) 출간.

1899년 11월 15일 무장 열차가 보어군의 매복 습격에 당함. 포로가 됨.

1899년 12월 22－23일 프리토리아(Pretoria)의 포로수용소에서 탈출해서 국제적 주목을 받음.

1900년 (무보수로) 남아프리카 경기병대 복무하면서 기자로서 활동함.

1900년 1월 20－22일 남아프리카공화국 스피온 코프(Spion Kop) 전투 참전.

1900년 5월 보어 전쟁을 다룬 첫 번째 책 <런던으로부터 프리토리아를 경유해 래디스미스까지>(*London to Ladysmith via Pretoria*) 출간.

1900년 6월 영국군과 함께 프리토리아에 들어가 탈출 전 함께 있었던 포로들을 풀어줌.

1900년 7월 영국으로 복귀.

1900년 10월 올덤 하원의원으로 당선. 두 번째 전쟁사 <이언 해밀턴의 행진>(*Ian Hamilton's March*) 출간.

1900년 12월 영국과 북미에서 순회 강연.

1901년 1월 의회 등원.

1904년 5월 보수당에서 자유당으로 당적 변경.

1906년 두 권으로 된 랜돌프 경의 자서전 출간; 식민지 국무차관이 됨.

1906년 9월 독일군사 훈련 참관.

1908년 <나의 아프리카 여행>(*My African Journey*) 출간.

1909년 9월 독일군사 훈련 재참관.

1910년 1월 내무장관에 임명됨.

1911년 1월 '시드니 거리의 전투'. 무정부주의자들의 소굴을 포위하는 동안 군과 경찰을 관리, 감독.

1911년 8월 파업 중인 철도원들을 진압하기 위해 군대 투입.

1911년 8월 제국국방위원회(Committee of Imperial Defense)에 참여. 미래의 유럽전쟁에서 벌어진 사건 전개를 예측하는 메모를 씀.

1911년 10월 25일 해군장관에 임명됨. 함포의 구경을 13.5인치에서 15인치로

늘림. 영국해군의 동력원을 석탄에서 기름으로 바꿈.

1912년 영국해군 항공대를 설립. 장갑차 실험 시작.

1914년 6월 영국, 처칠의 주장에 의거 영국해군을 위해 페르시아 유전을 통제함.

1914년 7월 해군장관으로서 국제적 상황 때문에 실제 동원을 가져올 본국함대의 분산을 거부함.

1914년 8월 1일 북해 항공대대를 전투대기장소로 파견함.

1914년 8월 4일 영국, 독일에 선전포고.

1914년 10월 앤트워프를 방어하는 동맹군 부대의 지휘를 맡음.

1915년 1월 러시아에 대한 압력을 줄이기 위해 터키에 대한 공격을 제안함.

1915년 3월 다다넬스 해협에서의 해군 작전 진행.

1915년 4월 25일 동맹군 갈리폴리 반도에 상륙.

1915년 5월 26일 연합정부 구성됨. 랭카스터 공작령 대법관(장관)에 임명됨.

1915년 11월 11일 내각에서 사임. 프랑스로 가서 소령으로 군 복무함.

1915년 11월-12월 근위보병 제1연대와 서부전선에서 한 달을 보낸 후 중령으로 진급해서 왕립스코틀랜드 보병연대 6대대를 지휘함.

1916년 5월 대대의 합병으로 왕립스코틀랜드 보병연대의 직위를 잃고 영국으로 복귀.

1917년 7월 군수 장관이 됨.

1917년 11월 20일 깡브레(Cambrai) 전투에서 처음으로 전차(tank)를 효과적으로 사용.

1918년 11월 11일 정전으로 전쟁이 끝남.

1919년 전쟁 장관 겸 공군장관에 임명됨. 동원해제를 맡음.

1922년 로이드 조지 정부가 선거에서 패함. 식민지 장관직 사임.

1923년 4월 1차 세계대전의 개인적 기록인 총 6권의 <세계의 위기>(*The World Crisis*)의 제1권 출간(1929년 완간).

1924년 10월 입헌주의(준 보수당) 소속 하원의원 후보로 에핑(Epping) 지역구에서 당선됨.

1924년 11월 보수당 소속으로 재무장관에 임명됨.

1930년 10월 회고록 <나의 어린 시절>(My Eary Life) 출간

1931년 그림자 내각에서 사임.

1931년 램지 맥도널드가 이끄는 연합 정부 출범. 처칠, 영국 군비축소 정책에 반대. 독일의 재무장에 대한 경고를 시작했음.

1933년 8월 독일의 위협에 대한 중요한 연설을 함.

1933년 10월 말보러 공작의 전기 중 제1권을 출간했음(1938년에 완간). 독일의 숨겨진 공군력이 1935년경에 영국공군과 맞먹는 규모가 될 것이라고 예측.

1935년 제국국방위원회의 항공방어 연구조사에 참여.

1938년 9월 네빌 체임벌린, 영국을 대표해서 뮌헨협정에 서명.

1938년 9월 1일 독일, 폴란드 침공.

1938년 9월 3일 영국, 독일에 대한 전쟁 선포. 처칠, 해군장관에 임명. 1940년 4월 군사조정위원회(military co-ordination committee)의 의장이 됨.

1940년 4월 9일 독일, 노르웨이와 덴마크 침공.

1940년 4월 노르웨이 나르빅(Narvik) 작전. 영국, 독일이 노르웨이의 중요한 항구를 장악하지 못하도록 막고자 했음. 수상으로서 체임벌린은 실패에 책임 짐.

1940년 5월 체임벌린은 불신임투표에 따라 사임.

1940년 5월 10일 독일, 프랑스, 네덜란드, 벨기에, 룩셈부르크를 침공. 처칠, 조지 6세로부터 정부 구성을 요청 받음.

1940년 5월 13일 처칠, '피, 노력, 눈물과 땀' 연설을 함.

1940년 5월 15일 영국, 미국으로부터 50척의 구형 구축함을 임대함.

1940년 5월-6월 4일 덩케르크 철수.

1940년 6월 히틀러에 맞서는 프랑스 레지스탕스를 지원하기 위해 영국과 프랑스 간 주권을 공동으로 하자고 제안함. 프랑스정부는 이 제안을 거절함.

1940년 7월 4일 오랑(Oran) 항의 프랑스 함대가 영국 공격에 사용되는 것을 막기 위해 폭격하도록 영국해군에 명령함. 이는 루즈벨트 대통령에게 강한 인상을 주었지만 심각한 피해를 입은 비시 정부를 달래기 어려운

적으로 돌리게 됨.

1940년 8월 20일 독일공군에 맞서는 영국공군 조종사들을 기리는 '이렇게 적은 사람들(the Few)' 연설을 함.

1940년 9월 전격전(Blitz) 시작.

1940년 10월 보수당의 당수가 됨.

1940년 12월 미국 의회에서 무기 대여법이 통과됨.

1941년 3월 영국 군대를 그리스에 파병. 독일의 그리스 침공이 이어짐.

1941년 6월 22일 독일군대, 소련을 침공. 영국과 러시아, 동맹이 됨.

1941년 8월 12일 전쟁 목적을 구체적으로 제시한 대서양헌장에 서명.

1941년 12월 7일 일본의 진주만 폭격으로 미국 참전.

1942년 2월 15일 싱가포르 함락.

1942년 8월 2일 북아프리카 방문.

1942년 8월 12일 모스크바에서 스탈린을 만남.

1943년 1월 12일 루즈벨트, 프랑스 대표들과 카사블랑카 회담. 독일의 무조건적인 항복 요구에 동의함.

1943년 5월 미국 방문.

1943년 8월 퀘벡 회담.

1943년 11월 카이로 및 테헤란 회담.

1943년 12월 폐렴을 앓음.

1944년 6월 6일 D-Day. 유럽에서의 동맹군 진격.

1944년 8월 24일 파리 수복.

1944년 9월 제2차 퀘벡 회담.

1944년 10월 모스크바에서 스탈린을 만남.

1944년 12월 영국 군대, 그리스(내전)에 개입.

1944년 12월 24일 내전의 평화적 조정을 위해 아테네 방문.

1945년 2월 얄타 회담.

1945년 4월 12일 FDR 영면.

1945년 5월 8일 독일의 무조건적인 항복('VE Day').

1945년 5월 23일 수상 사임. 전시연합 종료. 임박한 총선의 관리자(caretaker)
　　　로서의 역할 수행.

1945년 7월 17일 포츠담 회담. 트루먼 대통령 참석. 일본에 대한 원자폭탄 사용
　　　결정.

1945년 7월 26일 총선에서 보수당 참패. 처칠, 정권에서 물러나 야당의 당수가 됨.

1945년 8월 6일, 9일 원자폭탄이 히로시마와 나가사키에 투하됨.

1945년 8월 15일 일본의 항복('VJ Day').

1946년 3월 미주리 주 풀턴에서 '철의 장막(Iron Curtain)' 연설.

1948년 1월 <제2차 세계대전사>(*History of the Second World War*)의 제1
　　　권 출간(1948년 완간).

1949년 3월 북대서양조약기구(NATO) 창설.

1951년 10월 26일 총선. 보수당의 승리로 다시 수상으로 취임.

1952년 2월 6일 조지 6세 사망.

1952년 10월 3일 영국, 첫 번째 원자폭탄 실험.

1953년 4월 24일 가터(Garter) 작위를 받고, 처칠 경(Sir Winston Churchill)이 됨.

1953년 6월 23일 가벼운 뇌졸중 증세를 보임.

1953년 10월 15일 노벨 문학상 수상.

1954년 두 번째 뇌졸중.

1954년 11월 30일 80세 생일.

1955년 4월 5일 수상직 사임.

1956년 4월 <영어를 말하는 인민들의 역사>(*History of the English −
　　　Speaking Peoples*)의 제1권 출간.

1963년 4월 9일 명예 미국시민권 획득.

1964년 9월 의원직 사퇴.

1964년 11월 30일 90세 생일.

1965년 1월 24일 영면.

1965년 1월 30일 국장(國葬).

4
윈스턴 S. 처칠의 저서 목록

The Story of the Malakand Field Forces, 1989

The River War, 2 Vols. 1899

Ian Hamilton's March, 1900

London to Ladysmith via Pretoria, 1900

Savrola: A Tale of the Revolution in Laurania, 1900

Mr. Brodrick's Army, 1903

For Free Trade, 1906

Lord Randolph Churchill. 2 Vols, 1906

My African Journey, 1908

Liberalism and the Social Problem, 1909

The Peoples' Rights, 1909

The World Crisis, 5 Vols, 1923−31

My Early Life, 1930

Thoughts and Adventures, 1932

Marlborough: His Life and Times, 2 Vols. 1933−1938

Great Contemporaries, 1937

Arms and the Covenants, 1938

While England Slept: A Survey of World Affairs 1932−1938, 1938

Into Battle, 1941

Great Contemporaries, 1942

The Unrelenting Struggle, 1942

The End of the Beginning, 1943

Onwards to Victory, 1944

The Dawn of Liberation, 1945

The Secret Sessions Speeches, 1946

Victory, 1946

Maxims and Reflections, 1947

Step by Step 1936–1939, 1947

The Second World War, 6 Vols, 1948–54

The Sinews of Peace, 1948

Europe Unite: Speeches 1947 & 1948, 1950

In the Balance, 1951

Stemming the Tide: Speeches, 1951 and 1952, 1953

A History of the English–Speaking Peoples, 4 Vols. 1956–1958

The Unwritten Alliance, 1961

India: Defending the Jewel in the Crown, 1990

Painting as a Pastime, 2013

참고문헌

강성학, <새우와 고래싸움: 한민족과 국제정치> (서울: 박영사, 2004, 2013)
_____, <이아고와 카산드라: 항공력 시대의 미국과 한국> (서울: 오름, 1997)
_____, <인간神과 평화의 바벨탑: 국제정치의 원칙과 평화를 위한 세계헌정 질서의 모색> (서울: 고려대학교출판부, 2006)
_____, <전쟁神과 군사전략: 군사전략의 이론과 실천에 관한 논문 선집> (서울: 리북, 2012)
_____, <평화神과 유엔 사무총장: 국제 평화를 위한 리더십의 비극> (서울: 고려대학교출판부, 2013)
_____, <한국의 지정학과 링컨의 리더십> (서울: 고려대학교 출판문화원, 2017)
강성학, 김동길, <죽어도 사는 사람: 불멸의 링컨 유산> (충북음성군: 극동대학교 출판센터, 2018)
박지향, "유럽의 영웅 처칠," <영국 연구> 제14호 (2005년 12월호).

Aird, Hamish, Pericles: *The Rise and Fall of Athenian Democracy* (New York: The Rosen Publishing Group, Inc., 2004)
Arnn, Larry P., *Churchill's Trial: Winston Churchill and the Salvation of Free Government* (Nashville, Tennessee: Nelson Books, 2015)
Azoulay, Vincent, *Pericles of Athens* (Princeton, New Jersey: Princeton University Press, 2014)
Barnett, Correlli, *Leadership in War: From Lincoln to Churchill* (South Yorkshire, UK: The Praetorian Press, 2014)

Belliotti, Raymond Angelo, *Niccolo Machiavelli: The Laughing Lion and the Strutting Fox* (Lanham, MD: Lexington Books, 2009)

Ben－Moshe, Tuvia, *Churchill: Strategy and History* (Boulder, Colorado: Lynne Rienner Publishers, 1992)

Berlin, Isaiah, *The Hedgehog and the Fox: An Essay on Tolstoy's View of History* (London: Weidenfeld & Nicolson, 1953)

Berthon, Simon and Potts, Joanna, *Warlords: An Extraordinary Re－Creation of World War Ⅱ through the Eyes and Minds of Hitler, Roosevelt, Churchill, and Stalin* (Cambridge: Da Capo Press, 2007)

Best, Geoffrey, *Churchill and War* (New York and London: Hambledon and London, 2005)

Best, Geoffrey, *Churchill: A Study in Greatness* (New York: Penguin Books, 2001)

Blake, Robert and Wm. Louis Roger (eds.), *Churchill: A Major New Assessment of his Life in Peace and War* (New York: Oxford University Press, 1993)

Buhite, Russell D., *Decision at Yalta: An Appraisal of Summit Diplomacy* (Wilmington, Delaware: Scholarly Resources Inc., 1986)

Bullock, Alan, *Hitler: A Study in Tyranny*, Abridged edition (New York: Harper Perennial, 1971)

Burke, Edmand, *The correspondence of Edmund Burke* Vol. Ⅱ, Edited by T. W. Copeland(Chicago: University of Chicago Press, 1958)

Burns, James MacGregor, *Leadership* (New York: Harper & Row Publishers, 1978)

_____, *Roosevelt: The Lion and the Fox* Vol. Ⅰ (New York: Harcourt, 1956)

_____, *Transforming Leadership: A New Pursuit of Happiness* (New York: Grove Press, 2003)

Canndine, David and Qunault, Ronald, *Winston Churchill in the Twenty－First Century* (New York: Cambridge University Press, 2004)

Charmley, John, *Churchill: The End of Glory—A Political Biography* (New York: Harcourt Brace & Company, 20 (New York: Harcourt Brace & Company, 1993)

Churchill, Randolph S., *Winston S. Churchill: Young Statesman 1901—1914* (Boston: Houghton Mifflin Company, 1967)

_____, *Winston S. Churchill: Youth 1874—1900* (Boston: Houghton Mifflin Company, 1966)

_____ (ed.), The Great Republic: A History of America (New York: Modern Library, 2001)

_____, *Blood, Sweat and Tears* (New York: G.P. Putnam's Sons, 1941)

_____, The American Civil War: Including 64 black—and white photographs (New York: The Fairfax Press, 1958)

_____, *The Gathering Storm* (Boston: Houghton Mifflin Company, 1948)

_____, *The Hinge of Fate* (New York: Bantam Book, 1979)

_____, *The Second World War* Vol. I : *The Gathering Storm* (Boston: Houghton Mifflin Company, 1948)

_____, *The Second World War* Vol. II : *Their Finest Hour* (Boston: Houghton Mifflin Company, 1949)

_____, *The Second World War* Vol. III : *The Grand Alliance* (Boston: Houghton Mifflin Company, 1950)

_____, *The Second World War* Vol. IV : *The Hinge of Fate* (Boston: Houghton Mifflin Company, 1950)

_____, *The Second World War* Vol. V : *Closing The Ring* (Boston: Houghton Mifflin Company, 1951)

_____, *The Second World War* Vol. VI : *Triumph and Tragedy* (New York: Houghton Mifflin Company, 1953)

_____, *The World Crisis* Volume I : *1911—1914*

(New York: Bloomsbury, 2015)

_____, *The World Crisis* Volume Ⅱ: *1915* (New York: Bloomsbury, 2015)

_____, *The World Crisis* Volume Ⅲ: *1916－1918* (New York: Bloomsbury, 2015)

_____, *The World Crisis* Volume Ⅳ: *1918－1922* (New York: Bloomsbury, 2015)

_____, *The World Crisis* Volume Ⅴ: *The Unknown War* (New York: Bloomsbury, 2015)

Churchill, Winston, *Great Contemporaries* (London: Butterworth, 1937)

Churchill, Winston, *Marlborough: His Life and Times, Book One* (Chicago: University of Chicago Press, 2002)

_____, *Marlborough: His Life and Times, Book Two* (Chicago: University of Chicago Press, 2002)

_____, *Marlborough: His Life and Times, Book Four* (Chicago: University of Chicago Press, 2002)

_____, *My Early Life: 1874－1904* (New York: A Scribner Book, 1996)

_____, *The World Crisis 1911－1918* (New York: Free Press, 2005)

_____, *Thoughts and Adventures* (New York: W.W. Norton & Company, 1991)

_____, *While England Slept: A Survey of World Affairs, 1932－1938* (Freeport, New York: Putnam's, 1938)

Cicero, *Rhetorica and Herennium*, trans by Harry Caplan (Cambridge, Massachusetts: Harvard University Press, 1954)

Cicero, Marcus Tullius, *How to Run A Country*, selected, translated, with an introduction by Philip Freeman (Princeton, New Jersey: Princeton University Press, 2013)

_____, *How to Win an Argument: An Ancient Guide to*

the *Art of Persuasion*, Selected, Edited and Translated by James M. May (Princeton & Oxford: Princeton University Press, 2016)

Clausewith, Carl von, *On War* eds., and trans. by Michael Howard and Peter Paret (Princeton: Princeton University Press, 1976)

Cohen, Eliot A., *Supreme Command: Soldiers, Statesmen, and Leadership in Wartime* (New York: Free Press, 2002)

Danchev, Alexander & Todman, Daniel, eds., *War Diaries 1939−1945: Field Marshall Lord Alanbrooke* (Berkeley: University of California Press, 2001)

Dando−Collins, Stephen, *Rise of an Empire: How One Man United Greece to Defeat Xerxes's Persians* (New York: John Wiley & Sons, Inc., 2014)

Eden, Robert, *Political Leadership & Nihilism: A Study of Weber & Nietzsche* (Gainesville, Florida: University Press of Florida, 1983)

Enright, Dominique, *The Wicked Wit of Winston Churchill* (London: Michael O'Mara Books, 2001)

Everitt, Anthony, *Cicero: The Life and Times of Rome's Greatest Poltician* (New York: Random House, 2003)

Faber, David, *Munich, 1938: Appeasement and World War II* (New York: Simon & Schuster Paperbacks, 2008)

Fedden, Robin, Churchill and Chartwell (Oxford: Pergamon Press, 1968)

Gibbon, Edward, *The Decline and Fall of the Roman Empire* Vol.1−3(New York: Everyman's Library, 1993)

_____, *The Decline and Fall of the Roman Empire* Vol.4−6(New York: Everyman's Library, 1994)

Gilbert, Martin, *A History of the Twentieth Century* Vol. I : *1900−1933* (New York: William Morrow and Company, 1997)

_____, *A History of the Twentieth Century* Vol. II : *1933−1951* (New York: William Morrow and Company, 1998)

_____, *A History of the Twentieth Century* Vol. III : *1952−1999*

(New York: William Morrow and Company, 1999)

_____, *Churchill and America* (New York & London: Free Press, 2005)

_____, *Churchill: A Life* (New York: Henry Holt and Company, 1991)

_____, *Churchill: A Photographic Portrait* (London: Pimlico 1999)

_____, *Churchill: The Power of Words* (Boston, MA: Da Capo Press, 2012)

_____, *In Search of Churchill: A Historian's Journey* (New York: John Wiley & Sons, 1994)

_____, *Second World War: A Complete History* (New York: A Holt Paperback, 1989)

_____, *Winston Churchill* Vol.Ⅲ: *The Challenge of War, 1914−1916* (Hillsdale, Michigan: Hillsdale College Press, 2008)

_____, *Winston Churchill* Vol.Ⅳ: *World in Torment 1916−1922* (Hillsdale, Michigan: Hillsdale College Press, 2008)

_____, *Winston Churchill* Vol.Ⅴ: *The Prophet of Truth 1922−1939* (Hillsdale, Michigan: Hillsdale College Press, 1976)

_____, *Winston Churchill* Vol.Ⅵ: *Finest Hour 1939−1941* (Hillsdale, Michigan: Hillsdale College Press, 2018)

_____, *Winston Churchill* Ⅶ: *Road to Victory 1941−1945* (Hillsdale, Michigan: Hillsdale College Press, 1986)

_____, *Winston Churchill* Vol.Ⅷ: *Never Despair 1945−1965* (Hillsdale, Michigan: Hillsdale College Press, 1986)

_____, *Winston Churchill's War Leadership* (New York: Vintage Books, 2004)

Haffner, Sebastian, *Churchill* (London: Haus Publishing, 2003)

Hamilton, Edith, *The Roman Way* (New York: W.W. Norton & Company, 1932)

Hanson, Victor Daivs, *The Second World Wars: How the First Global*

Conflict Wars Fought and Won (New York: Basic Books, 2017).

Hayward, Steven F., *Churchill on Leadership: Executive Success in the Face of Adversity* (New York: Three Rivers Press, 1998)

Hitler, Adolf, *Mein Kampf* (New Ford Translation Michael Ford & Elite Minds Inc., 2009)

Holmes, Richard, *In the Footsteps of Churchill: A Study in Character* (New York: Basic Books, 2005)

Hoffman, Ross J. S. and Levack, Paul, *Burke's Politics: Selected writings and Speeches of Edmund Burke*(New York: Alfred A. knopf, 1959)

Humes, James C., *The Wit & Wisdom of Winston Churchill* (New York: Harper Perennial, 1995)

Jaffa, Harry V., *Statesmanship: Essays in Honor of Sir Winston S. Churchill* (Durham, North Carolina: Carolina Academic Press, 1981)

Jenkins, Roy, *Churchill: A Biography* (New York: A Plumbook, 2002)

Johnson, Boris, *The Churchill Factor: How one man made history* (New York: Riverhead Books, 2014)

Johnson, Paul, *Churchill* (New York: Viking, 2009)

Kagan, Donald, *On the Origins of War and the Preservation of Peace* (New York: Doubleday, 1995)

_____, *Pericles of Athens and the Birth of Democracy* (New York: The Free Press, 1991)

Kagan, Donald and Kagan Frederick W., *While America Sleeps* (New York: St. Martin's Press, 2000)

Kersaudy, François, *Churchill and De Gaulle* (New York: Atheneum, 1981)

Langworth, Richard (ed.), *Churchill By Himself* (New York: Public Affairs, 2008)

Langworth, Richard M., *Churchill and the Avoidable War: Could World War II have been prevented?* (New Hampshire: Dragonwyck Publishing Inc., 2015)

_____ (ed.), *The Patriot's Churchill: An Inspiring Collection of Churchill's Finest Words* (New York: Ebury Press, 2011)

_____, *Winston Churchill, Myth and Reality: What He Actually Did and Said* (Jefferson, North Carolina: McFarland & Company, 2017)

Lash, Joseph P., *Roosevelt and Chruchill 1939−1941: The Partnership that Saved the West* (New York: W.W. Norton & Company, 1976)

Lawlor, Sheila, *Churchill and the Politics of War, 1940−1941* (New York: Cambridge University Press, 1994)

Lehrman, Lewis E., *Churchill, Roosevelt & Company: Studies in Character and Statecraft* (Guilford, Connecticut: Stackpole Books, 2017)

_____, *Lincoln & Churchill: Statesmen at War* (Maryland: Stackpole Books, 2018)

Lukacs, John, *A Short History of the Twentieth Century* (Cambridge, MA: Harvard University Press, 2013)

_____, *Churchill: Visionary. Statesman. Historian.* (New Haven: Yale University Press, 2002)

_____, *Five Days in London: May 1940* (New Haven: Yale University Press, 1999)

_____, *The Duel: The Eighty−Day Struggle between Churchill & Hitler* (New Haven and London: Yale University Press, 2001)

Manchester, William, *The Last Lion: Winston Spencer Churchill−Alone, 1932−1940* (New York: Bantam Books, 1988)

_____, *The Last Lion: Winston Spencer Churchill−Defender of the Realm, 1940−1965* (New York: Bantam Books, 2012)

_____, *The Last Lion: Winston Spencer Churchill−Visions of Glory, 1874−1932* (New York: Little, Brown and Company, 1983)

Mansfield, Harvey C., *Machiavelli's Virtue* (Chicago: The University of Chicago Press, 1996)

_____, *Manliness* (New Haven: Yale University Press, 2016)

Martin, Thomas R., *Pericles: A Biography in Context* (Cambridge: Cambridge University Press, 2016)

McCarten, Anthony, *Darkest Hour: How Churchill brought back England back from the brink* (New York: Harper Collins, 2017)

Meacham, Jon, *Franklin and Winston: An Intimate Portrait of an Epic Friendship* (New York: Random House Trade Paperbacks, 2004)

Millard, Candice, *Hero of the Empire: The Boer War, a Daring Escape and the Making of Winston Churchill* (New York: Doubleday, 2016)

Morris, Ian Macgregor, *Themistocles: Defender of Greece* (New York: The Rosen Publishing Group, Inc., 2013)

Morris, Max (ed.), *The Smart Words and Wicked Wit of Winston Churchill* (New York: Skyhorse Publishing, 2017)

Mosier, John, *Hitler vs. Stalin: The Eastern Front, 1941−1945* (New York: Simon & Schuster Paperbacks, 2011)

Muller, James W., *Churchill as peacemaker* (New York: Cambridge University Press, 1997)

_____, *Winston Churchill: Great Contemporaries−Churchill Reflects on FDR, Hitler, Kipling, Chaplin, Balfour, and Other Giants of His Age* (Wilmington, Delaware: ISI Books, 2012) originally published London: Butterworth, 1937

Newell, Waller, *The Code of Man* (New York: Regan Books, 2003)

Nieberg, Michael, *Potsdam: The End of World War Ⅱ and the Remaking of Europe* (New York: Basic Books, 2015)

_____, *War and Peace: FDR's Final Odyssey − D−Day to Yalta, 1943−1945* (Houghton Mifflin Harcourt, 2019)

Nye, Joseph S. Jr., *The Powers to Lead* (New York: Oxford University Press, 2008)

Olson, Lynne, *Troublesome Young Men: The rebels who brought Churchill to power and helped save England* (New York: Farrar, Straus and Giroux, 2007P

Parker, RAC (ed.), *Winston Churchill: Studies in Statesmanship* (London: Brassey's, 1997)

Paterson, Michael, *Winston Churchill: Personal accounts of the great leader at war* (Cincinnati: David & Charles, 2005)

Purnell, Sonia, *Clementine: The Life of Mrs. Winston Churchill* (New York: Viking, 2015)

Rathbun, Brian C. *Reasoning of State* (Cambridge: Cambridge University Press, 2019)

Rees, Laurence, *Hitler's Charisma: Leading Millions into the Abyss* (New York: Vintage Books, 2012)

Reynolds, David, *In Command of History: Churchill Fighting and Writing the Second World War* (New York: Basic Books, 2005)

Rhodes, R.A.W., and Paul 't Hart, *The Oxford Handbook of Political Leadership* (United Kingdong: Oxford University Press, 2014)

Ricks, Thomas E., *Churchill & Orwell: The Fight for Freedom* (New York: Penguin Press, 2017)

Roberts, Andrew, *Churchill: Walking with Destiny* (New York: Viking, 2018)

_____, *Hitler and Churchill: Secrets of Leadership* (London: Weidenfeld and Nicolson, 2003)

Rose, Lisle A., *After Yalta: America and the Origins of the Cold War* (New York: Charles Scribner's Sons, 1973)

Sainsbury, Keith, *The Turning Point* (Oxford: Oxford University Press, 1986)

Samons II, Loren J., *Pericles and the Conquest of History: A political Biography* (Cambridge: Cambridge University Press, 2016)

Sandford, Christopher, *Harold and Jack: The Remarkable Friendship of Prime Minister Macmillan and President Kennedy* (Amherst, New York: Prometheus Books, 2014)

Sandys, Celia and Littman, Jonathan, *We Shall Not Fail: The Inspiring*

Leadership of Winston Churchill (New York: Portfolio, 2003)

Seneca, *How To Keep Your Cool*, Selected, translated, and introduced by James Roman(Princeton and Oxford: Princeton University Press, 2019)

Singer, Barry, *Churchill's Style: The Art of Being Winston Churchill* (New York: Abrams, 2012)

Smith, Jean Edward, *FDR* (New York: Random House, 2007)

Snyder, Louis L., *Louis L. Snyder's Historical Guide to World War II* (Westport, Connecticut: Greenwood Press, 1982)

Soams, Mary, *Clementine Churchill: The Biography of a Marriage*, revised and updated (New York: Mariner Books, 2003)

Steel, Catherine, ed., *Cicero* (Cambridge: Cambridge University Press, 2013)

Storr, Anthony, *Churchill's Black Dog and Other Phenomena of the Human Mind* (London: Harper Collins Publishers, 1989)

Strassler, Robert B. ed., *The Landmark Thucydides: A Comprehensive Guide to the Peloponnesian War* (New York: The Free Press, 1996)

Strawson, John, Churchill and Hitler: In Victory and Defeat (New York: Fromm International, 1998)

Taylor, A.J.P., *The War Lords* (New York: Penguin Books, 1977)

Thompson, Kenneth W., *The Rhetoric of Modern Statesmanship* (Lanham, Maryland: University Press of America, 1992)

_____, *Winston Churchill's World View: Statesmanship and Power* (Baton Rouge: Louisiana State University Press, 1983)

Thornton, Bruce S., *The Wages of Appeasement: Ancient Athens, Munich, and Obama's America* (New York: Encounter Books, 2011)

Toye, Richard, *Churchill's Empire: The World that Made Him and the World He Made* (London: Pan Books, 2011)

_____, *Lloyd George & Churchill: Rivals for Greatness* (London: Pan Books, 2008)

Wandycz, Piotr S., *The United States and Poland* (Cambridge, MA: Harvard University Press, 1980)

Ward, Geoffrey C., *Closest Companion: The Unknown Story of the Intimate Friendship between Frankling Roosevelt and Margaret Suckley* (New York: Simon & Schuster Paperbacks, 1995)

Weidhorn, Manfred, *Churchill's Rhetoric and Political Discourse* (Lanham, Maryland: University Press of America, 1987)

Wood, Neal, *Cicero's Social and Political Thought* (Berkeley: University of California Press, 1988)

Young, John, *Winston Churchill's Last Campaign: Britain and the Cold War 1951－1955* (New York: Oxford University Press, 1996)

찾아보기

저서목록

해외 출판

『韓国外交政策的困境』, 北京: 社會科學院 社会科学文献出版社, (2017, 중국어판)

『和平之神与联合国秘书长 : 为国际和平而奋斗之领』, 北京: 光明日报出版社, (2015, 중국어판)

『戦史に学ぶ軍事戦略 孫子とクラウゼヴィッツを 現代に生かすために』, 東京: 彩流社, (2014, 일본어판)

『Korea's Foreign Policy Dilemmas: Defining State Security and the Goal of National Unification』, Folkestone, UK: Global Orient, UK, (2011, 영어판)

국내 출판

『지적 자서전으로서 내 저서의 서문들』, 박영사, 2018

『죽어도 사는 사람: 불멸의 링컨유산』, 극동대학교 출판부, 2018 (김동길 교수 공저)

『한국지정학과 링컨의 리더십: 동아시아의 지정학적 변화와 국가통일의 리더십』, 고려대학교 출판문화원, 2017

『평화神과 유엔사무총장: 국제평화를 위한 리더십의 비극』, 고려대학교 출판부, 2013

『전쟁神과 군사전략: 군사전략의 이론과 실천에 관한 논문선집』, 리북, 2012

『무지개와 부엉이: 국제정치의 이론과 실천에 관한 논문선집』, 박영사, 2010

『인간神과 평화의 바벨탑: 국제정치의 원칙과 평화를 위한 세계헌정질서의 모색』, 고려대학교 출판부, 2006

『새우와 고래싸움: 한민족과 국제정치』, 박영사, 2004

『시베리아 횡단열차와 사무라이』, 고려대학교 출판부, 1999

『이아고와 카산드라-항공력 시대의 미국과 한국』, 오름, 1997

『소크라테스와 시이저-정의, 평화, 그리고 권력』, 박영사, 1997

『카멜레온과 시지프스: 변천하는 국제질서와 한국의 안보』, 나남, 1995

『동북아의 근대적 변용과 탈근대 지향』(공편), 매봉, 2008

『용과 사무라이의 결투: 중일전쟁의 국제정치와 군사전략』(편저), 리북, 2006

『유엔과 국제위기관리』(편저), 리북, 2005

『유엔과 한국전쟁』(편저), 리북, 2004

『UN and Global Crisis Management』(편저), KACUNS, 2004

『시베리아와 연해주의 정치경제학』(공저), 리북, 2004

『동북아의 평화사상과 평화체제』(편저), 리북, 2004

『동아시아의 안보와 유엔체제』, (편저), 집문당, 2003

『UN, PKO and East Asian Security: Currents, Trends and Prospects』(공편저), 2002

『The UN in the 21st Century』(공편), 2000

『주한미군과 한미안보협력』(공저), 세종연구소, 1996

『북한외교정책』(공편), 서울프레스, 1995

『The United Nations and Keeping-Peace in Northeast Asia』(편저), Seoul Computer Press, 1995

『자유주의 정의론』(역), 대광문화사, 1991

『키신저 박사와 역사의 의미』(역), 박영사, 1985

『핵시대를 어떻게 살 것인가』(공저), 정음사, 1985

『제국주의의 해부』(역), 법문사, 1984

『불평등한 세계』(역), 박영사, 1983

『세익스피어의 정치철학』(역), 집문당, 1982

『정치학원론』(공저), 박영사, 1982

강성학(姜聲鶴)

　고려대학교에서 정치학 학사 및 석사학위를 취득한 후 모교에서 2년간 강사를 하다가 미국무부 풀브라이트(Fulbright) 장학생으로 도미하여 노던 일리노이 대학교(Northern Illinois University)에서 정치학 박사학위를 취득하였다. 그 후 1981년 3월부터 모교의 정치외교학과 교수로 재직하면서 평화연구소 소장, 교무처장 그리고 정책대학원 원장 등을 역임하였다.

　저자는 1986년 영국 외무부(The British Foreign and Commonwealth Office)의 펠로우십(Fellowship)을 받아 런던정치경제대학(The London School of Economics and Political Science)의 객원교수를 역임한 바 있으며, 1997년에는 일본 외무성의 국제교류기금(Japan Foundation)의 펠로우십을 받아 도쿄대학의 동양문화연구소에서 객원연구원 그리고 2005년 말과 2006년 봄학기에는 일본 와세다 대학의 교환교수를 역임하였으며, 2017년부터 2019년 봄학기까지 극동대학교 석좌교수였다. 또한 제9대 한국 풀브라이트 동문회 회장 및 한국의 영국정부장학수혜자 모임인 한국 셰브닝 동창회 초대 회장을 역임하였다. 그동안 한국국제정치학회 상임이사 및 한국정치학회 이사, 한국유엔체제학회(KACUNS)의 설립 사무총장과 제2대 회장을 역임하였고 이것의 모태인 미국의 유엔체제학회(ACUNS)의 이사로 활동하였다.

　저서로는 2011년 영국에서 출간한 영문저서《Korea's Foreign Policy Dilemmas: Defining State Security and the Goal of National Unification》(425쪽. 2017년 중국 사회과학원 출판사가 번역 출간함)을 비롯하여 1995년 제1회 한국국제정치학회 저술상을 수상한《카멜레온과 시지프스: 변천하는 국제질서와 한국의 안보》(688쪽)와 미국의 저명한 외교전문지인 포린 폴리시(Foreign Policy)에 그 서평이 실린 데 이어 1999년 문화관광부 우수학술도서로 선정되기도 한《이아고와 카산드라: 항공력 시대의 미국과 한국》(807쪽) 등이 있다. 이 외의 저서로는 그의 최대 야심작《시베리아 횡단열차와 사무라이: 러일전쟁의 외교와 군사전략》(781쪽) 및《소크라테스와 시이저: 정의, 평화, 그리고 권력》(304쪽), 또 한동안 베스트셀러이기도 했던《새우와 고래싸움: 한민족과 국제정치》(402쪽)가 있다. 또한 2007년 대한민국 학술원의 우수학술도서로 선정된《인간神과 평화의 바벨탑: 국제정치의 원칙과 평화를 위한 세계헌정질서의 모색》(756쪽),《전쟁神과 군사전략: 군사전략의 이론과 실천에 관한 논문선집》(446쪽, 2014년 일본에서 번역 출간됨),《평화神과 유엔 사무총장: 국제평화를 위한 리더십의 비극》(328쪽, 2015년 중국에서 번역 출간됨),《무지개와 부엉이: 국제정치의 이론과 실천에 관한 논문선집》(994쪽)을 비롯하여 지난 33년 간의 교수생활 동안에 총 33권(본서의 말미 저서 목록을 참조)에 달하는 저서, 편저서, 역서를 냈다. 저자는 한국 국제정치학자에게는 어쩌면 당연한 연구주제인 "전쟁", "평화", "한국외교통일" 문제들에 관한 각기 집중적 연구결과로 볼 수 있는《시베리아 횡단열차와 사무라이》,《인간神과 평화의 바벨탑》그리고《카멜레온과 시지프스》라는 3권의 저서를 자신의 대표적 "학술저서 3부작"으로 꼽고 있다. 아울러 2013년《평화神과 유엔 사무총장》의 출간으로 "인간神", "전쟁神", "평화神"이라는 일종의 "神"의 3위일체를 이루었다. 현재는 고려대학교 명예교수로서 그리고 한국지정학연구원의 이사장으로 활동하고 있다. 그 활동의 일환으로 그는 나라와 문명을 위기에서 구한 역사적으로 위대한 정치지도자들(윈스턴 처칠 등)의 리더십을 논의하는 셋토네(매월 셋째 주 토요일 4시) 심포지엄을 주관하고 있다.

윈스턴 S. 처칠

초판발행	2019년 10월 30일
초판 2쇄발행	2021년 1월 30일
지은이	강성학
펴낸이	안종만 · 안상준
편 집	한두희
기획/마케팅	조성호
표지디자인	박현정
제 작	고철민 · 조영환
펴낸곳	(주)**박영시**
	서울특별시 금천구 가산디지털2로 53, 210호(가산동, 한라시그마밸리)
	등록 1959. 3. 11. 제300-1959-1호(倫)
전 화	02)733-6771
f a x	02)736-4818
e-mail	pys@pybook.co.kr
homepage	www.pybook.co.kr
ISBN	979-11-303-0854-8 93340

copyright©강성학, 2019, Printed in Korea

정 가   28,000원